中东欧转型研究丛书

中东欧转型 30 年
新格局、新治理
与新合作

30 YEARS OF TRANSFORMATION IN CENTRAL AND EASTERN EUROPE: NEW SITUATION, NEW GOVERNANCE AND NEW COOPERATION

高歌　主编

社会科学文献出版社
SOCIAL SCIENCES ACADEMIC PRESS (CHINA)

前　言

中东欧不是一个有着固定外延的概念。大体来说，它包括"把德国和意大利两国同俄国分隔开来的那些国家"①。从 14 世纪中叶以来，这些国家落入奥斯曼帝国、奥地利哈布斯堡王朝、普鲁士、俄国和法国的统治之下，直到第一次世界大战前后才相继独立。两次世界大战期间，中东欧国家是指波兰、匈牙利、捷克斯洛伐克、南斯拉夫②、罗马尼亚、保加利亚和阿尔巴尼亚 7 国。第二次世界大战后，上述 7 国被纳入苏联的势力范围，很快便实行了社会主义制度，它们连同在德国苏占区成立的民主德国并称东欧 8 国，在此，东欧是一个政治地理概念。东欧剧变后，民主德国与联邦德国统一，南斯拉夫一分为六，捷克斯洛伐克一分为二，8 国变成了 13 国，即波兰、匈牙利、捷克、斯洛伐克、斯洛文尼亚、克罗地亚、马其顿③、波黑、塞尔维亚、黑山、罗马尼亚、保加利亚和阿尔巴尼亚，东欧也被地理意义上的中东欧所取代。2012 年 "16＋1 合作" 启动，涵盖波罗的海三国的中东欧 16 国的概念逐渐被国内学界接受。本书的研究对象便是这样一个外延随时间推移不断变动的中东欧。④

无论中东欧的外延如何变动，在上述大部分时间里，它都处于大国争夺和安排之下，很难成为国际政治舞台上的主角。自 14 世纪中叶起，中东欧沦为大国的附庸。19 世纪末 20 世纪初，大国力量的消长、关系的演变乃至它们的安排在

---

① 〔英〕艾伦·帕尔默：《夹缝中的六国——维也纳会议以来的中东欧历史》，于亚伦等译，商务印书馆，1997，第 3 页。
② 1918 年成立塞尔维亚人—克罗地亚人—斯洛文尼亚人王国，1929 年改名为南斯拉夫王国。
③ 2019 年 2 月改名为北马其顿。
④ 2019 年 4 月，第八次中国—中东欧国家领导人会晤时，希腊作为正式成员加入中国—中东欧国家合作。鉴于希腊的历史沿革迥异于上述 16 国，本书不把希腊列为研究对象。

中东欧国家独立进程中发挥了至关重要的作用。第一次世界大战结束之际中东欧国家的独立更是直接得益于奥斯曼帝国和奥匈帝国战败以及奥匈帝国的崩溃，其疆界也在大国主导的凡尔赛体系下得以划定。两次世界大战之间，中东欧国家先是被法国和意大利觊觎，继而又落到德意、英法和苏联的较量之下。1938 年 9 月，慕尼黑会议将捷克斯洛伐克的苏台德区送给德国，1939 年 3 月，德国灭亡捷克斯洛伐克，1939 年 4 月，意大利占领阿尔巴尼亚，1939 年 9 月，德国入侵波兰。第二次世界大战爆发后，南斯拉夫遭德意法西斯以及匈牙利和保加利亚肢解，就连加入轴心国阵营的罗马尼亚、匈牙利和保加利亚也没有逃脱德军的进驻。二战结束前后，中东欧仍未摆脱被大国争夺和安排的命运。苏联在与美英商讨战后安排时，凭依在多数中东欧国家不断增长的影响，逐渐占据上风，最终把它们纳入自己的势力范围。

然而，中东欧在国际政治中的角色并非无足轻重。相反，近一个多世纪以来，国际政治的大事件无不与中东欧密切相关。1914 年，奥匈帝国王储弗兰西斯·斐迪南大公在萨拉热窝遇刺，引发第一次世界大战。1939 年，德军突袭波兰，点燃第二次世界大战的战火。1989 年，东欧剧变，不仅使苏东集团失去了存在的基础，而且鼓舞了苏联正在发生的变化。此后两年，经互会和华约组织解散、苏联解体，作为冷战一方的苏东集团和苏联不复存在，冷战结束。

东欧剧变和冷战结束带来了国际格局的巨大变化，存在了四十余年的两极对峙格局消失。美国成了世界唯一的超级大国；苏联的继承国俄罗斯国力衰弱，失去了与美国对抗的能力和欲望，全面倒向西方；中东欧国家不但不再是苏联的势力范围和东西方争夺的对象，而且因俄罗斯的撒手和西方的犹疑，一度落入安全真空，急需"回归欧洲"；欧共体则在中东欧国家"回归欧洲"的要求下，在最初的犹豫后向中东欧国家打开了大门，欧洲走上统一之路。

在后冷战时代，中东欧在国际政治中的角色同样不可忽视。国际干预与治理在巴尔干地区冲突和国家构建中随处可见，构成国际政治中前所未有的独特景观。维谢格拉德集团作为中欧地区合作的典型代表，展现了中欧地区合作对欧洲一体化的意义。跨境民族问题的形成在相当大程度上源于大国的瓜分、占领和/或对中东欧国家的领土安排，其解决至少取决于相关国家对跨境民族的政策、相关国家之间的关系乃至欧盟等国际组织的作用。中东欧"回归欧洲"不仅导致欧盟边界的扩大，更带来了欧洲观念的变化。以上所述，皆为中东欧对国际政治新发展的贡献。本书对它们的研究力图突破国际政治研究的西方视角和大国视角，从深入剖析、深刻理解中东欧历史与现状入手，以便更为准确地把握国际政治的发展趋向，这是中东欧研究对国际政治研究的贡献，也是推进中国—中东欧国家合作和"一带一路"建设的需要。

本书是中国社会科学院研究所创新工程项目（研究类）成果，主要由俄罗斯东欧中亚研究所转型和一体化理论研究室研究人员完成。各章（节）的作者分别是：高歌（第一章）、徐刚（第二章）、姜琍（第三章）、贺婷（第四章第一节）、张向荣（第四章第二节）、曲慧斌（第四章第三节）、曲岩（第四章第四节）、鞠豪（第五章）。

我们是一支比较年轻的团队。因为年轻，知识水平和研究能力的欠缺、学术视野和社会阅历的局限在所难免，本书的不足大多由此而起。深表歉意的同时，特别希望得到读者的指正。也正因为年轻，我们更有探索未知的热情和追求进步的力量。我们知道，对于冷战结束后国际政治和国际政治研究因中东欧的参与而获得的新发展，本书的探讨刚刚起步，尚有一些重大理论和现实问题讨论不够或没有涉及。如何从东欧剧变和冷战结束阐释其带来的国际政治理论创新？如何从巴尔干地区冲突和国家构建看待民族自决权、人道主义干涉、国际社会监管、民族国家演进等问题？如何从维谢格拉德集团的实践认识欧洲次区域合作与欧洲一体化的关系？如何从中东欧国家处理跨境民族问题的案例探索解决民族问题的出路？如何从中东欧"回归欧洲"展望欧洲一体化和欧洲的未来？求索之路，任重道远。

高　歌

2020 年 5 月

目　录

第一章
东欧剧变：苏东集团解体与冷战结束

冷战何时结束？学术界的看法不一，至少可见以下不同版本。

第一，冷战结束于1987年华盛顿峰会。

英国学者艾瑞克·霍布斯鲍姆认为："冷战可说在雷克雅未克（Reykiavik，1986）和华盛顿（1987）两次高峰会议之后便告结束。""真正的冷战其实已经于1987年华盛顿高峰会议之际便告结束。但是一直要到众人亲见苏联霸势已去，或寿终正寝，全世界才肯承认冷战真的已经终结这一事实。"①

第二，冷战结束于1989年11月柏林墙倒塌。

美国学者小约瑟夫·奈认为："由于冷战的起源同欧洲的分裂密切相关，所以冷战结束的时间应该是欧洲分裂结束的时间，也就是1989年。1989年11月，苏联决定不使用武力来支持民主德国的共产党政权，兴奋的人群拆毁了柏林墙，这可以说冷战已经结束了。"② 美国学者理查德·哈斯也认为："柏林墙倒塌，象征着冷战时代结束。"③

第三，冷战结束于1989年12月马耳他峰会。

英国学者保罗·约翰逊指出："1989年12月3日，在马耳他一艘离岸的船上举行了一次峰会，会后，苏联代表根纳迪·格拉西莫夫壮起胆子说：'冷战今

---

① 〔英〕艾瑞克·霍布斯鲍姆：《极端的年代：1914～1991》，郑明萱译，中信出版社，2014，第314、316页。

② 〔美〕小约瑟夫·奈：《理解国际冲突：理论与历史》，张小明译，上海世纪出版集团、上海人民出版社，2009，第172页。

③ 〔美〕理查德·哈斯：《失序时代——全球旧秩序的崩溃与新秩序的重塑》，黄锦桂译，中信出版集团，2017，第Ⅲ页。

天 12 点 45 分结束.' 但那是事实。"① 中国学者朱晓中也指出："美苏两国首脑在马耳他会晤（1989 年 12 月 2 ~ 3 日），就欧洲的局势达成谅解：苏联重申对东欧的局势不加干涉，而美国则表示无意从中获得多方面的好处。苏联领导人表示，尽管'冷战'时期许多东西依然残存着，但是，冷战的方法已经遭到失败。这次会晤被认为是向世界宣布冷战的结束。"②

第四，冷战结束于 1992 年 5 月米哈伊尔·戈尔巴乔夫访问美国富尔顿市。

美国学者沃尔特·拉费伯尔认为："1992 年 5 月 6 日米哈伊尔·戈尔巴乔夫访问密苏里州富尔顿市，这一事件象征着冷战的结束，也标志了国际事务的戏剧性转折。这位苏联前领导人在威斯敏斯特学院发表了演说。正是在同一个地方，1946 年 3 月 2 日，温斯顿·丘吉尔警告说'铁幕'已经在欧洲降临，喊出了以冷战对抗苏联的战斗口号。"③

第五，冷战的结束是一个过程。

美国中央情报局的研究人员本杰明·菲舍尔在他编辑的《冷战的结束——美国关于苏联和东欧的情报（1989—1991）》一书中写道：1989 ~ 1991 年，冷战即将谢幕时上演了最富戏剧性的三部曲：一是戈尔巴乔夫对外部世界做出了俄国历史上最大限度的开放，当美国人为合作开出高价时，他们惊奇地发现苏联人愿意支付；二是 1989 年发生在中东欧的和平革命，苏联"外部的帝国"瓦解；最后一幕就是 1991 年苏联的解体。④ 中国学者刘金质认为："冷战的结束是一个过程。它开始于 1989 年柏林墙的倒塌、德国的统一、华沙条约组织的解散，最后完成是 1991 年底苏联的崩溃与解体。冷战最终以苏联作为美国对立面的消失而结束。"⑤ 中国学者朱艳圣和王浩也持相似的观点："苏联的影响力和控制力开始削弱。这种结果的表现就是 80 年代末期 90 年代初期在波兰、东德、捷克斯洛伐

① 〔英〕保罗·约翰逊：《摩登时代——从 1920 年代到 1990 年代的世界（下）》，秦传安译，社会科学文献出版社，2016，第 1090 ~ 1091 页。
② 朱晓中：《中东欧与欧洲一体化》，社会科学文献出版社，2002，第 2 页。
③ 〔美〕沃尔特·拉费伯尔：《美国、俄国和冷战：1945—2006》，牛可、翟韬、张静译，世界图书出版公司，2011，第 350 页。
④ 沈志华主编《冷战时期苏联与东欧的关系》，北京大学出版社，2006，第 239 页。
⑤ 方连庆、王炳元、刘金质主编《国际关系史（战后卷）》下册，北京大学出版社，2006，第 742 页；《冷战史》一书中也有相似的论述，见刘金质《冷战史（下）》，世界知识出版社，2003，第 1279、1378 ~ 1379、1494 页。

克、匈牙利、保加利亚、罗马尼亚等华沙条约组织国家发生的政治体制和社会性质的变化，即东欧剧变。其中，1990 年 10 月东、西德合并，德国实现统一。1991 年 7 月，华沙条约组织正式解散。在东欧剧变的冲击下，苏联内部的加盟共和国纷纷独立，1991 年 12 月，苏联正式解体，至此，随着东欧剧变、苏联解体，美苏对峙的两极格局被打破，同时标志着冷战的结束。"①

上述看法并不矛盾。事实上，自 20 世纪 80 年代中后期戈尔巴乔夫在苏联倡导改革与"新思维"，经由苏美关系缓和与东欧剧变，特别是柏林墙倒塌和德国统一，直到华约组织和经互会解散、苏联解体，作为冷战一方的苏东集团和苏联退出历史舞台，冷战彻底走向终结。1992 年戈尔巴乔夫的富尔顿演说则因与丘吉尔"铁幕"演说相呼应而成为冷战结束的象征。在冷战结束的过程中，东欧剧变起到承上启下的关键作用。它既是内部矛盾激化和苏联政策推动的结果，又直接导致了苏东集团解体并鼓舞了苏联正在发生的变化。可以说，"冷战的结束首先发生在东欧"②。"没有什么事件比 1989 年那个重要的半年里中东欧政权的倒台，即从 6 月波兰国民议会选举到 12 月罗马尼亚齐奥塞斯库下台更有助于结束冷战了。中东欧各民族掌握了先机。那些在冷战史上无足轻重的人们最终占了上风。因此，在我看来，如果要为结束冷战论功行赏的话，是他们而非戈尔巴乔夫、里根和布什应该获得大部分奖赏，虽然后者的贡献也很大。"③

第一节 东欧剧变

20 世纪 80 年代末 90 年代初，东欧 8 个社会主义国家相继发生剧变，否定共产党领导和社会主义制度，民主德国并入联邦德国，南斯拉夫联邦和捷克斯洛伐克联邦解体，东欧 8 国变成中东欧 12 国④。

一 抛弃苏联模式的社会主义制度

自 1988 年 2 月波兰发生工潮起，到 1992 年 3 月阿尔巴尼亚民主党上台执

---

① 蔡拓、杨雪冬、吴志成主编《全球治理概论》，北京大学出版社，2016，第 364 页。
② 方连庆、王炳元、刘金质主编《国际关系史（战后卷）》下册，北京大学出版社，2006，第 742 页。
③ Olav Njølstad, *The Last Decade of the Cold War*, London, New York: Frank Cass Publishers, 2004, p.52.
④ 2006 年黑山独立。中东欧变为 13 国。

政，波兰、匈牙利、民主德国、捷克斯洛伐克、保加利亚、罗马尼亚和阿尔巴尼亚如滚雪球般抛弃苏联模式的社会主义制度，向西方体制转型。

1. 波兰

在东欧国家中，波兰第一个抛弃苏联模式的社会主义制度。

1988 年 2 月，波兰政府决定大幅度提高消费品和服务价格，引发工潮，罢工工人要求增加工资和团结工会合法化。6 月，在统一工人党十届七中全会上，党中央第一书记沃伊切赫·雅鲁泽尔斯基提出举行圆桌会议的建议。8 月，工潮再起。此后，波兰执政当局与团结工会和天主教会进行了一些非正式接触，均未达成协议。12 月中旬，团结工会领导人莱赫·瓦文萨组建公民委员会，作为团结工会的核心力量和现政府的"影子内阁"，从组织上向执政当局施压。

1988 年 12 月底和 1989 年 1 月中旬，统一工人党分两阶段召开十届十中全会，对团结工会做出重大让步，有条件承认团结工会，接受政治多元化和工会多元化。[1] 1989 年 2~4 月，波兰政府、团结工会、天主教会和其他反对派代表举行圆桌会议，政府同意在团结工会保证遵守宪法、不成为政党、不破坏社会安定、不非法接受西方援助的条件下承认其合法存在，此外，还允诺实行议会民主，增设参议院，实行总统制。圆桌会议还规定了议会席位的分配比例。[2] 为使圆桌会议协议法律化，议会随即通过了宪法修正案、工会法修正案、议会选举法、参议院选举法、结社法和农会法等六项法案，团结工会也重新登记注册为合法组织，这从法律上为反对派与统一工人党分享权力提供了保证。

1989 年 6 月，议会选举举行，团结公民委员会[3]包揽了分配给反对派的全部众议院席位和参议院 100 个席位中的 99 席。7 月，经过各方的斗争与妥协，雅鲁泽尔斯基作为唯一的候选人以一票多数当选总统。[4] 雅鲁泽尔斯基当选总统后，辞去党内一切职务，米奇斯瓦夫·拉科夫斯基任统一工人党中央第一书记。雅鲁泽尔斯基提名统一工人党中央政治局委员、政府内务部部长切·基什查克出任总理。议会通过了对基什查克的总理任命，但团结工会不但拒绝加入统一工人

---

[1] 刘祖熙：《波兰通史》，商务印书馆，2006，第 544~545 页。

[2] 刘祖熙：《波兰通史》，商务印书馆，2006，第 545 页。

[3] 1989 年 4 月，公民委员会改名为团结公民委员会，为议会选举做准备。

[4] 张月明、姜琦：《政坛 10 年风云——俄罗斯与东欧国家政党研究》，上海社会科学院出版社，2005，第 51~52 页。

党领导的吸收议会各党派参加的大联合政府，而且拉拢统一农民党和民主党，使之脱离与统一工人党的联盟，并掀起罢工浪潮。基什查克组阁不成，被迫辞职。8月，雅鲁泽尔斯基提名团结工会顾问、《团结周刊》主编塔德乌什·马佐维耶茨基为总理候选人，获议会通过。9月，马佐维耶茨基宣誓就职。12月，议会通过宪法修正案，取消关于波兰是社会主义国家和统一工人党是政治领导力量等条款，改国名为波兰共和国。①

1990年1月，统一工人党举行第十一次全国代表大会，宣布终止活动，成立波兰共和国社会民主党和波兰共和国社会民主联盟。1990年底，瓦文萨取代雅鲁泽尔斯基成为波兰总统。

2. 匈牙利

紧随着波兰工潮，匈牙利拉开了剧变的大幕。

1988年5月，社会主义工人党召开全国代表会议，卡达尔·亚诺什辞去党的总书记职务，让位于格罗斯·卡罗伊，改任新设立的党主席一职，波日高伊·伊姆雷和涅尔什·雷热等党内激进派人物进入政治局。社会主义工人党改变了原有的立场，提出在坚持一党制的条件下实行社会主义多元化。6月，国内要求为1956年事件和纳吉·伊姆雷平反的呼声高涨，反对派借此向执政当局施压。8月，《集会法》和《结社法》草案公布，民主论坛等一批较有影响力的反对派组织登台亮相，它们鼓吹多党制，向社会主义工人党发起政治攻势。社会主义工人党的立场进一步变化。"自1988年10月起，卡达尔的继承者放弃了一党制的观点并开始准备在匈牙利实施准多元主义的政治体制。"②

1989年1月，《集会法》和《结社法》正式通过，确认了公民建立组织和举行和平集会、游行、示威的权利，为实行多党制提供了法律依据。2月，社会主义工人党中央全会决定实行多党制。3月，国民议会明确表示，新宪法将不再提匈牙利工人阶级政党在社会中的领导作用。5月，社会主义工人党宣布放弃民主集中制和任命制，免去卡达尔的党主席和中央委员的职务，涅尔什当选为党主席。6月，政府为纳吉举行了重新安葬仪式。6～9月，社会主义工人党效仿波兰

---

① 姜士林等主编《世界宪法全书》，青岛出版社，1997，第775页。
② Karen Dawisha and Bruce Parrott, ed., *The Consolidation of Democracy in East - Central Europe*, Cambridge：Cambridge University Press，1997，p. 114.

统一工人党，与各反对党派及社会团体举行三方圆桌会议，就"和平过渡"的实质问题达成协议，签署了有关修改宪法、刑法和刑事诉讼法，制定政党法和国会代表选举法，建立宪法法庭等多个法律草案。①

与此同时，社会主义工人党"越来越觉得铁幕是多余的"②。5月，匈牙利拆除了它与奥地利边界上的铁丝网，"这意味着'铁幕'时代的结束"③。9月，为缓解滞留匈牙利的民主德国公民的问题，经与联邦德国协商，匈牙利宣布其边境哨卡允许不愿回国的民主德国公民经匈牙利检查站前往西方。

10月，社会主义工人党举行第十四次非常党代表大会，宣布改名为社会党。紧接着，国民议会通过宪法修正案，对1949年颁布的《匈牙利人民共和国宪法》做出重大修改。国民议会主席、临时总统絮勒什·马加什宣布匈牙利共和国成立。

1990年3~4月，匈牙利举行议会选举，民主论坛名列第一，与独立小农党和基督教民主人民党组成联合政府，社会党沦为在野党，国家政权完全落入反对派手中。8月，《匈牙利共和国宪法》正式公布，取消社会主义工人党领导国家的规定，改行多党制，规定匈牙利共和国是独立、民主的法制国家，实行三权分立原则。④

3. 民主德国

奥匈边界的开放对民主德国具有颠覆性的影响。1989年5月以来，大量民主德国公民出逃，这"对长久以来已衰落的民主德国经济有巨大灾难性影响。在许多地区，公用事业和经济生产因缺乏人手而干脆停止。随着经济崩溃，留在民主德国的人们从事大规模示威反对他们的政权"⑤。9月，反对派组织——"新论坛"成立，并组织示威游行与执政当局对抗。10月，统一社会党召开十一届九中全会，埃里希·昂纳克辞去党的总书记、国务委员会主席和国防委员会主席职务。昂纳克的继任者埃贡·克伦茨开始实行改革措施，但没能平息示威浪

---

① 姜琦、张月明：《悲剧悄悄来临——东欧政治大地震的征兆》，华东师范大学出版社，2001，第91页。

② Olav Njølstad, *The Last Decade of the Cold War*, London, New York：Frank Cass Publishers, 2004, p. 227.

③ 〔英〕本·福凯斯：《东欧共产主义的兴衰》，张金鉴译，中央编译出版社，1998，第267页。

④ 姜士林等主编《世界宪法全书》，青岛出版社，1997，第1235页。

⑤ 〔美〕诺曼·里奇：《大国外交：从第一次世界大战至今》，时殷弘译，中国人民大学出版社，2015，第413页。

潮。11 月 7 日和 8 日，政府和统一社会党中央政治局成员先后集体辞职。

11 月 9 日，在民主德国电视台现场直播的新闻发布会上，统一社会党中央政治局委员君特·沙博夫斯基宣布永久离境和到西方的私人旅行可"不必事先提出（此前必需）申请"，民主德国官员将"即时"发布许可证。当被问到该规定何时生效时，沙博夫斯基回答说："马上，毫不拖延！"① 当夜，柏林墙被推倒。柏林墙的倒塌"标志着民主德国共产主义的迅速终结和日益高涨的德国统一运动的到来"②。11 月 17 日，组成以统一社会党中央政治局委员汉斯·莫德罗为总理、由 5 个党派参加的联合政府。12 月 1 日，人民议院通过修改宪法第一条的提案，删去关于民主德国受"工人阶级及其马克思列宁主义政党领导"的内容。③ 3 日，统一社会党将昂纳克等 12 名前中央领导人开除出党，中央委员会集体辞职。7 日，14 个党派、政治组织和社会团体的代表召开圆桌会议，着手制定宪法、选举法、结社法等法律草案。随后，统一社会党举行特别代表大会，改党名为统一社会党—民主社会主义党。1990 年 2 月，再次改党名为民主社会主义党。3 月，议会选举举行。以民主德国基督教民主联盟为主的德国联盟获胜。4 月，德国联盟联合其他政党上台执政，民主社会主义党沦为在野党。

4. 捷克斯洛伐克

"邻国波兰和匈牙利的形势发展一方面对胡萨克—雅克什政权是一个警告，另一方面对捷克斯洛伐克不断壮大的反对派是一个激励。"④ 1988 年 8 月、10 月、12 月和 1989 年 1 月，在苏联东欧 5 国出兵捷克 20 周年、捷克斯洛伐克独立 70 周年、联合国颁布《世界人权宣言》40 周年暨世界人权日和大学生扬·帕拉赫抗议苏军入侵自焚 20 周年之际，"七七宪章"等反对派在布拉格和其他大城市组织了示威游行。"整个 1989 年春、夏两季，非正式的网络和组织在全国各地涌现，希望模仿邻国局势：……到了 8 月，也就是马佐维耶茨基正在华沙敲定政府计划、匈牙利边界马上就要门户洞开的时候，捷克斯洛伐克首都突然到处都是

---

① Olav Njølstad, *The Last Decade of the Cold War*, London, New York: Frank Cass Publishers, 2004, p. 230; Terry Cox, ed., *Reflections on 1989 in Eastern Europe*, Oxon, New York: Routledge, 2013, p. 51.
② Terry Cox, ed., *Reflections on 1989 in Eastern Europe*, p. 53.
③ 李静杰总主编《十年巨变——中东欧卷》，中共党史出版社，2004，第 13 页。
④ 〔美〕威廉·M. 马奥尼：《捷克和斯洛伐克史》，陈静译，中国出版集团·东方出版中心，2013，第 234 页。

示威者，人们再一次走了出来，纪念对布拉格之春的颠覆。"① 这次示威得到了波兰和匈牙利反对派组织的声援。10 月 28 日，反对派利用捷克斯洛伐克独立 71 周年之机再次组织集会。

柏林墙倒塌 8 天后的 11 月 17 日，为纪念德国纳粹关闭捷克斯洛伐克高等学校和大学生扬·奥普列塔尔遇害 50 周年，布拉格大学生举行集会和示威游行。在"七七宪章"运动等反对派的支持下，示威活动蔓延全国。在这场政治风暴中，"七七宪章"运动联合其他反对派组织成立了公民论坛，斯洛伐克地区的反对派也成立了公众反暴力组织。随后，反对派多次举行抗议活动，捷克斯洛伐克共产党（以下简称捷共）步步退让。11 月 24 日，捷共中央召开非常全会，中央总书记米洛什·雅克什及中央主席团和书记处辞职，卡雷尔·乌尔班内克当选为总书记，组成了新的领导班子。26 日，捷共中央再次召开非常全会，进一步改组中央领导机构，并明确提出与公民论坛举行会谈。28 日，民族阵线中央和联邦政府代表团同公民论坛代表团就 12 月 3 日前组成多党联合政府、修改宪法中有关捷共领导地位的条款、实行自由选举和多党制、重新评价"布拉格之春"和谴责苏联侵捷等问题达成一致。② 29 日，联邦议会修宪，取消关于捷共领导地位的规定。12 月 1 日，捷共中央主席团做出为"布拉格之春"平反的决议。15日，捷共中央主席团决定从 12 月 31 日起中止捷共在一切国家重要部门的活动。20～21 日，捷共召开非常代表大会，通过《捷克斯洛伐克共产党关于争取民主社会主义社会的行动纲领》等文件。12 月底，"布拉格之春"时期的捷共中央第一书记亚历山大·杜布切克和公民论坛领导人瓦茨拉夫·哈维尔分别当选联邦议会主席和共和国总统。

1990 年 2 月，捷共中央全会决定开除原党和国家领导人古斯塔夫·胡萨克的党籍，取消军队、政府部门和学校中的捷共组织及州一级党的领导机构。4月，联邦议会通过宪法性法律，改国名为捷克和斯洛伐克联邦共和国。6 月，举行联邦议会选举，公民论坛和公众反暴力组织获胜，组成完全排除共产党的政府。

5. 保加利亚

雪球滚到了保加利亚。从 1989 年 5 月起，土耳其族人外逃引起社会动荡，

---

① 〔美〕托尼·朱特：《战后欧洲史》（下），林骧华、唐敏等译，新星出版社，2010，第 568 页。
② 孔寒冰：《东欧史》，上海人民出版社，2010，第 463 页。

"生态公开性"等反对派组织从秘密活动转向公开组织反政府的集会和游行示威。10 月，有 35 国参加的欧洲环保会议在保加利亚首都索菲亚召开，"生态公开性"组织游行并发起签名活动，要求向波兰和匈牙利学习，实行民主和政治多元化。保加利亚共产党（以下简称保共）中央政治局委员佩特尔·姆拉德诺夫辞去外交部部长职务，以抗议托多尔·日夫科夫继续执政，保共多数政治局委员也希望日夫科夫下台。柏林墙倒塌后不到 24 小时，11 月 10 日，保共中央委员会召开扩大会议，连续执政 30 多年的日夫科夫辞去党的总书记和国务委员会主席职务，由姆拉德诺夫接任。14 日，最高法院下令地方法院允许"生态公开性"登记注册，反对派组织迅速增多，并相继获得合法地位。12 月 7 日，"生态公开性"等 10 多个较大的反对派组织联合组成民主力量联盟。26 日，保共中央政治局同意与反对派举行圆桌会议。

1990 年 1 月 15 日，国民议会取消了宪法中关于保共领导地位的条款。1 月 30 日至 2 月 2 日，保共提前召开第十四次（特别）党代表大会，通过《保加利亚民主社会主义宣言》。3 月底，保共与反对派在圆桌会议上签署一系列文件。圆桌会议后，国民议会通过了宪法修改法、政党法和选举法，决定取消国务委员会，设立国家元首——共和国主席（总统）职位。① 4 月 3 日，保共中央总书记姆拉德诺夫当选保加利亚总统，保共也于同日改名为保加利亚社会党。6 月，国民议会选举举行，社会党获胜，组成以安德烈·卢卡诺夫为总理的政府。11 月，国民议会决定改国名为保加利亚共和国。1991 年 7 月，国民议会通过新宪法，规定保加利亚是实行议会管理的共和国，国家权力分为立法权、执行权和司法权，政治生活建立在政治多元化原则的基础上。②

然而，在民主力量联盟等反对派组织的攻击下，社会党仍无法坐稳江山。1990 年 7 月，姆拉德诺夫辞去总统职务。8 月，民主力量联盟主席热柳·热列夫当选总统。11 月，卢卡诺夫总理辞职。12 月，国民议会根据热列夫总统的提名，任命无党派人士迪米特尔·波波夫为总理，成立和平过渡政府。1991 年 10 月 13 日，再次举行国民议会选举，民主力量联盟获胜，社会党丧失执政地位。

6. 罗马尼亚

在一些国家发生剧变之时，罗马尼亚似乎风平浪静。1989 年 11 月，罗马尼

---

① 马细谱:《保加利亚史》，中国社会科学出版社，2011，第 288 页。
② 姜士林等主编《世界宪法全书》，青岛出版社，1997，第 749 页。

亚共产党（以下简称罗共）召开第十四次代表大会，尼古拉·齐奥塞斯库再次当选为党的总书记。但罗马尼亚国内民众对齐奥塞斯库的不满已经相当严重。早在 1987 年 11 月，在布拉索夫的游行中，示威者就喊出了"打倒独裁者""打死齐奥塞斯库"的口号。1989 年 3 月，6 名罗共元老联名发表公开信，抨击齐奥塞斯库的内外政策，呼吁他放弃错误做法。公开信的发表及其后 6 名元老被软禁，在罗马尼亚引起巨大震动，反齐、倒齐的传单不断增多，出现了救国阵线等秘密组织。此时保加利亚等国的变化在罗马尼亚引起强烈的反响，对罗马尼亚政局变动起了非常重要的作用。① 11 月，波兰团结工会顾问、《选举日报》主编米赫·尼克和团结工会联络部部长罗曼舍夫斯基与匈牙利和罗马尼亚的反对派一起开会商讨"反对齐奥塞斯库的斗争策略"，匈牙利官方报纸和民主德国的示威者也抨击罗马尼亚侵犯人权，要求齐奥塞斯库给罗马尼亚人民以自由。②

1989 年 12 月 16 日，在罗马尼亚蒂米什瓦拉市，数百名市民抗议政府驱逐持不同政见的匈牙利族神父拉斯洛·托克什。抗议活动很快发展为反政府游行，当局动用警察和保安部队进行干预，造成人员伤亡。示威者被打死打伤的消息传遍全国，"对当局的仇恨情绪在民众中，甚至在军队中迅速增长，这使得罗马尼亚军队变得也不再可靠了"③。19 ~ 20 日，蒂米什瓦拉市再次爆发大规模示威游行，事态愈益扩大，开始波及全国。20 日，齐奥塞斯库发表电视讲话，宣布在蒂米什瓦拉市实行紧急状态。21 日，齐奥塞斯库在布加勒斯特市中心的共和国广场召集群众集会，谴责蒂米什瓦拉市的冲突事件，但他的讲话没有像以往那样得到响应。集会结束后，在离罗共中央和罗马尼亚政府所在地不远的主要街道爆发了示威游行。22 日，军队倒戈，与支持齐奥塞斯库的保安部队展开巷战，游行群众包围总统府，占领了罗共中央委员会和政府大厦、电视台和电台，齐奥塞斯库夫妇出逃不成，被军队抓获。随后，救国阵线委员会接管政权。25 日，救国阵线委员会组成的特别军事法庭判处齐奥塞斯库夫妇死刑，立即执行。26 日，曾任罗共中央书记、1984 年因与齐奥塞斯库意见分歧被开除中央政治局和中央委

---

① 〔美〕胡安·J. 林茨、阿尔弗莱德·斯泰潘：《民主转型与巩固的问题：南欧、南美和后共产主义欧洲》，孙龙等译，浙江人民出版社，2008，第 372 页。

② 姜琦、张月明：《悲剧悄悄来临——东欧政治大地震的征兆》，华东师范大学出版社，2001，第 278 页。

③ 〔英〕本·福凯斯：《东欧共产主义的兴衰》，张金鉴译，中央编译出版社，1998，第 275 页。

员会的扬·伊利埃斯库当选救国阵线委员会主席。29 日，救国阵线委员会决定改国名为罗马尼亚。

7. 阿尔巴尼亚

剧变浪潮席卷而来，阿尔巴尼亚局势开始动荡。1990 年 2 月，首都地拉那发生支持民主化的静坐抗议。7 月，地拉那青年冲击外国驻阿使馆，以求移居国外，上万人游行示威，声援他们的行动。此后，大批阿尔巴尼亚人出逃，形成巨大的难民潮。10 月，地拉那、埃尔巴桑、科尔恰等地爆发大规模骚乱，参与者提出了改善经济状况、实现民主化和释放政治犯的要求，社会矛盾日渐激化。11 月，劳动党中央召开九届十二中全会，劳动党第一书记拉米兹·阿利雅建议修改宪法中关于"劳动党是国家唯一政治领导力量"的条款，为"思想多元化"创造更加有利的组织基础。[1] 12 月初，地拉那的大学生罢课并举行游行示威，要求建立独立的政治组织，推进政治民主化进程。一些城市发生骚乱。12 月 11 日，劳动党中央九届十三中全会同意学生的要求，准许成立持反对派立场的政党和团体。12 日，国内第一个反对党——民主党建立。17 日，人民议会主席团通过《关于成立政治组织和团体》的法令，多党制获得法律认可。19 日，司法部批准民主党为合法政党。反对党随之纷纷涌现。

1991 年 1 月，劳动党同意反对党的要求，将原定于 2 月 1 日举行的议会选举推迟到 3 月 31 日举行。在 3 月 31 日、4 月 7 日和 14 日分三轮进行的议会选举中，劳动党战胜民主党，组成一党政府。5 月，议会通过《宪法要则》，规定阿尔巴尼亚为议会共和国，改国名为阿尔巴尼亚共和国。[2]

劳动党组阁后，反对党立即发动强大攻势，逼劳动党下台。6 月初，存在还不到 1 个月的劳动党政府辞职。在新组成的"稳定国家政府"中，劳动党与民主党等反对党平分秋色，劳动党一党执政的历史结束。劳动党本身也发生了质的变化，在 6 月 10 ~ 13 日举行的第十次代表大会上劳动党更名为社会党。民主党继续展开夺权斗争，终于在 1992 年 3 月提前举行的议会选举中获胜，取代社会党执掌政权。

---

[1]　姜琦、张月明：《悲剧悄悄来临——东欧政治大地震的征兆》，华东师范大学出版社，2001，第 453 页。

[2]　姜士林等主编《世界宪法全书》，青岛出版社，1997，第 681 页。

二 德国统一和捷克斯洛伐克联邦解体

民主德国和捷克斯洛伐克联邦不仅抛弃了苏联模式的社会主义制度，就连国家本身也不复存在。只不过，"1992 年 12 月的天鹅绒分离导致两个独立的主权国家（捷克共和国和斯洛伐克）的出现，民主德国的终结则是前东德完全并入联邦共和国"[①]。

1. 德国统一

"德意志民主共和国一旦不再是共产主义东德了，要求德国重新统一的压力便开始增长。"[②] 1989 年 11 月 17 日，莫德罗上任伊始便发表政府声明，宣称两个德国的社会制度虽大不相同，但有着数百年之久的共同历史，民主德国政府愿意扩大同联邦德国的合作并将合作提高到一个新阶段，并为此主张通过一种条约共同体确立两个德国的责任共同体。[③] 11 月 28 日，联邦德国总理赫尔穆特·科尔提出关于德国统一的"十点纲领"，他的设想是：先由民主德国举行自由选举，然后发展两个德国之间的"邦联结构"，最终建立全德国的联邦体制。[④] 与此同时，民主德国的示威者也发出了要求德国统一的呼声。"1989 年 10 月，莱比锡的示威者们呼喊的口号是'我们是人民'（We are the people）。到了 1990年，人群呼喊的口号发生了一点微妙的变化，成了'我们是一个民族'（We are one people）。""到 1990 年 1 月，问题已经不再是要走出社会主义（更不用提'改革'社会主义了），而是变成了走进西德。"[⑤] 1990 年 2 月 1 日，莫德罗提出实现德国统一的"四阶段方案"，除强调统一后的德国应中立或非军事化外，该方案与科尔的"十点纲领"区别不大。[⑥] 随着两个德国把统一问题提上日程，美国、苏联、英国和法国也参与德国统一议程[⑦]。3 月，在联邦德国的支持甚至公

---

① Vladimir Tismaneanu, ed., *The Revolutions of* 1989, London, New York：Routledge 1999, p. 9.

② 〔美〕R. R. 帕尔默、乔·科尔顿、劳埃德·克莱默：《冷战到全球化：意识形态的终结？》，牛可、王晟、董正华等译，世界图书出版公司，2011，第 209 页。

③ 潘琪昌：《走出夹缝——联邦德国外交风云》，中国社会科学出版社，1990，第 328 页。

④ Olav Njølstad, *The Last Decade of the Cold War*, London, New York：Frank Cass Publishers, 2004, p. 59.

⑤ 〔美〕托尼·朱特：《战后欧洲史》（下），林骧华、唐敏等译，新星出版社，2010，第 566 页。

⑥ 方连庆、王炳元、刘金质主编《国际关系史（战后卷）》下册，北京大学出版社，2006，第781 页。

⑦ 有关"2 + 4"谈判和苏联在德国统一进程中所起的作用，详见第二节。

开操纵下，以民主德国基督教民主联盟为主的德国联盟在民主德国议会选举中获胜。① 德国统一步入快车道。

4 月起，两个德国的内政、财政、劳工、农业、交通、邮电、环境和发展援助等部的部长以及政府总理分别举行会晤。5 月 18 日，两个德国政府签订关于建立两德货币、经济和社会联盟的第一个《国家条约》，建立货币联盟、经济联盟和社会联盟。② 8 月 31 日，双方又签订第二个《国家条约》，规定：两德和平自主地通过民主与自决的方式实现统一，民主德国将在同年 10 月 3 日加入联邦德国；为统一行政区划，民主德国应恢复 1952 年 7 月前的五个州建制，东西柏林合并成一个州；统一后的德国首都为柏林。③ 9 月 12 日，两德和美国、苏联、英国和法国签署《最后解决德国问题的条约》，解决了与德国统一相关的"外部"问题。④ 10 月 3 日，民主德国正式并入联邦德国，分裂 40 余年的德国实现了统一。

2. 捷克和斯洛伐克联邦共和国解体

捷克斯洛伐克剧变后，"民主和资本主义被坚决地提上了日程，民族主义也是一样。捷克欲快速转向西方式经济，而斯洛伐克更主张国家对经济部门的所有权和福利国家。这反映了两个共和国不同的经济结构和斯洛伐克相对落后的状况。在此之上，在语言和历史遗产等文化方面的不同在自由民主条件下更为突出。但决定性的事实是，当拥有了自由选举的权利时，捷克族和斯洛伐克族归在了民族主义和社会议程互不兼容的政党旗下"⑤。剧变中出现的反对党派分别在捷克或斯洛伐克活动，捷共也在 1989 年 12 月举行的非常代表大会上决定改变长期以来只在斯洛伐克设置地区性党组织的状况，建立与斯洛伐克共产党平行的捷克和摩拉维亚共产党。⑥ 1990 年大选时，捷共是唯一一个进入联邦议会和两个共

① 方连庆、王炳元、刘金质主编《国际关系史（战后卷）》下册，北京大学出版社，2006，第 781 ~ 782 页。

② 郑寅达：《德国史》，人民出版社，2014，第 489 ~ 490 页。

③ 郑寅达：《德国史》，人民出版社，2014，第 490 页。

④ 方连庆、王炳元、刘金质主编《国际关系史（战后卷）》下册，北京大学出版社，2006，第 783 页。

⑤ James G. Kellas, *The Politics of Nationalism and Ethnicity*, New York: St. Matin's Press, 1998, p. 147.

⑥ 张月明、姜琦：《政坛 10 年风云——俄罗斯与东欧国家政党研究》，上海社会科学院出版社，2005，第 122 ~ 123 页。

和国民族议会的联邦层面上的政党。到1992年大选时，这个党不再以统一政党的面目出现，而分别以捷克和摩拉维亚共产党、斯洛伐克民主左派党①的名义参选。更为重要的是，在这两次大选中获胜并执掌政权的是来自捷克的公民论坛及由其发展而来的公民民主党和来自斯洛伐克的公众反暴力及由其发展而来的争取民主斯洛伐克运动。公民民主党拥护一个更紧密的联邦，争取民主斯洛伐克运动则声称代表斯洛伐克民族利益，要求建立权力更分散的邦联。

1992年大选后，公民民主党和争取民主斯洛伐克运动就解体达成协议。7月2日，组成过渡性质的联邦政府。7月3日，进行总统选举，哈维尔竞选连任失利，总统职位空缺。7月17日，斯洛伐克民族议会以113票比24票的投票结果通过《斯洛伐克独立宣言》。② 9月1日，斯洛伐克民族议会通过《斯洛伐克宪法》，并于9月3日颁布。该法第一条规定："斯洛伐克共和国是独立自主的、民主和法制的国家。"③ 10月8日，联邦议会通过《权限法》。11月25日，联邦议会通过《捷克和斯洛伐克联邦共和国解体法》，确定联邦将于12月31日自动解散。12月16日，捷克民族议会通过《捷克共和国宪法》，其第一条规定："捷克共和国是建立在尊重每个人和每个公民的权利和自由基础之上的主权、统一和民主的法制国家。"④ 1993年1月1日，捷克和斯洛伐克和平分手，各自成为独立国家。

三 南斯拉夫联邦的剧变与解体

与实行苏联模式的其他东欧国家不同，南斯拉夫联邦在苏南冲突后被孤立于社会主义阵营之外，不得不独辟蹊径，"成为第一个敢于违抗苏联控制的共产党统治的国家，由此也成为第一个、并且多年来还是唯一的一个敢于脱离苏联的模式进行实验的国家"⑤。南斯拉夫联邦的社会主义自治道路从纠正苏联模式高度

---

① 1990年10月，斯洛伐克共产党改名为斯洛伐克共产党—民主左派党，1991年1月又改名为民主左派党。

② 〔美〕威廉·M.马奥尼：《捷克和斯洛伐克史》，陈静译，中国出版集团·东方出版中心，2013，第251页。

③ 姜士林等主编《世界宪法全书》，青岛出版社，1997，第1152～1153页。

④ 姜士林等主编《世界宪法全书》，青岛出版社，1997，第938页。

⑤ 〔美〕丹尼森·拉西诺：《南斯拉夫的实验：1948—1974》，瞿蔼堂等译，上海译文出版社，1980，序第1页。

集权的状况出发，却走入了放权的误区。联邦各成员国在各自共产主义联盟（简称共盟）的领导下自行其是，地方主义和民族主义泛滥。南联邦的剧变因而颇为与众不同，南共联盟裂变、各共和国共盟易帜及在某些国家的下台与南联邦解体交织在一起，最终把南联邦的大部分地区推进战争的深渊。

1988 年底 1989 年初，斯洛文尼亚、克罗地亚等地出现了反对派组织，一些地方爆发了声势浩大的抗议集会和示威游行，要求取消南共联盟的引导作用，确立政治多元化和多党制。斯洛文尼亚共盟和克罗地亚共盟开始接受多党制的主张。1989 年 3 月，塞尔维亚通过宪法修正案，取消科索沃和伏伊伏丁那两个自治省的自治地位。"虽然塞尔维亚只是单方面执行了这部宪法的这一规定，然而这一变化却强有力地助长了斯洛文尼亚和克罗地亚的分裂主义倾向。"① 1989 年 7 月，斯洛文尼亚议会制定了要求斯洛文尼亚享有主权与自决权的宪法修正案草案，并不顾南共联盟和联邦议会搁置讨论宪法修正案的意见，于 9 月通过了这个修正案。

10 月，南共联盟中央全会通过《政治体制改革提纲》，决定放弃一党垄断，把多党制引入政治生活。12 月，克罗地亚和斯洛文尼亚共盟相继召开代表大会，支持建立多党制，斯洛文尼亚共盟还主张把南共联盟变为各共和国共盟组成的联盟，即所谓"联盟的联盟"。在 1990 年 1 月南共联盟第十四次非常代表大会上，斯洛文尼亚共盟的这一主张遭到与会大多数代表的否决，斯洛文尼亚代表团离会，大会被迫休会。5 月，十四大续会在斯洛文尼亚、克罗地亚和马其顿共盟缺席的情况下召开，大会决定 9 月举行民主纲领复兴代表大会，成立新党。但因意见分歧，民主纲领复兴代表大会未能如期举行，南共联盟实际上已丧失了作为一个统一组织活动的能力。1991 年 1 月，民主纲领复兴代表大会筹备委员会决定停止工作，南共联盟分崩离析。

几乎与此同时，各共和国共盟改头换面，分别改名为斯洛文尼亚共盟—民主复兴党、克罗地亚共盟—民主改革党、马其顿共盟—民主改造党、波黑共盟—社会民主党、黑山社会主义者民主党，塞尔维亚共盟和社盟则合并成立了社会党。斯洛文尼亚、克罗地亚、马其顿②和波黑很快就相继去掉了其名称中的"共盟"字样。此后不久，斯洛文尼亚民主复兴党、克罗地亚民主改革党和马其顿民主改

---

① 〔英〕本·福凯斯：《东欧共产主义的兴衰》，张金鉴译，中央编译出版社，1998，第 279 页。
② 2019 年 1 月 11 日，马其顿议会通过宪法修正案，将国名改为"北马其顿共和国"。

造党再度分别改名为斯洛文尼亚社会民主主义者联合名单、克罗地亚社会民主党和马其顿社会民主联盟。带有强烈民族主义色彩的反对党派，如斯洛文尼亚民主反对派、克罗地亚民主共同体和马其顿内部革命组织民族统一民主党等在共和国范围内形成和发展，波黑共和国的民主行动党、塞尔维亚民主党和克罗地亚民主共同体则分别围绕波什尼亚克族、塞尔维亚族和克罗地亚族建立。这些反对党派要求民族独立，不仅对社会主义自治制度构成挑战，而且威胁着南斯拉夫联邦的生存。

1990 年 4 月，斯洛文尼亚同时举行主席团和议会选举，共盟—民主复兴党候选人米兰·库昌当选共和国主席团主席，民主反对派则在议会选举中获胜。随后，各共和国接二连三举行大选，而本应于 4 月举行的南联邦议会选举被一拖再拖。在 4 月底 5 月初的克罗地亚议会选举中，克罗地亚民主共同体赢得胜利。5 月，议会选举克罗地亚民主共同体领导人弗拉尼奥·图季曼为斯洛文尼亚主席团主席。在 11 月的马其顿议会选举中，马其顿内部革命组织民族统一民主党战胜共盟—民主改造党，名列第一。在 11 月和 12 月的波黑大选中，三个民族主义政党——民主行动党、塞尔维亚民主党和克罗地亚民主共同体分列议会前三位，主席团成员也出自这三个政党。唯有在 12 月的塞尔维亚和黑山两个共和国大选中，塞尔维亚社会党和黑山共盟保住了执政地位。

南共联盟的分裂和共和国大选的进行加速了南斯拉夫联邦的解体。1990 年 7 月，斯洛文尼亚议会发表了关于斯洛文尼亚共和国主权的宣言，宣布斯洛文尼亚的政治经济法律制度以斯洛文尼亚共和国的宪法和法律为依据，南联邦法律只有在与斯洛文尼亚宪法和法律不矛盾时才在斯洛文尼亚有效。[1] 12 月，斯洛文尼亚议会通过举行全民公决的法律并就共和国独立问题举行全民公决，绝大多数选民赞成斯洛文尼亚独立。[2] 从 1991 年 1 月起，南斯拉夫联邦主席团召开扩大会议，磋商联邦的国家结构形式问题，但各方尖锐对立，无法形成一致意见。5 月，克罗地亚就独立问题举行全民公决，绝大多数投票者同意成立独立的主权国家。[3] 1991 年 6 月，斯洛文尼亚和克罗地亚议会统一行动，通过决议，脱离南斯拉夫联邦，成为独立国家。紧接着，马其顿和波黑分别举行全民公决，并分别于

---

[1] 汪丽敏编著《列国志·斯洛文尼亚》，社会科学文献出版社，2006，第 84 页。
[2] 汪丽敏编著《列国志·斯洛文尼亚》，社会科学文献出版社，2006，第 85 页。
[3] 左娅编著《列国志·克罗地亚》，社会科学文献出版社，2007，第 92 页。

1991 年 11 月和 1992 年 3 月宣布独立。1992 年 4 月，南联邦中仅存的塞尔维亚和黑山两个共和国联合组成南斯拉夫联盟共和国（以下简称南联盟），南斯拉夫联邦一分为五。

随着联邦国家的解体，这一地区陷入战争之中。1991 年 6 月，联邦政府不承认斯洛文尼亚独立，南斯拉夫人民军与斯洛文尼亚地方防御部队进行了"十日战争"。克罗地亚独立后，国内塞尔维亚族与克罗地亚族的冲突不断升级，并因支持塞族的南斯拉夫人民军的卷入而愈演愈烈。虽然自 1992 年 1 月第 15 个停火协议签署以来，战事逐渐平息，但塞族聚居区的地位和归属问题仍悬而未决，塞、克两族的摩擦和冲突时有发生。1995 年 5 月和 8 月，克罗地亚政府发动两场闪电战，收复了大部分塞族聚居区。直到 1998 年 1 月，克罗地亚才实现了领土完整和国家统一。波黑独立后，波什尼亚克族、克罗地亚族和塞尔维亚族同室操戈，激烈混战。直到 1995 年 11 月，《代顿协议》草签①，燃烧了 3 年多的战火才得以熄灭。

然而，南斯拉夫的解体进程并未结束，战争也未就此停止。科索沃地区阿尔巴尼亚族的独立呼声日益高涨，他们与南联盟的矛盾难以调和。自 1998 年初起，双方大动干戈。1999 年 3～6 月，以美国为首的北约对南联盟实施空中打击。战争结束后，科索沃地位问题久拖不决，地区形势依然紧张。2008 年 2 月，科索沃议会通过《科索沃独立宣言》，单方面宣布独立。

马其顿国内马其顿族与阿尔巴尼亚族的矛盾加剧。2001 年 2 月，马其顿和南联盟签署边界协定，引起科索沃阿族极端分子的不满。受科索沃阿族极端分子支持的马其顿阿族非法武装民族解放军与马其顿安全部队发生武装冲突。8 月，马、阿两族主要政党签署《奥赫里德框架协议》。随后，民族解放军放下武器，宣布解散。

塞尔维亚与黑山的分歧日渐严重。2002 年 3 月，塞尔维亚和黑山达成协议，宣布将建立名为塞尔维亚和黑山的国家共同体，给予黑山在 3 年后就其地位进行公决的权利。2003 年 1 月底 2 月初，塞尔维亚和黑山正式成立，南斯拉夫联盟共和国不复存在。2006 年 5 月，黑山就独立问题举行全民公决，多数公民赞成独立。6 月，黑山成为主权国家。

---

① 1995 年 12 月在巴黎举行正式签字仪式。

在实行苏联模式社会主义制度的绝大多数东欧国家，剧变以滚雪球的方式接二连三地发生。如美国学者塞缪尔·亨廷顿所说："最戏剧性的滚雪球效应发生在东欧。一旦苏联默认、也许甚至鼓励非共产党人士 1989 年 8 月在波兰掌权，民主化的浪潮一下子横扫了东欧，先是 9 月份涌入匈牙利，10 月份到了东德，11 月份到了捷克斯洛伐克和保加利亚，12 月份到了罗马尼亚。"① 雪球之所以能够滚起来，主要在于这些国家属于苏东集团、实行苏联模式，苏联政策的变动对于它们的发展至关重要。至于阿尔巴尼亚，虽在 20 世纪 60 年代与苏联断交并退出华沙条约组织，但由于与其他国家一样实行苏联模式，后者对苏联模式的抛弃易于对它产生示范作用。也正是因为多数东欧国家属于苏东集团、实行苏联模式，它们的剧变导致了苏东集团的解体，鼓励了苏联本身的变化，对冷战的结束并连同南斯拉夫联邦的剧变和解体一起对冷战结束后的国际格局产生直接影响。

第二节　苏联改革和"新思维"与东欧剧变

正如《冷战的最后十年》一书所说："即使我们承认欧洲，特别是其中东部地区各民族是冷战结束的重要参与者，我们也不可能否认冷战结束进程的主要动力来自更遥远的东方。"② 苏联改革和"新思维"对作为其"卫星国"的东欧国家来说，具有非同一般的意义。

一　苏联改革和"新思维"

1985 年戈尔巴乔夫上台之时，苏联已与美国冷战了近 40 年。长期的对抗和争霸、不断的对外扩张、日益升级的军备竞赛不仅造成苏联在国际上的孤立，而且使其经济结构严重畸形，经济发展不堪重负，加之经济改革止步不前，以致经济增长乏力，社会状况恶化，人民生活水平得不到应有的提高。为减轻军费负担，改变国际形象，摆脱社会经济的停滞状态，戈尔巴乔夫着手改革苏联的经济和政治体制，并在"新思维"的基础上制定苏联的对外政策。

---

① 〔美〕塞缪尔·亨廷顿：《第三波：20 世纪后期民主化浪潮》，刘军宁译，上海三联书店，1998，第 117 页。

② Olav Njølstad, *The Last Decade of the Cold War*, London, New York：Frank Cass Publishers, 2004, p. xii.

1. 经济和政治体制改革

1985 年 3 月，戈尔巴乔夫在他当选为苏联共产党（以下简称苏共）中央委员会总书记的苏共中央全会上表示："我们要力求在国民经济转入集约化发展轨道方面取得决定性的转折。我们应当，而且必须在短时期内占领最先进的科学技术阵地，使社会劳动生产率达到世界最高水平。"[1] 接着，苏共中央政治局讨论并提出动员全国力量实现经济集约化和加速社会经济发展的任务。[2] 4 月，戈尔巴乔夫在苏共中央全会上指出："只要把经济集约化和加速科技进步置于我们整个工作的中心，改革管理和计划工作以及结构政策和投资政策，普遍提高组织性和纪律性，根本改进工作作风，那么，加快增长速度，而且是大大加快增长速度的任务是完全能够实现的。"[3] 戈尔巴乔夫认为："这次全会标志着转向新的战略方针，转向改革，给改革的构想提供了依据。"[4] 6 月，苏共中央召开关于加速科学技术进步问题的会议，将加速科学技术进步的问题放到党的整个政治工作、组织工作和教育工作的中心位置。[5] 8 月，苏共中央和苏联部长会议做出关于加速发展机器制造业的决议。[6] 1986 年 2 ~ 3 月，苏共举行第二十七次代表大会，制定了加速国家社会经济发展的战略性构想和实施这一构想的实际步骤。"党的战略方针是：向有极高组织程度和效益的经济过渡，这种经济应有全面发达的生产力，成熟的社会主义生产关系和理顺的经济机制。"[7] 1987 年 6 月，苏共中央全会批准了《根本改革经济管理的基本原则》和《国营企业（联合公司）法》草案。同月，最高苏维埃通过《国营企业（联合公司）法》，规定该法自 1988 年 1

[1] 《在苏共中央全会上的讲话（1985 年 3 月 11 日）》，《戈尔巴乔夫言论选集（1984—1986 年）》，苏群译，人民出版社，1987，第 39 页。

[2] 左凤荣：《戈尔巴乔夫改革时期》，人民出版社，2013，第 112 页。

[3] 《召开苏共例行第二十七次代表大会及有关筹备和举行代表大会的任务（1985 年 4 月 23 日在苏共中央全会上的报告）》，《戈尔巴乔夫言论选集（1984—1986 年）》，苏群译，人民出版社，1987，第 47 ~ 48 页。

[4] 〔苏〕米·谢·戈尔巴乔夫：《改革与新思维》，苏群译，新华出版社，1987，第 20 页。

[5] 《党的经济政策的根本问题（1985 年 6 月 11 日在苏共中央关于加速科学技术进步问题会议上的报告）》，《戈尔巴乔夫言论选集（1984—1986 年）》，苏群译，人民出版社，1987，第 86 ~ 116 页。

[6] 左凤荣：《戈尔巴乔夫改革时期》，人民出版社，2013，第 114 页。

[7] 《苏联共产党第二十七次代表大会关于苏共中央委员会政治报告的决议（1986 年 3 月 1 日通过）》，辛华编译《苏联共产党第二十七次代表大会主要文件汇编》，人民出版社，1987，第 135 ~ 136 页。

月 1 日起生效。7 月，有关计划、价格、财政、银行、物资技术供应体制改革等决议出台。戈尔巴乔夫宣称："苏共六月全会及其各项决议完成了建立当前的社会主义经济模式的工作。"①

几乎与此同时，戈尔巴乔夫还倡导公开性和民主化。他认为："公开性、批评和自我批评，并不是一时的运动。这些东西一经宣布，就应该成为苏联生活方式的准则。没有这些东西，任何根本的改造都是不可能的。没有公开性，就没有也不可能有民主。而没有民主，就没有也不可能有现代社会主义。"② 在苏共二十七大上，戈尔巴乔夫指出："民主，这是新鲜的清洁空气，社会主义社会的机体只有在这种空气中才能朝气勃勃地生活。"③ "扩大公开性的问题对我们来说是原则性的问题。这是个政治问题。"④ 1987 年 1 月，在苏共中央全会上，戈尔巴乔夫再次强调："改革——这就是依靠群众活生生的创造力；这就是全面发扬民主和开展社会主义自治，鼓励主动精神和首创精神，加强纪律和秩序，扩大社会生活各个领域的公开性、批评与自我批评；这就是大力提倡尊重人的价值与人格。"⑤

让戈尔巴乔夫始料不及的是，经济改革实施时间不长，便出现了变形和"空转"，未能根本改变原有的经济体制和经济运行机制，也未能阻止经济增长速度下降的趋势。⑥ 公开性和民主化打开了禁锢已久的思想阀门，各种思潮泛滥，造成苏共党内乃至全社会的思想混乱。⑦ 在经济改革受阻、社会思想混乱的情况下，1988 年 6～7 月，苏共召开第十九次全国代表会议，宣告全面转向政治体制改革，改革的最终目的是"全面充实人权，提高苏联人的社会积极性"，是

---

① 〔苏〕米·谢·戈尔巴乔夫：《改革与新思维》，苏群译，新华出版社，1987，第 105 页。
② 〔苏〕米·谢·戈尔巴乔夫：《改革与新思维》，苏群译，新华出版社，1987，第 95 页。
③ 《苏联共产党中央委员会向苏共第二十七次代表大会提出的政治报告 苏共中央总书记米·谢·戈尔巴乔夫（1986 年 2 月 25 日）》，辛华编译《苏联共产党第二十七次代表大会主要文件汇编》，人民出版社，1987，第 73 页。
④ 《苏联共产党中央委员会向苏共第二十七次代表大会提出的政治报告 苏共中央总书记米·谢·戈尔巴乔夫（1986 年 2 月 25 日）》，辛华编译《苏联共产党第二十七次代表大会主要文件汇编》，人民出版社，1987，第 80 页。
⑤ 《关于改革和党的干部政策 在苏共中央全会上的报告（1987 年 1 月 27 日）》，辛华编译《苏联共产党第二十七次代表大会主要文件汇编》，人民出版社，1987，第 133～134 页。
⑥ 陆南泉、姜长斌、徐葵、李静杰主编《苏联兴亡史论》，人民出版社，2002，第 701～702 页。
⑦ 陆南泉、姜长斌、徐葵、李静杰主编《苏联兴亡史论》，人民出版社，2002，第 710～716 页。

一种"民主的、人道的社会主义"。①

2. "新思维"和对外政策变化

正如戈尔巴乔夫所说："每个国家对外政策与国内政策的有机联系，在转折时期变得特别密切和具有实际意义。国内方针的变化必然要对对外政策问题采取新态度。因此，目前在改革的条件下，比以往任何时候都明显而具体地显示出，我们在国内的活动和在世界舞台上的活动的目的是一致的。苏联对外政策的新构想及其纲领性方针和实际步骤，都是改革的哲理、纲领和实践的真实而直接的表现。"② 随着苏联国内的改革，戈尔巴乔夫反思和调整了对外政策。在"第二十七次代表大会上提出了世界是一个充满矛盾的，但又是相互联系、相互依赖的，实质上是一个整体的世界的构想。……在这一基础上制定自己的对外政策。……用说到就做到的声明和具体的行动确立了新的政治思维"③。

第一，"新思维"的基本原则是："核战争不可能成为达到政治、经济、意识形态及任何目的的手段。……在全球性的核冲突中，既没有胜利者，也没有失败者，但世界文明将不可避免地被摧毁。这甚至不是通常所理解的战争，而是自杀。"④ 因此，"过去曾作为一种经典公式的克劳塞维茨公式——战争是政治以另一种方式的继续——已经过时了。……在历史上第一次迫切需要把社会的道德伦理标准作为国际政治的基础，使国际关系人性化，人道主义化"⑤。

第二，"新思维"承认的公理是："安全是不能分割的。"⑥ 因此，要"承认各国人民和各个国家的利益，承认它们在国际生活中的平等地位"；"要使自己的安全与国际社会所有成员同样的安全结合起来"；⑦ "承认各国人民有权选择自己的社会发展道路，不干涉他国内政，尊重其他国家"；"不应把意识形态分歧搬到国家关系中来，使对外政策服从于意识形态分歧"；"除了消除核

① 《关于苏共二十七大决议的执行情况和深化改革的任务——米·谢·戈尔巴乔夫在苏共第十九次全国代表会议上的报告》，陆南泉、姜长斌、徐葵、李静杰主编《苏联兴亡史论》，人民出版社，2002，第735页。
② 〔苏〕米·谢·戈尔巴乔夫：《改革与新思维》，苏群译，新华出版社，1987，第164页。
③ 〔苏〕米·谢·戈尔巴乔夫：《改革与新思维》，苏群译，新华出版社，1987，第174~175页。
④ 〔苏〕米·谢·戈尔巴乔夫：《改革与新思维》，苏群译，新华出版社，1987，第177页。
⑤ 〔苏〕米·谢·戈尔巴乔夫：《改革与新思维》，苏群译，新华出版社，1987，第177页。
⑥ 〔苏〕米·谢·戈尔巴乔夫：《改革与新思维》，苏群译，新华出版社，1987，第179页。
⑦ 〔苏〕米·谢·戈尔巴乔夫：《改革与新思维》，苏群译，新华出版社，1987，第179页。

威胁之外，解决包括经济发展和生态问题在内的所有其他全球性问题"。①

第三，"新思维的核心是承认全人类的价值高于一切，更确切地说，是承认人类的生存高于一切"②。因此，"不能继续保留把不同社会制度国家和平共处视为'阶级斗争的特殊形式'这一提法了"③。"在更加可怕的危险面前，属于不同社会制度的国家也可以并且应当为了和平和解决全人类的全球任务进行合作。"④ "资本主义国家和社会主义国家之间在经济、政治和意识形态方面的竞赛……能够并且应当控制在必须以合作为前提的和平竞赛范围内。"⑤

在上述认识的基础上，戈尔巴乔夫提出苏联对社会主义国家、第三世界、欧洲和美国政策的新构想，采取了不同以往的措施。

在对社会主义国家政策上，一方面，戈尔巴乔夫肯定社会主义国家采用苏联模式的"客观必要性"及苏联"经验和援助"的"有利"作用⑥，宣称"执政的共产党的相互协作是社会主义国家政治合作的核心"⑦，主张延长华沙条约期限，加快经互会内部的一体化进程。另一方面，他承认："苏联的许多经验是在不考虑这个或那个国家特点的情况下被照搬过去的。更为糟糕的是，这种公式化的态度被我们的一些理论家，特别是实践家从意识形态上加以'论证'，他们似乎成了真理的唯一捍卫者。他们不考虑问题的新变化，也不考虑各个社会主义国家的特点，而是常常对它们的探索表示怀疑。"⑧ 结果，"在社会主义国家的关系中也出现了严重的不协调现象"⑨。为改变这种状况，"一定要在完全自主的基础上建立社会主义国家之间的整个政治关系体系"⑩。基于这些认识，苏联逐步实现了与中国关系的正常化。更为重要的是，苏联给作为其"卫星国"的东欧国家松绑，让它们自主解决自己的问题，这在相当大的程度上推动了这些国家局势的演变。

在对第三世界政策上，戈尔巴乔夫呼吁"承认'第三世界'各国人民有权

---

① 〔苏〕米·谢·戈尔巴乔夫：《改革与新思维》，苏群译，新华出版社，1987，第180页。
② 〔苏〕米·谢·戈尔巴乔夫：《改革与新思维》，苏群译，新华出版社，1987，第184页。
③ 〔苏〕米·谢·戈尔巴乔夫：《改革与新思维》，苏群译，新华出版社，1987，第185页。
④ 〔苏〕米·谢·戈尔巴乔夫：《改革与新思维》，苏群译，新华出版社，1987，第186页。
⑤ 〔苏〕米·谢·戈尔巴乔夫：《改革与新思维》，苏群译，新华出版社，1987，第187页。
⑥ 〔苏〕米·谢·戈尔巴乔夫：《改革与新思维》，苏群译，新华出版社，1987，第206页。
⑦ 〔苏〕米·谢·戈尔巴乔夫：《改革与新思维》，苏群译，新华出版社，1987，第211页。
⑧ 〔苏〕米·谢·戈尔巴乔夫：《改革与新思维》，苏群译，新华出版社，1987，第206~207页。
⑨ 〔苏〕米·谢·戈尔巴乔夫：《改革与新思维》，苏群译，新华出版社，1987，第208页。
⑩ 〔苏〕米·谢·戈尔巴乔夫：《改革与新思维》，苏群译，新华出版社，1987，第210页。

自行处理事务"①。"不能把地区冲突变成两种制度，特别是苏联和美国对抗的舞台"②，美国应与苏联一起"寻求解决'第三世界'各种问题的途径"③。苏联开始着手解决阿富汗问题。1988年2月，戈尔巴乔夫宣布从阿富汗撤军。4月，阿富汗与巴基斯坦签订了由苏联、美国予以保证的解决阿富汗问题的日内瓦协议，苏联国防部部长签署命令，从1988年5月15日到1989年2月15日全部撤回驻扎在阿富汗的苏联军队④。

在对欧洲政策上，戈尔巴乔夫提出"欧洲共同大厦"的构想。"欧洲的确是我们共同的大厦，在这里，地理和历史把几十个国家及其人民的命运紧密地联结在一起。当然，其中每个国家的人民都有各自的问题，都希望按自己的方式生活，都希望坚持自己的传统。……但是，要保护好这座大厦，使之免受火灾或其他灾难，使之更舒适、更安全，保持大厦中应有的秩序，欧洲人就只能共同作出努力，遵守公共生活的各项合理准则。"⑤"应该通过共同的努力使事情从对抗和军事角逐转到和平共处和互利合作的轨道上来。只有这样认识问题，我们的欧洲才能成为一个整体。"⑥为此，苏联致力于改善与法国、英国和联邦德国等欧洲国家的关系。法国是戈尔巴乔夫上台后出访的第一个西欧国家，戈尔巴乔夫还多次与英国首相撒切尔夫人会面。1988年10月，联邦德国总理科尔访问苏联，两国达成把双边关系提高到新阶段的共识。⑦此外，1988年6月，经互会与欧洲共同体建立了外交关系。1989年1月，欧安会第三次续会的与会国在戈尔巴乔夫推动下签署《维也纳最后文件》，规定华约和北约放弃彼此抗衡和力图削弱对方的立场，谋求在低水平的均势中维护欧洲的和平与稳定。⑧

在对美国政策上，戈尔巴乔夫指出："在有核武器的世界上，利用核武器来解决苏美之间存在的问题的任何企图都意味着自杀。"⑨因此，"决不需要把美国

① 〔苏〕米·谢·戈尔巴乔夫：《改革与新思维》，苏群译，新华出版社，1987，第228页。
② 〔苏〕米·谢·戈尔巴乔夫：《改革与新思维》，苏群译，新华出版社，1987，第226页。
③ 〔苏〕米·谢·戈尔巴乔夫：《改革与新思维》，苏群译，新华出版社，1987，第244页。
④ 左凤荣：《戈尔巴乔夫改革时期》，人民出版社，2013，第436~437页。
⑤ 〔苏〕米·谢·戈尔巴乔夫：《改革与新思维》，苏群译，新华出版社，1987，第251~252页。
⑥ 〔苏〕米·谢·戈尔巴乔夫：《改革与新思维》，苏群译，新华出版社，1987，第250页。
⑦ 左凤荣：《戈尔巴乔夫改革时期》，人民出版社，2013，第453、467页。
⑧ 左凤荣：《戈尔巴乔夫改革时期》，人民出版社，2013，第454页。
⑨ 〔苏〕米·谢·戈尔巴乔夫：《改革与新思维》，苏群译，新华出版社，1987，第285页。

作为一个'敌人形象'"①，应"尊重美国人民的主权"②，"寻求苏美关系正常化的途径，寻找和扩大共同点，以便最终实现友好关系"③。苏联放弃了与美国的军备竞赛，努力缓和与美国的关系。1985 年 7 月，苏联宣布从 8 月 6 日起单方面停止核试验。④ 11 月，戈尔巴乔夫与美国总统里根在日内瓦举行首次会晤，开启改善关系的"破冰之旅"⑤。此后，苏联在削减和销毁核武器问题上提出了许多建议。⑥ 1986 年 10 月，戈尔巴乔夫与里根在雷克雅未克举行第二次会晤，讨论削减战略核武器、中程导弹和停止核试验等问题。⑦ 1987 年 12 月，戈尔巴乔夫与里根在华盛顿会晤，签署《苏联和美国消除两国中程和中短程导弹条约》。⑧ 1988 年 5 ~ 6 月，里根访问苏联，与戈尔巴乔夫在莫斯科会晤，签署《关于两国进行联合核查试验的协定》《关于发射洲际弹道导弹和潜射弹道导弹相互通报的协定》，以及 1989 ~ 1991 年科技文化教育交流的计划等。⑨ 12 月，戈尔巴乔夫在联合国宣布苏联将单方面裁军。⑩

二 苏联改革与东欧剧变

苏联改革在作为苏联"卫星国"的东欧各国引发了不同的反响。苏共二十七大召开之时，波兰突出宣传苏共二十七大对波兰产生的积极影响，认为"波兰党的路线处在苏共二十七大总方向的框框内"，从而更加坚定了进行经济改革的决心；匈牙利认为，戈尔巴乔夫上台以来实行了"激动人心的"政策，"积极为加速经济发展，为卓有成效地与各种消极现象和阻碍变革的势力进行斗争创造

① 〔苏〕米·谢·戈尔巴乔夫：《改革与新思维》，苏群译，新华出版社，1987，第 281 页。
② 〔苏〕米·谢·戈尔巴乔夫：《改革与新思维》，苏群译，新华出版社，1987，第 280 页。
③ 〔苏〕米·谢·戈尔巴乔夫：《改革与新思维》，苏群译，新华出版社，1987，第 278 页。
④ Olav Njølstad, *The Last Decade of the Cold War*, London, New York: Frank Cass Publishers, 2004, p. 100.
⑤ 左凤荣：《戈尔巴乔夫改革时期》，人民出版社，2013，第 433 页；方连庆、王炳元、刘金质主编《国际关系史（战后卷）》下册，北京大学出版社，2006，第 573 ~ 574 页。
⑥ 左凤荣：《戈尔巴乔夫改革时期》，人民出版社，2013，第 440 ~ 441 页。
⑦ 左凤荣：《戈尔巴乔夫改革时期》，人民出版社，2013，第 441 页；方连庆、王炳元、刘金质主编《国际关系史（战后卷）》下册，北京大学出版社，2006，第 575 页。
⑧ 左凤荣：《戈尔巴乔夫改革时期》，人民出版社，2013，第 442 ~ 444 页；方连庆、王炳元、刘金质主编《国际关系史（战后卷）》下册，北京大学出版社，2006，第 579 ~ 580 页。
⑨ 左凤荣：《戈尔巴乔夫改革时期》，人民出版社，2013，第 445 ~ 446 页。
⑩ 左凤荣：《戈尔巴乔夫改革时期》，人民出版社，2013，第 445 页。

了条件"；捷克斯洛伐克领导人胡萨克称戈尔巴乔夫的报告是具有"重要的理论和政治意义的文件"，但没有像以往那样强调学习苏联的经验，捷国内报刊则先是谨慎报道苏共二十七大提出的经济改革，接着又借群众之口说应考虑苏共二十七大提出的经济方面的"做法"，并报道了一些经济学家的观点，指出苏联的经济改革对捷克斯洛伐克是一个"直接号召"和"重要启示"；保加利亚和民主德国宣传苏共二十七大的调门虽高，但避而不谈大会提出的经济改革；罗马尼亚党报只是非常简要地刊登了苏共二十七大文件，① 齐奥塞斯库在苏共二十七大上毫不隐讳地说，改革和公开性是苏联的问题，并不是社会主义的发展规律。②

　　1987 年 1 月苏共中央全会后，东欧各国对苏联改革的不同态度更为明显。在波兰，雅鲁泽尔斯基称"我们一直密切注视着苏联发生的变化，我们的党全心全意地支持这条路线"；在匈牙利，社会主义工人党中央书记絮勒什·马加什说"在苏联发生的事对我们匈牙利人来说是一种支持和鼓励，不谦虚地说，从某种意义上说，匈牙利所发生的事对苏联人来说也是一种支持和鼓励"；在捷克斯洛伐克，虽然捷共赞同苏共二十七大的结论和苏共纲领，把苏联的经验作为自己制定方针和采取实际步骤的保障，但中央主席团中有成员表示，"在运用兄弟党的经验中，我们决不能采取随波逐流的机会主义做法，而应当富有原则性"；在保加利亚，保共赞扬苏联改革，认为这种自上而下的涉及每个人的改革，是克服消极倾向和消极进程的正确途径，是最大限度地发挥社会主义制度的历史优越性的正确途径；在民主德国，执政者认为苏联的经济改革没有必要，对戈尔巴乔夫在苏共中央全会上的讲话采取控制报道的态度，昂纳克也没有明确表示他高度评价戈尔巴乔夫的改革方针；在罗马尼亚，罗共表示反对在社会主义社会中进行任何改革。③

　　波兰和匈牙利赞同苏联改革并受到它的激励。1986 年 6 月，波兰统一工人党第十次代表大会通过加速改革的决定，取消物价补贴，使价格改革一步到位，

---

① 赵乃斌、朱晓中：《来自莫斯科的改革之风——戈尔巴乔夫的改革与东欧》，中国社会科学出版社，1989，第 54~55 页。

② 〔德〕汉斯·莫德罗：《我眼中的改革》，马细谱、余志和、赵雪林译，中央编译出版社，2012，第 66 页。

③ 赵乃斌、朱晓中：《来自莫斯科的改革之风——戈尔巴乔夫的改革与东欧》，中国社会科学出版社，1989，第 55~57 页。

以实现财政预算平衡。① 虽然价格改革计划因全民公决中多数选民反对而放慢了速度，但不断上涨的物价还是引起社会普遍不满。团结工会抓住时机，向统一工人党和社会主义制度发起进攻。1987 年 7 月，匈牙利社会主义工人党中央委员会通过《经济—社会振兴计划》的决议，加快步伐适应经济的集约化发展和世界经济的发展进程，加速生产结构改造和技术发展，全面推进经济管理体制改革。② 1988 年 5 月，卡达尔让位于格罗斯，波日高伊和涅尔什进入社会主义工人党中央政治局，"变化的催化剂，是年轻的一代'改革派'共产党们对垂垂老矣的党的领导层的顽固感到失望，并对戈尔巴乔夫在苏共中央进行的改革公开表示出热情"③。

罗马尼亚反对苏联改革，民主德国持保留态度，捷克斯洛伐克国内意见不一。保加利亚对苏联改革的肯定只是一种惯性的追随，很难说在多大程度上出于自觉自愿。日夫科夫曾辩称，苏联的"公开性"暴露了其经济体制改革的需要，但是，由于保加利亚已经开始了经济体制改革，所以不需要公开性。④ 戈尔巴乔夫"虽然没有明确表示否定或谴责，但他对令人讨厌的东德、捷克斯洛伐克、保加利亚和罗马尼亚强硬统治者的厌恶态度，却让数以百计的电视观众从官方电视台对他和东中欧和巴尔干一些地区的共产党领导人的公开会晤和互访的报道中清楚地看到了"⑤。日夫科夫在戈尔巴乔夫上台后第一次访问苏联时就受到了冷落。⑥ 1987 年 5 月，戈尔巴乔夫访问罗马尼亚时，虽然暗示说他理解为什么齐奥塞斯库不愿意采纳改革的思想，这个问题可以留下来不讨论，但同时指出，如果一个人长期留在领导岗位上，那他的思想就会越来越僵化，看问题就会比较盲目。⑦ 不仅如此，戈尔巴乔夫还在访问东欧和与东欧国家领导人会晤时大力宣扬"一个已经经历了人类历史上最深刻的社会革命和建成了社会主义的国家目前正

---

① 刘祖熙：《波兰通史》，商务印书馆，2006，第 542 页。
② 张文武、赵乃斌、孙祖荫主编《东欧概览》，中国社会科学出版社，1991，第 630 页。
③ 〔美〕托尼·朱特：《战后欧洲史》（下），林骧华、唐敏等译，新星出版社，2010，第 561 页。
④ 〔英〕R. J. 克兰普顿：《保加利亚史》，周旭东译，中国出版集团·中国大百科全书出版社，2009，第 195 页。
⑤ 〔英〕罗伯特·拜德勒克斯、伊恩·杰弗里斯：《东欧史》下册，韩炯等译，中国出版集团·东方出版中心，2013，第 862 页。
⑥ 〔英〕R. J. 克兰普顿：《保加利亚史》，周旭东译，中国出版集团·中国大百科全书出版社，2009，第 192 页。
⑦ 〔德〕汉斯·莫德罗：《我眼中的改革》，马细谱等译，中央编译出版社，2012，第 67 页。

在发生”的“革命的变革”①。

戈尔巴乔夫的施压和宣传收到了效果。1986～1987 年，在保加利亚、罗马尼亚和捷克斯洛伐克进行的民意调查数据显示，这些国家的大部分公民认为，公开化和改革将有益于自己的国家。② 1987 年 4 月戈尔巴乔夫访问捷克斯洛伐克时，布拉格民众亲切地呼唤他“戈尔比，戈尔比”，以支持他在苏联国内推行的改革政策，并且希望类似的改革会在捷克斯洛伐克进行。③ 6 月，民主德国示威者反对柏林墙，为遥远的戈尔巴乔夫唱赞歌。④ 保加利亚和捷克斯洛伐克的执政当局也改变了某些做法。1987 年 7 月，保共中央全会根据日夫科夫的报告，通过《保加利亚进一步建设社会主义的构想总则》，试图寻找保加利亚自己的社会主义模式，强调还政于民和“社会主义自治”原则，开始政治经济体制改革。⑤ 1988 年以来，保加利亚要求改革和公开性的思潮日趋活跃，出现了“保卫人权独立协会”“维护宗教权利、良知自由和精神财富委员会”“‘支持’独立工会”“支持公开性和改革俱乐部”等持不同政见者和反对派组织。⑥ 捷克斯洛伐克则逐渐放宽了对持不同政见者的限制，“七七宪章”运动等反对派组织得以公开活动。杜布切克重新回到人们的视线中。在十月革命 70 周年庆典之际，杜布切克向苏联领导人发去了贺信。⑦ 1988 年 1 月，他接受意大利《基层报》的访谈，强调“布拉格之春”与戈尔巴乔夫改革的相似性，表达了对苏联领导人“公开化”政策的支持。⑧ 在此之前的 1987 年 12 月，胡萨克辞去捷共中央总书记职务，由雅克什接任。

---

① 《在布拉格文化宫举行的捷苏友好大会上的讲话（1987 年 4 月 10 日）》，《戈尔巴乔夫关于改革的讲话（1986 年 6 月—1987 年 6 月）》，苏群译，人民出版社，1987，第 282 页。

② 〔美〕胡安·J. 林茨、阿尔弗莱德·斯泰潘：《民主转型与巩固的问题：南欧、南美和后共产主义欧洲》，孙龙等译，浙江人民出版社，2008，第 249 页。

③ 〔美〕威廉·M. 马奥尼：《捷克和斯洛伐克史》，陈静译，中国出版集团·东方出版中心，2013，第 229 页。

④ 〔美〕托尼·朱特：《战后欧洲史》（下），林骧华、唐敏等译，新星出版社，2010，第 564 页。

⑤ 有意思的是，保加利亚的政治改革设想和步骤因步子太大反被戈尔巴乔夫批评。〔美〕托尼·朱特：《战后欧洲史》（下），林骧华、唐敏等译，新星出版社，2010，第 268～269 页。

⑥ 马细谱：《保加利亚史》，中国社会科学出版社，2011，第 271～272 页。

⑦ 姜琦、张月明：《悲剧悄悄来临——东欧政治大地震的征兆》，华东师范大学出版社，2001，第 196 页。

⑧ 〔美〕威廉·M. 马奥尼：《捷克和斯洛伐克史》，陈静译，中国出版集团·东方出版中心，2013，第 231 页。

《民主转型与巩固的问题：南欧、南美和后共产主义欧洲》一书恰如其分地总结了苏联改革对于东欧国家的意义："戈尔巴乔夫关于变革的宣言，从各个方面改变了华沙条约国家内的权力关系。它削弱了保加利亚、罗马尼亚、民主德国和捷克斯洛伐克共产党领导层内反对公开化的势力，增强了匈牙利和波兰共产党内改革派的势力，他们试图与民主反对派建立起一种新型关系，同时鼓舞了所有东欧国家的民主反对派。"①

三 苏联"新思维"与东欧剧变

在"新思维"指导下，苏联逐步给它的东欧"卫星国"松绑。

早在 1985 年 7 月，戈尔巴乔夫就在苏共中央政治局会议上指责《真理报》发表的一篇有关"社会主义大家庭"的文章旨在破坏苏联同社会主义国家的关系，文中有批评性的潜台词，特别是对匈牙利、民主德国和罗马尼亚，文中论及"民族主义情绪""反俄情绪""不必要的改革"，以及加强国际"纪律"的必要性等。② 10 月，在华沙条约组织成员国政治协商会议上，戈尔巴乔夫提出不管各国共产党情况怎样，要尊重它们的独立性。③ 11 月，戈尔巴乔夫在与华约组织和经济互助委员会国家领导人会晤时，传达出要放弃"勃列日涅夫主义"和把苏联社会主义模式强加于人的做法的信息。④ 从 1986 年起，为改变对东欧国家"统包统揽"的局面，不再承担东欧国家廉价能源和原材料供应国的角色，苏联主张在经济核算制的基础上同东欧国家建立部门间、企业间的直接经济联系，自行协商和解决经济合作中的有关问题，并不再增加向东欧国家供应燃料和其他原材料。⑤

不过，1985～1987 年，苏联似乎没有对东欧国家完全放手。1985 年和 1986

---

① 〔美〕胡安·J. 林茨、阿尔弗莱德·斯泰潘：《民主转型与巩固的问题：南欧、南美和后共产主义欧洲》，孙龙等译，浙江人民出版社，2008，第 249 页。

② 〔俄〕阿·切尔尼亚耶夫：《在戈尔巴乔夫身边六年》，徐葵、张达楠等译，世界知识出版社，2001，第 51～52 页。

③ 〔俄〕阿·切尔尼亚耶夫：《在戈尔巴乔夫身边六年》，徐葵、张达楠等译，世界知识出版社，2001，第 63 页。

④ 陆南泉、黄宗良、郑异凡、马龙闪、左凤荣主编《苏联真相：对 101 个重要问题的思考》，新华出版社，2010，第 1054 页。

⑤ 陆南泉、黄宗良、郑异凡、马龙闪、左凤荣主编《苏联真相：对 101 个重要问题的思考》，新华出版社，2010，第 1001 页。

年初，戈尔巴乔夫在与东欧国家高层官员举行的一系列双边和多边会议上敦促他们与苏联进行更密切的军事、政治和经济一体化。① 1986 年 3 月苏共二十七大通过的《关于苏共中央委员会政治报告的决议》，一方面承认共产主义运动的多样性，另一方面又强调延长华约期限和通过经互会成员国科技进步综合纲要的意义；② 苏共二十七大通过的《苏联共产党纲领新修订本》明确指出："苏联共产党认为自己的国际主义职责是同其他兄弟党一道加强团结，增强社会主义大家庭的实力和影响。"③ 6 月，在华约政治协商委员会会议和随后的波兰统一工人党十大上，戈尔巴乔夫继续强调社会主义国家需要加强纪律和团结。④ 11 月，在经互会成员国领导人会议上，戈尔巴乔夫表示，兄弟党的关系"应建立在平等原则之上"，但又补充说，"每个党都应记住它们共同的利益"，需要为"有机协调社会主义国家在国际舞台上的活动"而努力，"我们必须在我们的国家之间建立更紧密的联系"。⑤ 1987 年 4 月，戈尔巴乔夫访问捷克斯洛伐克期间谈到每个共产党都有权用自己的方式解决自己国家的问题时，给予了严格的限定：社会主义大家庭的每个成员都必须"不仅考虑自己的利益而且考虑整个社会主义阵营的共同利益"⑥。11 月，在庆祝十月革命 70 周年的讲话中，戈尔巴乔夫先是宣称所有共产党完全独立，紧接着又说，苏联集团内部的关系必须建立在"社会主义国际主义实践"的基础上，"我们知道削弱社会主义国家间相互关系的国际主义原则，背离互利互助原则，忽视社会主义在国际舞台上的共同利益会造成怎样的危害"⑦。戈尔巴乔夫主张的两面性在他的《改革与新思维》一书中也有很好的体现。⑧

---

① Terry Cox, ed., *Reflections on 1989 in Eastern Europe*, Oxon, New York: Routledge, 2013, p. 13.

② 《苏联共产党第二十七次代表大会关于苏共中央委员会政治报告的决议（1986 年 3 月 1 日通过）》，辛华编译《苏联共产党第二十七次代表大会主要文件汇编》，人民出版社，1987，第 148 ~ 150 页。

③ 《苏联共产党纲领新修订本（苏共第二十七次代表大会通过）》，辛华编译《苏联共产党第二十七次代表大会主要文件汇编》，人民出版社，1987，第 384 页。

④ Terry Cox, ed., *Reflections on 1989 in Eastern Europe*, Oxon, New York: Routledge, 2013, pp. 13 – 14.

⑤ Olav Njølstad, *The Last Decade of the Cold War*, London, New York: Frank Cass Publishers, 2004, p. 325.

⑥ Terry Cox, ed., *Reflections on 1989 in Eastern Europe*, Oxon, New York: Routledge, 2013, p. 16.

⑦ Terry Cox, ed., *Reflections on 1989 in Eastern Europe*, Oxon, New York: Routledge, 2013, pp. 16 – 17.

⑧ 参见本节第一部分的相关论述。

如《反思东欧 1989》一书所写："1988 年是苏联国内外许多关键问题的转折点。苏联—东欧关系也不例外。终于在 1988 年初，苏联对华约国家的政策开始松动，预示着戈尔巴乔夫政策的根本性转变。这位苏联领导人在面临与东欧关系的抉择和权衡时，选择了更大胆的行动，很快就催生出他始料不及的事件。"① 1988 年 3 月，戈尔巴乔夫在访问南斯拉夫时表示，苏联将无条件地遵守社会主义国家间平等和互不干涉的原则，充分尊重各个社会主义政党及国家独立决定自身发展道路的权利。② 6 月，戈尔巴乔夫在苏共第十九次全国代表会议讲话中谴责苏联与东欧国家关系的旧习，承诺未来苏联将采取完全不同的政策："以任何方式将社会制度、生活方式或政策强加于人都是过去的危险陷阱，更不用说使用军事方式了。"③ 9 月，苏联取消了苏共中央专设的"社会主义国家共产党和工人党联络部"，其职能由"国际部"接管。④ 12 月，戈尔巴乔夫在联合国发表演讲，先是宣布单方面裁减苏联在欧洲的常规军力，接着又向听众建议说"自由选择是一条普遍的原则，不应该有任何例外"⑤。"这已不仅仅是对'勃列日涅夫原则'的抛弃，而是莫斯科再也不会用武力将自己版本的'社会主义'强加在东欧兄弟国家之上的承诺。"⑥ 1989 年初，苏共中央国际部、苏联科学院世界社会主义体系经济研究所、苏联外交部和苏联国家安全委员会完成了四份报告并提交给苏共中央政治局，报告指出，东欧各国的转型进程存在彻底放弃社会主义和恢复资本主义制度的可能性，如果情势发展到那一步，苏联也不应当去阻止。⑦ 7 月，戈尔巴乔夫在欧洲委员会会议上表示，苏联不会阻挡东欧的改革之路：那

① Terry Cox, ed., *Reflections on 1989 in Eastern Europe*, Oxon, New York: Routledge, 2013, p. 17.
② 《苏联与南斯拉夫公报》，《真理报》1988 年 3 月 19 日，转引自陆南泉、黄宗良、郑异凡、马龙闪、左凤荣主编《苏联真相：对 101 个重要问题的思考》，新华出版社，2010，第 1330 页。
③ Terry Cox, ed., *Reflections on 1989 in Eastern Europe*, Oxon, New York: Routledge, 2013, p. 20.
④ 〔英〕理查德·克罗卡特：《50 年战争》，王振西译，新华出版社，2003，第 508 页。
⑤ 〔美〕托尼·朱特：《战后欧洲史》（下），林骧华、唐敏等译，新星出版社，2010，第 557 页。
⑥ 〔美〕托尼·朱特：《战后欧洲史》（下），林骧华、唐敏等译，新星出版社，2010，第 557 页。
⑦ 邰浴日：《东欧剧变的国际背景新探——以匈牙利剧变的国际条件为例》，《当代世界与社会主义》2017 年第 1 期。该文还指出，苏联当局同时决定将不进行军事干预的决策信息严格限制在苏联高层范围内，以延缓东欧各国脱离社会主义阵营的步伐。而恰恰是苏联当局决定不对东欧各国进行军事干预却又极力对此予以保密的决策，在客观上为匈牙利等东欧国家实现和平的政治转型创造了难得的国际条件。另见 Terry Cox, ed., Reflections on 1989 in Eastern Europe, pp. 7 - 8; Olav Njølstad, The Last Decade of the Cold War, p. 61。

"完全是人民自己的事"①。在同月举行的华约布加勒斯特峰会上，苏联正式废除了"勃列日涅夫主义"②。12 月，美苏两国首脑在马耳他会晤，戈尔巴乔夫向布什总统保证不会使用武力来帮助东欧国家维持政权。③

对长时间受制于苏联的东欧国家，特别是曾对苏联模式和苏联控制发起冲击却从未摆脱苏联控制的波兰、匈牙利和捷克斯洛伐克而言，戈尔巴乔夫放弃"苏联原来对东欧的全部强制性原则"，不但失去了"苏联对东欧统治的基础"④，而且释放了它们长期蓄积的对苏联控制、苏联模式乃至对社会主义制度的不满情绪。《东中欧民主的巩固》一书对波兰形势的描述具有相当的代表性："在大多数波兰人看来，共产主义是出卖独立给俄罗斯的同义词。对持不同政见者来说，从被外部控制和压迫中解放出来也意味着波兰恢复其在西方社会中的正确位置。持不同政见者因而把国家独立等同于接受西方价值观（成为一个'正常的国家'）。"⑤ 从这个意义上说，苏联的放手加速了东欧国家的变化。

不仅如此，在东欧剧变过程中，苏联的不干涉乃至默许和支持还起到了直接的推动作用。

1988 年 7 月，正当波兰工潮频起、统一工人党开始调整政策的时候，戈尔巴乔夫到访波兰，对雅鲁泽尔斯基大加赞赏，也没有反对雅鲁泽尔斯基提出的使团结工会合法化问题。⑥ 接着，波兰执政当局寻求与团结工会等反对派举行圆桌会议，苏联表示对此予以理解。苏共中央国际宣传部部长布什林在接受记者采访时说，团结工会"不是异端"，那些"参加了团结工会的人如今有更为重要的作

---

① 〔美〕托尼·朱特：《战后欧洲史》（下），林骧华、唐敏等译，新星出版社，2010，第 581 页。
② Olav Njølstad, *The Last Decade of the Cold War*, London, New York: Frank Cass Publishers, 2004, p. 227.
③ 〔美〕托尼·朱特：《战后欧洲史》（下），林骧华、唐敏等译，新星出版社，2010，第 581 页。
④ 〔英〕雷切尔·沃克：《震撼世界的六年——戈尔巴乔夫的改革怎样葬送了苏联》，张金鉴译，改革出版社，1999，第 209 页。
⑤ Karen Dawisha and Bruce Parrott, ed., *The Consolidation of Democracy in East - Central Europe*, p. 72.
⑥ Andrzej Korbonski, "East Central Europe on the Eve of the Changeover: The Case of Poland", *Communist and Post - Communist Studies* 32 (1999), p. 146，转引自钱乘旦总主编《世界现代化历程·俄罗斯东欧卷》，江苏人民出版社，2014，第 461 页。

用要去发挥"，苏联"正密切地注视波兰的情况，但是，是作为学生，而不是先生"①。12 月，"不知是巧合还是具有某种征兆"②，戈尔巴乔夫在联合国宣布裁减苏联在欧洲的常规军力一周后，瓦文萨组建了公民委员会。1989 年 6 月，统一工人党在选举中受挫。7 月，戈尔巴乔夫的特使做出重大通告，声明波兰能自由决定其政府的形式。③ 8 月，雅鲁泽尔斯基提名马佐维耶茨基为总理候选人后，戈尔巴乔夫在电话中告诉时任波兰总理拉科夫斯基"应该顺应这种新的形势……必须跟着一起干"，对拉科夫斯基提出去莫斯科见他的请求，戈尔巴乔夫说："我认为这个时候不合适，人家会以为我干涉你们的事务。"④ 9 月，苏联"承认了波兰团结工会领导的政府。这个时刻至关重要，因为它表明苏联干涉的时代结束了。东中欧收到了这个信号，人们涌上街道，跨过通向西方的边界"⑤。

在匈牙利，从 1988 年 7 月到 1989 年 7 月，格罗斯等人先后 4 次造访莫斯科，与戈尔巴乔夫会谈，戈尔巴乔夫对形势变化持观望态度。⑥ 正像 1989 年 3 月匈牙利总理内梅特·米克罗什访问莫斯科时被告知的那样："每一个执政的共产党都有权制定自己的政策。"⑦ 也是在这次访问中，戈尔巴乔夫表示同意匈牙利拆除它与奥地利边界上的铁丝网的决定，并赞许地说匈牙利和苏联正在"变得更加开放"⑧。6 月，匈牙利为纳吉举行重新安葬仪式，苏联官方评论称这是"本着民族和解精神"采取的"人道主义行动"，苏联官员甚至不愿对安葬仪式上出现的反苏言论提出批评，称这些言论只是匈牙利的"内政"。⑨ 9 月，匈

---

① 徐鹏堂：《波兰统一工人党丧失执政地位的原因及教训（下）——访中国原驻波兰大使刘彦顺》，《中共党史研究》2006 年第 3 期。
② 〔美〕托尼·朱特：《战后欧洲史》（下），北京大学出版社，2006，第 559 页。
③ 〔波〕耶日·卢克瓦斯基、赫伯特·扎瓦德斯基：《波兰史》，常程译，中国出版集团·东方出版中心，2011，第 301 页。
④ 〔法〕若韦尔：《改变世界的六天》，《国外社会科学文摘》2000 年第 6 期。
⑤ Teresa Rakowska – Harmstone and Piotr Dutkiewicz, ed., *New Europe The Impact of the First Decade*, Vol. 1, *Trends on Prospects*, Institute of Political Studies, Polish Academy of Sciences, Warszawa: Collegium Civitas Press, 2006, p. 98.
⑥ 〔美〕托尼·朱特：《战后欧洲史》（下），北京大学出版社，2006，第 581 页。
⑦ 〔英〕本·福凯斯：《东欧共产主义的兴衰》，张金鉴译，中央编译出版社，1998，第 251 页。
⑧ Terry Cox, ed., *Reflections on 1989 in Eastern Europe*, Oxon, New York: Routledge, 2013, p. 42.
⑨ Terry Cox, ed., *Reflections on 1989 in Eastern Europe*, Oxon, New York: Routledge, 2013, pp. 31 – 32.

牙利向滞留匈牙利不愿回国的民主德国公民开放匈奥边境，苏联对此保持沉默。①

对捷克斯洛伐克、保加利亚和罗马尼亚的剧变，苏联除不干涉之外，还在某些关键时候提供了支持。在捷克斯洛伐克，1989 年夏，戈尔巴乔夫敦促改变捷克斯洛伐克的领导体制。② 11 月，当捷克斯洛伐克政府准备镇压游行示威时，苏联施加压力，不让其用武力镇压。③ 在保加利亚，土耳其族人外逃之际，苏联表示不愿卷入保加利亚的民族纠纷。④ 1989 年 10 月，姆拉德诺夫从莫斯科回国后，以辞去外交部部长职务的方式逼日夫科夫下台。日夫科夫向苏联求救，戈尔巴乔夫拒绝了日夫科夫访问苏联的要求。其实，此时苏联领导人已经内定由在苏联培养的姆拉德诺夫和卢卡诺夫推翻日夫科夫，接管保加利亚党政大权。⑤ 11 月，"苏联人通过鼎力协作，在保加利亚废除了日夫科夫作为党的主要领导人的职务"⑥，姆拉德诺夫接任保共中央总书记和国务委员会主席。在罗马尼亚，12 月，救国阵线委员会接管政权后，苏联随即发表声明，表示支持；1990 年 1 月，苏联外交部新闻局局长表示：在罗马尼亚事件中，苏联没有干涉该国的内部事务；苏联外长爱德华·谢瓦尔德纳泽在访问罗马尼亚时重申了支持救国阵线委员会的立场。⑦

对民主德国，苏联不仅推动了其政局剧变，而且直接参与了它与联邦德国的统一进程。如《东欧史》一书所写："苏联没有公开反对 1989 年 5 月匈牙利与奥地利边境的开放，也未反对 9 月 10 日匈牙利正式决定允许东德的'度假者'通过避难处逃往西方，这使得持强硬路线的欧洲共产党政权被进一步削弱。10 月戈尔巴乔夫拒绝因东德人民对自由日益向往而实行军事制裁，给东德当局增加了压力，促使它允许东德人在 11 月 9 日自由地跨越柏林墙，从而使德国统一势

① 〔美〕弗拉季斯拉夫·祖博克：《失败的帝国：从斯大林到戈尔巴乔夫》，李晓江译，社会科学文献出版社，2014，第 446 页。
② 〔美〕塞缪尔·亨廷顿：《第三波：20 世纪后期民主化浪潮》，刘军宁译，上海三联书店，1998，第 112 页。
③ 〔英〕理查德·克罗卡特：《50 年战争》，王振西译，新华出版社，2003，第 511 页。
④ 〔英〕R. J. 克兰普顿：《保加利亚史》，周旭东译，中国出版集团·中国大百科全书出版社，2009，第 196 页。
⑤ 马细谱：《保加利亚史》，中国社会科学出版社，2011，第 284 页。
⑥ 〔美〕塞缪尔·亨廷顿：《第三波：20 世纪后期民主化浪潮》，刘军宁译，上海三联书店，1998，第 112 页。
⑦ 周尚文、叶书宗、王斯德：《苏联兴亡史》，上海人民出版社，1993，第 744 页。

头势不可当，并进一步给其他东中欧和巴尔干国家脆弱的共产党政权带来挑战。"①

面对动荡不安的政治局势，昂纳克想通过邀请戈尔巴乔夫参加 1989 年 10 月民主德国成立 40 周年的庆典来寻求苏联的支持，戈尔巴乔夫担心此行会被视为加强昂纳克的反改革立场而犹豫不决，几经斟酌后他才决定前往。② 但事与愿违，戈尔巴乔夫的到来非但没有巩固昂纳克的地位，反而因他对昂纳克的批评和那句"迟到的人，会受到生活的惩罚"的警告加速了后者的下台。③ 紧接着，克伦茨等人派人到莫斯科寻求戈尔巴乔夫的支持，要赶昂纳克下台，戈尔巴乔夫提出要跟科尔和布什联系，并要求驻民主德国的苏军"要沉住气，不要轻举妄动"④。克伦茨上台后不久便会见了戈尔巴乔夫，商讨民主德国的前途，戈尔巴乔夫同意克伦茨有关让一些人到西方旅行以缓解紧张气氛的建议，但他们没有详细讨论逐步拆除柏林墙的计划。⑤ 当柏林墙被推倒，苏联驻民主德国大使向戈尔巴乔夫报告民主德国开放了所有的通行检查站，不再修理通道上的路障时，戈尔巴乔夫说他们做得很对。⑥

随着民主德国剧变和柏林墙倒塌，德国统一的可能性日益增大。对此，戈尔巴乔夫的态度是："**道义方面**。无休无止地支持一个民族的分裂，将往昔的过错推卸给未来的一代代新人，我认为从道德的观点而言是不能容许的。**政治方面**。要想阻遏德国人追求恢复统一的强烈愿望，只能借助于驻扎在德意志民主共和国的苏联军队。但这就意味着有关停止'冷战'和核军备竞赛的全部努力彻底付

---

① 〔英〕罗伯特·拜德勒克斯、伊恩·杰弗里斯：《东欧史》下册，韩炯等译，中国出版集团·东方出版中心，2013，第 862 页。

② Terry Cox, ed., *Reflections on 1989 in Eastern Europe*, Oxon, New York: Routledge, 2013, p. 46.

③ 〔意〕埃尼奥·迪·诺尔福：《20 世纪国际关系史：从军事帝国到科技帝国》，潘源文、宋承杰译，北京大学出版社，2016，第 282 页。一说这句话不是戈尔巴乔夫对昂纳克的警告，而是谈论苏联的困境，但这并不意味着戈尔巴乔夫打算支持昂纳克。Olav Njølstad, The Last Decade of the Cold War, London, New York: Frank Cass Publishers, 2004, pp. 339-340.

④ 〔美〕弗拉季斯拉夫·祖博夫：《失败的帝国：从斯大林到戈尔巴乔夫》，李晓江译，社会科学文献出版社，2014，第 450 页。

⑤ 〔美〕弗拉季斯拉夫·祖博夫：《失败的帝国：从斯大林到戈尔巴乔夫》，李晓江译，社会科学文献出版社，2014，第 450 页。

⑥ 〔俄〕米·谢·戈尔巴乔夫：《我与东西德统一》，王尊贤译，中央编译出版社，2006，第 63 页。

诸东流，对我国的整个改革政策也会构成无可挽回的打击，使其在全世界的心目中信誉扫地。**战略方面。**运用武力对付德意志民主共和国的居民，镇压争取重新统一的全民民主运动，必将长久毒害我们两国人民之间的关系，对俄罗斯本身的利益也会带来无可挽回的损失。"① 他的关切之点在于：不能容许德国人争取统一的热潮打断消除"冷战"的国际性努力；因此一切都应当循序渐进；德国人有权决定自己民族的命运，但也必须考虑到邻国的利益；任何形式的武力或以武力相威胁都应予以排除。② 基于这样的态度和关切，1989 年 12 月，虽然戈尔巴乔夫宣称绝不会让民主德国受人摆布，指责西方国家向社会主义国家施加影响，但在与布什和法国总统密特朗会晤时，他并没有就德国问题做出具体答复，也没有理睬科尔的会晤要求，以致"在对德政策上，莫斯科完全丧失了主动权"③。1990 年 1 月，戈尔巴乔夫在其苏共中央的办公室内主持召开了一个针对德国问题的小范围会议，在会上，"同意或是不同意统一并未成为问题。参加会议的人谁也没有考虑这点。首先关注的是：将进程维持在和平的轨道上，保障自己的和将被其触及的所有人的利益。为此首先需要让各战胜国参与，按照战争结局它们都对德国的命运担负着一定责任"④。2 月，戈尔巴乔夫在与美国国务卿詹姆斯·贝克会谈时贝克提出在两个德国和四个同盟国之间就德国统一问题进行谈判，即"2 + 4"谈判的建议，贝克保证德国统一不会导致北约东扩。⑤ 紧接着，戈尔巴乔夫与科尔进行了长谈，确定了德国统一的所有要点，预计了未来苏联和联邦德国共同、单独以及与美国、法国、英国协调采取的各种可能的解决方法，并将会谈情况通报了莫德罗。⑥ 随后，苏联、美国、英国、法国和两个德国的部长就建立"2 + 4"机制达成协议，以讨论德国统一的涉外问题。⑦ 5 月，"2 + 4"谈判

① 〔俄〕米·谢·戈尔巴乔夫：《我与东西德统一》，王尊贤译，中央编译出版社，2006，第59 页。
② 〔俄〕米·谢·戈尔巴乔夫：《我与东西德统一》，王尊贤译，中央编译出版社，2006，第59 页。
③ 〔德〕汉斯·莫德罗：《我眼中的改革》，马细谱等译，中央编译出版社，2012，第89 ~ 92 页。
④ 〔俄〕米·谢·戈尔巴乔夫：《我与东西德统一》，王尊贤译，中央编译出版社，2006，第71 页。
⑤ 〔俄〕米·谢·戈尔巴乔夫：《我与东西德统一》，王尊贤译，中央编译出版社，2006，第74 ~ 77 页。
⑥ 〔俄〕米·谢·戈尔巴乔夫：《我与东西德统一》，王尊贤译，中央编译出版社，2006，第77 ~ 84 页。
⑦ 〔俄〕米·谢·戈尔巴乔夫：《我与东西德统一》，王尊贤译，中央编译出版社，2006，第84 页。

开始。苏联本来不同意统一后的德国成为北约成员，但最终接受了美国的主张：统一的德国成为北约成员，如果它做出另一种选择，我们将给予尊重。① 7 月，戈尔巴乔夫与科尔就德国未来地位达成协定：统一后的德国拥有留在北约的权利，苏联军队将撤出民主德国。② 9 月，"2 + 4"谈判结束，《最后解决德国问题的条约》签署，德国统一指日可待。戈尔巴乔夫后来回顾德国统一历程时曾说，"统一的主角应该是苏联和德国的人民"③，此言不虚！

有文献称："苏联克格勃（国家安全警察）当中的'秘密改革者'，在 1989 年 11 月颠覆东德、捷克斯洛伐克和保加利亚以及随后的 12 月份，颠覆罗马尼亚的强硬派领导的共产党政权中，同样发挥了重要作用。他们的目标不是终结而是为了延长执政党的统治，他们按照戈尔巴乔夫的模式，用更温和、更奉行实用主义的'共产党改革派'取代令人难堪的强硬统治者。……然而，这些操纵者失算了。……到 1989 年底，一旦绝大多数东欧人流露出要突破'改革共产主义'的狭隘方案，那么，'共产党改革派'几乎在一夜之间就失去了他们的政治权力基础。"④ 这种说法有多少可信度不得而知，但即便抛开这一点也可以看出，由于苏联在东欧"卫星国"的特殊地位，它的不干涉、默许和支持对这些国家的剧变影响重大。

苏联改革和"新思维"对其阵营内东欧国家的剧变提供了重要的外部条件，甚至可以说，"如果没有苏联在 1985 年开始的变化，中欧和东欧的变革或苏联的变革或许都不会发生"⑤。但苏联的改革和"新思维"不是促动东欧剧变的全部原因，尤其是对早已脱离苏东集团的南斯拉夫和阿尔巴尼亚来说，其促变作用远不及对其他东欧国家那样直接和强大，南斯拉夫和阿尔巴尼亚的剧变更多源于国内危机，或许还有连锁反应的作用。正如《东欧共产主义的兴衰》一书所说："对东欧当权者的威胁并不仅仅来自苏联态度转变。实际上，80 年代日益加剧的

① 左凤荣：《戈尔巴乔夫改革时期》，人民出版社，2013，第 470 ~ 471 页。
② 〔美〕诺曼·里奇：《大国外交：从第一次世界大战至今》，时殷弘译，中国人民大学出版社，2015，第 414 ~ 415 页。
③ 〔俄〕米·谢·戈尔巴乔夫：《我与东西德统一》，王尊贤译，中央编译出版社，2006，第 117 页。
④ 〔英〕罗伯特·拜德勒克斯、伊恩·杰弗里斯：《东欧史》下册，韩炯等译，中国出版集团·东方出版中心，2013，第 859 ~ 860 页。
⑤ 〔美〕R. R. 帕尔默、乔·科尔顿、劳埃德·克莱默：《冷战到全球化：意识形态的终结?》，牛可等译，世界图书出版公司，2011，第 198 页。

内部危机使东欧社会主义这座表面稳固的大厦濒于坍塌。"①

第三节　东欧剧变与苏东集团解体和苏联解体

东欧"卫星国"的剧变不仅使苏东集团失去了存在的基础，而且加速了苏联正在发生的变化。短短两年时间里，经互会和华约组织解散、苏联解体，作为冷战一方的苏东集团和苏联不复存在，冷战结束。

一　苏东集团解体

东欧国家抛弃苏联模式后，把彻底清除苏联影响、脱离苏东集团当作一项重要任务，它们的努力与苏联放手东欧的意愿相契合，很快便使苏东集团分崩离析。

1. 经互会解散

1985～1988年，经互会成员国多次提出改革合作机制问题，均因意见不一而进展不大。② 1988年6月，经互会与欧共体签署联合声明，宣布相互承认，建立互利互惠关系，在共同利益问题上相互合作，欧共体得以在1988年12月与匈牙利，1989年与波兰，1990年与苏联、捷克斯洛伐克、罗马尼亚和保加利亚达成贸易和合作协定。③ "1989年后，虽然大多东欧国家在贸易、能源供应（石油和天然气）和许多原材料方面仍严重依赖苏联，但与西方更广泛的经济联系已成为该地区的必然趋势。东欧各国的新政府把经互会看作累赘和应被废除的过时组织，并为此起草了正式提案。苏联领导人不久也认识到，经互会从未接近实现其宣称的目标，它曾经的职能已因发生的各种事件而不存在。即使苏联政府试图——已经迟了——在经互会实行激进改革，该组织也注定因1989～1990年的剧变而消失。"④

1990年1月，在经互会第45次会议上，与会国要求改革经互会的合作机制，

① 〔英〕本·福凯斯：《东欧共产主义的兴衰》，张金鉴译，中央编译出版社，1998，第252页。
② 赵乃斌、朱晓中：《来自莫斯科的改革之风——戈尔巴乔夫的改革与东欧》，中国社会科学出版社，1989，第93～95页。
③ 〔英〕罗伯特·拜德勒克斯、伊恩·杰弗里斯：《东欧史》下册，韩炯等译，中国出版集团·东方出版中心，2013，第850页。
④ Terry Cox, ed., *Reflections on 1989 in Eastern Europe*, Oxon, New York：Routledge, 2013, pp. 55～56.

确立新的合作模式，建立新的合作关系。会议决定成立专门委员会，拟订对经互会全部活动和组织机构实行根本改革的构想，制定经互会的后续机构——国际经济合作组织的成立宣言和章程。① 在这次会议上，苏联提出放弃转账卢布的结算方式，代之以硬通货结算。波兰则希望以渐进的方式向市场贸易过渡，伴之以各种临时机制和"减震器"来使经互会的双边贸易免受新的市场导向法规的影响。② 波兰的建议得到除古巴外所有经互会成员国的赞同，但由于 1990 年上半年苏联支付平衡状况急剧恶化，7 月，苏联决定自 1991 年 1 月 1 日起，将其同其他经互会国家的双边贸易由传统的转账卢布记账方式改为按世界市场价格的硬通货现金交易。③ 1990 年下半年，经互会国家相继签订双边协定，以硬通货替代转账卢布，以世界市场价格替代人为的经互会价格，以附有若干指导性商品清单的一般协定替代详细的年度协议。④

经互会国家与欧共体贸易和合作的加强以及经互会内部贸易方式的转变致使经互会内部贸易额大幅减少。到 1991 年 1 月，经互会内部贸易已经停止。经互会第 134 次执委会会议决定成立取代经互会的新的国际经济合作组织。但原定 2 月召开的商讨解散经互会、成立新组织的第 46 次会议因匈牙利等中东欧国家的拖延⑤未能如期举行。6 月，第 46 次会议召开，成员国代表不再提成立新组织的问题，而是签署了解散经互会的议定书，规定 90 天后经互会章程失效，经互会正式解散。

2. 华约组织解散

东欧剧变之时，苏联曾经希望通过改革华约组织来维持其存在。1989 年 7 月，戈尔巴乔夫在华约 7 国首脑政治协商委员会会议上表示要将华约从军事政治组织变成政治军事组织，会议决定部分改组华约领导体制，增设秘书长，协调华约的政治外交行动。⑥ 12 月，华约 7 国领导人举行会晤，戈尔巴乔夫强调："现

① 刘金质：《冷战史（下）》，世界知识出版社，2003，第 1458 ~ 1459 页。
② 赵乃斌、朱晓中主编《东欧经济大转轨》，中国经济出版社，1995，第 175 页。
③ 赵乃斌、朱晓中主编《东欧经济大转轨》，中国经济出版社，1995，第 175 页。
④ 赵乃斌、朱晓中主编《东欧经济大转轨》，中国经济出版社，1995，第 175 页。
⑤ 会议前夕，匈牙利表示要修改改革草拟的文件，实际上是不想参加由苏联领导的任何形式的新组织。其他中东欧国家也持相同态度。只有蒙古国、越南、古巴对经互会念念不忘。参见沈志华主编《冷战时期苏联与东欧的关系》，北京大学出版社，2006，第 237 页。
⑥ 世界知识出版社编《东欧六国纵横》，世界知识出版社，1990，第 301 页。

实主义要求在可预见的将来保持北约和华约组织。在当前条件下，华约各成员国应当紧密合作，并更新华约的活动形式和方法。"① 1990 年 3 月，华约 7 国外长会议仍认为华约和北约在一定时期内存在是必要的。② 6 月，华约成员国通过宣言，指出"华沙条约组织和北大西洋公约组织过去通过的对立条项已经不符合时代的精神"，因此将致力把华约的性质从军事同盟转变为政治同盟，要求北约也向政治同盟转变，会议还决定在华约组织内设立一个委员会，在 11 月底向特别最高级会议提出改革建议。③ 7 月，华约成员国召开会议，研究有关改造华约的具体设想。④

　　然而，东欧剧变和苏联模式被抛弃，"华沙条约组织赖以建立与维系的政治社会制度与意识形态的基础已经不复存在"⑤。1990 年 5 月，匈牙利议会外交委员会要求政府加速就退出华约的可能性与其他成员国举行双边谈判，匈牙利总理安道尔·约瑟夫在议会发表讲话时公开表示，他支持匈牙利退出华约组织：匈牙利参加华约是违反人民意愿的，匈牙利的防务前途应该在新的"全欧安全合作体系"内实现。⑥ 9 月，民主德国国防部部长与华约总司令签署退出华约的议定书。⑦ 1991 年 1 月，波兰、匈牙利和捷克斯洛伐克三国外交部部长发表联合声明，要求到 1992 年 3 月退出华约，此后，保加利亚和罗马尼亚也采取了这一立场。⑧

　　不仅如此，苏军的撤离也使华约组织的存在成了问题。1989 年 12 月，戈尔巴乔夫在联合国宣布将在两年内单方面将其在东欧的军事力量裁减 5 万人、5300 辆坦克和 24 枚战术核武器。⑨ 随后，捷克斯洛伐克、匈牙利、波兰和民主德国分别与苏联谈判，达成苏联撤军协议。1991 年，苏军全部撤出匈牙利共和国及

① 世界知识出版社编《东欧六国纵横》，世界知识出版社，1990，第 302 页。
② 世界知识出版社编《东欧六国纵横》，世界知识出版社，1990，第 302 页。
③ 沈志华主编《冷战时期苏联与东欧的关系》，北京大学出版社，2006，第 262 页。
④ 刘金质：《冷战史（下）》，世界知识出版社，2003，第 1456 页。
⑤ 刘金质：《冷战史（下）》，世界知识出版社，2003，第 1455 页。
⑥ 沈志华主编《冷战时期苏联与东欧的关系》，北京大学出版社，2006，第 261 页。
⑦ 沈志华主编《冷战时期苏联与东欧的关系》，北京大学出版社，2006，第 262 页。
⑧ 〔美〕诺曼·里奇：《大国外交：从第一次世界大战至今》，时殷弘译，中国人民大学出版社，2015，第 417 页。
⑨ Terry Cox, ed., *Reflections on 1989 in Eastern Europe*, Oxon, New York: Routledge, 2013, p. 22. 一说为苏联将从东欧和苏联靠近东欧的西方军区撤军 240000 人、坦克 10000 辆以及战斗机 820 架。〔美〕胡安·J. 林茨、阿尔弗莱德·斯泰潘：《民主转型与巩固的问题：南欧、南美和后共产主义欧洲》，孙龙等译，浙江人民出版社，2008，第 248 页。

捷克和斯洛伐克联邦共和国。1993 年，最后一批俄罗斯军队离开波兰。1994 年，从德国的撤军完成。

1991 年 2 月，华约政治协商委员会特别会议一致通过和签署《关于从 1991 年 3 月 31 日起中止〈华沙条约〉范围内签订的军事协定的效力和废除〈华沙条约〉的军事机构和结构的议定书》，停止一切以"华约"，名义进行的军事活动。① 7 月 1 日，华约成员国举行政治协商委员会最后一次会议，签署《关于使 1955 年 5 月 14 日于华沙签署的〈友好合作互助条约〉和 1985 年 4 月 26 日延长上述条约有效期限的议定书停止生效的议定书》，宣布：华沙条约的缔约国鉴于在欧洲发生的意味着结束欧洲对抗和分裂的深刻变化，打算积极发展在双边基础上和视关心程度而在多边基础上的彼此关系，考虑到北约和华约业已声明不再是敌人，并将建立新的伙伴和合作关系，决定终止华沙条约及解散华沙条约组织。②

经互会和华约组织的成立标志着苏东集团的形成，随着它们的解散，苏东集团土崩瓦解，消逝在历史的长河中。

二 苏联解体

几乎与东欧剧变同时，苏联国内的政治体制改革全面铺开。

1988 年 10 月，苏联最高苏维埃非常会议决定由戈尔巴乔夫兼任最高苏维埃主席团主席。12 月，在戈尔巴乔夫建议下，苏联第十一届最高苏维埃十二次非常会议通过《关于苏联宪法（根本法）的修改和补充》和《关于苏联人民代表的选举法》两个法令。规定各级苏维埃是国家权力机关，人民代表大会是国家最高权力机关，其 2/3 代表在居民中通过差额选举产生，1/3 代表由社会组织推荐。③ "国家权力重心开始从党的系统向人民代表机构转移。"④ 宪法修正案规定：苏联人民代表大会是苏联最高国家权力机关，任期 5 年，一年召开两次例会，享有国家全部权力；通过和修改苏联宪法，确定国家结构、苏联国界和批准各共和国之间的疆界变更，确定国家的内外政策方针，批准国家计划和发展纲

---

① 刘金质：《冷战史（下）》，人民出版社，2013，第 1456 页。
② 刘金质：《冷战史（下）》，世界知识出版社，2003，第 1456～1457 页。
③ 左凤荣：《戈尔巴乔夫改革时期》，人民出版社，2013，第 248 页。
④ 陆南泉、姜长斌、徐葵、李静杰主编《苏联兴亡史论》，人民出版社，2002，第 746 页。

领，选举最高苏维埃成员等。① 1989 年 3 月，人民代表大会代表选举举行。结果，在当选代表中，知识分子占到 20%；参加竞选的党员干部，约有 20% 落选，包括 30 多名苏共州委书记与市委书记；包括鲍里斯·叶利钦在内的一批激进民主派代表进入人民代表大会，叶利钦"成了能向戈尔巴乔夫直接提出挑战的人物。他与苏共逐渐拉开了距离，成了反对派的领袖，苏共的历史也因此发生了巨大转折"②。5 月 25 日至 6 月 9 日，第一届人民代表大会举行，选举产生最高苏维埃，戈尔巴乔夫当选最高苏维埃主席团主席。这次代表大会的召开"标志着苏联改变了国家权力结构，初步形成了类似于西方的三权分立的权力结构"③。人民代表大会第一次会议通过了《关于内外政策的基本方针》和《关于建立宪法委员会》的决议，提出立即开始起草新宪法的工作。④ 12 月，叶利钦等部分代表在人民代表大会第二次会议上提出删除苏联宪法第六条的要求，这次会议还对宪法进行了补充和修改，规定国家权力代表机关体制是各级人民代表苏维埃，人民代表苏维埃直接或通过它所建立的机关来领导国家建设、经济建设和社会文化建设的各个领域，各加盟共和国有权自行解决成立人民代表大会问题，苏联最高苏维埃有权对苏联政府表示不信任。⑤

1990 年 2 月，苏共中央全会召开，讨论苏共中央向苏共二十八大提交的纲领草案，指出苏共不追求特权和不在苏联宪法中规定自己的特殊地位，必须通过立法动议程序，把涉及国家根本法第六条的有关建议提交苏联人民代表大会，全会几乎一致通过了取消宪法第六条的决定。⑥ 戈尔巴乔夫还在全会上首次公开建

---

① 左凤荣：《戈尔巴乔夫改革时期》，人民出版社，2013，第 256～257 页。
② 左凤荣：《戈尔巴乔夫改革时期》，人民出版社，2013，第 253～254 页。
③ 陆南泉、姜长斌、徐葵、李静杰主编《苏联兴亡史论》，人民出版社，2002，第 752 页。
④ 左凤荣：《戈尔巴乔夫改革时期》，人民出版社，2013，第 264 页。
⑤ 左凤荣：《戈尔巴乔夫改革时期》，人民出版社，2013，第 266～268 页。宪法第六条规定："苏联共产党是苏联社会的领导力量和指导力量，是苏联社会政治制度以及国家和社会组织的核心。苏共为人民而存在，并为人民服务。用马克思列宁主义学说武装起来的苏联共产党规定社会发展的总的前景，规定苏联的内外政策路线，领导苏联人民进行伟大的创造性活动，使苏联人民争取共产主义胜利的斗争具有计划性，并有科学根据。各级党组织都在苏联宪法范围内进行活动。"见《苏维埃社会主义共和国联盟宪法（根本法）（一九七七年十月七日苏联第九届最高苏维埃非常第七次会议通过）》，姜士林、陈玮主编《世界宪法大全》（上卷），中国广播电视出版社，1989，第 1025 页。
⑥ 左凤荣：《戈尔巴乔夫改革时期》，人民出版社，2013，第 308～309 页。

议在苏联设立总统制。① 此后不久，莫斯科爆发大规模示威游行，俄罗斯联邦的许多城市举行群众集会，喊出"打倒戈尔巴乔夫！"等口号。② 3 月，第三次非常人民代表大会通过《关于设立苏联总统职位并对苏联宪法进行修改和补充》的法律，规定实行总统制，总统由全民选举产生（第一任总统由人民代表大会选举），任期 5 年③；修改宪法第六条和第七条④，规定苏联共产党、其他政党以及工会、共青团和其他社会团体和群众运动通过自己选进苏维埃的人民代表并以其他形式参加制定苏维埃国家的政策，管理国家和社会事务；一切政党、社会团体和群众运动在履行其纲领和章程所规定的职能时，应在宪法和苏联法律的范围内进行；苏联公民有权结成政党、社会团体，参加有助于发挥政治积极性和主动性、满足他们多种利益的群众运动。⑤ 戈尔巴乔夫在这次人民代表大会上当选苏联第一任总统。多党制实行后，反对派更加活跃。5 月，叶利钦当选俄罗斯联邦最高苏维埃主席，他的盟友分别当选莫斯科和列宁格勒市的苏维埃主席，立陶宛、爱沙尼亚、拉脱维亚、亚美尼亚、格鲁吉亚、摩尔多瓦等加盟共和国的 20 个地区和城市的反对派也"和平"夺权。⑥ 7 月，苏共举行第二十八次代表大会，通过《走向人道的、民主的社会主义》纲领性声明、苏共党章和一系列决议，宣称："政治改革的实质，就是从极权官僚制度向人道的、民主的社会主义社会过渡。"⑦ "苏联共产党是一个按自愿原则联合苏联公民、实施以全人类价值观和共产主义理想为基础的纲领性目标的政治组织。"⑧ "苏共坚决放弃政治和意

---

① 左凤荣：《戈尔巴乔夫改革时期》，人民出版社，2013，第 314 页。
② 左凤荣：《戈尔巴乔夫改革时期》，人民出版社，2013，第 311 页。
③ 左凤荣：《戈尔巴乔夫改革时期》，人民出版社，2013，第 314 页。
④ 宪法第七条规定："工会、苏联列宁共产主义青年团、合作社及其他社会组织可根据自己章程规定的任务，参加国家事务和社会事务的管理，处理政治、经济和社会文化问题。"——《苏维埃社会主义共和国联盟宪法（根本法）（一九七七年十月七日苏联第九届最高苏维埃非常第七次会议通过）》，姜士林、陈玮主编《世界宪法大全》（上卷），中国广播电视出版社，1989，第 1025 页。
⑤ 左凤荣：《戈尔巴乔夫改革时期》，人民出版社，2013，第 312 页。
⑥ 周尚文、叶书宗、王斯德：《苏联兴亡史》，上海人民出版社，1993，第 697 页。
⑦ 《走向人道的、民主的社会主义（苏共第二十八次代表大会纲领性声明）（1990 年 7 月 11 日通过）》，苏群编译《苏联共产党第二十八次代表大会主要文件资料汇编》，人民出版社，1991，第 116 页。
⑧ 《苏联共产党章程（苏联共产党第二十八次代表大会 1990 年 7 月 13 日批准）》，苏群编译《苏联共产党第二十八次代表大会主要文件资料汇编》，人民出版社，1991，第 146 页。

识形态垄断，放弃取代国家管理和经济管理的做法。"① "它将以自己的实际行动和解决社会发展问题的建设性立场，在同其他社会政治力量的自由竞争中捍卫政治领导权。"② 尽管如此，叶利钦和54名俄罗斯联邦代表仍认为苏共二十八大辜负了党内和社会上民主力量的期望，宣布退出苏共，并号召所有国家民主更新力量的拥护者团结到社会运动"民主俄罗斯"中来，建议在1990年秋举行民主代表大会以建立广泛的政治联盟，以便更好地保护俄罗斯人民的根本利益。③ 9月，俄罗斯联邦最高苏维埃通过决议，要求苏联政府辞职。④ 10月，"民主俄罗斯"运动在莫斯科召开成立大会，号召同苏共进行斗争，反对政治垄断，要求苏联政府下台。⑤ 苏联局势愈加混乱。

　　有学者认为："随着波兰、匈牙利、民主德国、保加利亚和罗马尼亚政权的相继崩溃，事态的新的发展所造成的影响又开始溢出，蔓延至苏联，动摇了戈尔巴乔夫的权威并削弱了党和国家的控制力。"⑥ 这些国家的剧变在多大程度上激励了苏联的变化或许难以估计，但作为同时发生的针对苏联模式的事件⑦，东欧剧变与苏联变化的相互促动在所难免。可以更加肯定的是，东欧剧变"大大激起了苏联内部的民族主义势力。戈尔巴乔夫允许东欧国家脱离苏联的势力范围，这更加促使人们相信莫斯科不会对自己的分离主义动武"⑧。从这个意义上说，"正是东中欧共产主义的终结加速了苏联的离心—解体进程，催化了波罗的海国家和乌克兰的民族爱国运动，并开创了一个新的后冷战和后两极世界"⑨。

　　早在1989年12月，激进派就在人民代表大会第二次会议上提出要拆散"单

---

① 《走向人道的、民主的社会主义（苏共第二十八次代表大会纲领性声明）（1990年7月11日通过）》，苏群编译《苏联共产党第二十八次代表大会主要文件资料汇编》，人民出版社，1991，第128页。
② 《走向人道的、民主的社会主义（苏共第二十八次代表大会纲领性声明）（1990年7月11日通过）》，苏群编译《苏联共产党第二十八次代表大会主要文件资料汇编》，人民出版社，1991，第128页。
③ 左凤荣：《戈尔巴乔夫改革时期》，人民出版社，2013，第324~325页。
④ 周尚文、叶书宗、王斯德：《苏联兴亡史》，上海人民出版社，1993，第699页。
⑤ 周尚文、叶书宗、王斯德：《苏联兴亡史》，上海人民出版社，1993，第700页。
⑥ 〔美〕弗拉季斯拉夫·祖博克：《失败的帝国：从斯大林到戈尔巴乔夫》，李晓江译，社会科学文献出版社，2014，第444页。
⑦ 除南斯拉夫外，其他东欧国家和苏联的政局变动都表现为对苏联模式的抛弃。
⑧ 〔美〕霍华德·威亚尔达主编《全球化时代的欧洲政治》，陈玉刚、陈晓翌、左克文等译，北京大学出版社，2010，第184页。
⑨ Vladimir Tismaneanu, ed., *The Revolutions of* 1989, London, New York：Routledge 1999, p. 5.

一制帝国"、建立新的自愿的联邦的诉求。① 1990 年，包括俄罗斯在内的 15 个加盟共和国相继发表"主权宣言"或"独立宣言"，宣称自己是主权国家，提出独立要求。面对独立浪潮，6 月，戈尔巴乔夫主持召开苏联联邦委员会会议，提出重建"主权的社会主义国家联盟"的构想，主张各加盟共和国作为主权实体，可以不同形式同苏联中央政府建立关系，通过建立全苏大市场等经济手段促进各共和国相互接近和相互联系，以此作为联盟存在的基础。② 7 月，苏共在二十八大上进一步指出："只有苏联各族人民之间、民族国家实体之间实现相互关系民主化，只有顺利发展各地区的经济和统一的全苏市场，才能防止离心倾向的发展。党承认民族自决权，直到可以分离出去，但不把退出苏联的权利与这种退出的合理性混淆起来。""党将执行加强各加盟共和国主权的路线。""主张提高各自治共和国、自治州和自治专区的宪法地位，扩大它们的权利。"③ "各加盟共和国共产党是独立的。……苏共中央政治局作出的涉及各加盟共和国共产党的原则性决议应在加盟共和国共产党全权代表参加下进行讨论。如果不同意所作出的决议，加盟共和国共产党中央委员会有权不执行这一决议并要求召开苏共中央全体会议或者苏共中央和中央监察委员会联席全体会议讨论有争议的问题。"④

9 月，苏联最高苏维埃决定成立由中央和各加盟共和国主要领导人参加的筹备委员会，负责制定新联盟条约。⑤ 11 月，新联盟条约草案第一稿出台。12 月，第四次人民代表大会对新联盟条约草案进行了讨论，戈尔巴乔夫不允许联盟解体，主张按联邦制原则把国家改造成主权苏维埃共和国联盟，立陶宛和亚美尼亚拒绝派代表参会，波罗的海三国联合致函大会，声明不参加条约的签署，格鲁吉亚和亚美尼亚也表示拒绝签约。⑥ 在大会表决中，绝大多数代表赞成联盟继续存在并保留"苏维埃社会主义共和国联盟"的国名。⑦ 大会还通过了关于新联盟条

---

① 左凤荣：《戈尔巴乔夫改革时期》，人民出版社，2013，第 267 页。

② 陆南泉、姜长斌、徐葵、李静杰主编《苏联兴亡史论》，人民出版社，2002，第 815 页。

③ 《走向人道的、民主的社会主义（苏共第二十八次代表大会纲领性声明）（1990 年 7 月 11 日通过）》，苏群编译《苏联共产党第二十八次代表大会主要文件资料汇编》，人民出版社，1991，第 125~126 页。

④ 《苏联共产党章程（苏联共产党第二十八次代表大会 1990 年 7 月 13 日批准）》，苏群编译《苏联共产党第二十八次代表大会主要文件资料汇编》，人民出版社，1991，第 154~155 页。

⑤ 陆南泉、姜长斌、徐葵、李静杰主编《苏联兴亡史论》，人民出版社，2003，第 815 页。

⑥ 周尚文、叶书宗、王斯德：《苏联兴亡史》，上海人民出版社，1993，第 702 页。

⑦ 周尚文、叶书宗、王斯德：《苏联兴亡史》，上海人民出版社，1993，第 702 页。

约的基本构想及其签订程序的决定，决定举行全民投票来确定是否保留各共和国之间的联盟。① 1991 年 3 月，新联盟条约草案第二稿出台。随后举行了全民公投，80% 的公民参加投票，其中赞成保留联盟的占 76.4%，波罗的海三国、摩尔多瓦、格鲁吉亚和亚美尼亚官方反对全民公投。② 4 月，戈尔巴乔夫同俄罗斯、乌克兰、白俄罗斯、乌兹别克、哈萨克、阿塞拜疆、塔吉克、吉尔吉斯、土库曼等九个加盟共和国领导人会晤，发表《关于稳定国内局势和克服危机的刻不容缓措施的联合声明》，指出克服危机的首要任务是根据全民投票结果，签订各主权国家新条约。③ 7 月，苏联最高苏维埃通过新联盟条约草案，上述九国表示愿意签署。④ 8 月，《苏维埃主权共和国联盟条约》正式文本公布。该条约大大缩小了联盟的权力，扩大了各共和国的权力，强调各共和国的主权地位，加入联盟的各国保留独立决定本国发展的一切问题的权利，个别国家甚至可以以邦联成员的身份留在联盟内。⑤

　　但就在原定条约签署日的前一天，发生了"8·19 事件"。8 月 19 日，趁戈尔巴乔夫休假之机，"几位试图维护苏联原来联盟体制的政治家发动政变"⑥，发布苏联副总统根纳季·亚纳耶夫的命令、亚纳耶夫致各国国家元首和政府首脑以及联合国秘书长的信、苏联领导的声明、国家紧急状态委员会告苏联人民书，称鉴于戈尔巴乔夫因健康状况不能履行苏联总统职责，亚纳耶夫从 8 月 19 日起履行总统职责；从 8 月 19 日莫斯科时间 4 时起，在苏联某些地区实行为期 6 个月的紧急状态，确保苏联宪法和法律在苏联全境具有绝对至高无上的效力；成立由苏联国防会议第一副主席奥·德·巴克拉诺夫、苏联国家安全委员会主席弗·亚·克留奇科夫等 8 人组成苏联国家紧急状态委员会；命令苏联全境内所有政权机关和管理机关、一切公职人员和公民必须绝对执行国家紧急状态委员会的决定。⑦ 叶利钦立即组织反击，国家紧急状态委员会却没有对他采取强硬行动。⑧

① 周尚文、叶书宗、王斯德：《苏联兴亡史》，上海人民出版社，1993，第 767 页。
② 周尚文、叶书宗、王斯德：《苏联兴亡史》，上海人民出版社，1993，第 772 页。
③ 陆南泉、姜长斌、徐葵、李静杰主编《苏联兴亡史论》，人民出版社，2002，第 817 页。
④ 周尚文、叶书宗、王斯德：《苏联兴亡史》，上海人民出版社，1993，第 773 页。
⑤ 周尚文、叶书宗、王斯德：《苏联兴亡史》，上海人民出版社，1993，第 773 页。
⑥ 左凤荣：《戈尔巴乔夫改革时期》，人民出版社，2013，第 536 页。
⑦ 陆南泉、姜长斌、徐葵、李静杰主编《苏联兴亡史论》，人民出版社，2002，第 818～819 页。
⑧ 左凤荣：《戈尔巴乔夫改革时期》，人民出版社，2013，第 552～554 页。

叶利钦在《俄罗斯领导人告俄罗斯公民书》中宣布：这是一场右派的、反动的、反宪法的政变，国家紧急状态委员会及其一切命令都是非法的，呼吁俄罗斯公民对叛乱分子给予应有的回击，在俄罗斯全境进行无限期的总罢工，呼吁军人们表现出高度的公民责任感，不参与反动政变，要求保证戈尔巴乔夫有机会对全国人民讲话，要求紧急召开苏联非常人民代表大会。① 在叶利钦的号召下，社会上反对国家紧急状态委员会、保卫俄罗斯联邦政权的呼声越来越高，部分军队也倒向了叶利钦一边，加之波罗的海国家、哈萨克加盟共和国和摩尔多瓦也表示反对国家紧急状态委员会，西方国家也表示抵制该委员会的行动，令国家紧急状态委员会步履维艰，应对乏力。② 8 月 21 日，国家紧急状态委员会决定停止活动，戈尔巴乔夫宣称完全控制了局势。22 日，叶利钦发布命令：取消国家紧急状态委员会及其成员的决定；解除国家紧急状态委员会所有成员的职务；要求苏联总检察机关追究政变参加者的刑事责任，俄罗斯联邦与联盟建立共同的专门委员会对此进行侦讯。③ 显然，叶利钦已"将联盟中央的几乎所有权力抓到自己手中。而戈尔巴乔夫则是最大的失败者，……真正成了孤家寡人"④。

"8·19 事件""以维护苏联为目的，却成了苏联加速瓦解的催化剂"⑤。自 8 月 20 日和 22 日爱沙尼亚和拉脱维亚分别宣布独立以来，乌克兰、白俄罗斯、摩尔多瓦、阿塞拜疆、乌兹别克、吉尔吉斯、塔吉克、亚美尼亚、土库曼和哈萨克等加盟共和国相继宣布独立，加上分别于 1990 年 3 月 11 日和 1991 年 4 月 9 日宣布独立的立陶宛和格鲁吉亚，到 1991 年 12 月中旬，除俄罗斯外的苏联 14 个加盟共和国都已宣布独立。苏共和各共和国共产党已难以为继。8 月 23 日，叶利钦以俄共支持国家紧急状态委员会为由宣布暂停苏共和俄罗斯联邦共产党在俄罗斯领土上的活动。24 日，戈尔巴乔夫辞去苏共中央总书记职务并建议解散苏共中央，各共和国共产党的命运由自己决定。25 日，苏共中央书记处接受解散苏共中央的建议，叶利钦下令将苏共和俄共的全部动产和不动产收归俄罗斯国家所有。29 日，苏联最高苏维埃非常会议决定暂停苏共在苏联全境的活动。与此同

---

① 左凤荣：《戈尔巴乔夫改革时期》，人民出版社，2013，第 554 页。
② 左凤荣：《戈尔巴乔夫改革时期》，人民出版社，2013，第 554~561 页。
③ 左凤荣：《戈尔巴乔夫改革时期》，人民出版社，2013，第 562 页。
④ 钱乘旦总主编《世界现代化历程·俄罗斯东欧卷》，江苏人民出版社，2014，第 312 页。
⑤ 钱乘旦总主编《世界现代化历程·俄罗斯东欧卷》，江苏人民出版社，2014，第 536 页。

时，各共和国共产党或脱离苏共，或更改名称，或停止活动，或被禁止活动。[①]

12月8日，俄罗斯、白俄罗斯和乌克兰的最高领导人在白俄罗斯首都明斯克郊区别洛韦日签署关于建立独立国家联合体的协定，宣布"苏联作为国际法主体和地缘政治实体将停止存在"[②]。12日，哈萨克、吉尔吉斯、塔吉克、乌兹别克和土库曼五个中亚加盟共和国的领导人举行会晤，并于次日发表声明，称"别洛韦日协定"具有积极的性质，表示准备成为独立国家联合体的平等的共同创建者。[③] 21日，除波罗的海三国和格鲁吉亚外的苏联11个加盟共和国领导人签署《关于建立独立国家联合体协议的议定书》和《阿拉木图宣言》等文件，正式宣告建立独联体，苏联不复存在。[④] 25日，戈尔巴乔夫辞去苏联总统职务。26日，苏联最高苏维埃正式宣布苏联停止存在。

经互会和华约组织的解散既是苏联的东欧"卫星国"发生剧变的必然结果，又与苏联放手东欧的政策息息相关；苏联解体既是苏联改革失误所致，又受到东欧剧变乃至苏东集团解体的促动。正如《俄罗斯史》一书所说："当国内一切开始瓦解的时候，戈尔巴乔夫和苏联也失去了对东欧国家的控制，这极大地推动了苏联的进一步崩溃。"[⑤] 苏东集团解体和苏联解体终结了以苏联为首的苏东社会主义集团和以美国为首的西方资本主义集团持续40余年的冷战局面，国际政治由此迎来了新的发展。

第四节　东欧剧变、冷战结束与国际政治新发展

东欧剧变和冷战结束带来了国际格局的巨大变化，也促使西方学者深入思考与之相关的重大理论问题，提出自己的见解和主张。

一　东欧剧变、冷战结束与国际格局的变化

东欧剧变、冷战结束，存在了40余年的苏美两极对峙格局不复存在，取而

---

① 周尚文、叶书宗、王斯德：《苏联兴亡史》，上海人民出版社，1993，第719页。
② 陆南泉、姜长斌、徐葵、李静杰主编《苏联兴亡史论》，人民出版社，2002，第821页。
③ 陆南泉、姜长斌、徐葵、李静杰主编《苏联兴亡史论》，人民出版社，2002，第821~822页。
④ 左凤荣：《戈尔巴乔夫改革时期》，人民出版社，2013，第610~611页。
⑤ 〔美〕尼古拉·梁赞诺夫斯基、马克·斯坦伯格：《俄罗斯史（第七版）》，杨烨、卿文辉主译，上海人民出版社，2007，第585页。

代之的是落入安全真空并渴望"回归欧洲"的中东欧国家、走上统一之路的欧洲、唯一的超级大国美国和向西方"一边倒"的俄罗斯。

1. 中东欧：安全真空与"回归欧洲"

冷战时期，东欧国家多属苏联势力范围，是苏美两大集团对峙的前沿。"这种对峙虽然带来种种不良后果，却也在某种程度上保证了那个时期欧洲大陆的稳定。"① 东欧剧变、冷战结束后，苏东集团和苏联土崩瓦解，就连作为特定政治地理概念的"东欧"也变成了地理意义上的"中东欧"。苏联的继承国俄罗斯国力大衰，并且除飞地加里宁格勒与波兰接壤外已不再与中东欧国家为邻，其在中东欧的影响力大为下降。更重要的是，俄罗斯当时奉行亲西方的"一边倒"外交政策，急于融入西方，不再把中东欧看作其外交的优先方面，与中东欧国家的军事和经济联系几乎完全中断。美国等西方国家欢迎东欧剧变，但又认为中东欧国家的转型充满了不确定性，西方没有必要把自己与局势不稳、前景不明的中东欧绑在一起，导致西方政治、经济和社会的波动。因此，对接纳中东欧国家，"北约和欧盟都采取了一种相对回避的方法。北约邀请了这些国家加入北约理事会大会，但是仅在 1994 年允许它们成为一项和平伙伴计划的成员。到 1995 年末，北约开始为最终的成员资格制定标准，但拒绝给出一个明确的时间表。欧盟的情况也大致如此，它赋予了某些国家部分成员资格而非完全资格，甚至不愿意给出一个接受它们的具体日期。"② 这样，俄罗斯的撒手和西方的犹疑令中东欧国家落入安全真空，"危险地漂浮在东西方之间"③。

中东欧国家因其长期被统治被控制的经历对这种真空状态异常敏感。其时，虽然俄罗斯已经撒出，但"遥远的过去和社会主义时期令人不快的斯大林主义和勃列日涅夫主义"仍令它们心有余悸，满怀"对昔日俄罗斯的恐惧和对苏联遗产以及俄罗斯国内不时出现的不稳定形势的担忧"④。错综复杂的民族矛盾，特别是随南联邦解体燃起的战火更使中东欧国家面临明显的安全威胁。此外，中

---

① 李静杰总主编《十年巨变——中东欧卷》，中共党史出版社，2004，第 230 页。
② 〔美〕霍华德·威亚尔达主编《全球化时代的欧洲政治》，陈玉刚、陈晓翌、左克文等译，北京大学出版社，2010，第 372 页。
③ Alan Mayhew, *Recreating Europe: The European Union's Policy towards Central and Eastern Europe*, Cambridge: Cambridge University Press, 1998, xiii.
④ 李静杰总主编《十年巨变——中东欧卷》，中共党史出版社，2004，第 283 页。

东欧国家转型之初，政局不稳，经济衰退，机构运作不够完善，"可能更容易受到有组织犯罪团伙的影响，……不得不应付毒品滥用，非法移民的涌入和各种犯罪"①。如《欧洲的未来》一书所说："冷战的结束并不意味着欧洲安全问题的解决，这些问题只不过具有了新的特征。"②

面对潜在和现实的危险处境，"东欧国家的领导人越来越明白如果他们想要避免陷入那种无论如何都不希望的境地，即处在俄罗斯（这个国家代表了所有的不稳定和潜在威胁）和西欧的夹缝之中，那么他们就必须采取行动将自己与西方捆绑在一起"③。北约是进行集体防御、维持和平与安全的军事联盟。④ 一直以来，西欧都是处于以美国为首的北约的保护之下。欧共体/欧盟⑤也承诺："如某一成员国领土遭到武装入侵，其他成员国应依照《联合国宪章》第 51 条，承担尽其所能向其提供援助与协助的义务。"⑥ 中东欧国家深信加入北约和欧共体/欧盟将使自己获得安全保障。不仅如此，东欧剧变本就在相当大程度上源于对苏联模式和苏联控制的反感与反抗，源于这样一种信念："'只有一个欧洲'，一种独特的欧洲文明，东欧国家在传统上是它的成员，仅仅是由于苏联统治的铁幕才使得它们暂时地与欧洲其他部分隔开。"⑦ 一旦铁幕落下，"回归欧洲"也就顺理成章了。

2. 欧洲：走上统一之路

虽然欧共体曾对是否接纳中东欧国家犹豫不决，但"铁幕的降落至少已经在地理上——如果不能说经济和心理上——消除了欧洲旧的东西之分"⑧。1990年 10 月，民主德国并入联邦德国，"原民主德国的领土从此属于共同体。这是一

---

① 冯绍雷总主编《大构想：2020 年的欧盟》，华东师范大学出版社，2010，第 116 页。
② 〔美〕戴维·卡莱欧：《欧洲的未来》，冯绍雷、袁胜育、王蕴秀译，上海人民出版社，2003，第 336 页。
③ 〔美〕霍华德·威亚尔达主编《全球化时代的欧洲政治》，陈玉刚、陈晓翌、左克文等译，北京大学出版社，2010，第 372 页。
④ 《北大西洋公约（一九四九年四月四日）》，法学教材编辑部审订《国际关系史资料选编下册》（1945—1980）》，武汉大学出版社，1983，第 105 页。
⑤ 1993 年 11 月，欧共体正式改称欧洲联盟。
⑥ 《欧洲联盟基础条约——经〈里斯本条约〉修订》，程卫东、李靖堃译，社会科学文献出版社，2010，《第 51 页。
⑦ 〔美〕亚当·普沃斯基：《民主与市场——东欧与拉丁美洲的政治经济改革》，包雅钧、刘忠瑞、胡元梓译，北京大学出版社，2005，第 154 页。
⑧ 〔美〕霍华德·威亚尔达主编《全球化时代的欧洲政治》，陈玉刚、陈晓翌、左克文等译，北京大学出版社，2010，第 12 页。

个没有新国家加入欧共体的地缘政治扩张"①。由此，"构建一个'统一的欧洲'的希望被重新点燃"②。

东欧剧变、冷战结束不仅清除了割裂东西欧的分界线，使欧洲统一成为可能，而且令欧共体"深受困扰。德国的重新统一打破了法德之间的平衡。随着苏联的解体和一个虚弱的俄罗斯的诞生，挣脱了羁绊的中欧和东欧国家不仅存在着麻烦丛生的危险——如同在南斯拉夫很快就得到印证的，而且存在着作为一个真空地带把德国人吸引进来从而引起英国人和法国人的敌对反应的危险。换言之，冷战的终结预示着欧洲的无政府国家体系及其传统的德国问题的一种回归。一个后苏联时代的转型危机从东西两面撞击着欧洲"③。加速欧洲一体化、推动欧洲统一似乎成了摆脱困扰的必由之路。

为防止德国统一威胁欧洲一体化进程，早在筹备 1990 年 4 月都柏林欧洲理事会特别会议时，法国总统密特朗和联邦德国总理科尔就向欧共体其他成员国首脑发去联名信件，建议不久后就建立欧洲货币联盟和政治联盟召开政府会议。④ 1991 年 12 月，欧洲理事会在马斯特里赫特举行会议。1992 年 2 月，欧共体成员国首脑签署《欧洲联盟条约》，宣布："忆及，结束欧洲大陆分裂状态的历史重要性以及为建设未来的欧洲而奠定坚实基础的必要性……决心将以欧洲各共同体（European Communities）的建立为起点的欧洲一体化进程推向一个崭新的阶段。……决定建立欧洲联盟。"⑤ 条约宣称"联盟将建立一个以欧元为货币的经济与货币联盟"⑥，制定了包括共同安全与防务政策在内的共同外交与安全政策特别条款⑦，以促进欧洲一体化的深入发展。条约还规定了欧盟扩大的原则：任何尊重人类尊严、自由、民主、平等、法治，以及尊重人权（包括少数群体的

---

① 〔荷〕吕克·范米德拉尔：《通向欧洲之路》，任轶、郑方磊译，东方出版中心，2016，第 270 页。
② 〔英〕罗伯特·拜德勒勃斯、伊恩·杰弗里斯：《东欧史》，东方出版社中心，2013，第 885 页。
③ 〔美〕戴维·卡莱欧：《欧洲的未来》，冯绍雷等译，上海人民出版社，2003，第 378～379 页。
④ 〔奥〕马丁·赛迪克、米歇尔·施瓦青格：《欧盟扩大——背景、发展、史实》，卫延生译，中央编译出版社，2012，第 8 页。
⑤ 《欧洲联盟基础条约——经〈里斯本条约〉修订》，程卫东、李靖堃译，社会科学文献出版社，2010，第 31、32 页。
⑥ 《欧洲联盟基础条约——经〈里斯本条约〉修订》，程卫东、李靖堃译，社会科学文献出版社，2010，第 33 页。
⑦ 《欧洲联盟基础条约——经〈里斯本条约〉修订》，程卫东、李靖堃译，社会科学文献出版社，2010，第 44～53 页。

权利）的价值观并致力于共同促进这些价值观的欧洲国家均可申请成为欧洲联盟成员，入盟条件与由于入盟导致的联盟赖以建立之基础的条约的调整，应由成员国与候选国通过协议予以确定，该协议须经各缔约国依照各自的宪法要求予以批准。①

在中东欧国家"回归欧洲"的要求下，欧共体在最初的犹豫后决定向中东欧国家打开大门。1992 年 6 月，欧洲理事会里斯本会议在"扩大"项下讨论了欧共体与中东欧国家关系，重申欧共体愿在"欧洲协定"（即"联系国协定"）的框架内发展与中东欧国家的伙伴关系，加强政治对话并将其扩展到包括最高政治级别的会议，通过合作帮助中东欧国家入盟，欧委会将评估这方面的进展，向将于爱丁堡举行的欧洲理事会会议报告并酌情建议进一步的措施。② 12 月，欧洲理事会爱丁堡会议欢迎欧委会"与中东欧国家建立新联系"的报告，认为该报告是对欧洲理事会里斯本会议有关在"欧洲协定"框架内发展欧共体与这些国家伙伴关系承诺的积极反应，表示将在该报告的基础上在欧洲理事会哥本哈根会议上做出决定，以便联系国为入盟做准备。③ 1993 年 6 月，欧洲理事会哥本哈根会议同意"如此渴望入盟的中东欧联系国将成为欧盟成员。联系国一旦能够通过满足所需的经济和政治条件来承担成员国义务，就将实现入盟的目标"④。欧盟东扩正式提上日程。

3. 美国：唯一的超级大国

冷战以其一方——苏东集团和苏联的解体告终。"美国对手的垮台使美国处于一种独一无二的地位。它成为第一个也是唯一的一个真正的全球性大国。""在全球力量四个具有决定性作用的方面居于首屈一指的地位。在军事方面，它有无可匹敌的在全球发挥作用的能力；在经济方面，它仍然是全球经济增长的主

---

① 《欧洲联盟基础条约——经〈里斯本条约〉修订》，程卫东、李靖堃译，社会科学文献出版社，2010，第 33、55 页。

② European Council in Lisbon, 26/27 June 1992, Conclusions of the Presidency, p. 5. https：//www. consilium. europa. eu/media/20510/1992_june_－_lisbon__eng_. pdf.

③ European Council in Copenhagen, 21－22 June 1993, Conclusions of the Presidency, p. 94. https：//www. consilium. europa. eu/media/20492/1992_december_－_edinburgh__eng_. pdf.

④ European Council in Copenhagen, 21－22 June 1993, Conclusions of the Presidency, p. 13. https：//www. consilium. europa. eu/media/21225/72921. pdf. 在这次会议上，欧洲理事会还宣布将在 1995 年 1 月 1 日实现欧盟的第一次扩大，吸收奥地利、芬兰、瑞典和挪威入盟。European Council in Edinburgh, 11－12 December, 1992, Conclusions of the Presidency, p. 11.

要火车头，即使它在有些方面已受到日本和德国的挑战（日本和德国都不具有全球性力量的其他属性）；在技术方面，美国在开创性的尖端领域保持着全面领先地位；在文化方面，美国文化虽然有些粗俗，却有无比的吸引力，特别是对世界各地的青年而言。所有这些使美国具有一种任何其他国家都望尘莫及的政治影响。这四个方面加在一起，使美国成为一个唯一的、全面的全球性超级大国。"①

然而，苏东集团和苏联的消失在使美国成为唯一的超级大国的同时，也令以美国为首的西方集团尤其是北约失去了存在的依据。"既然冷战已经终结，一些欧洲人公开怀疑美国的霸权能否保证他们的利益，他们希望对北约加以改造，从而具有更为自主的军事能力。"② 欧共体甚至宣称："在遵守对外行动的原则与目标的前提下，联盟应在发展成员国间的政治团结、发现具有普遍利益的问题并使成员国行动实现日益趋同的基础上制定并实施一项共同外交与安全政策。""联盟在共同外交与安全政策事务方面的权能应覆盖外交政策的所有领域以及与联盟安全有关的所有问题，包括逐渐建构一项可能导致共同防务的共同防务政策。"③

美国则意欲为北约的存在寻找新的理由，拓展新的空间，以维护其在欧洲的"传统"利益，建立以美国和北约为主导的欧洲安全体系，防范俄罗斯重新崛起和向西扩张。恰在此时，前南地区战火频仍，欧共体/欧盟干预不力，特别是波黑战争打了 3 年多，最终才在美国和北约的强大军事和政治压力下得以结束。这让"欧洲人充分意识到他们需要一种有效的共同外交和安全政策，但同时事实也暗示出他们要在这个领域里达成一种一致是多么的困难。不论欧洲人对美国人是多么的恼怒，但他们还是意识到有美国人在身边时的便利"④。更为重要的是，中东欧国家要求加入北约，美国可借北约东扩，扩大在欧洲的势力范围，并通过拉拢中东欧新成员国抑制欧盟的独立倾向，继续保持对欧洲的控制。结果，北约不但生存了下来，而且不断扩大。如《失序时代：全球旧秩序的崩溃与新秩序的重塑》一书所说："北约之所以能够在一个新的、已经发生巨变的战略背景下

---

① 〔美〕兹比格纽·布热津斯基：《大棋局：美国的首要地位及其地缘战略》，中国国际问题研究所译，上海人民出版社，2007，第 8、21 页。
② 〔美〕戴维·卡莱欧：《欧洲的未来》，冯绍雷等译，上海人民出版社，2003，第 374 页。
③ 程卫东、李靖堃译：《欧洲联盟基础条约——经〈里斯本条约〉修订》，程卫东、李靖堃译，社会科学文献出版社，2010，第 44 页。
④ 〔美〕戴维·卡莱欧：《欧洲的未来》，冯绍雷等译，上海人民出版社，2003，第 339 页。

继续存在，最主要的原因是它承接了一些新使命，其中一项是'条约区外'，即北约将成为传统条约区以外地区（很多属于欧洲大陆，但少部分不是）的干预力量，包括巴尔干、阿富汗和中东部分地区。北约还成为联合与巩固新获得自由的国家（德国是新统一而非新解放）的机构。"①

随着北约的存续，美国"覆盖全球的同盟和联盟所组成的精细体系"完好无损，支撑着"美国在全球至高无上的地位"，② 并由此制造出一个新的国际秩序。这个新的国际秩序不仅在国外重复了美国体系本身的许多特点，而且使这些特点固定了下来。基本的特点包括：一个集体安全体系，包括一体化的指挥机构和部队（北约、美日安全条约等）；地区性经济合作（亚太经济合作组织，北美自由贸易协定）和专门的全球合作机构（世界银行、国际货币基金组织、世界贸易组织）；强调一致做出决定的程序，即使这些程序是由美国主导的；优先考虑让民主国家加入的主要联盟组织；一个初始的全球性立宪和司法结构（从世界法院到审判波黑战争罪犯的特别法庭）。③

4. 俄罗斯：向西方"一边倒"

苏联的继承国俄罗斯国力衰弱，地缘政治影响力下降。"俄罗斯在高加索地区的边界退回到了 19 世纪；在中亚则退回到了 19 世纪中叶。更有戏剧性和令人痛苦的是在西部，俄罗斯的边界退回到了 1600 年左右即'雷帝'伊凡四世统治之后不久。高加索的丢失重新唤起了对土耳其影响卷土重来在战略上的担心。失去了中亚，使人感到丢掉了这一地区丰富的能源和矿产资源，也对潜在伊斯兰挑战忧心忡忡。乌克兰的独立则动摇了俄罗斯是泛斯拉夫共同特性的天授旗手这一说法的根本。"④

俄罗斯不仅失去了与美国对抗的能力，也不再有与美国对抗的欲望。"苏联刚解体时，叶利钦起初的立场是把俄罗斯政治思想中从未完全成功的'西方化'

① 〔美〕理查德·哈斯：《失序时代：全球旧秩序的崩溃与新秩序的重塑》，黄锦桂译，中信出版集团，2017，第 60~61 页。
② 〔美〕兹比格纽·布热津斯基：《大棋局：美国的首要地位及其地缘战略》，中国国际问题研究所译，上海人民出版社，2007，第 23 页。
③ 〔美〕兹比格纽·布热津斯基：《大棋局：美国的首要地位及其地缘战略》，中国国际问题研究所译，上海人民出版社，2007，第 24~25 页。
④ 〔美〕兹比格纽·布热津斯基：《大棋局：美国的首要地位及其地缘战略》，中国国际问题研究所译，上海人民出版社，2007，第 73 页。

老观念推到登峰造极的程度。他主张俄罗斯本来就属于西方，应该成为西方的一部分并应尽可能地在国内政治中与西方亲近。"①

1992 年 2 月，叶利钦与布什在戴维营会晤，声称两国"不把彼此视为潜在的敌人""共同致力于民主和经济自由""努力消除冷战敌对状态的一切残余""积极地促进自由贸易、投资和我们两国之间的经济合作"，两国关系将是建立在互相信任和尊重基础上的友谊和伙伴关系。② 6 月，叶利钦访问美国，与布什签订了《关于削减战略武器的谅解协议》《关于战俘和失踪人员的联合声明》《关于双边关系问题的联合声明》《关于科学与技术合作的联合声明》等 30 多个声明和协议，涉及政治、经济、科技、贸易、军事等各个领域。③ 双方还签署了《美利坚合众国和俄罗斯联邦伙伴和友好关系宪章》，宣称以"相互信任和尊重以及对民主和经济自由的共同承诺为基础"，保证"发展伙伴和友好关系"；将"支持加强欧洲—大西洋大家庭"，并"致力于进一步控制武器和裁军"，共同维护"国际和平与安全"；加强双边经济合作，美国继续支持俄罗斯改革，对俄罗斯提供援助。④ 1993 年 1 月，叶利钦与布什在莫斯科签订了《第二阶段削减进攻性战略武器条约》，规定在 2003 年前削减 2/3 核弹头，减少到 3000 ~ 3500 枚，并全部销毁陆基多弹头洲际弹道导弹，将潜射弹头削减到 1700 ~ 1750 枚。⑤ 4 月，叶利钦与新上任的美国总统克林顿在温哥华会晤，叶利钦表示"坚决致力于促进民主化、法治和市场经济"，克林顿保证给予叶利钦"积极支持"，向俄罗斯提供 16 亿美元的一揽子援助，双方发表了《温哥华宣言》，宣称"坚决致力于"两国"富有生气、卓有成效并加强国际安全的伙伴关系"⑥。8 月，叶利

---

① 〔美〕兹比格纽·布热津斯基：《大棋局：美国的首要地位及其地缘战略》，中国国际问题研究所译，上海人民出版社，2007，第 81 页。
② 方连庆、王炳元、刘金质主编《国际关系史（战后卷）》下册，北京大学出版社，2006，第 750 页。
③ 方连庆、王炳元、刘金质主编《国际关系史（战后卷）》下册，北京大学出版社，2006，第 750 页。
④ 方连庆、王炳元、刘金质主编《国际关系史（战后卷）》下册，北京大学出版社，2006，第 750 ~ 751 页。
⑤ 方连庆、王炳元、刘金质主编《国际关系史（战后卷）》下册，北京大学出版社，2006，第 751 页。
⑥ 方连庆、王炳元、刘金质主编《国际关系史（战后卷）》下册，北京大学出版社，2006，第 752 页。

钦公开赞同波兰加入北约，称这与"俄罗斯的利益"相一致。① 1994 年 1 月，克林顿访问俄罗斯，与叶利钦讨论了包括削减和不扩散核武器在内的安全问题、欧洲安全体系、地区热点及双边关系，他们主张"坚决尽快结束全面禁止核试验谈判"，最迟在 1994 年 5 月 30 日前不再用战略核导弹瞄准对方，认为"必须建立新的欧洲安全体系"，而"和平伙伴关系计划"是形成欧洲安全模式的重要因素。② 会晤发表的《莫斯科宣言》称俄美两国关系已"进入了成熟的战略伙伴关系的新阶段"，并沿着"开诚布公和相互信任"的道路发展。③

俄罗斯全面倒向西方和美、欧、俄融为一体的局面很快便有所改观。"作为对俄罗斯与西方大国合作关系的回报，叶利钦期望得到对'民族利益和民族尊严'的尊重（如他在 1994 年'联邦政府报告'中所说）和经济援助。而在这两方面叶利钦都越来越失望，这也使国内对他屈从西方列强的政治批评显得愈加有效力。其所导致的结果是俄罗斯与西方大国尤其是与美国的关系变得越来越紧张。"④ 俄罗斯开始逐渐改变"亲西方"外交，强调维护俄罗斯的利益和大国地位。

随着越来越多的中东欧国家加入北约和欧盟，欧洲一体化向前推进，俄罗斯的国力亦有所恢复，美、欧、俄的博弈渐次展开，但未形成三足鼎立的格局。美国仍是世界上唯一的超级大国；欧盟虽与美国在某些问题上存在分歧，但基本价值观和社会制度相同，拥有许多共同利益；俄罗斯虽是美、欧防范的目标，但终因国力所限，无法与美、欧抗衡。冷战时期，东欧国家处于美苏之间，大都加入苏东集团。冷战结束后，中东欧国家处于美欧俄之间，仰仗北约和欧盟的保护，如何在北约和欧盟框架内、在美欧俄博弈中争取和维护自身利益成为它们面临的新挑战。

二　东欧剧变、冷战结束与西方国际政治新理论的出现

《西方国际政治学：历史与理论》一书指出："第一次世界大战结束时，诞

---

①　〔美〕兹比格纽·布热津斯基：《大棋局：美国的首要地位及其地缘战略》，中国国际问题研究所译，上海人民出版社，2007，第 83 页。

②　方连庆、王炳元、刘金质主编《国际关系史（战后卷）》下册，北京大学出版社，2006，第752 页。

③　方连庆、王炳元、刘金质主编《国际关系史（战后卷）》下册，北京大学出版社，2006，第752 页。

④　〔美〕尼古拉·梁赞诺夫斯基、马克·斯坦伯格：《俄罗斯史（第七版）》，杨烨、卿文辉译，上海人民出版社，2007，第 621 页。

生了国际关系学科；第二次世界大战之后，以现实主义的形成和占据统治地位为标志，这门学科进入了比较成型和成熟的阶段；冷战的终结则是又一个大的历史界碑，它把国际政治研究置入一个新的背景下面。"① 在新背景下，西方国际政治学界出现了一些新理论。其中，"历史终结论"宣称历史终结于自由民主制度；"文明冲突论"断言"文化和文化认同（它在最广泛的层面上是文明认同）形成了冷战后世界上的结合、分裂和冲突模式"②。

1. "历史终结论"

"历史终结论"的提出无疑是受到了东欧剧变和冷战结束的鼓舞。1989 年夏东欧剧变之时，美国学者弗朗西斯·福山在《国家利益》杂志上发表《历史的终结?》一文，"内容涉及过去几年中自由民主制度作为一个政体在全世界涌现的合法性"③，指出："自由民主制度也许是'人类意识形态发展的终点'和'人类最后一种统治形式'，并因此构成'历史的终结'。换句话说，在此之前的种种政体具有严重的缺陷及不合理的特征从而导致其衰落，而自由民主制度却正如人们所证明的那样不存在这种根本性的内在矛盾。这并不是说当今美国、法国或瑞士等国家的稳定的民主体制已不存在不公正或严重的社会问题，但这些问题则是因构建现代民主制度的两大基石——自由和平等的原理——尚未得到完全实现所造成的，并非原理本身的缺陷。或许当代有些国家能够实现稳定的自由民主制度，而且有些国家可能会倒退回其他更原始的统治方式，如神权政治或军人独裁，但我们却找不到比自由民主理念更好的意识形态。"④

1992 年，冷战结束之际，福山推出专著《历史的终结及最后之人》，对"历史终结论"进行了更为全面的阐述。

首先，福山从"80 年代后期共产主义世界出人意料的大面积塌方"⑤ 出发，

---

① 王逸舟：《西方国际政治学：历史与理论》，上海人民出版社，2006，第 355 页。

② 〔美〕塞缪尔·亨廷顿：《文明的冲突与世界秩序的重建》，周琪等译，新华出版社，2002，第 4 页。

③ 〔美〕弗朗西斯·福山：《历史的终结及最后之人》，黄胜强、许铭原译，中国社会科学出版社，2003，代序第 1 页。

④ 〔美〕弗朗西斯·福山：《历史的终结及最后之人》，黄胜强、许铭原译，中国社会科学出版社，2003，代序第 1 页。

⑤ 〔美〕弗朗西斯·福山：《历史的终结及最后之人》，黄胜强、许铭原译，中国社会科学出版社，2003，第 14 页。

剖析了"强权国家的致命弱点"①，声言"自由民主制度准确地说已经开始占据一个特殊的位置。尽管在世界范围内民主时起时伏，但它一直是朝着民主的方向螺旋式前进的"②。"自由民主制度的发展，连同它的伴侣——经济自由主义的发展，已成为最近400年最为显著的宏观政治现象。……在所有社会的发展模式中，都有一个基本程序在发挥着作用，这就是以自由民主制度为方向的人类普遍史。"③

福山所说的普遍史，"不是我们所知道的所有人类事件'流水账'式的百科全书，而是一种尝试，试图想在人类社会整个发展过程中发现一种有意义的模式"④。"西方思想体系中第一部真正的世界普遍史是基督教"⑤，而"编写世界普遍史所进行的最严肃的工作是在德国唯心主义体系中实现的。这一观点是伟大的哲学家康德在1784年的一篇论文中提出的"⑥。在他看来："历史应该存在一个尽头。也就是说，历史有一个蕴藏在人目前的潜意识中并且使整个历史具有意义的终极目标，这个终点就是实现人类自由。"⑦ 康德的继承者黑格尔完成了编写世界普遍史的任务，他"把历史定义为人走向更高的理性和自由的进步过程，而且这种过程在绝对自我意识实现方面有一个逻辑的终点，他认为这种自我意识物化在他自己的哲学体系中，就像人的自由物化在法国大革命后的欧洲以及美国革命后的北美洲所出现的现代自由国家中一样"⑧。马克思赞成黑格尔有关历史有可能终结的看法，但与黑格尔"将'终结'定位于一种自由的国家形态"不同，马

---

① 〔美〕弗朗西斯·福山：《历史的终结及最后之人》，黄胜强、许铭原译，中国社会科学出版社，2003，第15~43页。

② 〔美〕弗朗西斯·福山：《历史的终结及最后之人》，黄胜强、许铭原译，中国社会科学出版社，2003，第53~54页。

③ 〔美〕弗朗西斯·福山：《历史的终结及最后之人》，黄胜强、许铭原译，中国社会科学出版社，2003，第54页。

④ 〔美〕弗朗西斯·福山：《历史的终结及最后之人》，黄胜强、许铭原译，中国社会科学出版社，2003，第61页。

⑤ 〔美〕弗朗西斯·福山：《历史的终结及最后之人》，黄胜强、许铭原译，中国社会科学出版社，2003，第62页。

⑥ 〔美〕弗朗西斯·福山：《历史的终结及最后之人》，黄胜强、许铭原译，中国社会科学出版社，2003，第64页。

⑦ 〔美〕弗朗西斯·福山：《历史的终结及最后之人》，黄胜强、许铭原译，中国社会科学出版社，2003，第65页。

⑧ 〔美〕弗朗西斯·福山：《历史的终结及最后之人》，黄胜强、许铭原译，中国社会科学出版社，2003，第72页。

克思"把它确定为共产主义社会"。① 在回顾世界普遍史思想发展的基础上，福山得出这样的结论："'历史的终结'是所有世界普遍史编写中的题中之义。历史的某个重大事件只有产生更大的终极或目标才会具有意义，实现这一目标必然会推动历史走向终结。……最后的终结使一切个别的重大事件具有潜在意义。"②

接着，福山从现代自然科学和"获得认可的斗争"两个方面论证历史终结于自由民主制度的必然性。"现代自然科学的出现对人类历史的所有社会产生了一个统一的作用，其原因有两个。第一，掌握技术的国家可以利用技术获得决定性的军事优势，并且由于在国家的国际体系中始终存在着战争威胁，任何看重国家独立的国家都不会无视国防现代化的重要性。第二，现代自然科学确立了一个统一的经济生产可能性范围，技术能使财富无限地累积，并因此满足了人类欲望无休止的膨胀。这个过程使所有人类，不论其历史渊源或文化传统，都必然走上一条不可逆转的同质化道路。"③ 因此，"作为现代自然科学发展的结果而产生的历史是朝着一个唯一的、一贯的方向发展的"④。然而，"虽然自然科学可以被看作是有方向性历史发展的'调节器'，但它终究不会成为历史发展的最终原因"⑤。而"黑格尔为我们提供了一个可替代的'历史发展机制'，用来理解以'为获得认可而斗争'为主线的历史进程"⑥。黑格尔认为，"作为一个有尊严的人被认可，这种欲望在历史开端时期曾驱使人为名誉进行殊死的血腥战斗"⑦。结果出现了主人和奴隶两个阶级，他们"对未得到充分认可的不满情绪，构成

---

① 〔美〕弗朗西斯·福山：《历史的终结及最后之人》，黄胜强、许铭原译，中国社会科学出版社，2003，代序第 3 页。
② 〔美〕弗朗西斯·福山：《历史的终结及最后之人》，黄胜强、许铭原译，中国社会科学出版社，2003，第 63 页。
③ 〔美〕弗朗西斯·福山：《历史的终结及最后之人》，黄胜强、许铭原译，中国社会科学出版社，2003，代序第 5 页。
④ 〔美〕弗朗西斯·福山：《历史的终结及最后之人》，黄胜强、许铭原译，中国社会科学出版社，2003，第 92 页。
⑤ 〔美〕弗朗西斯·福山：《历史的终结及最后之人》，黄胜强、许铭原译，中国社会科学出版社，2003，第 91 页。
⑥ 〔美〕弗朗西斯·福山：《历史的终结及最后之人》，黄胜强、许铭原译，中国社会科学出版社，2003，第 162 页。
⑦ 〔美〕弗朗西斯·福山：《历史的终结及最后之人》，黄胜强、许铭原译，中国社会科学出版社，2003，代序第 8 页。

了促进社会发展的基本矛盾"①。直到美国和法国的民主革命，"驱动历史车轮的欲望——为获得认可而继续斗争——现在已经在一个实现了普遍和互相认可的社会中得到了满足"②，历史走到了尽头。福山采用黑格尔的观点，指出："获得认可的欲望可以提供一条不可或缺的纽带，将自由经济和自由政治连接起来。"③在苏东剧变中亦是如此，"对繁荣的欲望总是伴随着对民主权利及其必然结果——政治参与的要求。换句话说，繁荣需要一种能在惯例和普遍基础上予以认可的社会制度"④。基于以上论述，福山总结道："在历史终结时出现的人人相同、人人平等的国家，可以被看作是建立在经济和认可这两个支柱上。通向这一目标的人类历史进程，就是一直被现代自然科学的发展和为获得认可而进行的斗争这两套动力向前推进的。"⑤

最后，福山讨论了自由民主制度可能面临的各种挑战，再次对自由民主制度予以充分肯定："最理想的社会制度特别难以实现，原因在于它必须同时满足人的全部：他的理智、他的愿望、他的精神。……哪种制度能最好的同时满足灵魂的三个部分，它就是最好的社会制度。如果以这一标准与历史上的其他标准相比较，会使我们看出自由民主社会似乎为所有三个部分提供了最广阔的领域。自由民主社会即使理论上称不上为最正义的社会制度，也可以算作实际上的最正义的社会制度。"⑥

2. "文明冲突论"

"文明冲突论"对东欧剧变、冷战结束后的世界提出了不同于"历史终结论"的看法。1993 年夏，美国学者塞缪尔·亨廷顿发表《文明的冲突？》一文，

---

① 〔美〕弗朗西斯·福山：《历史的终结及最后之人》，黄胜强、许铭原译，中国社会科学出版社，2003，代序第 8 页。
② 〔美〕弗朗西斯·福山：《历史的终结及最后之人》，黄胜强、许铭原译，中国社会科学出版社，2003，代序第 9 页。
③ 〔美〕弗朗西斯·福山：《历史的终结及最后之人》，黄胜强、许铭原译，中国社会科学出版社，2003，代序第 9 页。
④ 〔美〕弗朗西斯·福山：《历史的终结及最后之人》，黄胜强、许铭原译，中国社会科学出版社，2003，第 202 页。
⑤ 〔美〕弗朗西斯·福山：《历史的终结及最后之人》，黄胜强、许铭原译，中国社会科学出版社，2003，第 232 页。
⑥ 〔美〕弗朗西斯·福山：《历史的终结及最后之人》，黄胜强、许铭原译，中国社会科学出版社，2003，第 380 页。

开宗明义地指出："世界政治正在进入一个新的阶段，知识分子们毫不犹豫地对其前景进行了多种设想，历史终结、民族国家传统竞争的回归，以及民族国家因部落主义与全球主义的冲突而衰落等。每种设想都抓住了正在形成的现实世界的某些方面。但它们都忽略了未来若干年全球政治可能出现的一个最根本、最核心的方面。我的假设是，在这个新世界中，冲突的根源将主要不是意识形态或经济的。人类之间的巨大分歧和冲突的主要来源将是文化的。民族国家仍将是世界事务中最强有力的角色，但全球政治的主要冲突将在不同文明的国家和集团间发生。文明的冲突将主导全球政治。各文明之间的断层线将成为未来的战线。"[①]

该文在世界范围引起强烈反响，其中不乏反对意见。1993 年底，亨廷顿发表《如果不是文明，又是什么？后冷战世界的范式》一文，回应对文明冲突范式的质疑和批评，坚持自己的看法："文明范式在世界各地引发的争论表明，它在一定程度上击中了要害；它要么符合人们看到的现实，要么足够接近现实以至于不接受它的人不得不攻击它。""各国不再属于自由世界、共产主义集团或第三世界。……文明是冷战时期三个世界的自然继承者。在宏观层面，世界政治可能包含来自不同文明的国家的冲突和权力平衡的变动，在微观层面，最暴力、持久和危险（因为有升级的可能）的冲突可能在来自不同文明的国家和集团间发生。"[②] 这种文明范式解释了诸如苏联和南斯拉夫解体及其领土上发生的战争等近年来国际事务的许多重要发展。[③]

1996 年，亨廷顿出版专著《文明的冲突与世界秩序的重建》，更为详尽地阐述了"文明冲突论"。

第一，世界由多种文明组成，文明的冲突是决定国内发展模式和国际关系的最重要因素，不存在所谓的普世文明。"在冷战后的世界中，全球政治在历史上第一次成为多极的和多文化的。"[④] 当代的主要文明包括中华文明、日本文明、

---

① Samuel P. Huntington，"The Clash of Civilizations？" *Foreign Affairs*，Vol. 72，No. 3，Summer，1993，p. 22.

② Samuel P. Huntington，"If Not Civilization，What？Paradigms of the Post - Cold War World"，*Foreign Affairs*，Vol. 72，No. 5，Nov. - Dec.，1993，p. 187.

③ Samuel P. Huntington，"If Not Civilization，What？Paradigms of the Post - Cold War World"，*Foreign Affairs*，Vol. 72，No. 5，Nov. - Dec.，1993，p. 187.

④ 〔美〕塞缪尔·亨廷顿：《文明的冲突与世界秩序的重建》，周琪等译，新华出版社，2002，第5 页。

印度文明、伊斯兰文明、西方文明、拉丁美洲文明和可能存在的非洲文明。① "世界上最重要的国家绝大多数来自不同的文明。最可能逐步升级为更大规模的战争的地区冲突是那些来自不同文明的集团和国家之间的冲突。政治和经济发展的主导模式因文明的不同而不同。国际议题中的关键争论问题包含文明之间的差异。权力正在从长期以来占支配地位的西方向非西方的各文明转移。" ② "现代化有别于西方化，它既未产生任何有意义的普世文明，也未产生非西方社会的西方化。" ③ 相反，"世界正在从根本上变得更加现代化和更少西方化" ④。

第二，各文明的力量对比正在发生变动。"西方的影响在相对下降；亚洲文明正在扩张其经济、军事和政治权力；伊斯兰世界正在出现人口爆炸，这造成了伊斯兰国家及其邻国的不稳定；非西方文明一般正在重新肯定自己的文化价值。" ⑤ "在 21 世纪最初几年可能会发生非西方力量和文化的持续复兴，以及非西方文明的各民族与西方之间以及它们相互之间的冲突。" ⑥

第三，以文明为基础的世界秩序正在形成。"由于现代化的激励，全球政治正沿着文化的界线重构。文化相似的民族和国家走到一起，文化不同的民族和国家则分道扬镳。以意识形态和超级大国关系确定的结盟让位于以文化和文明确定的结盟，重新划分的政治界线越来越与种族、宗教、文明等文化的界线趋于一致，文化共同体正在取代冷战阵营，文明间的断层线正在成为全球政治冲突的中心界线。" ⑦ "在正在形成的全球政治中，主要文明的核心国家正取代冷战期间的两个超级大国，成为吸引和排斥其他国家的几个基本的极。这些变化在西方文

---

① 〔美〕塞缪尔·亨廷顿：《文明的冲突与世界秩序的重建》，周琪等译，新华出版社，2002，第 29~32 页。
② 〔美〕塞缪尔·亨廷顿：《文明的冲突与世界秩序的重建》，周琪等译，新华出版社，2002，第 8~9 页。
③ 〔美〕塞缪尔·亨廷顿：《文明的冲突与世界秩序的重建》，周琪等译，新华出版社，2002，第 4 页。
④ 〔美〕塞缪尔·亨廷顿：《文明的冲突与世界秩序的重建》，周琪等译，新华出版社，2002，第 71 页。
⑤ 〔美〕塞缪尔·亨廷顿：《文明的冲突与世界秩序的重建》，周琪等译，新华出版社，2002，第 5 页。
⑥ 〔美〕塞缪尔·亨廷顿：《文明的冲突与世界秩序的重建》，周琪等译，新华出版社，2002，第 125 页。
⑦ 〔美〕塞缪尔·亨廷顿：《文明的冲突与世界秩序的重建》，周琪等译，新华出版社，2002，第 129 页。

明、东正教文明和中华文明方面表现得最为清晰可见。在这些情况下，文明的集团正在形成，它包括核心国家、成员国、毗邻国家中文化上相似的少数民族人口，以及较有争议的核心国因安全考虑而希望控制的邻国中其他文化的民族。这些文明集团中的国家往往围绕着一个核心国家或几个核心国家分散在同心圆中，反映了与那种文明的认同程度以及融入那种文明集团的程度。伊斯兰世界没有一个公认的核心国家，它正在强化共同意识，但迄今为止只形成了一个初级的共同政治结构。"①

第四，文明的冲突有两种形式。"在全球或宏观层面上，核心国家的冲突发生在不同文明的主要国家之间。"②"最主要的分裂是在西方和非西方之间，在以穆斯林和亚洲社会为一方，以西方为另一方之间，存在着最为严重的冲突。"③"然而，核心国家不大可能相互直接使用武力，除非在诸如中东和南亚次大陆的情况下，各核心国家在文明断层线上相互毗邻。否则，核心国家之间的战争只可能在这两种情况下发生：第一，地区集团间的断层线冲突不断升级，包括核心国家在内的亲缘集团集结起来支持参战者。然而，这一可能性会强有力地促使对立文明的核心国家设法遏制和解决断层线冲突。第二，文明间全球均势的变化可能导致核心国家的战争。"④"在地区或微观层面上，断层线冲突发生在属于不同文明的邻近国家之间、一个国家中属于不同文明的集团之间，或者想在残骸之上建立起新国家的集团之间，如在前苏联和南斯拉夫那样。"⑤"最强烈的断层线是在伊斯兰国家与其东正教、印度、非洲和西方基督教邻国之间。"⑥"断层线冲突是属于不同文明的国家或集团间的社会群体的冲突。断层线战争是发展成暴力的冲

---

① 〔美〕塞缪尔·亨廷顿：《文明的冲突与世界秩序的重建》，周琪等译，新华出版社，2002，第167页。
② 〔美〕塞缪尔·亨廷顿：《文明的冲突与世界秩序的重建》，周琪等译，新华出版社，2002，第229页。
③ 〔美〕塞缪尔·亨廷顿：《文明的冲突与世界秩序的重建》，周琪等译，新华出版社，2002，第199页。
④ 〔美〕塞缪尔·亨廷顿：《文明的冲突与世界秩序的重建》，周琪等译，新华出版社，2002，第230页。
⑤ 〔美〕塞缪尔·亨廷顿：《文明的冲突与世界秩序的重建》，周琪等译，新华出版社，2002，第229页。
⑥ 〔美〕塞缪尔·亨廷顿：《文明的冲突与世界秩序的重建》，周琪等译，新华出版社，2002，第199页。

突。这样的战争可能发生于国家间，非政府集团间，以及国家和非政府集团之间。"① 历史根源、人口对比的变化和政治因素是促成 20 世纪末断层线战争高潮的原因，好战、不相容、与非穆斯林群体相邻、非穆斯林集团对穆斯林的压迫和歧视、伊斯兰内部缺乏核心国家、伊斯兰社会人口爆炸等导致穆斯林在这些冲突中起主要作用。② "断层线战争都经历加剧、扩大、遏制和中断的过程，然而却极少得到解决。"③ "能否结束这些战争和防止它们升级为全球战争，主要取决于世界各主要文明的核心国家的利益和行动。断层线战争自下而上地爆发，断层线上的和平却要自上而下地慢慢推动。"④ 值得一提的是，在阐释断层线战争时，前南斯拉夫地区的战争经常被作为分析的对象。

第五，和平与文明的未来取决于各大文明之间的理解和合作。"西方的普世主义对于世界来说是危险的，因为它可能导致核心国家之间的重大文明间战争；它对于西方来说也是危险的，因为它可能导致西方的失败。苏联的崩溃使西方人认为自己的文明处于空前的统治地位，而与此同时，较弱的亚洲、穆斯林和其他社会正开始积聚力量。"⑤ "因此，西方领导人的主要责任，不是试图按照西方的形象重塑其他文明，这是西方正在衰弱的力量所不能及的，而是保存、维护和复兴西方文明独一无二的特性。由于美国是最强大的西方国家，这个责任就不可推卸地落在了美利坚合众国的肩上。"⑥ "在即将到来的时代，要避免文明间的大战，各核心国家就应避免干涉其他文明的冲突。……'避免原则'……是在多文明、多极世界中维持和平的首要条件。第二个条件是'共同调解原则'，即核

---

① 〔美〕塞缪尔·亨廷顿：《文明的冲突与世界秩序的重建》，周琪等译，新华出版社，2002，第283页。
② 〔美〕塞缪尔·亨廷顿：《文明的冲突与世界秩序的重建》，周琪等译，新华出版社，2002，第291~300页。
③ 〔美〕塞缪尔·亨廷顿：《文明的冲突与世界秩序的重建》，周琪等译，新华出版社，2002，第301页。
④ 〔美〕塞缪尔·亨廷顿：《文明的冲突与世界秩序的重建》，周琪等译，新华出版社，2002，第343页。
⑤ 〔美〕塞缪尔·亨廷顿：《文明的冲突与世界秩序的重建》，周琪等译，新华出版社，2002，第359页。
⑥ 〔美〕塞缪尔·亨廷顿：《文明的冲突与世界秩序的重建》，周琪等译，新华出版社，2002，第360页。

心国家相互谈判遏制或制止这些文明的国家间或集团间的断层线战争。"① 总之，"文明的冲突是对世界和平的最大威胁，而建立在多文明基础上的国际秩序是防止世界大战的最可靠保障"②。

"历史终结论"和"文明冲突论"只是东欧剧变和冷战结束所激发的西方国际政治理论创新的一部分，无法涵盖学界的全部看法，其本身也有待商榷和历史的评判。但无论如何，它们从一个侧面反映了东欧剧变和冷战结束带给西方国际政治学理论的冲击和变化。"对于西方国际政治学研究来说，这是'历史推动研究'的繁荣时期。"③

东欧剧变不仅根本改变了中东欧国家的社会制度和发展方向，而且对国际政治沿革具有划时代的影响。东欧剧变在相当大程度上受到苏联改革和"新思维"的影响，直接导致了苏东集团解体并加速了苏联正在发生的变化，对冷战结束乃至冷战结束后的国际格局演变和国际政治理论发展起到了至关重要的作用。从这个意义上说，东欧剧变开启了后冷战时代。在后冷战时代，中东欧国家将对国际政治理论和实践的发展做出何种贡献，值得关注。

---

① 〔美〕塞缪尔·亨廷顿：《文明的冲突与世界秩序的重建》，周琪等译，新华出版社，2002，第366 页。
② 〔美〕塞缪尔·亨廷顿：《文明的冲突与世界秩序的重建》，周琪等译，新华出版社，2002，第372 页。
③ 王逸舟：《西方国际政治学：历史与理论》，上海人民出版社，2006，第354 页。

第二章
巴尔干地区冲突：国际干预与治理

  一提到巴尔干地区，人们立马联想到"欧洲火药桶"。研究巴尔干问题的学者和政治家们大多认为，在历史上的许多时候，巴尔干各国之间的仇恨多于信任，对立多于睦邻，分裂多于联合，似乎这是巴尔干各国关系中的一种正常现象。① 冷战结束使巴尔干地区迎来"五百年未有之变局"②，地区各国获得了"回归欧洲"的客观环境，同时也意味着欧洲首次可能实现全大陆的联合与统一。③ 与此同时，巴尔干各国或一国内部主要民族间长期积累的矛盾与冲突在新的时代背景下加剧升级，甚至说"如果没有额外的西方因素，20世纪90年代的悲惨事件可能就不会发生"④。在此进程中，欧美国家调整干预政策，将巴尔干地区逐渐纳入欧洲—大西洋安全复合体⑤，使其成为欧洲的安全实验室⑥，甚至是有关外部行为体关系的一个互动地带⑦。

---

① 马细谱：《巴尔干纷争》，北京大学出版社，1999，第52页。
② 1453年前后，巴尔干地域先后被奥斯曼帝国征服、统治，此后一直到第一次世界大战结束再到冷战结束，有500多年的历史。
③ Gergana Noutcheva, *European Foreign Policy and the Challenges of Balkan Accession*: *conditionality*, *legitimacy and compliance*, London; New York: Routledge, 2012, p. 1.
④ Robert D. Kaplan, *Balkan*: *A Journey through History*, London: Picador, 2005, preface.
⑤ 有学者指出，巴尔干的中期地位是一个次级复合体。从长期来看，巴尔干可能被完全归并到没有"次级"复合体的欧洲。参见〔英〕巴里·布赞、〔丹〕奥利·维夫《地区安全复合体与国际安全结构》，潘忠岐等译，上海世纪出版集团，2010，第362页。
⑥ Espen Barth Eide, "Regionalizing Intervention? The Case of Europe in the Balkans," in Anthony McDermott, ed., *Sovereign Intervention*, Oslo: PRIO, 1999, pp. 61 – 86.
⑦ 徐刚：《巴尔干地区合作与欧洲一体化》，社会科学文献出版社，2016，第76页。

第一节　巴尔干地区的战争：大国和国际组织的参与和介入

在东欧剧变进程中，各国政权更替或转移方式主要包括多数国家的非暴力过渡、罗马尼亚的血腥政变以及捷克斯洛伐克的和平分手和南斯拉夫的解体。波兰、匈牙利、保加利亚和阿尔巴尼亚等国通过非流血方式实现政权过渡，罗马尼亚以短促的血腥政变实现了社会变革，捷克斯洛伐克和平地一分为二。唯有南斯拉夫既走向了分裂，又历经了漫长而残酷的战争与冲突。

学术界对于南斯拉夫①解体进程中的战争有不同的叫法，或叫第三次巴尔干战争，或曰南斯拉夫内战，或称南斯拉夫解体战争。叫法虽然有很多，但内容大体是确定的。它指的是从 1991～1999 年发生在南斯拉夫国家解体过程中的一系列战争与冲突，包括斯洛文尼亚战争、克罗地亚战争、波黑内战以及科索沃战争。② 这些战争或伴随新的独立国家诞生，或直接促成新的国家，或造成某一行为体的"事实分离"，其中大国的斡旋、调解与干预发挥了至关重要的作用。

一　斯洛文尼亚独立、战争与欧共体的斡旋

1989 年前后，东欧剧变的冲击已经波及民族主义日益激化的南斯拉夫联邦（以下简称南联邦）。虽然南联邦党政领导极力抵制多党制，维护国家统一，但政治多元化趋势不可阻挡，并为国家的分化打开了缺口。

1988 年底 1989 年初，南联邦斯洛文尼亚共和国内部出现第一批反对派组织。1989 年 5 月，斯洛文尼亚共和国的反对派发表宣言，要求建立主权的斯洛

---

① 南斯拉夫作为国名是三个南斯拉夫的总称。第一南斯拉夫，即存在于 1918 年至 1941 年的南斯拉夫王国，1918 年 12 月成立时称为塞尔维亚人—克罗地亚人—斯洛文尼亚人王国，1929 年改称南斯拉夫王国，1941 年灭亡。第二南斯拉夫是 1945 年第二次世界大战结束后成立至 1991 年解体的南斯拉夫联邦国家（简称南联邦）。二战结束成立的南斯拉夫联邦人民共和国，1963 年改名为南斯拉夫社会主义联邦共和国。第三南斯拉夫是指由塞尔维亚共和国和黑山共和国组成的南斯拉夫联盟共和国（简称南联盟）。随着 2003 年 2 月南联盟易名塞尔维亚和黑山，南斯拉夫不复存在，该国名退出历史舞台。由于 1991 年解体前后的叙述难以区分，故统称南斯拉夫。自 1992 年起，统一使用南联盟。

② 学术界对于发生在 1999～2001 年的普雷舍沃山谷武装冲突以及 2001 年爆发的马其顿内战是否属于南斯拉夫解体战争的一部分存有争论。笔者认为，从共同国家解体或者说导致新生国家出现的角度看，21 世纪初的这两场冲突是前续数场战争特别是波黑内战和科索沃战争的延续，这里不做专门讨论。

文尼亚国家和各共和国能自由决定自己内部事务的南联邦；同年 6 月，斯洛文尼亚官方主要报刊表示要维护民主的、联邦的、"阿夫诺伊"的南斯拉夫。[①] 7 月，斯洛文尼亚政府提出一项以斯洛文尼亚共和国拥有自决权为主要内容的宪法修正案，迅即在南联邦以及斯洛文尼亚共和国内部引发震荡。宪法修正案共 68 项，其中一些引起了严重争议：其一，斯洛文尼亚拥有自决权，包括从南联邦分离出去，并与其他国家合并的权利；其二，斯洛文尼亚拥有经济自主权，可自由支配其自然资源；其三，只有该共和国议会才有权在斯洛文尼亚宣布实行紧急状态和采取特别措施；其四，在和平时期，如未征得该共和国议会同意，不得在斯洛文尼亚境内使用武装力量。[②] 9 月底，斯洛文尼亚共和国议会不顾南联邦执政党——南斯拉夫共产主义者联盟（以下简称南共联盟）中央关于推迟实施的决定，通过了该宪法修正案。此举被视为斯洛文尼亚共和国从南斯拉夫联邦分裂出去的开端。[③]

　　1989 年 11 月底，斯洛文尼亚各种政党和政治联盟纷纷成立，斯洛文尼亚共产主义者联盟（简称共盟）发生分化。1990 年 1 月，斯洛文尼亚共盟退出南共联盟并改名为"斯洛文尼亚共盟—民主复兴党"。4 月，斯洛文尼亚共和国在南联邦各共和国中率先举行多党选举。7 月，斯洛文尼亚共和国议会发表了关于斯洛文尼亚共和国主权的宣言，宣布斯洛文尼亚共和国为主权国家，其政治经济法律制度以斯洛文尼亚共和国的宪法和法律为依据。是年底，斯洛文尼亚共和国议会接受斯洛文尼亚社会党就斯洛文尼亚独立问题进行全民公决的建议，并于 12 月 6 日通过了举行全民公决的有关法律。12 月 23 日进行的全民公决结果是，在参加投票的 93.2% 的选民中，95% 的选民投了赞成独立票，即赞成斯洛文尼亚共和国独立的选民占所有选民的 88.2%。[④] 12 月 26 日，斯洛文尼亚共和国议会发表独立宣言，但没有宣布立即退出南联邦。

　　1991 年 2 月，斯洛文尼亚共和国议会再次通过宪法修正案，确定了斯洛文尼亚的独立国家地位，规定斯洛文尼亚将根据国际法同其他国家建立关系，并作

---

① 汪丽敏编著《列国志·斯洛文尼亚》，社会科学文献出版社，2006，第 81～82 页。
② 王英：《南斯拉夫危机透视》，海潮出版社，2000，第 31 页。
③ 汪丽敏编著《列国志·斯洛文尼亚》，社会科学文献出版社，2006，第 82 页。
④ Leopoldina Plut – Pregelj, Gregor Kranjc, Žarko Lazarević, and Carole Rogel, *Historical Dictionary of Slovenia*, Rowman & Littlefield Publishers, 2018, p. 422.

为南联邦的继承国之一，通过协商解决南联邦的分离问题。5 月，斯洛文尼亚共和国议会通知南联邦议会，斯洛文尼亚将根据全民公决的规定于 6 月 25 日正式宣布独立，并希望就有关南联邦在斯洛文尼亚的职能部门、法律继承、未来合作形式等问题进行谈判。6 月 25 日，斯洛文尼亚共和国议会通过了《斯洛文尼亚共和国独立和主权的基本宪章》以及有关国旗和国徽等的法律，收回了斯洛文尼亚共和国对南联邦的授权，斯洛文尼亚共和国正式独立。

南联邦中央政府对比迅速做出反应。6 月 25 日，南联邦议会连夜开会并发表声明，称斯洛文尼亚宣布独立的决定是非法和无效的，要求联邦政府、内务部、国防部采取措施保证国境安全。同时，南联邦人民军的坦克部队、装甲部队开向斯洛文尼亚沿海地区的边境海关和过境通道，空军的战斗机在卢布尔雅那上空盘旋，在斯洛文尼亚的人民军部队也向边界和布尔尼克机场运动。① 26 日凌晨，斯洛文尼亚共和国接管了南联邦国家在斯洛文尼亚的边境海关和过境通道，在斯洛文尼亚与克罗地亚交界处设置关卡，并换上了斯洛文尼亚的国旗和国徽。面对南联邦人民军的行动，斯洛文尼亚共和国政府组织保卫部队和警察部队，在民众的支持下进行顽强抵抗。27 日，人民军与斯洛文尼亚部队多次交火，造成百余人伤亡，人民军有 2 辆坦克被击毁，1 架直升机被击落。28 日，战斗更趋激烈，斯洛文尼亚的多数海关和过境通道被人民军占领。

是日，欧共体卢森堡首脑会议决定派出由卢森堡、意大利和芬兰三国外长组成的和平使团赶赴南联邦斡旋。当天，三国外长抵达南联邦后连夜会晤了南联邦总理马尔科维奇、塞尔维亚共和国领导人米洛舍维奇、克罗地亚共和国领导人图季曼和斯洛文尼亚共和国领导人库昌，并提出了危机解决方案：冲突各方立即停火，斯洛文尼亚共和国和克罗地亚共和国暂缓独立 3 个月，推选南联邦主席团代表梅西奇为主席团主席，如冲突双方达不成协议欧共体将停止对南联邦的援助。经会谈，各方接受上述条件并达成协议。然而，6 月 29 日，欧共体代表团刚一离开南联邦，冲突就再次发生。30 日，南联邦总理马尔科维奇率政府代表团前往卢布尔雅那，与斯洛文尼亚共和国当局紧急协商。依然由原三国外长组成的欧共体代表团再访南联邦并重申原有立场。这次协调的结果是梅西奇正式当选南联邦主席团主席。一切似乎在朝着和平的态势发展。7 月 1 日，梅西奇主持南联邦

---

① 汪丽敏编著《列国志·斯洛文尼亚》，社会科学文献出版社，2006，第 86 页。

主席团扩大会议，就斯洛文尼亚局势做出六点决定，包括各方遵守停火协议，立即无条件停止一切冲突和敌对行动；斯洛文尼亚当局立即释放在押的人民军官兵及联邦机构成员；立即启封和归还人民军、联邦内务部等机构的财产，保证这些机构的生活用品和其他物资供应；各方军队立即撤回原驻地，等等①。

　　然而，7月2日清晨，战斗再次打响，斯洛文尼亚地方部队对准备撤回军营的南联邦人民军发动空袭。在斯洛文尼亚的什塔耶尔斯卡地区和布尔尼克机场附近发生了自开战以来最为激烈的战斗。4日，斯洛文尼亚宣布南联邦人民军已从所有边境站撤走，斯洛文尼亚警察已控制所有边境站并升起了斯洛文尼亚国旗。同日，南联邦主席团将7月1日做出的六点决定通知斯洛文尼亚。斯洛文尼亚接受解除封锁、释放战俘的要求，但拒绝归还缴获的武器装备。5日，欧共体决定对南联邦各方实施武器禁运，冻结对南联邦的经济援助，同时决定第三次派出代表团赴南联邦。

　　7月7日，由荷兰、卢森堡和葡萄牙三国外长组成的代表团同南联邦各方经过长达16小时的斡旋谈判，促成《和平解决南斯拉夫危机宣言》，又称《布里俄尼宣言》。该宣言确定了四点原则：只有南斯拉夫各族人民才能决定自己的未来；各方代表立即无条件进行谈判；南联邦主席团对武装力量拥有充分的权力；各方保持克制和防止任何单方面行动。同时规定，斯洛文尼亚和克罗地亚推迟3个月独立，斯洛文尼亚境内的南联邦边境海关和过境通道恢复到6月25日前的状态，由斯洛文尼亚警察按照南联邦法律进行管理，所得关税仍归联邦所有，斯方解除对南联邦人民军的封锁，释放全部战俘，归还武器和让南联邦人民军撤出斯洛文尼亚，由欧安组织派出观察员监督执行等。②

　　至此，从战事上讲，斯洛文尼亚战争已经结束。由于这场战争时长10日，故又称为"斯洛文尼亚十日战争"。7月10日，斯洛文尼亚议会以压倒多数批准通过《布里俄尼宣言》。18日，南联邦主席团发布关于南联邦人民军立即撤出斯洛文尼亚共和国的决定。10月8日，斯洛文尼亚议会通过了发行托拉尔货币的决定，宣布6月25日通过的关于斯洛文尼亚独立的决议正式生效，同时要求南联邦人民军全部从斯洛文尼亚领土撤出。10月26日，南联邦人民军撤离完毕。

---

① 王英：《南斯拉夫危机透视》，海潮出版社，2000，第35页。
② 汪丽敏编著《列国志·斯洛文尼亚》，社会科学文献出版社，2006，第87页。

12 月 23 日，斯洛文尼亚议会通过《斯洛文尼亚共和国宪法》。1992 年 5 月 22 日，斯洛文尼亚加入联合国。

二　克罗地亚独立与战争：从欧共体到联合国的调停

克罗地亚独立与斯洛文尼亚独立的起始情况颇为相似，但过程和结果要复杂许多。

20 世纪 80 年代末，在民族主义运动和民主化浪潮推动下，克罗地亚共和国不同类型的政党、政治力量以及民族主义团体纷纷成立。1989 年 6 月，在国外政治流亡者的支持和资助下，弗拉尼奥·图季曼成立了克罗地亚民主共同体，他随后当选为主席。1990 年 2 月，作为南共联盟分支的克罗地亚共产主义者联盟更名为克罗地亚共盟—民主改革党。其他 30 多个政党和组织相继组建。4~5 月，克罗地亚共和国举行首次多党选举，图季曼领导的克罗地亚民主共同体获胜。5 月 30 日，新当选的议会代表召开了第一次会议，图季曼被选为克罗地亚社会主义共和国主席团主席。7 月 25 日，克罗地亚共和国议会通过宪法修正案，修改了国名、国徽和国旗。12 月 22 日，克罗地亚共和国议会通过新宪法，也称"圣诞节宪法"，其中规定议会可以 2/3 多数做出分离或结盟的决定。[①]

与此同时，克罗地亚共和国的武装和警察部队加紧活动，整合力量。1991 年 1 月下旬，南联邦国防部发表声明，要求克罗地亚共和国解散其非法武装组织。共计 5 万人的克罗地亚现役和预备役警察部队迅即进入戒备状态。1 月 30 日，南联邦人民军以谋划颠覆南联邦为由下令逮捕克罗地亚"国防部部长"马·斯佩盖利及其他 4 名政要和军官。2 月 1 日，南联邦军事法庭要求对马·斯佩盖利进行审查。2 日，图季曼表示克罗地亚将动用武力来抵制南联邦当局的这一行为。

2 月 21 日，克罗地亚共和国议会通过了《关于维护克罗地亚宪法制度的决议》和《关于同意南斯拉夫联邦解体程序和可能联合为主权共和国联盟的决议》。[②] 然而，事态并没有朝着有利于克罗地亚共和国当局的方向发展。由于克

---

① 左娅编著《列国志·克罗地亚》，社会科学文献出版社，2007，第 91 页。
② 赵乃斌、汪丽敏主编《南斯拉夫的变迁》，广东人民出版社，2002，第 128 页。

罗地亚最大的少数族群塞尔维亚族（以下简称塞族）占克罗地亚人口总数的15%，克罗地亚共和国要实现独立困难重重。① 3月，克罗地亚共和国的帕克拉茨和普利特维采等地发生塞尔维亚族与克罗地亚族（以下简称克族）的武装冲突事件，导致近百人伤亡。最终，南联邦主席团动用军队才将事态暂时平息。很大程度上讲，这次军队的动用揭开了南联邦内战的序幕。② 4月初，克罗地亚共和国总统图季曼决定将克罗地亚内务部的警察部队改编为作战部队——国民卫队。同时，克罗地亚共和国的塞族通过缴获枪支、走私武器建立了自己的武装部队。

5月初，克罗地亚共和国数个由塞族控制的村庄发生袭警事件。南联邦军方依旧选择派出部队维持和平。此后，一系列局部、小规模的袭击和冲突不断发生。5月19日，克罗地亚共和国就其独立问题举行全民公决。共有83.56%的民众参加投票，其中93.24%的投票者赞成独立，5.38%的投票者赞成继续留在南联邦。③ 5月28日，克罗地亚共和国举行阅兵式，图季曼检阅国民卫队，这一天被定为克罗地亚共和国武装力量日。

6月18日，克罗地亚共和国议会连续举行数天会议，以紧急程序审议和通过了有关脱离南联邦的60多项法律文件。25日，克罗地亚共和国议会根据全民公决结果通过决议，宣布即日起脱离南联邦成为独立国家。

与此同时，克罗地亚共和国武装力量同南联邦人民军以及共和国内部塞族武装之间的冲突加剧升级。塞族武装在南联邦人民军的支持下，以东斯拉沃尼亚为基地，开始向奥西耶克、温科夫采、博罗沃和武科瓦尔等市进攻。6月27日，南联邦人民军以干预为名出动坦克进入奥西耶克市区。7月7日，南联邦人民军又以建立隔离区为名占领了巴拉尼亚地区。这样，"南人民军从调解冲突变为参与冲突，克塞两族之间的民族冲突逐渐演变为南人民军和克境内塞族武装联合对付克罗地亚军队的战争"④。简单地说，当时的克罗地亚形势从一场共和国内部

① 参见 Magnus Bjarnason, "The War and War – Games in Bosnia and Herzegovina from 1992 to 1995", https：//www. nato. int/acad/fellow/99 – 01/bjarnason. pdf, pp. 15 – 16, 访问时间：2019 年 5 月 1 日。
② 1991 年 3 月 31 日牺牲的警察约西普·约维奇（Josip Jović）被克罗地亚当作克罗地亚战争的首位牺牲者来纪念。参见 "UBIUDR：Josip Jović Junak Domovinskog rata", https：//arhiva. nacional. hr/clanak/121789/ubiudr – josip – jovic – junak – domovinskog – rata, 访问时间：2018 年 10 月 20 日。
③ "Izvješć e o provedenom referendum", http：//www. izbori. hr/arhiva/pdf/1991/1991_Rezultati_Referendum. pdf, 访问时间：2018 年 10 月 20 日。
④ 左娅编著《列国志·克罗地亚》，社会科学文献出版社，2007，第 94 页。

的两族冲突发展成为共和国与南联邦之间的全面战争。

从当时的情况看，欧共体国家原则上反对南斯拉夫分裂，但是，在克罗地亚战争爆发后，德国和意大利包括奥地利都转而承认斯洛文尼亚和克罗地亚独立。① 欧共体派出代表团进行调停，各方达成《布里俄尼宣言》，克罗地亚共和国与斯洛文尼亚共和国推迟 3 个月独立。然而，斯洛文尼亚共和国与克罗地亚共和国的局势却朝着不同的方向发展。南联邦人民军撤出斯洛文尼亚共和国，宣告战争结束，克罗地亚共和国的局势却日趋复杂和扑朔迷离。

7~8 月，南联邦人民军将战场从克罗地亚共和国东部推向西部的瓦拉日丁、萨格勒布、锡萨克一带。8 月下旬，南联邦人民军全面进攻武科瓦尔。尽管武装力量对比相当悬殊，但南联邦人民军并没有很快拿下武科瓦尔，双方进入拉锯战。9 月中旬，克罗地亚共和国武装部队对其境内南联邦人民军的所有驻地进行封锁和围攻，人民军则出动海军封锁普拉、里耶卡、斯普利特等海港，切断克罗地亚同境外的联系。9 月底，南联邦国防部从全国各地调集兵力增援克罗地亚战场。

10 月 7 日，萨格勒布市内总统府被南联邦人民军飞机投下的两颗炸弹击中。10 月 8 日，推迟 3 个月独立的期限已过，克罗地亚共和国中断同南联邦的一切国家法律联系，并要求南联邦人民军从克罗地亚共和国撤军。然而，南联邦人民军不仅没有撤军，相反加强了攻势。23 日，南联邦人民军首次炮击克罗地亚共和国西南沿海的名城杜布罗夫尼克。11 月 18 日，经过近 3 个月的攻城和巷战，南联邦人民军占领武科瓦尔。这场战役相当惨烈，每天约有 12000 枚炮弹和火箭射入城里，整个城市变成了一片废墟，故武科瓦尔也被称作"毁灭之城"。

此后，战场再次从北向南扩展，战事日益向有利于南联邦人民军的一方演进。11 月 21 日，克罗地亚共和国沿海的交通要道马斯莱尼察大桥被炸毁，克罗地亚共和国境内的南北陆路交通中断。到 12 月，克罗地亚共和国近 1/3 领土被南联邦人民军和塞族武装占领，参与战斗的地区占共和国面积一半以上，难民不计其数。

国际社会对克罗地亚共和国的态势高度关注。1991 年 8 月，欧共体出面调停。此后，有关各方停火协议签了又毁，毁了又签。到 9 月 17 日已经签订了第

① 郝时远：《帝国霸权与巴尔干"火药桶"》，社会科学文献出版社，1999，第 307 页。

13 个停火协议，但仍然无效。11 月 23 日，在联合国秘书长特使万斯的斡旋下，各方签署第 14 个停火协议，战事基本得到控制，但战火仍未完全停息。19 日，联合国安理会通过第 712 号决议，同意对联合国秘书长提出向南联邦派遣维和部队建议的可能性进行考察，并立即采取适当行动。[①] 25 日，联合国安理会通过对南斯拉夫实行武器禁运的第 713 号决议。[②] 与此同时，11 月下旬，德国和意大利再次提出承认克罗地亚、斯洛文尼亚独立的问题，德国声称于 12 月 25 日宣布正式承认克罗地亚和斯洛文尼亚独立。欧共体会议仍然认为应暂时推迟承认独立问题，这一信号令克罗地亚境内的冲突再起。[③]

1992 年 1 月 2 日，交战双方在万斯的斡旋下签订第 15 个停火协议。1 月 8 日，联合国安理会通过第 727 号决议，同意立即向南联邦派遣联合国保护部队。[④] 4 月 4 日，首批保护部队抵达克罗地亚共和国，并在共和国境内塞族区建立了"联合国保护区"。

在联合国保护部队进驻克罗地亚共和国后，南联邦人民军陆续撤离，克罗地亚共和国境内战火基本平息，但冲突和摩擦时有发生，塞族占领区仍不承认克罗地亚政权。1993 年 9 月，克罗地亚共和国武装力量收复了马斯莱尼察隘口、泽姆尼克机场、佩鲁查水电站周围地区，以及迪沃塞洛、契特路克、波契泰利等地。

1994 年 3 月 29 日，克罗地亚共和国政府代表与塞族区代表在国际社会的协调下签订停火协议。31 日，联合国安理会通过第 908 号决议，对停火协议表示欢迎。[⑤] 然而，克族难民对联合国部队只保护塞族区并将塞族区隔离而使他们长期无法返回克族区心怀不满。7 月初，克族居民封锁驻萨格勒布的保护部队总部及其他驻地，高呼"我们要回家""保护部队到边界去"等口号。克罗地亚共和国政府也以保护部队对克族居民不利的理由不愿意继续延长其任期。10 月 2 日，联合国安理会通过第 947 号决议，要求重新考虑维和使命，开通塞族区通往克罗

①　"Resolution 712（1991）"，http：//unscr.com/en/resolutions/712，访问时间：2018 年 10 月 20 日。

②　"Resolution 713（1991）"，http：//unscr.com/en/resolutions/713，访问时间：2018 年 10 月 20 日。

③　郝时远：《帝国霸权与巴尔干"火药桶"》，社会科学文献出版社，1999，第 308 页。

④　"Resolution 727（1992）"，https：//www.nato.int/ifor/un/u920108a.htm，访问时间：2018 年 10 月 20 日。

⑤　"Resolution 908（1994）"，https：//www.nato.int/ifor/un/u940331a.htm，访问日期：2018 年 10 月 20 日。

地亚其他地区的公路和铁路，并向克罗地亚全境供水、供电和开通石油管道。[①] 12 月 21 日，萨格勒布通往塞族区利波瓦茨的公路通车。

1995 年 5 月 1 日凌晨，克罗地亚共和国武装力量发动代号为"闪光"的军事行动，仅用 36 个小时便收复了西斯拉沃尼亚地区的塞族区。8 月 4 日，克罗地亚共和国武装力量发动代号为"风暴"的军事行动，用 84 个小时攻占了塞族区的大本营克宁和整个克拉伊纳地区，到 8 日，克境内南北的塞族区全部被克罗地亚武装力量控制。除了在战争中死亡的人以外，这次行动造成数以万计的难民。至此，克罗地亚共和国境内只剩下东斯拉沃尼亚地区尚未被"攻占"。

1995 年 11 月 12 日，东斯拉沃尼亚地区的塞族放弃抵抗转而同克罗地亚共和国政府签署《艾尔杜特协议》，双方同意东斯拉沃尼亚归属克罗地亚，同时该地区的塞族居民获得相当的自治权，在过渡期内由联合国管理。至此，克罗地亚战争和冲突结束。不过，联合国派驻克罗地亚的保护部队直到 1998 年 1 月才全部撤离。

三 波黑内战、国际社会的调停与《代顿协议》的签署

在东欧剧变浪潮和南斯拉夫联邦实施多党制的背景下，波黑共和国三个主体民族波什尼亚克族（以下简称波族）[②]、塞族和克族纷纷成立了民族主义政党。1991 年 6 月 25 日斯洛文尼亚共和国和克罗地亚共和国宣布脱离南联邦独立后，波黑共和国也面临着是继续留在南联邦内还是脱离南联邦独立的问题。塞族民主党反对波黑追随斯洛文尼亚和克罗地亚宣布独立，坚决主张留在南联邦内。克族政党民主共同体和波族政党波黑民主行动党赞成邦联制，主张波黑成为独立的主权国家。[③] 有学者指出，由于塞族占总人口近 1/3，比起斯洛文尼亚和克罗地亚

---

① "Resolution 947（1994）"，https：//www. nato. int/ifor/un/u940930a. htm，访问日期：2018 年 10 月 20 日。

② 在很多中文论著中，一般都将以伊斯兰教信徒为主体的波什尼亚克族简称为穆斯林或穆斯林族。大体上，这种叫法没错，也符合南斯拉夫时期穆斯林被单独称为民族的事实。但笔者以为，南斯拉夫解体后，对于波黑主体民族之一的波什尼亚克族最好简称为波族，以区别于此前法律上的穆斯林族，同时也不与其他一直存在的如信仰伊斯兰教的阿尔巴尼亚族以及来自中东移居的穆斯林人口相混淆。更为重要的是，当前占主体的波黑穆斯林倾向于自称波族。参见 Magnus Bjarnason，"The War and War – Games in Bosnia and Herzegovina from 1992 to 1995"，https：//www. nato. int/acad/fellow/99 – 01/bjarnason. pdf，p. 15，访问时间：2019 年 5 月 1 日。

③ 郝时远主编《旷日持久的波黑内战》，中央民族大学出版社，1995，第 58 页。

来说，波黑共和国的前景更加复杂和具有不确定性。①

1991 年 10 月 15 日，波黑共和国议会在塞族反对的情况下通过了《关于波黑主权问题备忘录》，强调波黑是现有边界范围的主权国家，主张波黑只能留在塞尔维亚和克罗地亚共存的南联邦内。鉴于克罗地亚当时已经宣布独立，这就意味着波黑也将脱离南联邦。所以，该备忘录实际上表示波黑也要独立，等于是一份"独立宣言"，只不过措辞不那么明确罢了。②

备忘录通过后，波黑执政三方或三个主体民族的矛盾加剧，塞族代表纷纷辞去波黑议会、政府等机构中的职务。10 月 25 日，波黑塞族议会宣布成立。1992年 1 月 9 日，波黑塞族议会宣布由波黑境内 5 个塞族自治区组成"波黑塞尔维亚族共和国"，并声明愿意同塞尔维亚共和国合并。这一行动促使波黑境内的波族和克族联合行动，反对塞族，波黑共和国面临分裂。③

1992 年 1 月 15 日欧共体正式承认斯洛文尼亚和克罗地亚独立后，波黑当局加快了独立的进程。2 月 29 日至 3 月 1 日，关于是否赞同波黑为独立主权国家的全民公决进行。结果，在占波黑人口近 1/3 的塞族抵制的情况下，仍有 63.4% 的公民参加投票。其中，参加投票的公民中有 99.43% 赞成独立。④

3 月 1 日克罗地亚和斯洛文尼亚的战火刚刚平息之际，波黑首府萨拉热窝的"喋血婚礼"⑤ 将波黑内部积压的烈火点燃，3 月 3 日，波黑议会正式宣布独立并要求欧共体承认，将民族冲突的炸药引爆。3 月 5 日，塞族和波族居民发生冲突，造成数十人伤亡。与此同时，塞族和波族武装开始设置路障、构筑街垒。3月 26 日，南联邦人民军驻波黑部队出面干预，波族武装同其交火，再次出现伤亡。4 月 5 日，波族进行动员，指责南联邦人民军"侵略"波黑，并邀请克罗地亚正规军支援。

---

① 参见 Magnus Bjarnason，"The War and War – Games in Bosnia and Herzegovina from 1992 to 1995"，https：//www. nato. int/acad/fellow/99 – 01/bjarnason. pdf，pp. 26 – 27，访问时间：2019 年 5 月 1 日。

② 郝时远主编《旷日持久的波黑内战》，中央民族大学出版社，第 58～59 页。

③ 参见马细谱《南斯拉夫兴亡》，社会科学文献出版社，2010，第 388 页。

④ "Turnout in Bosnia Signals Independence"，The New York Times，March 02，1992，https：//www. nytimes. com/1992/03/02/world/turnout – in – bosnia – signals – independence. html，访问时间：2018 年 10 月 20 日。

⑤ 3 月 1 日，一对塞族夫妇在萨拉热窝东正教堂为儿子举行婚礼时遭遇袭击，新郎父亲当场丧命，塞族旗帜也被焚毁。

虽然三方已初试刀枪，波黑也已宣布独立，但也许是出于各自利益的考虑，也可能是为准备进行长期武装较量赢得喘息时间，三方代表还是坐了下来，通过谈判寻求解决办法。① 2 月中旬，欧共体在英国前外交和联邦事务大臣卡林顿勋爵主持的南斯拉夫和平会议下成立波黑和会，由葡萄牙资深外交官库蒂莱罗担任主席。波黑三方领导人阿利雅·伊泽特贝戈维奇、拉多万·卡拉季奇和马特·博班在里斯本会晤，就库蒂莱罗的"里斯本方案"进行协商，方案的要点包括：（1）在现存边界内，以经济、地理为标准，以民族为基础先组成若干实体，而后组成联邦；（2）联邦按西欧国家现行宪法原则管理国家，实行自由选举，发展市场经济；（3）议会由公民院和实体院组成，公民院由直接选举的代表组成，实体院由各实体代表组成；（4）议会和政府制定宏观经济政策，主管对外事务，协调实体之间的经济问题。②

3 月 9 日，三方领导人就波黑前途在布鲁塞尔重开谈判。由于塞族反对，没有达成任何协议。在库蒂莱罗的积极推动下，波黑三族领导人于 3 月 16～18 日在萨拉热窝会晤，同意维护波黑领土完整，不破坏现有边界，按民族、地理、经济和其他特征将波黑划为三个自治区。

波黑三方对此方案均不满意，但迫于压力同意按该方案的原则进行讨论。4 月初，关于南斯拉夫问题（简称前南问题）的会议重新在布鲁塞尔复会。卡林顿勋爵飞往萨拉热窝，促成波黑三方领导人在机场会晤，寻找制止军事冲突和重开谈判的途径。但是结果并未如愿。三方在国家体制问题上争执不下，互不妥协。而使问题更加糟糕的是，正当波黑三族进行艰难谈判之际，欧共体却于 4 月 6 日突然宣布承认波黑独立，美国也匆忙于 4 月 7 日承认波黑独立。此举打断了波黑三族谈判的进程，对波黑内战的点燃和全面升级起到了火上浇油的作用。③ 更加重要的是，外部因素的影响加剧了三族在国家构建的原则与目标上的分歧，局部武装冲突开始演变成一场以争夺领土为目标的内战。

4 月底和 5 月，波黑三方领导人继续在里斯本会谈。塞族仍然坚持成立三个国家的主张，并要求获得连接北部和中部波斯尼亚的走廊、萨拉热窝的大部分和

---

① 郝时远主编《旷日持久的波黑内战》，社会科学文献出版社，1999，第 75 页。
② 马细谱：《巴尔干纷争》，北京大学出版社，1999，第 375 页。
③ 魏坤：《喋血巴尔干——南联邦解体与波黑冲突》，世界知识出版社，1997，第 91 页。

奈雷特瓦河左岸地区。

与此同时，俄罗斯开始介入波黑问题。俄罗斯外长科济列夫表示，不应向塞尔维亚人使用武力。5 月 30 日，联合国安理会以南联邦"对波黑内战负有主要责任"为由，决定对其进行国际制裁，主要是贸易禁运和冻结国外存款。6 月 6 日，南联邦人民军开始撤离波黑。但是，很多塞尔维亚成员仍然停留在这个国家里援助他们的民族同胞。① 8 日，联合国安理会通过第 758 号决议，将驻克罗地亚的联合国保护部队的权限拓展至保障萨拉热窝机场和为萨拉热窝提供人道主义援助。② 7 月，波黑克族宣布成立"赫尔采格—波斯尼亚克罗地亚共和国"。同月底，波黑和会在伦敦举行。库蒂莱罗代表欧共体再次提出把波黑共和国划分为三个民族区域的计划，并附有波黑版图划分方案。由于波族的反对，波黑各方未能就此方案达成协议。波黑和会的不欢而散标志着欧共体单独调解波黑冲突的失败。③

在此情况下，南联盟等国家提出召开新的国际会议的倡议，但没有引起国际社会的重视。法国总统密特朗提出将欧共体南斯拉夫和会扩大为新的更广泛的国际会议的建议得到欧共体和联合国的支持。8 月 13 日，联合国安理会通过第 770 号决议，呼吁有关国家采取措施向波黑萨拉热窝以及其他地方提供人道主义援助。④ 26～27 日，由联合国秘书长加利和欧共体轮值主席、英国首相梅杰共同主持的前南问题国际会议在伦敦召开。经过有关各方激烈的争论、斡旋和妥协，伦敦会议最后达成《原则声明》《工作方案》《关于波黑的声明》《具体决定》等文件。《关于波黑的声明》的内容包括：完全永久实现停火；前南斯拉夫各国承认波黑；尊重目前边界，尽早解除对乡镇和城市的包围；把重型武器集中起来并实施国际监督；将所有军队、包括非正规军置于中央控制之下，等等。⑤ 波黑冲突各方分歧严重，不能接受伦敦会议的声明。有学者指出，联合国在促进前南斯拉夫地区重建和平与稳定上做得并不好，没有一个交战方表现出足够的意愿与这

---

① 〔美〕威廉·科勒：《20 世纪的世界：1900 年以来的国际关系与世界格局》，王宝泉译，群言出版社，2010，第 306 页。
② "Resolution 758"，http：//unscr. com/en/resolutions/758，访问时间：2018 年 10 月 20 日。
③ 郝时远主编《旷日持久的波黑内战》，社会科学文献出版社，1999，第 167 页。
④ "Resolution 770"，http：//unscr. com/en/resolutions/770，访问时间：2018 年 10 月 20 日。
⑤ 古仲：《新一轮的和平尝试——伦敦会议》，《世界知识》1992 年第 18 期。

个来自世界组织头戴蓝色头盔的维和部队合作。① 然而，此次会议也并非"一无是处"，它做出了在日内瓦的联合国办事处设立一个解决前南斯拉夫问题指导委员会的决定。

从 9 月起的数月里，该指导委员会两个主席万斯和欧文分别同波黑冲突三方以及塞尔维亚共和国与克罗地亚共和国的领导人举行了多次会谈，就结束波黑内战问题反复交换意见。在此基础上，1993 年 1 月 2~4 日，万斯和欧文在日内瓦和谈中提出了解决波黑危机的一揽子和平计划，也称万斯—欧文计划。

万斯—欧文计划最初包括波黑宪法原则②、停战协议和版图划分方案 3 个文件，后来又增加了一个有关建立过渡政府的临时安排协议。宪法原则的主要内容是将波黑建成由 10 个省组成的分权制国家。尽管波黑冲突三方都已表示接受宪法原则，但塞、波两方实际上并不完全赞同，而是对宪法原则各有各的解释。在此后的宪法起草过程中，三方必将进行"讨价还价"。1993 年 1 月，停战协议首先由克族和塞族领导人签署。直到 3 月 3 日，波族领导人才签字。然而，协议需要整个和平计划通过后方才生效。难度最大、争论最激烈的是版图划分方案。③克族一开始就签署了这一方案，因为克族管辖的区域与其实际控制区基本一致。波族根本不愿意进行领土划分，因为所分区域未达到其预期，而且克族武装仍活跃在波族控制区内。在美国承诺提供援助后，波族领导人才于 3 月 25 日签署版图划分方案。无论从区域面积、对塞族居民的"分割"，还是从经济资源比重的

① 〔美〕威廉·科勒：《20 世纪的世界：1900 年以来的国际关系与世界格局》，王宝泉译，群言出版社，2010，第 307 页。

② 波黑宪法原则的主要内容是：（1）波黑将建成一个由 10 个省组成的分权制国家，大部分政府职能由各省行使；（2）各省不享有任何国际法地位，不得与外国或国际组织缔约；（3）在波黑全境允许充分的行动自由，并由国际监督加以保障；（4）对任何一个制宪民族至关紧要的问题将由宪法做出规定，只有 3 个制宪民族协调一致才能对宪法进行修改；（5）各省和中央政府将设立民主选举的立法、行政和司法机构，首次选举在国际监督下进行；（6）成立宪法法院，负责解决中央政府和各省之间以及中央政府各机构之间的争端；（7）波黑将在联合国和欧共体监督下逐步实现非军事化；（8）宪法将保证世界公认的一切人权；（9）宪法将规定建立若干国际监督机构。参见郝时远主编《旷日持久的波黑内战》，中央民族大学出版社，1995，第 170 页。

③ 波黑共和国将按民族、地理、经济等标准划分为 10 个省；其中塞族管辖 3 个省，占波黑总面积的 43%；波族管辖 3 个省，占 27%；克族管辖 2 个省，占 15%；此外，第 10 省（占 11%）由波、克两方共管，而第 7 省首都萨拉热窝为非军事化的开放区，由三方共管。照此方案，36% 的塞族居民、30% 的波族居民和 24% 的克族居民将生活在三方各自的管辖区之外。参见郝时远主编《旷日持久的波黑内战》，中央民族大学出版社，1995，第 171~172 页。

减少来看，该方案均不利于塞族。为寻求妥协，塞族领导人建议先就没有争议的 70%~80% 的领土达成协议，而把有争议的 20%~30% 的领土交给联合国控制，两年后再通过全民公决来决定这些争议地区的归属。在此建议遭克、波两族领导人的拒绝后，塞族议会 4 月 3 日宣布不接受版图划分方案。

在此情况下，欧文与塞族领导人进行了两次会谈。4 月 17 日，联合国安理会通过了西方国家提出的第 820 号决议，决定在波黑塞族拒绝版图划分方案的情况下对南联盟实行更为严厉的制裁和封锁。① 在国际社会的压力下，南联盟领导人也力劝波黑塞族领导人接受该方案，最终该方案于 5 月 2 日得以草签。然而，波黑塞族议会在 5 月 6 日以绝对多数否定草案。在 5 月 15~16 日进行的波黑塞族共和国全民公决中，参加投票的 92% 公民中有 97% 公民反对接受万斯—欧文计划。②

虽然克族和波族都接受该计划并签署停战协议，但两族争夺地盘的武装冲突愈演愈烈。同时，国际社会加紧在军事层面干涉波黑局势。早在 1992 年 10 月，联合国安理会就通过第 781 号决议，决定在波黑建立一个禁飞区，禁止在波黑上空出现任何军事飞行，但联合国及其他国家进行人道主义援助的飞行除外。③ 作为回应，北约于 10 月 16 日扩大了其在该地区的任务，包括实施"天空监视者行动"，监视波黑领空是否有来自南联盟的航班。鉴于违反禁飞令的现象时有发生，1993 年 3 月 21 日，联合国安理会授权用武力强制执行波黑禁飞令。从 4 月 12 日起，北约在波黑上空执行禁飞任务。同时，塞族武装集中火力对穆斯林聚居区斯雷布雷尼察进行炮击，并企图攻占该地，以行动和造成的事实抵制版图划分方案。

5 月 6 日，联合国安理会通过第 824 号决议，宣布在波黑建立萨拉热窝、热帕、戈拉日代、比哈奇、图兹拉和斯雷布雷尼察等六个"安全区"，并派 50 名军事观察员和 7600 名军人提供保护。④ 6 月 4 日，联合国安理会通过第 836 号决议，批准维和部队使用武力保护波黑安全区，并允许北约使用空中力量支持维和

① "Resolution 820"，http：//unscr. com/en/resolutions/820，访问时间：2018 年 10 月 20 日。
② "Republika Srpska（Bosnien – Herzegowina），16. Mai 1993：Vance – Owen – Friedensplan"，https：//www. sudd. ch/event. php？ lang = en&id = ba011993，访问时间：2018 年 10 月 20 日。
③ "Resolution 781（1992）"，http：//unscr. com/en/resolutions/781，访问时间：2018 年 10 月 20 日。
④ "Resolution 824"，http：//unscr. com/en/resolutions/824，访问时间：2018 年 10 月 20 日。

部队。① 这实际上为以后北约空袭波黑塞族的行动开出了"许可证"。②

国际社会仍然不断提出新的解决方案。5 月 22 日，美国、英国、法国、俄罗斯、西班牙五国外长提出以建立穆斯林安全区为主要内容的"联合行动计划"。该计划意在"扑灭波斯尼亚战火"，而未触及波黑制宪原则和版图划分等实质问题，它只能是一个治标不治本的权宜之计，没有引起国际社会的重视。③ 6 月 16 日，在战场上已经实现战略目标的塞、克两族在日内瓦向前南斯拉夫问题国际会议两主席欧文和斯托尔滕贝格④提出将波黑一分为三，然后组成松散邦联的主张，强调这是波黑结束内战、恢复和平的唯一途径。在军事上处于劣势的波族一再要求国际社会进行干预，解除对其武器禁运。

8 月 20 日，欧文和斯托尔滕贝格在听取波黑塞、克两族的方案和波族领导人意见的基础上，提出包括冲突三方已经接受的波黑宪法协议、停火协议和三方尚未取得一致的版图划分方案，也称欧文—斯托尔滕贝格计划。塞、克两族领导人同意接受，波族领导人则坚持其领土要求，导致多次会谈均无果而终。诚如欧文所言：由于波族一方坚持打内战，波黑和谈很难取得突破。⑤ 实际上，波族在会谈中一再提高要价，使协议破产，结束内战、恢复和平的机会再次失去。

美国一直认为，波黑内战威胁到欧洲安全，但与美国并无直接的利害关系；相反，波黑内战可以在一定程度上牵制欧洲盟国，对美国有利无害。因此，美国对波黑危机长期采取"隔洋观火"的态度，不愿更多地介入，一再拒绝欧洲盟国要它派维和部队去波黑的要求。⑥

1994 年，美国的立场悄然发生变化。2 月 5 日，遭受塞族武装围困的萨拉热窝马尔卡莱露天市场遭到炮击，造成数百人伤亡。该事件使波黑局势骤然紧张。⑦ 波族和国际社会将矛头指向塞族。事发当天，美国总统克林顿召集国务卿、国防部部长开会磋商，准备采取包括对塞族阵地进行空袭在内的强硬措施，

---

① "Resolution 836 (1993)", https://www.nato.int/ifor/un/u930604a.htm, 访问时间：2018 年 10 月 20 日。

② 魏坤：《喋血巴尔干——南联邦解体与波黑冲突》，世界知识出版社，1997，第 151 页。

③ 马细谱：《南斯拉夫兴亡》，社会科学文献出版社，2010，第 461 页。

④ 万斯的继任者。

⑤ "Lord Owen Warns Rival in Bosnia", https://www.nytimes.com/1993/11/25/world/lord-owen-warns-rivals-in-bosnia.html, 访问时间：2018 年 12 月 20 日。

⑥ 郝时远主编《旷日持久的波黑内战》，中央民族大学出版社，1995，第 186 页。

⑦ 刘添才：《波黑危机：风云突变又一年》，《今日东欧中亚》1995 年第 2 期。

以制止这种极不人道的事件再次发生。① 美国和法国推动北约向波黑塞族发出最后通牒，要求将重型武器后撤或交由联合国控制。② 2月28日凌晨6时，北约向波黑塞族进行空中打击，这是北约成立45年来首次在其传统防区以外使用武力，开创了北约"武力维和"的先例。有分析指出，从长远的角度看，这一行动为北约对未来世界各地区所发生的危机进行干预提供了很宝贵的实践经验。③

2月下旬，美国提出"穆—克联邦加邦联"方案，即由波黑波族和克族先建立联邦，该联邦再与克罗地亚共和国组成邦联。这个方案的提出标志着美国对波黑事务直接插手，也使波黑局势发生了重大变化。④ 3月18日，在美国总统克林顿亲自主持下，波黑波族和克族领导人在华盛顿签署建立波黑穆—克联邦的协议，波族领导人同克罗地亚共和国领导人签署波黑穆—克联邦和克罗地亚共和国组成邦联的框架协议。

美国提出的方案使波黑冲突各方的领土争端进一步加剧。穆—克联邦的筹建工作不仅不顺利，而且彼此的武装冲突并未停止。总的来说，美国方案已使波黑局势发生了有利于波族而不利于塞族的重大变化，内战由三方鼎立走向两方对垒。值得注意的是，自1994年2月萨拉热窝马尔卡莱露天市场惨案和北约空袭计划出台后，俄罗斯以其对外政策的改变和对塞尔维亚特有的影响加入国际社会解决波黑危机的行列，并对缓解当时的危局起到了重要作用，令世人刮目相看。

1994年4月25日，波黑问题国际联络小组在伦敦成立，以便欧共体、联合国、美国和俄罗斯的代表能通过协商确定统一立场，促成波黑冲突的和平解决。经过两个多月的反复磋商，7月5日，美国、俄罗斯、英国、法国、德国五国外长批准了国际联络小组起草的新的和平方案。方案的核心仍然在于版图的划分。

---

① 魏坤：《喋血巴尔干——南联邦解体与波黑冲突》，世界知识出版社，1997，第154页。
② 通牒全文如下："为了有效地解决波黑危机，北约理事会一致决定向波黑塞族发出如下最后通牒：如果围困萨拉热窝的波黑塞族武装不在10天之内将大炮和其他重型武器后撤20千米，或不把这些重武器置于联合国控制之下，北约将在事先不再警告的情况下实施空袭。同时，北约也要求波黑穆斯林武装将其他重型武器交给联合国。最后通牒倒计时从1994年2月10日格林尼治时间24：00始，20日24：00为最后期限。"参见魏坤《喋血巴尔干——南联邦解体与波黑冲突》，世界知识出版社，1997，第157~158页。
③ 魏坤：《喋血巴尔干——南联邦解体与波黑冲突》，世界知识出版社，1997，第163页。
④ 参见郝时远主编《旷日持久的波黑内战》，中央民族大学出版社，1995，第186页。

大体内容是，波黑共和国将"保持国际公认的现有边界"，波黑领土的 51% 划归穆—克联邦，49% 留给塞族。当时，塞族实际控制区域占 72%，该方案要求塞族让出 23% 的区域。[1] 更加糟糕的是，塞族区域被分割得支离破碎，而且丢失了出海口。在国际社会穿梭斡旋特别是俄罗斯以及塞尔维亚共和国的敦促下，波黑塞族议会举行了两次会议，但结果均是拒绝接受。8 月 4 日，南联盟难以承受外部压力，切断对仍在进行战斗的塞族部队的供给，关闭了与波黑的边界线，断绝同波黑塞族的联系。8 月 27 ~ 28 日，波黑塞族共和国就是否赞同五国和平方案进行了全民公决，结果仍然是否定的，反对票高达 96.65%。[2]

1994 年秋，波黑塞族武装的一连串军事胜利促使美国停止实施对波族的武器禁运，并再次对英国和法国施加压力，要求两国批准北约进行突袭。[3] 急于从战争抽离的英国和法国并没有赞成。12 月 2 日，国际联络小组再次提出新的波黑和平方案，主要内容是：解决波黑危机只能通过政治谈判，而不是军事手段；北约停止一切军事干涉；交战各方停止一切敌对行动，并就和平解决波黑危机进行谈判；平等对待塞族，波黑塞族共和国同穆—克联邦具有同等权利，即塞族有权同母体塞尔维亚结成联邦；交战各方可通过谈判交换领土和修改版图方案，但和平方案中 49∶51 的领土划分比例保持不变，保持波黑主权和完整。[4] 在美国前总统卡特的斡旋下，各方达成波黑全境停止敌对行动 4 个月的协议。然而，1995 年 3 月下旬，一场大规模的战争再次打响。这次发动进攻的是波族武装。6 月中旬，联合国安理会紧急会议通过第 998 号决议，批准法、英、荷三国的提议，向波黑派遣一支 1.25 万人的快速反应部队，增援业已驻扎在波黑的约 2.2 万人的联合国维和部队。[5] 26 日，继法国派出约 2000 名士兵后，德国政府决定向波黑派遣 1500 名军人和"旋风式"电子战斗侦察机。这是二战结束后德国军队及其

---

[1] Xavier Bougarel, *Islam and Nationhood in Bosnia – Herzegovina：Surviving Empires*, Bloomsbury Academic, 2017, p. 135.

[2] "Republika Srpska（Bosnien – Herzegowina），28. August 1994：Teilungsplan der internationalen Kontaktgruppe", https：//www. sudd. ch/event. php? lang = en&id = ba011994, 访问时间：2019 年 5 月 1 日。

[3] 〔美〕威廉·科勒：《20 世纪的世界：1900 年以来的国际关系与世界格局》，王宝泉译，群言出版社，2010，第 308 页。

[4] 魏坤：《喋血巴尔干——南联邦解体与波黑冲突》，世界知识出版社，1997，第 166 页。

[5] 此前，法国被塞族武装扣留的人员最多，为 168 人，而且其中的很多人被置于那些可能成为北约空袭目标的军事设施、前线阵地。

战斗机首次在巴尔干地区出现。① 8 月下旬，萨拉热窝马尔卡莱露天市场又一次遭到炮击，促使北约对塞族阵地采取"报复行动"，对塞族武装进行了半个月的空中打击，共出动各型飞机 3500 架，并动用"战斧"式巡航导弹，这是北约成立以来发动的规模最大的一次军事行动。此次行动带来两大结果：一是波黑塞族同意将炮兵阵地撤离至萨拉热窝的射程之外；二是波黑塞族同意通过谈判解决冲突。

同时，美国加紧推出解决波黑问题的新方案。塞族在美欧大国的压力下，不得不同意以美国方案作为谈判基础和与南联盟组成联合代表团参加谈判。9 月 8日，在美国特使霍尔布鲁克主持下，波黑、南联盟和克罗地亚三国外长就未来波黑的宪法地位进行了会谈并达成原则协议。10 月 12 日，三方停火 60 天的协议生效。11 月 1 日，在霍尔布鲁克主持和有关国际组织代表参加下，三方代表在美国空军基地代顿进行了决定性谈判，并于 11 月 21 日草签了《波黑和平协议》，又称《代顿协议》。12 月 14 日，代表南联盟的塞尔维亚总统米洛舍维奇、波黑总统伊泽特贝戈维奇和克罗地亚总统图季曼在法国巴黎正式签字。持续 43 个月的波黑内战宣告结束。

波黑内战持续了将近 4 年时间，是二战结束后欧洲规模最大的局部战争。战线不明，你中有我，我中有你，敌我阵营不断变换，时而塞族、克族共同对付波族，时而波族、克族联合攻击塞族，时而三族相互攻击。波黑内战大体经历了三大阶段，即 1992 年 4 月至 1994 年 1 月波黑三族大规模领土争夺战，1994 年 2 月至 1995 年 7 月西方加强对波黑干预后战争进入相持阶段，以及 1995 年 8 月至 12月美国全面介入、北约军事打击以及塞族丧失军事优势，最后被迫妥协。②

战火从萨拉热窝燃起，接着从萨拉热窝向东部、北部、西北部、西部、西南部的民族混居地区迅速蔓延开来。大体看，东部是与塞尔维亚共和国相邻的比耶利纳市周围地区，北部是与克罗地亚接壤的布罗德和德尔文塔两市及周围地区，西北部是巴尼亚卢卡地区，西部是库普雷斯地区，西南部是莫斯塔尔地区。在波

---

① 郝时远：《帝国霸权与巴尔干"火药桶"》，社会科学文献出版社，1999，第 355 页。
② 也有"四个阶段"的划分：分别为 1992 年战争的开始与塞族尽可能控制更多的领土，1993 年种族战争的开始，1994 年战争的相持阶段，以及 1995 年战争的结束与分界线重划。参见 Magnus Bjarnason, "The War and War – Games in Bosnia and Herzegovina from 1992 to 1995", https：//www. nato. int/acad/fellow/99 – 01/bjarnason. pdf，访问时间：2019 年 5 月 1 日。

黑内战中，萨拉热窝围城战役①最为凄惨，打了近 4 年。

这场内战"既没有胜利者，也没有失败者"②。与其说这是一场内战，不如说是外部干预下的内部冲突。其中，"美国才是改变波斯尼亚僵局关键的力量"③。冲突各方都有自己的外部后台和支援，外部因素的干预成为谈判桌上与战场上的较量层出不穷且持续很久的重要原因。所以，波黑战争的结局在相当大的程度上甚至可以说基本上是取决于外部因素的意志。④ 至于战争中谁是"正义"的一方，谁代表"人道"，这是由西方大国实力和意志决定的。此外，这又是后冷战时代的一场"新式战争"，战争形式、战争动机、参与方等均呈现新的特征，在欧洲史上记录了违背人权和人道主义的种族屠杀和清洗。⑤

四 科索沃战争与国际社会的较量

一般以为，科索沃⑥作为一个独立名称出现于 1389 年的科索沃战役。自此之后的几百年间，战争常与科索沃相伴。

20 世纪末，这块地域再次发生了欧洲大陆的热战。不过，这场战争并不是一触即发的，它是南斯拉夫成立后长期积累的科索沃地位问题和阿尔巴尼亚族（以下简称阿族）问题的总爆发。从 20 世纪 60 年代起，科索沃自治省阿族中的民族分离主义分子和极端民族主义者就提出了科索沃独立的要求。1968 年 11 月，科索沃自治省发生了示威大学生和群众同警察冲突的事件。1974 年南联邦宪法确立了共和国和自治省平等参加联邦机构的原则，科索沃自治省正式成为联邦单位。不少塞尔维亚学者认为正是这部宪法赋予了科索沃自治省很多与共和国

---

① 萨拉热窝围城战役是波黑内战的一部分，是现代战争史上最长的围城战役，从 1992 年 4 月 5 日至 1996 年 2 月 29 日，共计 1425 天。参见 Suada Kapić, The Siege of Sarajevo: 1992 – 1996, FAMA, 2000。

② Magnus Bjarnason, "The War and War – Games in Bosnia and Herzegovina from 1992 to 1995", https://www.nato.int/acad/fellow/99 – 01/bjarnason.pdf, 访问时间：2019 年 5 月 1 日。

③ 〔英〕马克·马佐尔：《黑暗大陆：20 世纪的欧洲》，赵博文译，中信出版集团，2016，第 392 页。

④ 赵乃斌、汪丽敏主编《南斯拉夫的变迁》，广东人民出版社，2002，第 298 页。

⑤ Joachim Koops, Norrie MacQueen, Thierry Tardy, and Paul D. Williams, *The Oxford Handbook of United Nations Peacekeeping Operations*, OUP Oxford, 2015, p. 384.

⑥ 科索沃（Kosovo）是塞尔维亚语的一个词语，其全称为 kosovo polje，意思是"黑鸟坪或黑鸟平原"（field or plain of blackbirds），距普里什蒂纳（Pristina）不远。J. P. Maher, "The name 'Kosovo'," http://opinionleaders.htmlplanet.com/koskosova.html.

同样的权利，造成了"灾难性后果"①。

1980 年铁托去世后，科索沃自治省的情况变得更加混乱。1981 年 3～4 月，阿族人的示威浪潮演变成为席卷整个科索沃的骚乱和冲突。南联邦当局采取强硬镇压政策。1989 年 3 月，塞尔维亚共和国宣布取消科索沃的自治省地位。

整个 20 世纪 90 年代，科索沃几乎成了冲突与血腥的同义语。从《科索沃共和国宪法》"出台"，到阿族人宣布"科索沃共和国"独立，再到科索沃战争爆发，科索沃的冲突从未消停，而且呈愈演愈烈之势。在南联邦解体特别是波黑内战升级的过程中，有关科索沃地位问题日益国际化。西方国家袒护阿族，不断向塞尔维亚政府施加压力，要求塞尔维亚政府直接同科索沃阿族代表谈判，并把解决科索沃问题作为解除对南联盟制裁的重要条件。②

《代顿协议》对波黑民族界线的承认鼓舞了科索沃阿族分离主义分子。阿族领导人认为，既然波黑的穆斯林在欧美大国的扶植下可以建立自己的国家，那么人口占科索沃多数的阿族也可以独立出来。而且，必须由国际社会出面解决。为此，科索沃阿族领导人采取"和平谈判"与"武装斗争"并举的策略。在此过程中，科索沃极端激进分子清楚地认识到，西方势力需要的不是缓和而是冲突，他们闹得越大外部势力干涉的借口就越充足。③ 于是，他们频繁进行恐怖活动，并于 1996 年建立暴力反抗组织"科索沃解放军"④，开始将科索沃局势引向冲突之路。1997 年，阿尔巴尼亚发生由欺骗性的投资阴谋引起的财政崩溃，导致国民军队解体时大量武器落入科索沃解放军的手里。⑤

此后，阿族和塞族之间的武装冲突愈演愈烈，伤亡人数直线上升，约 30 万人流离失所。难民潮的出现给欧洲各国造成巨大压力，西方国家酝酿对科索沃危机进行全面干预。1998 年 2 月底 3 月初，科索沃连续发生两起规模较大的武装冲突，导致 6 名塞族警察和 67 名阿族武装分子死亡。这一流血事件引起数以万计的阿族人在科索沃各地举行抗议游行示威，这被视为科索沃冲突的开始。3 月

---

① 马细谱：《巴尔干纷争》，北京大学出版社，1999，第 430 页。
② 马细谱：《巴尔干纷争》，北京大学出版社，1999，第 440 页。
③ 陈志强：《科索沃通史》，中国社会科学出版社，2010，第 372 页。
④ 该组织大肆屠杀当地塞族人，包括平民，手段极其残暴，美国政府曾将其列入恐怖主义名单。
⑤ 〔美〕威廉·科勒：《20 世纪的世界：1900 年以来的国际关系与世界格局》，王宝泉译，群言出版社，2010，第 309 页。

9 日，由美国、英国、德国、法国、意大利和俄罗斯组成的前南斯拉夫问题国际联络小组在伦敦举行关于科索沃问题的首次会议，确定了对南联盟实施包括武器禁运、冻结出口和投资贷款等项内容的制裁措施。①

南联盟当局一方面强调科索沃问题是其内政问题，反对将其国际化，另一方面表示愿意与阿族代表进行对话，对非法武装的恐怖行动进行严惩。5 月中旬，米洛舍维奇主动同阿族领导人鲁戈瓦会晤。与此同时，南联盟当局也加紧军事演习，强化南阿边境军事区，以应对可能出现的军事冲突。

自 6 月起，北约在美国的策动下打着"维护和平"和"人道主义使命"的旗号跃跃欲试，威胁在科索沃建立禁飞区并对南联盟境内目标实施空袭。9 月 23 日，美国、英国和法国等国家操纵联合国通过第 1199 号决议，认为科索沃出现的一切灾难都源自南联盟，要求冲突各方结束敌对行动。② 次日，北约据联合国的"上方宝剑"向南联盟发出实施空袭的警告。科索沃上空战云密布，局势极其紧张。

美国摆出调停的姿态，派出特使霍尔布鲁克同米洛舍维奇谈判，但遭到后者的冷落。10 月 13 日，北约正式发出对南联盟动武的命令，并表示命令将可能在96 小时后执行。米洛舍维奇被迫答应签署有关协议，其主要内容是南联盟政府保证欧安组织观察团的安全和在科索沃的行动自由。欧安组织观察团的职责是监督南联盟的撤军。根据这项协议，北约部队将不进驻科索沃，但北约可以派出非战斗性飞机在科索沃上空执行监督任务。③

然而，阿族非法武装科索沃解放军拒绝接受协议，坚持科索沃独立的要求，并时常发动袭击，对抗南联盟军队。1999 年 1 月，前南斯拉夫问题国际联络小组在伦敦发表声明，敦促科索沃冲突各方必须于 2 月 6 日前重开谈判，否则将面临北约的军事打击。北约表示，如果阿族人不能达成协议，北约将派部队封锁科索沃与阿尔巴尼亚的边境，断绝对阿族武装的支援；如果南联盟方面不能参加和平会谈或不同意实现和平，北约将攻击南联盟在科索沃的军事基地。④

---

① 1998 年 3 月 31 日，联合国安理会决定对南联盟实行武器禁运。中国投了弃权票。
② "Resolution 1199", http://unscr.com/en/resolutions/1199，访问时间：2018 年 10 月 20 日。
③ "Key Points of NATO – Yugoslavia Agreement", October 13, 1998, https://www.globalpolicy.org/component/content/article/192/38781.html，访问时间：2018 年 10 月 20 日。
④ "Statement by the North Atlantic Council on Kosovo", January 30, 1999, https://www.nato.int/docu/pr/1999/p99-012e.htm，访问时间：2018 年 12 月 16 日。

1999 年 2 月 6 日，朗布依埃和平谈判进行。这是 1998 年 2 月科索沃武装冲突爆发以来，南联盟政府与阿族代表首次进行的直接谈判。谈判各方围绕美国特使克里斯托弗·希尔提出的方案进行商谈。该方案的主要内容是：尊重南联盟的领土完整，科索沃解放军解除武装，按照当地居民人口比例组成新的警察部队，北约向科索沃派遣多国部队维持治安，保障和约的实施。① 谈判并非在同一个谈判桌进行，而是南联盟政府代表与阿族代表分别在不同会议室与美国、欧盟和俄罗斯的代表谈判，以致两方代表都认为自己成了国际社会的"工具"，并非谈判的平等参与方，谈判过程因之更加不顺。联络小组先后决定将谈判延长至 20 日、23 日，均无果而终。南联盟坚持反对北约部队进驻科索沃，科索沃阿族主张科索沃独立，不打算解除武装。这种僵持的局面一直在持续。

3 月 15 日，联络小组再次敦促和谈在 3 月 18 日之前结束。与此同时，美国邀请科索沃阿族各派代表前往美国，促成达成一致意见。18 日，阿族代表单方面同意朗布依埃协议并签字。接着，美国和欧盟两名主持谈判的调停人作为证人也在协议上签字。南联盟代表拒绝在协议上签字，俄罗斯的调停人持相同立场。南联盟对北约的武力介入估计不足，"以为凭借俄罗斯的干预和联合国宪章的最后保护能够拖延时间"②。更加重要的是，和谈破裂的全部责任被指向南联盟一方，拒绝签字给了西方国家进行武装干涉的借口。③

3 月 24 日夜，美国主导的北约借维护"和平"和"人权"之名，对南联盟发起空袭，发动了科索沃战争。时任北约秘书长索拉纳称，对南联盟实施空中打击只限于塞族军队和塞族警察部队等"军事目标"，目的是制止"人道主义灾难"，是迫使南联盟接受朗布依埃协议。④ 实则不然。西方各国不能容许南联盟的科索沃问题打乱其构建冷战后新格局的努力，并借此挤压俄罗斯的战略空间。

① "Rambouillet Accords: Interim Agreement for Peace and Self - Government in Kosovo", https://peacemaker.un.org/sites/peacemaker.un.org/files/990123_RambouilletAccord.pdf, 访问时间：2018 年 12 月 16 日。

② 陈志强：《科索沃通史》，中国社会科学出版社，2010，第 374 页。

③ Ian Bancroft, "Serbia's anniversary is a timely reminder", *The Guardian*, March 24, 2009, https://www.theguardian.com/commentisfree/2009/mar/24/serbia - kosovo, 访问时间：2018 年 12 月 16 日。

④ "Press Conference Given by the NATO Secretary General, Mr Javier Solana, and the British Prime Minister, Mr Tony Blair", April 20, 1999, https://www.nato.int/docu/speech/1999/s990420a.htm, 访问时间：2018 年 12 月 16 日。

北约希望通过干预科索沃危机展示实力，演练多年没有军事实践和作战经历的部队及其指挥系统。[①]

从 3 月 24 日到 6 月 10 日，北约对南联盟的轰炸整整持续了 78 天。空袭计划共分为三个阶段。第一阶段从 3 月 24 日至 27 日，战略轰炸的主要目标是南联盟的防空系统、指挥和控制中心，以及部署在科索沃的南联盟人民军。美国首次使用了强电磁脉冲弹。南联盟共有 90 个目标被击中，而北约有 9 架战斗机和 9 枚巡航导弹被击中。第二阶段从 3 月 28 日到 4 月 6 日，打击重点目标是科索沃及其附近的南联盟地面部队（包括武警）、军营和重武器，以及防空设施。由于地面部队机动性大，北约在空袭目标选择上出现混乱。美国随即做出兵力调整和重新部署，增派 F－117A 隐形机、A－10 攻击机、阿帕奇战斗直升机等多种新型号飞机 82 架。4 月 6 日前后，空袭进入第三阶段，目标则无所不包：军事设施和与军事稍有联系的目标；各种部队（包括警察和民防队）和武器；交通与通信设施；工业设施和民用设施，其中包括学校、医疗中心、新闻媒体机关，乃至总统府和中国驻南使馆，以及历史文化遗迹和教堂，等等。[②]

南联盟遭受北约狂轰滥炸，难以坚持。在俄罗斯和芬兰等国的斡旋和调停下，南联盟接受了"科索沃和平计划"[③]。6 月初，南联盟塞尔维亚共和国议会通过了该和平计划。9 日，北约代表和塞尔维亚代表在马其顿签署了关于南联盟军队撤出科索沃的具体安排协议。6 月 10 日，北约正式宣布暂停对南联盟的空袭，联合国安理会通过了政治解决科索沃问题的第

[①] 据报告分析，美国指挥的多国部队在此前 8 年的海湾战争中使用的高科技武器仅占实际使用武器的 10%，而在科索沃战争和空袭南联盟的战事中，先进武器使用率达到了 100%。参见陈志强《科索沃通史》，中国社会科学出版社，2010，第 373 页。

[②] 参见赵乃斌、汪丽敏主编《南斯拉夫的变迁》，广东人民出版社，2002，第 304～305 页；张召忠：《北约空袭的三阶段计划》，《北京青年报》1999 年 4 月 3 日。

[③] 主要内容是（1）结束在科索沃的军事活动，在规定日期内撤出全部军队、警察和准军事部队；（2）在科索沃部署一支安全部队，它将有大量的北约部队参加，这支部队将根据统一指挥和控制的原则部署；（3）为科索沃建立一个临时行政管理机构，它将是国际文职管理人员的一部分，将由联合国安理会决定它的构成，在这个机构的管理下，科索沃人民将在南联盟内享有实质性的自治权；（4）充分考虑南联盟主权和领土完整原则，使"科索沃解放军"非军事化，在规定人员撤出后，一批其人数经过各方同意的南联盟塞尔维亚族人员可以被授权返回科索沃；（5）难民安全、自由返回家园等。转引自赵乃斌、汪丽敏主编《南斯拉夫的变迁》，广东人民出版社，2002，第 308～309 页。

1244 号决议。① 根据决议，南联盟丧失了对科索沃的控制权，科索沃交由国际托管；成立"联合国科索沃临时行政当局特派团"，负责监督南联盟军队在两日内撤出科索沃，并帮助科索沃进行重建和管理；除联合国科索沃临时行政当局特派团外，参与科索沃重建的国际组织和国际活动团体还有北约驻科索沃维和部队、欧安组织驻科索沃使团、欧盟及各大国代表处以及一些非政府组织等。② 值得强调的是，6 月 12 日，正当科索沃实施联合国安理会通过的和平协议，以美国为首的北约部队集结调动准备进入科索沃时，俄罗斯一支带有科索沃维和部队标志的 200 余人部队抢先占领普里什蒂纳机场。此举为俄罗斯随后成为科索沃重建的重要一员发挥了关键作用。

以美国为首的北约发动的战争结束了南联盟与阿族的正面冲突，开启了该地区的和平之路。此后，南联盟、包括塞尔维亚内部再没有发生过大规模的军事冲突。然而，西方大国干预的手段和目的令人发指。自空袭后，美国和北约从打击南联盟的军事目标发展到摧毁南联盟的行政办公楼、医院、学校、桥梁、电视台、炼油厂、化工厂、电站、住宅等大量民用设施，甚至袭击火车和难民车队，造成 2000 多人死亡、6000 多人受伤和几十万难民流落异乡。③ 12 条铁路、50 余座桥梁、5 个民用机场、大量的基础设施和民房被炸毁，南联盟遭受的直接和间接经济损失超过 1000 亿美元，南联盟被"炸回到石器时代"④。同时应予以谴责的是，北约轰炸中国驻南联盟大使馆，致使 3 人死亡和多人受伤。一言以蔽之，打着维护"人权"旗帜的西方大国制造了二战结束以来最严重的人道主义灾难。

对于美国和北约来说，发动科索沃战争是基于其自身利益考量的结果。推翻米洛舍维奇政权是直接目的，实现北约和美国的战略转变是终极意图。1999 年是北约成立 50 周年。在 4 月 23 日提出的《联盟战略概念》文件中，北约提出其主要任务是从集体防御向捍卫共同价值观转变。北约干涉科索沃危机就是要在全球多种力量重新组合的过程中，以及局部战争和军事冲突频率提高的背景下，强

---

① "United Nations Resolution 1244", https：//unmik. unmissions. org/united – nations – resolution – 1244，访问时间：2019 年 2 月 10 日。
② 关于它们参与重建工作的安排及进展，参见〔奥地利〕赫尔穆特 – 克拉默、维德兰 – 日希奇《科索沃问题》，苑建华等译，中央编译出版社，2007，第 11 ~ 27 页。
③ 马细谱：《巴尔干纷争》，北京大学出版社，1999，第 458 页。
④ 参见陈志强《科索沃通史》，中国社会科学出版社，2010，第 375 页。

加给世界一种"科索沃模式"，也就是高举维护人权的旗帜，强化人权高于主权的原则，根据美国的意愿将主权国家的内政国际化，肆意干涉别国内政，强行肢解主权国家，最终达到美国及其盟友的战略目标。① 同时，科索沃战争开创了北约不需要联合国授权和欧安组织同意就可对其防区以外的国家采取军事行动的先例。在此后近 20 年的国际政治实践中，美国和北约将这种模式复制到世界其他国家和地区，美其名曰行使"保护的责任"，并选择性地加以运用。

从战术角度看，美国和北约将科索沃变成新武器、新技术特别是新战略概念的试验场。在作战中，北约大量依赖航天武器，运用了 50 颗卫星参与军事行动，包括美国中央情报局所属的最先进雷达成像军事侦察卫星、空军气象卫星、海洋大气气象观测卫星、数十个航天器等。在空袭中，北约陆续投入了 1200 架先进战机进行了 32000 架次的轰炸，其中包括"第四代航天器"——美国空军最先进的 B－2 隐形战略轰炸机、B－1 远程战略轰炸机、F－117 隐形战斗轰炸机。B－2 隐形战略轰炸机是首次进入实战。此外，美国还试验了新式武器，包括激光制导炸弹、石墨炸弹、碳纤维炸弹、制导集束炸弹、电磁脉冲炸弹、贫铀弹等。② 因此，很多新的标签与这场战争有了关联，如冷战结束后北约进行的第一场集团军事行动、第一场信息化战争以及第一场以空战制胜的战争，等等。

进一步看，美国为何主导北约对一个弱小国家大动干戈，违背"杀鸡焉用牛刀"的基本常识？那是因为美国不仅希望挤压俄罗斯的战略空间，威慑企图脱离美国控制独立发展的欧洲盟友和其他伙伴，而且要在全世界面前宣示其霸权政治的"合理性"，为以美国为中心的新国际秩序和安全格局的重建定下基调。有观察人士分析认为，美国主导北约发动空袭的时间点十分敏感。1999 年 1 月 1日，欧元正式启动。新生的欧元急需良好的运作环境。然而，科索沃战争的爆发导致国际资本大幅撤出欧洲，战争经历 72 天后欧元直线下跌了 30%。有评论分析，美国通过这种方式来打乱欧洲一体化进程，打击欧元这个可能挑战美元进而削弱美国金融帝国的金融工具，以维护其世界霸主地位，这才是美国急于发动科索沃战争的深层次原因。③ 有西方学者曾经指出，不只是科索沃战争，美国对南

---

① 陈志强：《科索沃通史》，中国社会科学出版社，2010，第 377 页。
② 陈志强：《科索沃通史》，中国社会科学出版社，2010，第 375～377 页。
③ 乔良、王湘穗：《超限战与反超限战：中国人提出的新战争观美国人如何应对》，长江文艺出版社，2016。

斯拉夫联邦解体也负有"重大责任"。起初，美国当局和老布什总统不愿意在解决前南斯拉夫危机中发挥领导作用；后来，克林顿总统又不希望欧洲人在解决前南斯拉夫问题上扮演主要角色，于是美国决定积极介入，以体现美国在欧洲的领导地位。[①]

第二节　巴尔干和平与国家构建：大国和国际组织的调控与管理

战争的结束只是意味着总体安全的实现，西巴尔干各国接下来的重心将转向和平和秩序的维持以及正常国家的构建。在此进程中，大国或国际组织的调控与管理随处可见，甚至说在很大程度上扮演着关键角色。其中，马其顿国名和历史争端、塞尔维亚和科索沃"关系正常化"以及波黑走向正常国家被视为三大关键问题。[②] 若从国家构建的角度看，此三大问题大体可分为主权身份之争和正常国家的构建。前者指的是科索沃问题，后者指的是马其顿问题和波黑问题。

一　塞尔维亚与科索沃"关系正常化"：欧盟的角色与不足

巴尔干地区常被称为"欧洲火药桶"，在一定程度上是因为科索沃问题的存在。有西方学者指出，当前西方对中东欧的关注程度已超过了以往任何时候。如果说20世纪90年代这块面积不大的区域成为国际社会的焦点乃是由于科索沃地区长期存在着危机并引发了战争，那么，进入21世纪后，有关"科索沃最终地位问题"即科索沃与塞尔维亚的关系问题则是一直困扰着它的问题并广受关注。[③]

1999年科索沃战争结束后，科索沃自治省的局势非但没有像美国所宣称的那样朝着实现"多民族的民主"方向发展，反而更加恶化了巴尔干地区的安全环境，加剧了该地区的固有矛盾和民族分离主义倾向，使得该地区的局势更加动荡不安。[④] 根据联合国安理会第1244号决议，联合国秘书长向科索沃派出了以

---

① Susan L. Woodward, *Balkan Tragedy*: *Chaos and Dissolution after the Cold War*, Brookings Institution Press, 1995, p. 659.
② 参见王洪起《德国启动巴尔干"柏林进程"着力解决三大关键问题》，李凤林主编《欧亚发展研究（2015）》，中国发展出版社，2015；徐刚：《西巴尔干地区形势新发展与短中期前景》，《俄罗斯学刊》2019年第2期。
③ 〔美〕霍华德·威亚尔达主编《全球化时代的欧洲政治》，北京大学出版社，2010，第350页。
④ 马细谱：《南斯拉夫兴亡》，社会科学文献出版社，2010，第515页。

秘书长特别代表为首的联合国驻科索沃临时行政当局特派团，其主要任务是：在科索沃临时行使行政职能，组建科索沃临时自治政府，促进确定科索沃未来地位的政治进程，协调国际机构的人道主义救援行动，支持基础设施重建，维护法律秩序，促进人权发展和保证难民返回家园。① 除了联合国科索沃临时行政当局特派团外，负责人道主义援助的联合国难民署、负责民主化和制度建设的欧安组织以及负责经济重建和发展的欧盟等国际机构也在科索沃重建进程中发挥了重要作用。

2001 年 5 月，由联合国秘书长驻科索沃特别代表汉斯·海克鲁普签署的《科索沃临时自治宪法框架》颁布，开启了科索沃政治体制建立的进程。随着政治建设取得成就，科索沃阿族人独立的愿望越来越强烈（见表 2 - 1）。2002 年，美国、欧盟、俄罗斯以及塞尔维亚和科索沃的代表成立了科索沃地位问题委员会。

表 2 - 1　科索沃居民在科索沃最终地位上的优先排序

单位：%

	2003 年 3 月		2004 年 3 月		2005 年 3 月	
	阿族人	塞族人	阿族人	塞族人	阿族人	塞族人
在现有的边界内科索沃独立	88.5	1.1	90.4	0.7	94.4	0.0
分裂科索沃	0.3	4.0	0.2	14.0	0.2	3.0
与阿尔巴尼亚结成联盟	9.9	0.0	9.2	0.0	5.2	0.0
与塞尔维亚组成邦联（类似黑山）*	0.0	13.5	0.0	1.4	0.1	4.5
包括塞尔维亚人的自治省	0.3	81.3	0.0	83.2	0.1	92.5

注：* 黑山于 2006 年 6 月宣布独立。

资料来源：〔奥〕赫尔穆特 - 克拉默、维德兰 - 日希奇《科索沃问题》，苑建华等译，中央编译出版社，2007，第 160 页。

尽管科索沃在政治和社会建设上取得了较大进展②，但最终地位问题未解决使科索沃阿族人变得躁动不安。2004 年 3 月发生的严重骚乱便是一个例证。该

① 参见联合国安全理事会 "第 1244（1999）号决议"，https：//peacemaker. un. org/sites/peacemaker. un. org/files/990610_SCR1244%281999%29%28ch%29. pdf，访问时间：2018 年 10 月 20 日。

② 关于科索沃政治和社会建设的详细情况，参见高歌《科索沃政治发展：从托管到 "独立"》，《俄罗斯研究》2009 年第 3 期。

事件使有关各方认识到："解决地位问题乃科索沃生存之本。"① 自 2005 年起，欧盟逐渐接替联合国科索沃临时行政当局特派团承担科索沃的管理角色与职能。同年底，芬兰前总统马尔蒂·阿赫蒂萨里作为联合国指派的科索沃最终地位谈判特别代表，正式启动了关于科索沃最终地位的谈判。这轮谈判历时一年零两个月，到 2007 年 3 月结束，总共进行了 17 次，其最重要的结果就是阿赫蒂萨里提出的《科索沃地位解决全面建议》②。但是，由于塞尔维亚的坚决反对，以及俄罗斯威胁在安理会否决阿赫蒂萨里建议的强硬立场，该建议被迫放弃，谈判也宣告结束。③ 随后，由美欧俄"三驾马车"接管的谈判也由于俄罗斯与美欧之间存有分歧而搁浅。就在谈判宣告失败的第二年，2008 年 2 月 17 日，科索沃议会通过了《科索沃独立宣言》，单方面宣布脱离塞尔维亚正式"独立"。2010 年 7 月，海牙国际法庭就科索沃单方面宣布独立发表咨询意见，称科索沃宣布独立"不违背国际法"④。

　　表面上看，科索沃最终地位问题获得了解决，但事实是将塞科关系推向了一个微妙的境地。2010 年联大通过塞尔维亚提交的议案，意味着贝尔格莱德与普里什蒂纳之间的谈判⑤即将开启。然而由于该年底科索沃将提前举行大选，谈判被暂时搁置起来。

　　2011 年 3 月，在欧盟的调停和直接参与下，塞尔维亚和科索沃的代表团在比利时布鲁塞尔正式举行谈判。谈判的协调人即欧盟方面的协调者是欧盟对外行动署顾问和对外关系委员会成员罗伯特·库珀，塞尔维亚和科索沃的代表团团长、首席谈判专家分别是塞外交部政治司司长波尔克·斯特凡诺维奇和科索沃

---

① Henry H. Perritt, Jr., *The Road to Independence for Kosovo: A Chronicle of Ahtisaari Plan*, New York: Cambridge University Press, 2010, p. 11.

② 关于建议的详细内容，参见 "Comprehensive Proposal for the Kosovo Status Settlement," March 26, 2007, http://www.unosek.org/unosek/en/statusproposal.html; 关于整个谈判和建议出台的过程，参见 Henry H. Perritt, Jr., *The Road to Independence for Kosovo: A Chronicle of Ahtisaari Plan*, pp. 119 – 170。

③ 参见朱晓中《科索沃最终地位问题及其对国际政治的影响》，邢广程主编《俄罗斯东欧中亚国家发展报告 (2008)》，社会科学文献出版社，2008，第 81 页。

④ "Accordance with International Law of the Unilateral Declaration of Independence in Respect of Kosovo", *Advisory Opinion*, I. C. J. Reports, 22 July, 2010, https://www.icj – cij.org/files/case – related/141/141 – 20100722 – ADV – 01 – 00 – EN. pdf, 访问时间：2019 年 2 月 10 日。

⑤ 需要指出的是，欧洲媒体混用会谈 (Belgrade – Priština talks)、对话 (Belgrade – Priština dialogue) 或谈判 (Belgrade – Priština negotiations)，中国媒体则多使用谈判。

"副总理"艾迪塔·塔希里。需要提及的是，美国负责国际安全和不扩散事务的助理国务卿托马斯·康特里曼也应邀列席谈判。

谈判着重强调了两个方面：一是实行先易后难的原则；二是不讨论"地位问题"。于是，作为调停方的欧盟从一开始就将塞科谈判的主题定为区域合作、人员自由流动以及法治。① 3 月 8~9 日，第一次谈判举行，双方主要就经济合作、电信、航空交通、海关图章和地籍管理等问题进行了讨论。首次谈判虽然没有取得实际成果，但是双方的积极态度得到了欧盟方面的赞许。在一定程度上讲，双方代表团尝试朝着欧盟强调的提升合作以及走向欧盟的目标努力。② 但是，塞科双方对首次谈判的反应不一。塞尔维亚方面对谈判主题的设置以及欧盟的积极作用给予了肯定评价，科索沃方面却一再强调：对话是两个主权国家之间的对话，对话议程只涉及双方感兴趣的技术问题，绝不包括科索沃的主权和地位问题。甚至有报道认为，科索沃内部政治力量对塞科谈判没有达成共识，这种不一致将影响谈判的有效性及其自身民主的发展。③ 说到底，虽然塞科谈判事先设定不讨论"地位问题"，但这把悬在头上的"利剑"随时可能影响谈判的进展。

原本在首次谈判之后应立即进行的第二次谈判推迟到了 3 月 28 日进行。这次谈判的主要议题是电信、人员自由流动以及首次谈判中的其他一些内容。谈判各方决定，由欧盟科索沃法治特派团成立一个工作小组来负责户籍登记的具体工作，并进一步讨论出台一项关于地籍管理的协定。谈判还就通信和电信问题初步交换了意见，讨论了货物自由流通问题，并决定人员自由流动问题留待下次谈判讨论。④ 这次谈判在一些具体问题上取得了不错的进展，塞科双方代表团团长均

① "Statement by the spokesperson of Catherine Ashton, EU High Representative on the start of the Belgrade – Pristina dialogue," Brussels, March 8, 2011, http：//www. consilium. europa. eu/uedocs/cms_Data/docs/pressdata/EN/foraff/119663. pdf，访问时间：2019 年 1 月 19 日。

② "EU facilitated dialogue：A positive start," Brussels, March 9, 2011, http：//www. consilium. europa. eu/uedocs/cms_Data/docs/pressdata/EN/foraff/119690. pdf，访问时间：2019 年 1 月 19 日。

③ "First round of Belgrade – Priština talks ends," March 9, 2011, http：//www. b92. net/eng/news/politics – article. php？yyyy = 2011&mm = 03&dd = 09&nav_id = 73131，访问时间：2019 年 1 月 19 日。

④ "EU facilitated dialogue：working group on civil registry set up," Brussels, March 28, 2011, http：//www. consilium. europa. eu/uedocs/cms _ data/docs/pressdata/EN/foraff/120350. pdf，访问时间：2019 年 1 月 19 日。

毫不隐讳地向媒体表达了这一点，他们同时期待双方的进一步会谈。① 自这次谈判起，此后的谈判间隔基本为一个月或以上。

4 月 15 日，第三次谈判进行。谈判的主要议题是人员自由流动，其具体内容包括相互承认身份证、护照、汽车保险、驾驶证和牌照等证件。此外，双方还就文凭认可问题交换了意见。② 5 月 17 ~ 18 日的第四次谈判主要对前三次谈判进行总结，并在地籍管理等问题上达成了协议。同时，这次谈判还提出了失踪人口、宗教和文化遗产以及文凭认可等需要继续讨论的话题。③ 在欧盟看来，这次谈判起着"承上启下"的作用。的确如此，在 7 月 2 日进行的第五次谈判中，塞科双方正式在户籍登记、人员自由流动以及文凭认可三项事务方面达成了协议，④ 塞科谈判最初确立的"技术要求"取得了实质性进展。

然而，塞科谈判注定不会一帆风顺。原本定于 7 月 20 日举行的第六次谈判被推迟至 9 月。有意思的是，谈判被推迟并不是其本身出了问题，相反，是因为之前的一些协议均已达成，有关方面对此表现出"知足"的态度。欧盟调停人库珀对这次谈判推迟做了这样的解释："塞科双方暂时没有可以达成的协议，此前的协定均符合欧盟精神和国际标准。"⑤ 不过，上述判断和分析仅仅局限于谈判本身，没有充分考虑到塞尔维亚和科索沃关系的演进。进入 7 月，科索沃北部局势骤然紧张。月底，科索沃试图夺取北部与塞尔维亚交界的两个边境站的控制权，当地塞族民众在抗议的同时设立路障，随即冲突频发。这才是导致塞科谈判推迟的真正原因。换言之，塞科谈判的进展在很大程度上取决于双方关系的稳定程度。

欧盟随即对科索沃的紧张局势做出反应。欧盟共同外交和安全事务高级代表凯瑟琳·阿什顿敦促塞科双方领导人保持克制，强调对话和谈判是解决问题的唯

① "Teams report 'progress' in Kosovo meetings," March 29, 2011, http：//www. b92. net/eng/news/politics – article. php? yyyy =2011&mm =03&dd =29&nav_id =73488, 访问时间：2019 年 1 月 19 日。

② "EU facilitated dialogue：focus on freedom of movement," Brussels, April 15, 2011, http：//www. consilium. europa. eu/uedocs/cms_data/docs/pressdata/EN/foraff/121570. pdf, 访问时间：2019 年 1 月 19 日。

③ "EU facilitated dialogue：a productive meeting," Brussels, May 18, 2011, http：//www. consilium. europa. eu/uedocs/cms_Data/docs/pressdata/EN/foraff/122085. pdf, 访问时间：2019 年 1 月 19 日。

④ "EU facilitated dialogue：three agreements," Brussels, July 2, 2011, http：//www. consilium. europa. eu/uedocs/cms_data/docs/pressdata/EN/foraff/123383. pdf, 访问时间：2019 年 1 月 19 日。

⑤ "EU facilitated dialogue：next round of talks postponed," Brussels, July 19, 2011, http：//www. consilium. europa. eu/uedocs/cms_Data/docs/pressdata/EN/foraff/123964. pdf, 访问时间：2019 年 1 月 19 日。

一有效途径。① 随着局势得到控制，第六次塞科谈判在时隔两个月后再次启动。在 9 月 2 日的谈判中，双方就海关印章和地籍管理达成了协议。关于海关印章问题，印有"科索沃海关"的印章得到使用许可。同时规定，该协议适用于所有中欧自由贸易协定成员国。对此，欧盟发表声明指出，这是改善地区内部关系和保证货物流通自由的重要一步，意义非常重大。② 在地籍管理方面，双方同意科索沃建立完整的土地产权记录，以保证其居民合法地主张权利。此外，这次谈判还就电信、能源以及参与地区论坛等事项进行了讨论。

11 月 21～22 日，塞科第七次谈判又在间隔了两个月后进行。根据第五次谈判达成的协议，塞科双方同意由欧洲大学联合会作为双方大学文凭的认证机构。同时，双方还就区域合作以及边境一体化管理问题交换了看法。随后不久，从 11 月 30 日起，为期三天的第八次塞科谈判进行。双方就边境一体化管理的想法达成了协议，它们将逐步在共同的边境站建立安全岗哨。双方还就电信、能源等问题进行了深入讨论。同时，根据已经达成的户籍协定，双方将于 12 月 5 日起开始印制户籍文件。此外，双方还期待 12 月 26 日前全面实施人员自由流动协定，使得每个居民都可以自由通行。③

2012 年 2 月 22～24 日，塞科第九次谈判进行（库珀主持下的九次谈判见表 2－2）。双方首先就科索沃参与国际合作的名称进行讨论。此前，塞尔维亚一直反对科索沃以"科索沃共和国"的名义参加各类会议。也正是在塞尔维亚的坚持下，一些多边会议没有邀请科索沃参加。在这次谈判中，塞科双方达成了一项妥协性协议，即科索沃将以和与会国家地位相同的身份参与国际会议及活动，但其名称后面要加上星号，即"科索沃＊"字样，而不能称"科索沃共和国"。其中，星号表示注脚，内容有二：一是符合联合国安理会第 1244 号决议，由塞尔

① "Statement by High Representative Catherine Ashton on the situation in the north of Kosovo", July 29, 2011, https://reliefweb.int/report/serbia/statement－high－representative－catherine－ashton－situation－north－kosovo, 访问时间：2019 年 1 月 19 日。

② "EU facilitated dialogue: Agreement on Customs Stamps and Cadastre," Brussels, September 2, 2011, http://www.consilium.europa.eu/uedocs/cms_Data/docs/pressdata/EN/foraff/124501.pdf, 访问时间：2019 年 1 月 19 日。

③ "EU facilitated dialogue: Agreement on IBM," Brussels, December 2, 2011, http://www.consilium.europa.eu/uedocs/cms_data/docs/pressdata/EN/foraff/126543.pdf, 访问时间：2019 年 1 月 19 日。

表2-2　库珀主持下的九次塞科谈判

	时间	内容	成果
第一次	2011年3月8~9日	经济合作、电信、航空交通、海关印章和地籍管理	—
第二次	3月28日	电信、人员自由流动以及首次谈判中的其他一些内容	决定由欧盟科索沃法治特派团成立一个工作小组完成户籍登记的具体工作
第三次	4月15日	人员自由流动、文凭认可	—
第四次	5月17~18日	地籍管理、人员自由流动、失踪人口、宗教和文化遗产以及文凭认可	就地籍管理等问题达成了协议
第五次	7月2日	户籍登记、人员自由流动以及文凭认可	就户籍登记、人员自由流动以及文凭认可三项事务达成了协议
第六次	9月2日	海关印章、地籍管理、电信、能源以及参与地区论坛	就海关印章达成了协议
第七次	11月21~22日	文凭认证、区域合作以及边境一体化管理	同意由欧洲大会联合会作为双方大学文凭的认证机构
第八次	11月30日~12月2日	边境一体化管理、电信、能源	就边境一体化管理问题达成了协议
第九次	2012年2月22~24日	区域合作、边境一体化管理	就区域合作以及合作的代表名称达成了协议

资料来源：根据欧盟官网（http：//eeas. europa. eu/kosovo/news/index_en. htm）关于科索沃的内容自行整理。

维亚建议；二是符合国际法院关于科索沃独立宣言的意见，为科索沃所坚持。[1]虽然"科索沃＊"不对科索沃地位进行确认，但是将塞科双方存在矛盾的意见均作为注脚列出，其立场之对立不言而喻。因此，在协定签订后，塞科双方都对星号注脚的含义向着有利于自己的方向加以表述和解读，并将其宣传为己方的"胜利"。[2]从科索沃方面来讲，这个协定具有较为重要的意义，因为它改变了此前由联合国科索沃临时行政当局特派团代表其签署各项协议和文件的历史。[3]而

---

[1]　Toby Vogel，"Serbia and Kosovo strike name deal，" February 24，2012，http：//www. europeanvoice. com/article/2012/february/serbia - and - kosovo - strike - name - deal/73684. aspx，访问时间：2019年1月19日。

[2]　王洪起：《美欧力促塞科对话　推动关系正常化》，《当代世界》2012年第12期。

[3]　"EU facilitated dialogue：Agreement on Regional Cooperation and IBM technical protocol，" Brussels，February 24，2012，http：//www. consilium. europa. eu/uedocs/cms _ Data/docs/pressdata/EN/foraff/128138. pdf，访问时间：2019年1月19日。

从塞尔维亚的立场来说，"科索沃＊"虽然加了注，但它没有"共和国"字样，且必须符合联合国安理会第 1244 号决议，也就意味着它仍是"科索沃地区"。从这里可以看出，名称背后的根本分歧，是科索沃的最终地位问题或塞尔维亚是否承认科索沃独立。不过，客观地讲，几年来的"名字游戏"至少在字面上有了一个共识或折中。① 这次谈判的另一项成果就是双方缔结了边境一体化管理的技术协议，使双方的边界管理合作全面进入了实际操作阶段。

上述谈判所取得的进展得到了欧盟的认可。从一定意义上讲，塞尔维亚于 2012 年 3 月获得欧盟候选国地位、科索沃获得欧盟承诺对与其签署《稳定与联系协议》进行可行性研究均与此有关。不过，在这以后，塞科谈判中断。中断的主要原因是塞尔维亚的总统和议会选举即将于 4～5 月进行。

塞尔维亚总统和议会选举后不久，塞科谈判再次提上议程。2012 年 7 月底，阿什顿在布鲁塞尔会见科索沃"总理"哈希姆·萨奇时，强调塞科双方继续进行谈判的重要性，并确信塞尔维亚新政府会很快同意重启谈判。② 9 月底和 10 月中旬，美国国务卿希拉里·克林顿和阿什顿分别与科索沃、塞尔维亚的领导人进行会谈，重点讨论了重启塞科谈判的必要性和方式。在他们的联合推动下，塞科双方表示愿意重启谈判。10 月 19 日，阿什顿在布鲁塞尔对塞尔维亚总理伊维察·达契奇和科索沃"总理"哈希姆·萨奇的会见成为新一轮谈判的开始。

达契奇和萨奇成为双方新一轮谈判的负责人，谈判级别比 2011 年有较大的提高。新一轮谈判的调停人也由库珀换成了阿什顿本人。由欧盟共同外交和安全事务高级代表兼欧盟委员会副主席亲自调停，这透露了两层意思：一是库珀认为谈判应尽快转向政治对话，而在欧盟看来这显然有些操之过急；③ 二是充分体现了欧盟对谈判的重视。

---

① Linda Karadaku, "Kosovo, Serbia play name game," February 3, 2012, http://setimes.com/cocoon/setimes/xhtml/en _ GB/features/setimes/features/2012/02/03/feature － 03; Entela Cukani, "Ongoing Pristina － Belgrade Talks: from Decentralization to Regional Cooperation and Future Perspectives," http://aei.pitt.edu/38188/1/2012_edap04_pdf.pdf, pp. 21－23, 访问时间：2019 年 1 月 19 日。

② "Statement by the Spokesperson of High Representative Catherine Ashton following the meeting with Prime Minister of Kosovo Hashim Thaçi," Brussels, July 25, 2012, http://www.consilium.europa.eu/uedocs/cms_Data/docs/pressdata/EN/foraff/132034.pdf, 访问时间：2019 年 1 月 26 日。

③ Pyotr Iskenderov, "Division of Kosovo: 'pros' and 'cons'," November 22, 2011, http://en.rian.ru/international_affairs/20111122/168930330.html, 访问时间：2019 年 1 月 26 日。

第二轮的第二次谈判于 11 月 7 日进行。谈判首先肯定了第一轮前九次谈判所取得的进展，尤其是在边境一体化管理方面。其次，双方就塞尔维亚给科索沃塞族人提供资金的透明性以及如何保护科索沃境内塞族文化与宗教遗产展开了讨论。此外，双方还同意成立一个工作组，对建设一条从尼什到普里什蒂纳的高速公路的可行性进行研究。① 在 12 月 4 日的第三次谈判中，边境一体化管理工作小组（IBM working group）成立，塞科双方各任命一名联络官，他们的办公室由欧盟驻贝尔格莱德代表团和欧盟驻普里什蒂纳办公室提供。科方还确认已经在科索沃警察局之下建立了一支由多民族成员组成的特警部队，以保护文化与宗教遗产。此外，塞科双方还同意组成专家队伍开展能源和电信工作，加强对失踪人口的调查与管理。② 到 2012 年底，塞科边境已经开放了四个过境点。2013 年 1 月 17 日，第四次谈判进行。谈判充分肯定了边境一体化管理取得的成绩，并在税收、增值税以及关税的征收上达成了临时谅解。③

可见，新一轮前四次谈判并没有急于在"关系正常化"上做文章，仍然在推进技术性的合作。这种方式对塞科关系的改善起到了重要作用，最明显的例证是，2 月 6 日，塞尔维亚总统托米斯拉夫·尼科利奇和科索沃"总统"阿蒂费特·亚希亚加在布鲁塞尔举行了科索沃单方面宣布"独立"后的首次最高领导人会谈。塞科双方均表示继续支持和参与由欧盟发起的谈判进程。有报道认为，虽然这次会谈没有取得具体成果，但它极具象征意义，非常重要，意味着欧盟两年来的斡旋工作取得了一定的突破。④

然而，接下来 2 月 19 日、3 月 4 日和 3 月 20 日的谈判将话题转移到实现塞科"关系正常化"，即如何解决科索沃北部塞族人问题上时，政治对话的困境立马

---

① "Statement by High Representative Catherine Ashton after the meeting in the framework of the EU – facilitated dialogue," Brussels, November 7, 2012, http：//www. consilium. europa. eu/uedocs/cms_Data/docs/pressdata/EN/foraff/133370. pdf, 访问时间：2019 年 1 月 26 日。

② "Statement by the EU High Representative Catherine Ashton after the third meeting in the framework of the EU – facilitated dialogue," Brussels, December 4, 2012, http：//www. consilium. europa. eu/uedocs/cms_data/docs/pressdata/EN/foraff/134038. pdf, 访问时间：2019 年 1 月 26 日。

③ "Statement by the EU High Representative Catherine Ashton after the fourth meeting in the framework of the EU – facilitated dialogue," Brussels, January 17, 2013, http：//www. consilium. europa. eu/uedocs/cms_Data/docs/pressdata/EN/foraff/134784. pdf, 访问时间：2019 年 1 月 26 日。

④ 《塞尔维亚总统和科索沃领导人举行科宣布独立后首次会谈》，国际在线，http：//gb. cri. cn/27824/2013/02/07/6611s4015660. htm, 访问时间：2019 年 1 月 26 日。

显现。每次谈及此问题，塞方代表均表示需要回国听取意见，一直没有做出较大的妥协。在一定程度上讲，谈判在解决双方的核心问题上并没有取得实质性的进展，用塞尔维亚总理的话说，是"没有前进，也没有后退"①。欧盟方面则继续"推力与压力"并用，将希望"压在"4 月 2 日举行的第八次塞科谈判上。这次谈判的焦点仍然是如何解决科索沃北部塞族人问题。双方的态度虽有所变化，都同意北部塞族人自治，但在自治权的大小上存在分歧。用阿什顿的话说："虽然双方分歧的领域不多，但这些分歧根深蒂固。"② 4 月 8 日，塞尔维亚方面以反对介入塞族人的警察权和司法权为由拒绝了欧盟提出的协定草案③，谈判再次以失败告终。

4 月 17 日，第九次谈判进行，时间长达 15 个小时，可见讨论之激烈。讨论的议题包括建立科索沃塞族自治共同体、在科索沃北部组建警察部队和推选警监、在米特罗维察设立地区法院以及北约军队能否进入科索沃北部地区等 15 个方面。由于塞科双方在塞族人警察权以及互不阻碍对方加入国际组织等内容上争执不下，第九次谈判最终未能达成协定。不过，双方同意在接下来的几天里再次进行谈判和对话。

4 月 18 日，阿什顿向塞科双方总理表示，接下来的谈判将是双方的最后一次机会，是一次没有退路（last – ditch）的谈判。④ 同时，欧盟发出最后通牒：如果在 2013 年 4 月 22 日欧盟外长会议之前塞科双方仍不能就协定达成一致，它们加入欧盟的进程将会被拖延。第九次谈判过后，德国立即表现出站在科索沃一边对塞尔维亚施加压力的姿态。德国方面表示，如果塞尔维亚与科索沃未能达成协定，塞尔维亚的入盟进程肯定会被延缓，同时建议欧盟将塞尔维亚入盟事宜搁置起来，而与科索沃签署《稳定与联系协议》。⑤

紧接着在 4 月 19 日，第十次谈判举行。这次塞方的成员有总理伊维察·达

---

① 参见《科索沃问题新一轮谈判结束　双方未取得实质性进展》，国际在线，http：//gb. cri. cn/27824/2013/03/22/6611s4061693. htm，访问时间：2019 年 1 月 26 日。

② "Brussels Serbia – Kosovo talks fail," April 3, 2013, http：//www. euronews. com/2013/04/03/brussels – serbia – kosovo – talks – fail/，访问时间：2019 年 1 月 26 日。

③ "Hopes linger of a deal on Kosovo," April 11, 2013, http：//www. europeanvoice. com/article/imported/hopes – linger – of – a – deal – on – kosovo/76918. aspx，访问时间：2019 年 1 月 26 日。

④ "Ashton recalls Serbia, Kosovo leaders to Brussels for last – ditch talks," April 18, 2013, http：//www. europeanvoice. com/article/2013/april/ashton – recalls – serbia – kosovo – leaders – to – brussels – for – last – ditch – talks/77028. aspx，访问时间：2019 年 1 月 26 日。

⑤ "Germany sides with Kosovo against Serbia," April 17, 2013, http：//euobserver. com/enlargement/119833，访问时间：2019 年 1 月 26 日。

契奇、第一副总理兼国防部部长亚历山大·武契奇、塞尔维亚政府科索沃事务办公室主任亚历山大·伍林以及总统顾问马尔科·久里奇，成员级别之高和数量之多表明了塞尔维亚对此次谈判的重视。科索沃方面的成员没有变化。在谈判中，阿什顿一方面数次强调此次谈判的重要性，另一方面力促双方以平衡和妥协的方式来处理最为棘手的问题。最后，在欧盟的"压力"下，经过妥协与让步，塞科双方草签了"关系正常化"协定，也称《布鲁塞尔协定》①。协议保留了现存平行机构中关于警察权和任命地区警监的第 9 条，但对第 14 条做了修改，改为任何一方不阻碍对方加入欧洲一体化的进程（阿什顿主持下的十次谈判见表 2－3）。

　　然而，塞科双方对于《布鲁塞尔协定》的签订出现了不同的声音。科索沃"外交部部长"恩维尔·霍克斯哈伊认为："协定是独立的科索沃与塞尔维亚之间'关系正常化'的第一步，意味着塞尔维亚对科索沃主权的承认。"② 这显然与塞尔维亚的立场和原则相悖，塞尔维亚领导人多次在不同场合表示绝不承认科索沃的独立："科索沃永远不会成为一个国家。"③ 与此同时，在塞尔维亚看来，《布鲁塞尔协定》是目前能够争取到的最好结果。塞尔维亚议会④也在 4 月 26 日以 173 票赞成通过了该协定。可以讲，从有关方面致力于达成一项共识的角度来看，《布鲁塞尔协定》无疑达成了这样的效果，但它能否真正使塞科之间的问题彻底解决，还将取决于双方执行的力度与程度。难怪协定签订后阿什顿仍表示"现在还不是庆祝的时候"⑤，这仅仅是第一步，关键在于落实。

---

①　《布鲁塞尔协定》内容包含 15 点，尚未见到全文的官方文本，只能在一些媒体资源中找到有关内容，参见 "First Agreement of Principles Governing the Normalization of Relations," April 20, 2013, http：//www. rts. rs/upload/storyBoxFileData/2013/04/20/3224318/Originalni% 20tekst% 20Predloga% 20sporazuma. pdf, 访问时间：2019 年 1 月 26 日；中文内容参见李俊《塞尔维亚与科索沃"关系正常化"协议略论》，《国际研究参考》2013 年第 6 期。

②　"Serbia recognises Kosovo's sovereignty, says Kosovo minister," April 19, 2013, http：//www. europeanvoice. com/article/2013/april/serbia－recognises－kosovo－s－sovereignty－says－kosovo－minister/77032. aspx, 访问时间：2019 年 1 月 26 日。

③　"President：Kosovo will never become state," May 3, 2013, http：//www. b92. net/eng/news/politics. php? yyyy =2013&mm =05&dd =03&nav_id =85996, 访问时间：2019 年 1 月 26 日。

④　议会共 250 席。

⑤　"We should not celebrate just yet, EU's Ashton says," April 27, 2013, http：//www. b92. net/eng/news/politics. php? yyyy =2013&mm =04&dd =27&nav_id =85918, 访问时间：2019 年 1 月 26 日。

表 2 – 3　阿什顿主持下的十次塞科谈判

	时间	内容	结果
第一次	2012 年 10 月 19 日	关系正常化	重启谈判
第二次	11 月 7 日	边境一体化管理、塞尔维亚给科索沃塞族人提供资金的透明性以及保护科境内塞尔维亚文化与宗教遗产	成立一个工作组对建设一条从尼什到普里什蒂纳的高速公路进行研究
第三次	12 月 4 日	边境一体化管理、能源、电信、失踪人口	成立边境一体化管理工作小组、组成专家队伍来开展能源和电信工作
第四次	2013 年 1 月 17 日	边境一体化管理、征税	在税收、增值税以及关税的征收上达成了临时谅解
第五次	2 月 19 日	关系正常化	——
第六次	3 月 4 日	关系正常化	——
第七次	3 月 20 日	关系正常化	——
第八次	4 月 2 日	关系正常化	拒绝欧盟提出的协定草案
第九次	4 月 17 日	关系正常化	没有达成协定，但同意继续进行谈判
第十次	4 月 19 日	关系正常化	草签"关系正常化"协定

资料来源：根据欧盟官网（http：//eeas. europa. eu/kosovo/news/index_en. htm）关于科索沃的内容自行整理。

进入 6 月以后，围绕《布鲁塞尔协定》的具体实施，塞科双方在布鲁塞尔进行了多次谈判与对话，但只有互派联络官的事项得到落实，其他诸如废除科索沃北部塞族聚居区平行机构等问题仍在争论之中。原本定在 6 月 15 日结束的电信与能源谈判，在《布鲁塞尔协定》签订后经历了近二十次磋商仍未达成一致意见。[1] 在 6 月 28 日举行的夏季峰会上，欧盟决定将在 2015 年 1 月启动塞尔维亚入盟谈判，其具体进展则取决于《布鲁塞尔协定》的落实。简言之，一方面，《布鲁塞尔协定》的签订使塞科向"关系正常化"迈出了重大的一步，塞尔维亚离入盟的目标似乎又近了一步；另一方面，这个过程仍"有很长的路要走"[2]。

---

[1]　"No agreement in latest round of Kosovo talks," August 27, 2013, http：//www. b92. net/eng/news/politics. php？yyyy=2013&mm=08&dd=27&nav_id=87464，访问时间：2019 年 1 月 26 日。

[2]　Andrew MacDowall, "Serbia – Kosovo deal clears path to EU accession, but long road remains," April 25, 2013, http：//www. csmonitor. com/World/Europe/2013/0425/Serbia – Kosovo – deal – clears – path – to – EU – accession – but – long – road – remains，访问时间：2019 年 1 月 26 日。

　　总起来看，从 2011 年起，经欧盟调停，在库珀和阿什顿的主持下，塞科双方进行了两轮共 19 次谈判。库珀主持的 9 次谈判在推动塞科双方在具体技术上的合作以及推进区域合作方面起到了重要的作用。随后阿什顿主持的前 8 次谈判，除了对此前谈判中的一些问题进行深入讨论外，在"关系正常化"方面基本上没有取得实质性进展。后两次谈判在各方的努力与妥协下，最终以《布鲁塞尔协定》的签订告终。签署协定是第一步，执行与实施协定则更加重要，因为欧盟将协定的落实作为塞科双方向欧盟靠近的前提。① 随着新一届欧盟领导机构的交替，新任欧盟外交和安全政策高级代表费代丽卡·莫盖里尼的使命主要在于推进《布鲁塞尔协定》的落实。

　　然而，此后几年，《布鲁塞尔协定》的执行困难重重，除了在能源和电信领域得到执行外，有关科索沃北部塞族聚居区自治机构等关键问题则难以推进，陷入僵局。2018 年是科索沃单方面宣布独立 10 周年，也是塞尔维亚与科索沃谈判签署"关系正常化"协定 5 周年，双方本拟于该年度在协定落实方面取得实质进展，但因下述三个重大事件的发生没有实现。

　　其一是塞科领土交换方案的提出。该提议由塞尔维亚总统武契奇 7～8 月提出②，内容是塞尔维亚将阿尔巴尼亚族占主体的南部普雷舍沃山谷给科索沃，科索沃将塞族为主的米特罗维察北部地区包括加齐沃达湖给塞尔维亚③。科索沃"总统"萨奇在其个人社交网站"附和"这一提议，表示反对民族分割，但支持边界调整。④ 该提议在塞尔维亚、科索沃以及国际社会引发广泛影响。塞尔维亚一些反对人士表示，互换领土意味着承认科索沃的独立。⑤ 科索沃"总理"哈拉

---

① 参见徐刚《塞尔维亚与科索沃谈判：背景、进程与展望》，《俄罗斯研究》2013 年第 5 期。

② 亦有由科索沃"总统"萨奇提出一说。参见 Eraldin Fazliu，"2018's top read stories"，December 24，2018，https：//prishtinainsight.com/2018s－top－read－stories－mag/，访问时间：2018 年 12 月 26 日。

③ "Serbia proposes territorial swap with Kosovo"，July 26，2018，https：//www.aljazeera.com/news/europe/2018/07/serbia－proposes－territorial－swap－kosovo－180726111410291.html，访问时间：2018 年 12 月 10 日。需要提及的是，米特罗维察地区资源丰富，境内特雷普查（Trepča）是世界第四大铅锌矿山，有南斯拉夫时期的最大矿厂，而加齐沃达湖是科索沃境内最大湖泊。

④ Twitter of Hashim Thaçi，August 06，2018，https：//twitter.com/HashimThaciRKS/status/1026382 965721505793，访问时间：2018 年 12 月 10 日。

⑤ Cristina Maza，"Will Kosovo and Serbia Swap Territory？A Look at the Latest Proposal to End a Frozen Conflict，"September 8，2018，https：//www.newsweek.com/will－kosovo－and－serbia－swap－territory－look－latest－proposal－end－frozen－1053237，访问时间：2018 年 12 月 26 日。

迪纳伊、科索沃民主联盟等反对党都表示反对，认为领土互换是不能用来商谈的。① 德国强烈反对并提出警告，美国从最初的反对转向支持对此选项进行讨论，欧盟以"管家自居"，迫切希望看到问题的解决。② 法国、奥地利则表示不反对。③ 9月上旬，武契奇访问科索沃地区引发的加齐沃达湖"两军对峙"等事件使原本定于同月下旬在布鲁塞尔进行的双方领导人会见未能实现，这也意味着该提议没有被摆上谈判桌。虽然提议后来未再提上议程，但围绕提议出现的纷争此起彼伏。

其二是科索沃单方面对塞尔维亚与波黑加征100%关税。11月6日，科索沃对塞尔维亚和波黑商品加征10%的关税。科索沃方面的理由是，两国对科索沃不友好，塞尔维亚当局对加入科索沃安全部队的公民加以威胁，波黑不承认科索沃独立并为科索沃出口制造阻碍。④ 此后，各方口水仗不断。11月21日，科索沃决定将对塞尔维亚和波黑商品加征的关税从10%提升至100%。不少评论人士指出，这是科索沃对于前一天其未能如愿加入国际刑警

---

① "Opposition Demands Vote to 'Protect Kosovo's Territory'", August 29, 2018, http：//www. balkaninsight. com/en/article/kosovo – opposition – unites – with – a – resolution – to – protect – territorial – integrity – 08 – 28 – 2018/1602/5；"Kosovo leader stands firm on land swap talks with Serbia", December 26, 2018, https：//www. wistv. com/2018/12/26/kosovo – leader – stands – firm – land – swap – talks – with – serbia/，访问时间：2018 年 12 月 26 日。

② 德国总理默克尔在会见波黑部长会议主席兹维兹迪奇时强调，西巴尔干国家领土完整已经确立，不可变动。美国总统特朗普国家安全顾问博尔顿表示，如果塞尔维亚和科索沃双方能找到合适的解决路径，边界调整不失为一种可以接受的方案。欧盟负责睦邻与扩大政策的委员哈恩指出，欧盟欢迎找到解决问题的办法，强调此系欧盟的"责任"，不需要其他方介入。参见 "Could land swap between Serbia and Kosovo lead to conflict?" August 22, 2018, https：// www. theguardian. com/world/2018/aug/22/serbia – kosovo – could – land – swap – between – lead – conflict；Andrew Gray, "Angela Merkel：No Balkan border changes", August 13, 2018, https：// www. politico. eu/article/angela – merkel – no – balkan – border – changes – kosovo – serbia – vucic – thaci/；Andrew Rettman, "EU commissioner goes against Merkel on Balkans borders", August 27, 2018, https：//euobserver. com/enlargement/142655，访问时间：2018 年 12 月 10 日。

③ "Kosovo President Claims Macron Supports Border Correction", October 12, 2018, www. balkaninsight. com/en/article/macron – supports – border – correction – with – serbia – kosovo – president – says – 10 – 12 – 2018；"Austria 'Will Not Oppose' Kosovo – Serbia Border Changes", November 06, 2018, www. balkaninsight. com/en/article/austria – supports – border – correction – between – kosovo – and – serbia – 11 – 06 – 2018，访问时间：2018 年 12 月 10 日。

④ "Kosovo Imposes Customs Tariffs on Serbia, Bosnia", November 06, 2018, http：//www. balkaninsight. com/en/article/kosovo – imposes – customs – tariffs – for – serbia – and – bosnia – and – herzegovina – 11 – 06 – 2018，访问时间：2018 年 12 月 10 日。

组织的报复。科索沃将其第四次努力的失利归咎于塞尔维亚的阻挠。① 单方面加征 100% 关税的举措遭到欧盟及有关国家的谴责，认为报复性关税明显违反中欧自由贸易协定以及《稳定与联系协议》。欧盟敦促科索沃政府尽快将其撤回。② 然而，科索沃丝毫没有退让，坚决表示除非塞尔维亚承认科索沃独立，否则不会取消关税。③ 2019 年 1 月 14 日，美国国家安全委员会和国务院联合发布《八点文件》，敦促科索沃立即停止对塞尔维亚实施的 100% 报复性关税，否则将遭到制裁。④ 然而，科索沃方面仍在"玩弄两面手法"。一方面，科索沃表示将很快暂停该决定；另一方面，科索沃强调撤回关税决定的前提是塞尔维亚对科索沃的承认。1 月 17 日欧盟负责睦邻与扩大政策的委员哈恩访问科索沃时，在关税问题上科索沃当局仍没有退让的意思。⑤ 有评论认为，科索沃此举乃是以经济上的关税问题为名，寻求政治上的承认进而真正实现最终独立地位之实。⑥

其三是科索沃推动"建军"，将安全部队转型为正规军队。事实上，科索沃建立正式军队的打算在 2008 年单方面宣布"独立"后就有了。北约主导的驻科索沃国际安全部队帮助科索沃实现稳定并建立科索沃自己的安全力量和警察机构

① "Pristina：We're disappointed, Serbia runs wild campaign", November 20, 2018, https：//kossev. info/pristina－we－re－disappointed－serbia－runs－wild－campaign/，访问时间：2018 年 12 月 10 日。

② "Statement by Federica Mogherini on the Kosovo Government decision on taxing goods from Serbia and Bosnia and Herzegovina", November 21, 2018, https：//eeas. europa. eu/headquarters/headquarters－homepage/54242/statement－federica－mogherini－kosovo－government－decision－taxing－goods－serbia－and－bosnia－and_en，访问时间：2018 年 12 月 10 日。

③ Dusan Stojanovic, "Kosovo's plan to build an army revives old Balkan tensions", December 12, 2018, https：//www. apnews. com/2796bc760448419a9b17da21e9029ddf，访问时间：2018 年 12 月 20 日。

④ "US warning Pristina：Revoke taxes, or face sanctions?" January 14, 2019, https：//www. b92. net/eng/news/politics. php? yyyy＝2019&mm＝01&dd＝14&nav_id＝105979，访问时间：2019 年 1 月 15 日。

⑤ "Haradinaj gets no guarantees, won't revoke taxes－reports", January 18, 2019, https：//www. b92. net/eng/news/politics. php? yyyy＝2019&mm＝01&dd＝18&nav_id＝106018，访问时间：2019 年 1 月 19 日。

⑥ Luke Bacigalupo, "Can Kosovo's tariffs on Bosnia and Serbia last?" November 23, 2018, https：//globalriskinsights. com/2018/11/can－kosovos－tariffs－bosnia－serbia－last/; "Kosovo PM：import taxes in place to force recognition by Belgrade and Sarajevo", December 19, 2018, http：//rs. n1info. com/English/NEWS/a445506/Kosovo－PM－says－tariffs－should－make－Belgrade－and－Sarajevo－to－recognise－Kosovo－independence. html，访问时间：2018 年 12 月 10 日。

后，追求正常国家构建的科索沃领导人日渐尝试将这种诉求付诸实施。2013 年，时任科索沃"总理"萨奇首次正式提出这一想法，并计划于 2019 年实现。① 当时，北约没有直接给予反对，而是强调在做决定之前需要进行研究。2017 年前后，这一计划再次被提上议程，科索沃拟将现有的安全部队转型为正规军队。2018 年 9 月，科索沃"政府"提出计划 10 年内使科索沃安全部队转变成军队的法律提案并提交议会。10 月 18 日和 12 月 14 日，科索沃议会经过二读通过提案。这意味着科索沃将正式开始建立军队，并组建国防部，在未来 10 年内将轻型武装的安全部队转型为 5000 人的强力部队和 3000 人的预备役部队。推动"建军"之举立刻在西巴尔干地区引发紧张，引起国际社会的广泛注意。甚至有评论认为"巴尔干火药桶"或将再次被引燃。② "建军"刺激了塞尔维亚的神经。塞尔维亚内部商讨是否以武力介入。11 月 10 日，塞尔维亚借纪念一战结束 100 周年契机，在多个地区举行该国历史上规模最大、代号为"胜利者的世纪"的军事演习，向科索沃实施一系列做法以表达强硬立场。塞尔维亚总统武契奇表示，现在的塞尔维亚处于过去 10 年中最困难的时刻，所有的塞尔维亚机构均应保持警惕。同时，武契奇采取了一系列应对举措③，如召开塞尔维亚国家安全委员会，会见科索沃的塞族代表，并先后约见俄罗斯、中国、欧盟和西方五国（美国、英国、法国、德国、意大利）的大使。④

早些时候俄罗斯外交部就表示，科索沃"建军"严重违反联合国安理会第

---

① "Kosovo Struggles to Create an Army", May 12, 2014, https://worldview.stratfor.com/article/ kosovo－struggles－create－army，访问时间：2018 年 12 月 10 日。

② "The Creation of a 'Kosovo Army' will Finally Transform the Balkans into the Powder Keg of Europe", October 23, 2018, https://www.dafz.org/subject－area－research/nato/kosovo－army/，访问时间：2018 年 12 月 10 日。

③ "'Worst situation in 10 years'; All Serbian services on alert", November 22, 2018, https:// www.b92.net/eng/news/politics.php? yyyy = 2018&mm = 11&dd = 22&nav_id = 105579，访问时间：2018 年 12 月 10 日。

④ 在与总理布尔纳比奇共同会见俄罗斯驻塞尔维亚大使切普林时，武契奇表示塞尔维亚没有理由相信北约和多国驻科索沃部队。在共同会见中国驻塞尔维亚大使李满长时表示，希望友好的中国发挥其影响力帮助维持本地区和平与稳定。参见"Vucic, Brnabic meet with Ambassador of Russia", November 23, 2018, https://www.srbija.gov.rs/vest/en/134255/vucic－brnabic－ meet－with－ambassador－of－russia.php; "Vucic, Brnabic meet with Li", November 23, 2018, www.tanjug.rs/full－view_en.aspx? izb = 444037，访问时间：2018 年 12 月 10 日。

1244 号决议，可能会给巴尔干地区安全带来最严重的后果。① 美国、德国、法国、英国和土耳其等国家则表示支持，认为科索沃作为主权国家有权建立属于自己的军队，但其建立必须符合北约的需要。② 北约和欧盟领导人对此表示遗憾，认为这是在错误时间做出的错误举动。③ 联合国秘书长古特雷斯则表示严重关切，敦促有关方面保持克制。④ 在 12 月 17 日举行的联合国安理会科索沃问题公开会上，中国常驻联合国代表呼吁各方努力为科索沃问题寻求持久的解决方案，避免出现紧张局势升级。⑤ 遗憾而可以想见的是，与科索沃 2008 年单方面宣布"独立"后一样，多数西方大国的支持与默许将不可避免使其"建军"变为既成事实。

值得一提的是，在塞科"关系正常化"进程陷入僵局的背景下，2018 年 12 月中旬，美国总统特朗普分别致信塞尔维亚总统武契奇和科索沃"总统"萨奇，呼吁双方尽快达成一项永久和平协定，同时警告双方若反向而行必将遭受苦果。⑥ 随后，有关美国负责欧洲和欧亚事务的副助理国务卿帕尔默或将介入新一轮塞科谈判的报道⑦再次让人们联想到美国是否将"重返西巴尔干"？俄罗斯同样表示，倘若美国介入

---

① "Russia makes its stance on Kosovo 'army' known", December 05, 2018, https：//www. b92. net/eng/news/world. php？yyyy = 2018&mm = 12&dd = 05&nav_id = 105689；《俄外交部：莫斯科认为科索沃组建军队可能将影响巴尔干半岛的安全》，俄罗斯卫星通讯社，http：//sputniknews. cn/politics/201812051027035434/，访问时间：2018 年 12 月 10 日。

② "Germany Supports Creation of a Kosovar Army", December 25, 2018, https：//www. thetrumpet. com/18291 - germany - supports - creation - of - a - kosovar - army，访问时间：2018 年 12 月 26 日。

③ "Kosovo Parliament Votes to Create an Army, Defying Serbia and NATO", December 14, 2018, https：//www. nytimes. com/2018/12/14/world/europe/kosovo - army - serbia - nato. html；"The Latest：Serbian leader lashes out at US over Kosovo army", December 14, 2018, https：//abcnews. go. com/International/wireStory/latest - kosovo - parliament - votes - form - army - 59816303，访问时间：2018 年 12 月 20 日。

④ "UN Security Council discusses Kosovo, Guterres calls for restraint", December 15, 2018, http：//rs. n1info. com/English/NEWS/a444312/UN - Security - Council - discusses - Kosovo - Guterres - calls - for - restraint. html，访问时间：2018 年 12 月 20 日。

⑤ 《中国代表呼吁避免科索沃紧张局势升级》，新华网，www. xinhuanet. com/world/2018 - 12/18/c_1123870390. htm，访问时间：2018 年 12 月 20 日。

⑥ "Trump urges Serbia to make 'historic' deal with Kosovo", December 20, 2018, https：//www. washingtonpost. com/national/trump - urges - serbia - to - make - historic - deal - with - kosovo/2018/12/20/2e4efe48 - 0470 - 11e9 - 958c - 0a601226ff6b_story. html？noredirect = on&utm_term =. 4463c00c2c95，访问时间：2018 年 12 月 26 日。

⑦ "Matthew Palmer to mediate Kosovo - Serbia dialogue", December 27, 2018, https：//www. rtklive. com/en/news - single. php？ID = 13117，访问时间：2018 年 12 月 28 日。

塞科对话，俄罗斯也将步其后尘。① 在此情形下，欧盟将如何应对，值得注意。

因此，2019 年显得至关重要。有评论分析，就塞尔维亚总统武契奇和科索沃"总统"萨奇来说，两位领导人均需要在塞科"关系正常化"协定的执行上取得突破进而在国家或地区内部增加执政合法性，而莫盖里尼也将努力在新一届欧洲议会大选举行前寻求一份政治遗产。这些因素综合起来表明，"关系正常化"协定或将在 2019 年头几个月出现重大突破。② 然而，武契奇不断陷入国内政局压力。2018 年 11 月底，塞尔维亚左派党领导人斯特凡诺维奇遇袭事件引发游行集会。③ 15 日和 22 日两场反政府游行示威持续进行。抗议民众呼吁媒体自由，反对政治暴力，称武契奇为"窃贼"，甚至要求他下台。④ 尽管武契奇表示即使 500 万人走上街头也不会使他向反对派屈服，⑤ 但是在与科索沃关系紧张的关键时候出现抗议运动对他来说是个不小的难题。萨奇的境遇同样尴尬。此前，萨奇一直是塞尔维亚与科索沃谈判的成员。12 月 15 日，科索沃成立新谈判小组。科索沃"总理"哈拉迪纳伊表示，萨奇将继续履行其宪法"总统"角色，但萨奇是否作为新的谈判小组成员不得而知。⑥

---

① "Russia May Join Serbia – Kosovo Talks If U. S. Does, Blic Reports", January 19, 2019, https：// www. bloomberg. com/news/articles/2019 – 01 – 19/russia – may – join – serbia – kosovo – talks – if – u – s – does – blic – reports，访问时间：2019 年 1 月 20 日。

② Toby Vogel, "Out of Focus：the EU's Relations with the Western Balkans", October 09, 2018, https：//eu. boell. org/en/2018/10/09/out – focus – eus – relations – western – balkans，访问时间：2018 年 12 月 26 日。

③ "Thousands Protest 'Political Violence' in Serbia", December 08, 2018, http：//www. balkaninsight. com/en/article/hundreds – of – serbians – protest – against – violence – in – politics – 12 – 07 – 2018，访问时间：2018 年 12 月 26 日。

④ "Serbia Opposition Claim Vucic's Fall 'Has Started'", December 11, 2018, www. balkaninsight. com/en/ article/first – protest – only – beginning – serbian – opposition – said – 12 – 10 – 2018；"Protesters Keep up Pressure on Serbian President", December 22, 2018, www. balkaninsight. com/en/article/thousands – march – in – anti – govt – protests – in – serbian – capital – 12 – 21 – 2018，访问时间：2018 年 12 月 26 日。

⑤ Valerie Hopkins, "Tens of thousands of Serbs join anti – government protests", December 23, 2018, https：//www. ft. com/content/af0e381a – 0622 – 11e9 – 9fe8 – acdb36967cfc，访问时间：2018 年 12 月 26 日。

⑥ "Assembly selects new team for Kosovo – Serbia dialogue", December 15, 2018, https：//prishtinainsight. com/assembly – selects – new – team – for – kosovo – serbia – dialogue/，访问时间：2018 年 12 月 26 日。科索沃"总统"萨奇与"总理"哈拉迪纳伊在诸多问题上存有分歧，这些分歧多与塞尔维亚有所关联。参见 "President and Prime Minister clash over North Kosovo", March 27, 2018, https：//www. gazetaexpress. com/en/news/president – and – prime – minister – clash – over – north – kosovo – 173893/； "Background of Ivanovic's murder is Thaci – Haradinaj clash", July 23, 2018, https：//www. b92. net/eng/ news/politics. php? yyyy =2018&mm =07&dd =23&nav_id =104686，访问时间：2018 年 12 月 10 日。

"关系正常化"协定执行不畅成为人们批评莫盖里尼的理由，德国方面甚至提出更换莫盖里尼作为塞科对话协调人的角色。①

　　进入 2019 年，欧盟忙于英国脱欧、欧洲议会大选及领导人交接等内部事务，没有过多关注塞科"关系正常化"问题。塞尔维亚和科索沃双方在核心关切问题上丝毫没有退让，即塞尔维亚主张科索沃应先取消其单方面对塞尔维亚的100% 关税，科索沃则坚持以塞尔维亚承认科索沃的独立地位为前提。不仅如此，双方还时有突发事件出现。5 月 28 日清晨，科索沃警方以打击贪污腐败和有组织犯罪为名，在塞族聚居地北米特罗维察展开"执法行动"，逮捕并扣押塞族、波黑公民及俄罗斯公民 20 余人，造成多名警察、记者和联合国官员受伤。该事件引发塞尔维亚的强烈反应和国际社会的广泛关注，塞尔维亚总统武契奇命令武装力量和内务部队进入完全战备状态。② "执法行动"事件发生后，塞尔维亚和科索沃之间不断上演口水仗。塞尔维亚总理布尔纳比奇因"种族歧视的言论"被科索沃终身禁止"入境"，塞尔维亚副总理兼外长达契奇先后陷入"百元美钞书写科索沃属于塞尔维亚"和"联合国会议期间对科索沃代表团言语侮辱"的社交网络风波。③ 更加遗憾的是，科索沃领导人甚至开始否认 2013 年签署的《布鲁塞尔协定》关于在科索沃北部建立塞族自治机构的内容。④ 这些后续事件不仅进一步加剧了塞科之间的紧张关系，而且可能将过去数年的努力付之一炬，使塞尔维亚与科索沃实现"关系正常化"以及西巴尔干地区融入欧洲一体化进

---

① "Daily：Berlin wants new EU special envoy to Brussels talks"，June 20，2018，http：//rs. n1info. com/English/NEWS/a397746/Daily – Germany – wants – new – EU – representative – in – Belgrade – Pristina – dialogue – instead – of – Mogherini. html，访问时间：2018 年 12 月 10 日。

② 徐刚、彭裕超：《塞尔维亚与科索沃"关系正常化"进程"失常"》，《世界知识》2019 年第13 期。

③ 2019 年 6 月 3 日，塞尔维亚副总理兼外长达契奇因在一张百元美钞上写着"科索沃属于塞尔维亚"引发美方指责。"Serbia's FM：I haven't offended Benjamin Franklin"，June 07，2019，http：//rs. n1info. com/English/NEWS/a490013/Serbia – s – FM – denies – insulting – Benjamin – Frankin – with – message. html，访问时间：2019 年 10 月 20 日。6 月 10 日，达契奇在出席联合国会议期间指责科索沃驻美国"大使"与美国和英国等殖民者共舞引发双方口水战。"Dacic's verbal clash with the Pristina delegation after the UN Security Council"，June 11，2019，http：//thesrpskatimes. com/dacics – verbal – clash – with – the – pristina – delegation – after – the – un – security – council – video/，访问时间：2019 年 10 月 20 日。

④ 徐刚、彭裕超：《塞尔维亚与科索沃"关系正常化"进程"失常"》，《世界知识》2019 年第13 期。

程更加举步维艰。

7月19日，在收到位于海牙的科索沃专家分庭和特别检察官办公室的传唤之后，拉穆什·哈拉迪纳伊宣布辞去科索沃"总理"职务。有评论指出，此次传唤实乃西方一些国家暗中授意，目的是将对塞强硬的哈拉迪纳伊调离，以缓和塞科局势的紧张。① 哈拉迪纳伊辞职造成的提前"大选"十分重要，因为它不仅关系哪个政党或政党联盟将上台执政，而且决定了"新政府""对外政策"走向特别是同塞尔维亚"关系正常化"进程的新动向。② 与此同时，塞尔维亚积极奔走，打压科索沃的"国际空间"，已有10多个国家撤销了对科索沃独立的承认。③

在塞科紧张"关系"加剧的情况下，大国竞相介入。8月底，美国负责欧洲和欧亚事务的副助理国务卿帕尔默被任命为西巴尔干事务特使。在10月3日科索沃大选前夕，美国总统特朗普任命驻德国大使理查德·格伦内尔兼任塞科谈判特使。这就使得2018年底有关美国介入塞科谈判的传闻变成事实。同时，欧盟也高度重视塞科"关系正常化"进程。10月7日，欧盟外交与安全政策高级代表候选人博雷利表示，他上任后出访的第一站将是科索沃。此外，早在2019年初，俄罗斯方面就表示，倘若美国介入塞科谈判，俄罗斯也将步其后尘。

美国已经全面介入塞科对话，欧盟不甘被排除在外亦效仿美国任命特别代表④，而俄罗斯如何介入尚不可知。在美欧的压力和助推下，塞科双方重回谈判轨道或许将很快实现，但双方关系实现"正常化"或者说科索沃问题的彻底解决仍需时日。

---

① 徐刚、彭裕超：《科索沃"总理"辞职为哪般》，《世界知识》2019年第16期。

② 徐刚、彭裕超：《科索沃"大选"后的走向值得关注》，《世界知识》2019年第21期。

③ 据专门统计"承认科索沃为独立国家"网站（https：//www.kosovothanksyou.com/）显示，截至2020年5月31日，世界上共有116个国家承认科索沃独立。科索沃对撤销承认其独立的情况并不重视。事实上，这种情况近年来日益增多，如格林纳达、多米尼加、苏里南、利比里亚、圣多美和普林西比、几内亚比绍、布隆迪、巴布亚新几内亚、莱索托和马达加斯加等都做出这样的决定。参见"VP/HR—Withdrawal of recognition of Kosovo"，https：//www.europarl.europa.eu/doceo/document/E－8－2018－006438_EN.html，访问时间：2019年12月31日。

④ 2020年4月3日，欧盟正式任命米罗斯拉夫·莱恰克为西巴尔干事务特别代表和塞尔维亚与科索沃谈判特别代表。参见"Belgrade－Pristina Dialogue：EU appoints a new Special Representative"，April 03，2020，https：//www.consilium.europa.eu/en/press/press－releases/2020/04/03/belgrade－pristina－dialogue－eu－appoints－a－new－special－representative/，访问时间：2020年5月1日。

二　北马其顿和波黑国家构建：欧盟与美国的合力？

自独立之日至今，北马其顿和波黑仍在努力走向正常国家。就北马其顿来讲，由于其国名存在争议，在很长时间里很难获得国际社会，特别是巴尔干国家的普遍承认，而其内部存在的马其顿族同阿尔巴尼亚族之间的矛盾时刻威胁着它的生存，它的独立始终面临国际承认和国内阿族动乱的双重压力。[①] 从波黑来说，《代顿协议》的实施解决了冲突三方停火和划分两个实体的边界问题，而要从政治上确保冲突各方共同管理国家，问题还很多。[②] 由西方国家组成的一个机构负责监督和平协议的落实，并任命了一个所谓的高级代表作为国际社会驻波黑的负责人，他（她）可以解雇官员和实施法律。因此，在欧盟维和部队和国际机构存在的条件下，波黑可以沿着多民族多元文化的道路走下去。如果上述外部条件不再存在，波黑的前景仍然难测，因为波族、塞族和克族积怨甚深，很难共同生存和共同治理国家。[③] 概言之，北马其顿与波黑存在诸多难题，前景令人担忧。

1. 马其顿国名争端解决及其后：迈出艰难一步

在巴尔干地区，马其顿人实现建立民族国家的愿望相对较晚。回溯历史，自11 世纪初起，这一区域长期处于拜占庭帝国和奥斯曼帝国的统治之下。马其顿作为一个争论问题是在 1877 ～ 1878 年的俄土战争中产生的。1878 年 3 月俄国促成的《圣斯特法诺和约》许诺将马其顿的大部分区域划给保加利亚以建立一个"大保加利亚"，这成为后来保加利亚声称马其顿属于它的法律依据；随后签订的《柏林条约》规定马其顿仍属奥斯曼帝国管辖，但必须由大国监督进行某种改革。在经历 1912 ～ 1918 年的两次巴尔干战争和第一次世界大战后，马其顿被保加利亚、希腊和塞尔维亚分割成三部分，地理上属于塞尔维亚的部分称瓦尔达尔马其顿，属于保加利亚的部分称皮林马其顿，属于希腊的部分称爱琴马其顿。从此，马其顿问题就从奥斯曼帝国一个局部的"内部"问题，转而成了巴尔干，以及后来全欧洲性质的问题了。[④] 此后，南斯拉夫、保加利亚和希腊对马其顿过

---

① 马细谱：《南斯拉夫兴亡》，社会科学文献出版社，2010，第 435 页。
② 葛新生编著《列国志·波斯尼亚和黑塞哥维那》，社会科学文献出版社，2017，第 124 页。
③ 马细谱：《南斯拉夫兴亡》，社会科学文献出版社，2010，第 476 页。
④ 马细谱：《巴尔干纷争》，北京大学出版社，1999，第 330 页。

去的历史、语言和文化，从一些历史人物到农民起义和民族解放运动等都有许多争论。① 但是，"一分为三"的历史事实未再更改，唯一变动的是属于南斯拉夫联邦的马其顿脱离南联邦实现了独立。

在南斯拉夫解体进程中，马其顿是唯一以和平方式获得独立的国家。之所以没有出现武装冲突和战争，与国际社会的"保护"和干预密不可分。然而，令马其顿人沮丧的是，1991 年 11 月 20 日宣布独立的"马其顿共和国"因为希腊的反对只能以"前南斯拉夫马其顿共和国"的暂时国名加入联合国。除了国名外，希腊对马其顿的宪法和国旗均持有异议。"在与马其顿关系疏远的希腊（该国北部地区也称为马其顿）看来，马其顿的宪法、新的国旗以及国名都体现其妄图获得更多领土的野心。"②

在宪法问题上，马其顿宪法提及关注邻国中的马其顿人权益问题。在希腊看来，这表明马其顿有意干涉本国国内的斯拉夫裔少数民族问题。在国旗问题上，希腊认为马其顿独立初期确定的十六道芒星图案源自马其顿王国时期的旗帜，马其顿无权使用该国旗。③ 在国名问题上，希腊认为马其顿国名暗示马其顿对希腊马其顿省有领土和文化遗产要求。为此，从 1994 年起，希腊对马其顿实施经济封锁，使得严重依赖希腊海港和铁路的马其顿贸易遭受重创。同时，希腊利用国际组织成员的身份对马其顿设置障碍，影响后者参与国际事务。1995 年 10 月，有关更改马其顿宪法、国旗并在联合国协调下就国名进行商谈的协定达成。④ 马其顿宪法和国旗问题得到了解决，但国名问题仍旧没有解决，并在后来不断发酵。

联合国、美国等外部力量在解决马其顿国名争端上扮演关键角色。联合国专门处理马其顿国名问题的特使、美国人尼米兹为此奔走了 20 多年⑤，虽然其推动提出的"新马其顿""斯拉夫马其顿""上马其顿共和国""斯科普里共和国"等方案均被否

① 马细谱：《巴尔干纷争》，北京大学出版社，1999，第 337 页。
② Aleksander Pavković, *The Fragmentation of Yugoslavia Nationalism and War in the Balkans*, London：Palgrave Macmillan, 2000, p. 17.
③ 夏庆宇：《东欧的民族与国家》，社会科学文献出版社，2015，第 154～155 页。
④ Michael C. Wood, "Participation of Former Yugoslav States in the United Nations and Multilateral Treaties", *Max Planck Yearbook of United Nations Law*, Vol. 1, 1997, p. 240.
⑤ "The man who has focused on one word for 23 years", August 02, 2017, https：//www.bbc.com/news/magazine - 40781213, 访问时间：2018 年 12 月 1 日。

决，但这些方案为马其顿和希腊两国寻求共识铺垫了基石。① 2008 年，希腊因国名争议否决马其顿加入北约，使后者丧失了 2009 年与克罗地亚、阿尔巴尼亚一同加入北约的历史性机会。2006 年马其顿内部革命组织民族统一民主党上台，在其执政的 10 年多时间里，由于国名争议陷入僵局，马其顿融入欧洲一体化进展甚微。

2017 年 6 月黑山加入北约刺激了 8 年前丧失加入北约机会的马其顿，迫使刚上台的社会民主联盟政府寻求加入北约之道，而首先需要的是希腊的支持。② 新政府一改内部革命组织民族统一民主党奉行的民族主义政策和"纸上谈兵"的姿态，在积极同希腊商讨国名方案之余加紧消除"大马其顿主义"印记，努力改善与邻国特别是与保加利亚和希腊的关系。

在很大程度上说，2018 年是解决马其顿问题的关键年份。马其顿与保加利亚的关系取得显著进展。1 月 15 日和 18 日，马其顿与保加利亚两国议会相继批准 2017 年 8 月 1 日签署的《马其顿与保加利亚友好、睦邻与合作条约》（以下简称《条约》），使这个由保加利亚于 10 多年前提出的倡议最终达成。与 1999 年两国签署的《共同声明》③ 相比，《条约》明确使用友好、睦邻与合作的字眼，在继承既定国际关系准则和精神的同时，又强调与欧洲—大西洋区域整合进程的实践相契合。《条约》新增成立历史和教育问题多学科专家委员会、联合举办共同历史事件和相关历史人物的纪念活动以及强调任何一方有义务根据国际法保护在其境内的另一方国民的权利和利益等内容。特别值得提及的是，根据《条约》第 12 条，两国将建立政府联席委员会。委员会由两国高级别官员组成，由外长担任共同主席，一年召开一次会议，主要对《条约》的实施效果加以评估。④ 用

---

① "Macedonia and Greece：Deal after 27 - year row over a name row", June 12, 2018, https：//www. bbc. com/news/world - europe - 44401643；"Special Briefing：Why Is Macedonia's Name So Inflammatory", October 03, 2018, https：//www. ozy. com/need - to - know/special - briefing - why - is - macedonias - name - so - inflammatory/89761/, 访问时间：2018 年 12 月 1 日；徐刚：《北约东扩将"再下一城"》,《世界知识》2019 年第 5 期。
② 孔田平：《解决马其顿国名争议尚需时日》,《文汇报》2017 年 6 月 27 日。
③ Joint Declaration of the Prime Minister of the Republic of Bulgaria and the Prime Minister of the Republic of Macedonia, https：//www. bcci. bg/bulgarian/events/decl _ mac _ en. htm, 访问时间：2018 年 12 月 10 日。
④ "Договор За Приятелство, Доъросъседство И Сътрудничество Между РелуБлика България И Репуълика Македония", http：//www. government. bg/files/common/Dogovor - RM - RB_1. pdf, 访问时间：2018 年 12 月 10 日。

保加利亚总理鲍里索夫的话说，《条约》的签署是首次在没有第三方参与情况下两国互动的结果。① 《条约》的批准在国际社会引发广泛反响，不仅开启了两国关系的新征程，而且为解决巴尔干问题、推动相关国家间关系和解释放了积极信号。然而，两国关系的进展并非没有问题。12 月上旬，马其顿总理扎埃夫关于"马其顿语"是既成事实的言论在希腊特别是在保加利亚引发风波②，保加利亚副总理兼国防部部长克拉西米尔·卡拉卡恰诺夫甚至扬言将阻挠马其顿加入北约和欧盟③。

2018 年，马其顿与希腊的关系实现重大突破，困扰近 30 年的国名争端终获解决。马其顿先后对一些公路、机场和体育馆进行重新命名，以"去亚历山大（马其顿）化"的实质举动推动睦邻友好。与保加利亚签署《条约》后，马其顿将重心转移至改善同希腊的关系。在 1 月下旬举行的冬季达沃斯论坛期间，希腊总理齐普拉斯与马其顿总理扎埃夫就马其顿国名问题举行会谈，在随后举行的记者会上共同表示将尽快解决这个争吵了 27 年的问题。④ 此后，马其顿和希腊双方加紧协商。在 5 月欧盟—西巴尔干索非亚峰会期间，马其顿总理与希腊总理举行双边会见，继续就马其顿国名问题展开商谈，并表示已接近达成某种共识。⑤

---

① "Bulgaria and Macedonia, good neighbours?" August 11, 2017, https：//www. balcanicaucaso. org/eng/Areas/Bulgaria/Bulgaria – and – Macedonia – good – neighbours – 181841，访问时间：2018 年 12 月 10 日。

② 保加利亚长期奉行"不承认马其顿语言"的政策，认为马其顿语是保加利亚语的一种方言。双方为此争执不断。1999 年 2 月，保加利亚迫于欧盟提出的入盟标准，内部不得不达成共识，放弃"语言争论"，同马其顿签署一项共同声明，开启关系正常化之路。保加利亚同意在声明中标明"两种语言文本具有同等效力"，但附加了"技术化处理"——文本最后写道：声明以两国各自的官方语言呈现，它们分别是根据保加利亚共和国宪法规定的保加利亚语和根据马其顿共和国宪法规定的马其顿语。参见徐刚《马其顿与保加利亚关系开启新征程》，《世界知识》2018 年第 5 期。

③ Georgi Gotev, "Bulgarian deputy PM raises obstacles for Macedonia's EU, NATO accession", December 10, 2018, https：//www. euractiv. com/section/enlargement/news/bulgarian – deputy – pm – raises – obstacles – for – macedonias – eu – nato – accession/，访问时间：2018 年 12 月 24 日。

④ Sinisa Jakov Marusic, "PMs of Macedonia, Greece Announce Concessions on Name Dispute", January 24, 2018, http：//www. balkaninsight. com/en/article/macedonian – greek – pms – meet – in – davos – 01 – 24 – 2018，访问时间：2018 年 12 月 10 日。

⑤ Sinisa Jakov Marusic, "Macedonia, Greek PMs Pinpoint Possible 'Name' Solution", May 17, 2018, www. balkaninsight. com/en/article/macedonia – greece – pinpoint – possible – name – solution – 05 – 17 – 2018，访问时间：2018 年 12 月 10 日。

6 月 17 日，扎埃夫与齐普拉斯在两国交界的普雷斯帕湖正式签署有关马其顿国名更改问题的"历史性"协议（以下简称《普雷斯帕协议》）。根据该协议，"马其顿共和国"拟更名为"北马其顿共和国"。

《普雷斯帕协议》的生效需要经过马其顿和希腊两国各自的内部程序批准。9 月 30 日，马其顿就更改国名协议举行公投，但公投投票率仅为 36.9%，未达到宪法规定的超过 50% 的有效投票率。① 10 月 8 日，马其顿政府举行特别会议，通过启动宪法修改提议，并提交议会批准。12 月 3 日，马其顿议会通过修宪提案。6～10 日，提案进入公众讨论阶段并提出意见和修改。2019 年 1 月 9～11 日，提案进入议会最后投票程序，并最终以 81 票②赞成票通过。

马其顿完成议会批准程序后，《普雷斯帕协议》生效的最后一步交给了希腊。《普雷斯帕协议》一签署，便持续引发希腊政坛动荡。1 月 13 日，马其顿议会通过《普雷斯帕协议》后，独立希腊人党主席、国防部部长帕诺斯·坎梅诺斯宣布辞职，其所在的政党退出希腊联合政府。与此同时，希腊数个组织在希腊和萨洛尼卡等地举行大型"反协议集会"。然而，最终结果还是朝着协议推动者希望的方向发展。1 月 25 日，希腊议会以 153 票赞成、146 票反对的结果通过《普雷斯帕协议》③，意味着近 30 年的马其顿国名争端终获解决。

马其顿国名争端的进展及解决对马其顿融入欧洲—大西洋进程产生直接影响。北约在《普雷斯帕协议》签署后不久举行的布鲁塞尔峰会上向马其顿发出加入邀请。2018 年 10 月 18 日，马其顿与北约就其加入事宜举行正式会谈。会谈的大体精神是，一旦国名问题获得最终解决，马其顿加入北约也就指日可待。同样，欧盟也在为一年后正式启动同马其顿的入盟谈判提供积极信号。在 2019 年 1 月马其顿和希腊议会相继批准《普雷斯帕协议》后不久，北约成员国代表于 2 月 6 日同马其顿签署《马其顿加入北约议定书》。2020 年 3 月 27 日，所有北约成员国批准通过该议定书，北马其顿正式成为北约第 30 个成员国。

需要强调的是，马其顿国名争端的解决是马其顿和希腊两国非民族主义政党

---

① "2018 Macedonian referendum"，https：//referendum. sec. mk/Referendum/Results？cs = en－US&r = r&rd = r1&eu = All&m = All，访问时间：2019 年 11 月 1 日。

② 马其顿议会共有 120 个席位。

③ "Greek Parliament ratifies Prespa Agreement"，January 25，2019，https：//meta. mk/en/greek－parliament－ratifies－prespa－agreement/，访问时间：2019 年 11 月 1 日。

及其领导人合力的结果。从长远看，一旦民族主义或极右势力上台，作为欧盟成员国的希腊仍有给马其顿入盟设置障碍的可能和手段。2019 年 6 月，欧盟并未"兑现一年前的承诺"，而是做出将启动同北马其顿和阿尔巴尼亚的入盟谈判推迟至同年 10 月的决定。10 月，欧盟再次决定将启动同两国入盟谈判的讨论推迟至 2020 年 5 月欧盟—西巴尔干萨格勒布峰会前进行。欧盟一再推迟启动入盟谈判的决定引发北马其顿和阿尔巴尼亚、西巴尔干地区以及欧盟内部甚至国际社会的广泛反响。北马其顿总理扎埃夫决定辞去总理职务，促成提前大选。有评论指出，倘若对国名更改协议持否定态度的内部革命组织民族统一民主党上台，或将与上台不久且同样持反对意见的希腊新民主党一道使国名问题产生新的微妙变化。就连扎埃夫也表示，未能启动入盟谈判使得更改国名协议的积极意义"大打折扣"[1]。

马其顿地域曾被称作民族"垃圾堆积场""完美的民族博物馆"。[2] 北马其顿实现了民族国家的独立和国名的更改，但与保加利亚、希腊的关系走向仍存有不确定性。保加利亚虽然第一个承认北马其顿为主权国家，但不承认马其顿民族的存在，北马其顿也不允许保加利亚的报刊和宣传品入境，两国之间就少数民族和语言等问题时常发生争论和摩擦。[3] 两国于 1999 年签署《共同声明》，在语言问题上进行了技术处理，在 2017 年签署的《条约》中增加成立历史和教育问题多学科专家委员会以及联合举办共同历史事件和相关历史人物纪念活动的内容。[4] 但是，"大保加利亚主义"在保加利亚人的内心并未消失殆尽，两次巴尔干战争争夺马其顿领土的失败苦果一直让保加利亚人"耿耿于怀"。两国对许多历史事件、历史人物的不同历史记忆和现实解读成为难以逾越的门槛。[5] 虽然北马其顿与希腊达成了国名更改协议，但与希腊在历史、文化等方面的争执一点也不少于保加利亚。此外，无论在内政还是外交层面，占人口总数 1/4 的阿族问题始终是北马其顿的核心议题。

总的来看，北马其顿的国家构建还将在上述问题上曲折前行。一个总的判断

---

① "Zaev：Failure to receive accession talks date endangers Prespa agreement"，October 29，2019，https：//www. naftemporiki. gr/story/1527824/zaev – failure – to – receive – accession – talks – date – endangers – prespa – agreement，访问时间：2019 年 11 月 1 日。

② 参见高建芝《从巴尔干地区到欧洲：马其顿问题的起源研究》，《世界历史》2019 年第 3 期。

③ 马细谱：《南斯拉夫兴亡》，社会科学文献出版社，2010，第 436 页。

④ 徐刚：《马其顿与保加利亚关系开启新征程》，《世界知识》2018 年第 5 期。

⑤ 徐刚：《马其顿与保加利亚关系开启新征程》，《世界知识》2018 年第 5 期。

是，融入欧洲一体化的速度将决定北马其顿问题解决的程度以及北马其顿正常国家构建的高度。有学者曾指出，若波黑战争和科索沃悲剧在马其顿问题上重演，其后果将更加复杂和严重。因为波黑冲突和科索沃的战事只不过局限在原南斯拉夫的范围内，而一旦因马其顿问题发生冲突势必会把许多巴尔干国家拖进去，同时也会引起外部势力的干涉。① 从目前看，北马其顿问题不至于朝这个方向发展。北马其顿是北约最新的一位成员，国家总体稳定与安全不存在问题。相比西巴尔干地区的科索沃问题和波黑问题，北马其顿问题的解决相对要轻松一些，前景更加光明一些。

2. 波黑和平与国家构建：国际社会的存在与消失

1995 年签署的《代顿协议》结束了长达 3 年多的波黑内战。此后，波黑保持了国内局势的稳定，但其民族矛盾比其他西巴尔干国家更为严重，甚至目前连最基本的国家认同、政治统一问题仍没有完全解决。② 战争并未远去，只不过以另一种方式在政治舞台、经济空间以及社会领域存在着；对该国描述最多的词语是"复杂""特殊""人造""没有希望"。

《代顿协议》实现了波黑的和平，但带来的是有着"外部强制色彩"的和平，走出战争阴霾的和平进程还极为脆弱。波黑的统一和稳定必须以国际社会在这个国家的政治、经济和军事存在为前提条件。③ 以北约为主的多国部队与欧盟维和部队是军事存在，国际社会驻波黑高级代表处是政治存在，以世界银行为代表的国际金融机构是经济存在。

1995 年 9 月 18 日，联合国秘书长加利提出撤离联合国驻波黑维和部队的要求。加利在波黑局势基本稳定时提出这个建议主要有三个考虑：一是以美国为首的北约基本控制了波黑的军事形势，美国已独揽波黑外交斡旋；二是联合国维和经费紧张，波黑维和行动难以为继；三是联合国维和部队的军事能力较弱，不具备监督实施和平计划的能力。④ 不过，在多国部队指挥权、派出规模和经费问题上，美国和俄罗斯各持己见且互不相让。最终，双方以一种"妥协"的方式收场。

---

① 马细谱：《巴尔干纷争》，北京大学出版社，1999，第 367 页。

② 鲍宏铮、徐刚：《〈代顿协议〉后波黑经济发展与问题》，《俄罗斯东欧中亚研究》2015 年第6 期。

③ 马细谱：《巴尔干纷争》，北京大学出版社，1999，第 408 页。

④ 李君：《波黑多国部队指挥权之争》，《世界知识》1995 年第 22 期。

为使来之不易的波黑和平得到保证，在美国提议下，决定北约派出多国维和部队进驻波黑，监督和平协议的实施。① 1995 年 12 月 2 日，克林顿总统正式批准美国向波黑派兵。12 月 5 日，北约 16 个成员国的外长和防长在布鲁塞尔北约总部举行了自 1979 年以来的首次"16 + 16"特别联席会议，正式批准了北约部队进驻波黑的行动计划。多国维和部队由包括俄罗斯在内的 32 个国家参与组建，但以北约成员国为主，共动用军力 9 万人，其中正规部队 6 万人②，另有 3 万人的部队驻扎在周边国家保障后勤供给。多国维和部队由北约驻欧盟司令、美国将军朱尔万任总司令。俄罗斯军队被编在美国部队的防区内行动，不受北约节制，由俄方派一名将军作为朱尔万总司令的副手协调俄军与北约部队的行动，其对北约部队的军事行动没有否决权。③ 12 月 18 日，北约多国部队抵达波黑。20 日，北约多国部队与联合国驻波黑维和部队举行正式交接仪式，后者在波黑的维和使命结束。

北约主导的多国维和部队进驻波黑是一次特殊的军事行动，是为确保一个政治计划的实施而进行的一场没有对手的军事占领，同时也是探索建立冷战后欧洲政治、军事格局的一次演习。④ 多国维和部队分布在波黑三个不同的区域。北部主要以美国为主，西南部为英军控制区，东南部为法军行动区。按规定，多国维和部队执行一年维和任务后撤离。1996 年 12 月 12 日，联合国安理会一致决定成立一支多国稳定部队，接替即将到期的多国维和部队。多国稳定部队驻扎的期限为 2 年，人数也减少到 3.1 万。1998 年 6 月，多国稳定部队的驻扎期限再次被延长。一直到 2004 年 12 月，欧盟维和部队正式取代了多国稳定部队，在波黑继续执行维和任务，取代号为"木槿花"⑤。欧盟维和部队的主要任务是防止波黑境内三族发生武装冲突，帮助波黑推进军队和国防改革，同有组织犯罪开展斗争，继续协助抓捕海牙法庭通缉的战犯，清除地雷，并帮助当地警察执行任务，等等。⑥ 长远目标是致力于建设一个稳定的、可持续发展的、和平的、各民族和睦

---

① 理苑：《北约兵发波黑》，《世界知识》1996 年第 2 期。
② 其中，美国 2 万、英国 1.4 万、法国 1 万、德国 4000、俄罗斯 2000 以及加拿大 1500。
③ 理苑：《北约兵发波黑》，《世界知识》1996 年第 2 期。
④ 理苑：《北约兵发波黑》，《世界知识》1996 年第 2 期。
⑤ 这是欧盟迄今所承担的规模最大的维和行动，也是欧盟继在马其顿和刚果（金）执行维和任务后领导的第三次维和行动。
⑥ 参见马细谱《南斯拉夫兴亡》，社会科学文献出版社，2010，第 476 页。

相处的波黑，并使波黑与其邻国一道最终加入欧盟大家庭。① 欧盟维和部队的任期是 1 年，但屡次被延期。到 2012 年，欧盟维和部队人数减少至 600 人。2019 年 11 月，联合国安理会再次一致通过决议，将欧盟维和部队的任期延长 12 个月。

　　1995 年 12 月 8 ~ 9 日，负责监督《代顿协议》的和平执行理事会在伦敦会议上成立，其常设机构为由加拿大、法国、德国、意大利、日本、俄罗斯、英国、美国以及欧盟主席国、欧盟委员会和伊斯兰合作组织代表组成的指导委员会。国际社会驻波黑高级代表由指导委员会任命，经联合国安理会批准。12 月 14 日，第一任高级代表卡尔·比尔特到任。根据《代顿协议》附件 10 的规定，高级代表监督《代顿协议》的实施，对《代顿协议》民事执行部分拥有最终解释权。②

　　高级代表是国际社会在波黑民事治理的最高权威，拥有强行立法和人事罢免的权力，直接介入波黑国家机器的运行。2000 年以后，欧盟逐渐成为波黑治理的主导，2002 ~ 2011 年，高级代表兼任欧盟特别代表。随着波黑融入欧洲一体化进程的推进，以及波黑国内对高级代表的反对愈加强烈，2005 年国际社会准备关闭高级代表处，并规定了关闭高级代表处的先决条件，但因波黑未能满足该条件，高级代表被保留下来。不过，其权力从 2006 年开始受到限制，即不能对波黑国内发展进程进行直接干预，而只能是提供咨询和建议。③ 近年来，高级代表处的机构和人数都在不断减少。笔者常驻波黑期间，曾听高级代表处的一位副代表表示，关闭代表处是必然的，但尚需时日。代表处的关闭从某种程度上来看，意味着波黑基本成了一个正常国家。

　　1995 年 12 月 21 日，联合国安理会一致通过决议，决定在联合国维和部队将权力移交给以北约为首的多国维和部队后的一年时间里，设立国际警察工作队和联合国文职办事处，由联合国秘书长直接领导。1996 年 1 月 31 日，联合国维和部队中的文职机构任期届满。2 月，由国际警察工作队和联合国文职办事处组成的联合国波黑特派团成立，负责协助波黑各方执行《代顿协议》、监督波黑选

① 《欧盟外长会议批准欧盟波黑维和"木槿花"行动计划》，中国网，http：// www. china. com. cn/chinese/junshi/659208. htm，访问时间：2019 年 11 月 1 日。
② "General Framework Agreement for Peace in Bosnia and Herzegovina, Annex 10, Agreement on Civilian Implementation of the Peace Settlement"，http：//www. ohr. int/? page_id =63269，访问时间：2019 年 11 月 1 日。
③ 左娅：《国际治理与波黑安全》，《俄罗斯东欧中亚研究》2015 年第 6 期。

举、帮助波黑培训警察并监督其执法活动。[①]

世界银行参与了波黑重建的各个阶段，并在绝大多数领域发挥了特殊功能。波黑战争前期，尽管国际社会呼吁世界银行援助波黑，但由于波黑尚不是世界银行的成员国且欠债不少，世界银行并未即刻向波黑进行投融资。直到进入 1994 年特别是波黑战争接近停火并将签署协议之即，世界银行才转变看法。世界银行参与波黑重建的第一个工作便是制订援助波黑的计划，并为此设立波黑工作组。1996 年 1 月，世界银行成立波黑常驻使团，以帮助落实和管理重建援助项目。常驻使团的人员在随后的一年中不断增加，涵盖每个重建领域和项目。4 月 1 日，随着债务重组以及满足世界银行成员国的资格条件，波黑正式成为世界银行成员国。为使项目能够及时启动，并填补在波黑的融资缺口，世界银行专门成立了金额为 1.5 亿美元的波黑信托基金。

在波黑重建中，世界银行在三方面发挥了领导作用，即提出概念、进行协调和融资。具体来说：一是帮助波黑实现国家重建，振兴经济，增加就业，帮助难民重返家园并进行安置；二是推动波黑继续进行战前已经开始的向市场经济的转型；三是支持波黑政府制定经济治理的制度并使之顺利运行。[②] 在援助过程中，世界银行既要同国家机构还要同负责项目实施的两个实体——塞族共和国与波黑联邦打交道，既要充分考虑各主体民族及其利益集团的要求，也要同非政府组织维持较好关系。虽然在援助中遇到不少障碍，甚至做出过错误决定，[③] 但世行为波黑重建做出了重要贡献。

经过 20 余年的努力，波黑国家治理能力有一定提升。2006 年 12 月，波黑加入北约"和平伙伴关系"计划。2009 年 12 月北约外长会议决定，在波黑进行必要的改革后，将批准其加入"北约成员国行动计划"。其中，最为核心的是军事遗产问题，即南斯拉夫分裂后留存于波黑境内的 60 多处固定军事设施，包括雷达站、机场、军营等的归属问题。近年来，因军产登记进展缓慢，波黑"北约成员国行动计划"的资格处于"暂停"状态。2018 年 12 月，北约赞赏波黑关于安全改革的首个国家年度计划，并表示一旦实施，北约将开绿灯。但在是否加入

① 高歌：《波黑政治转型初探》，《俄罗斯东欧中亚研究》2015 年第 6 期。
② 朱晓中：《世界银行与波黑重建》，《俄罗斯东欧中亚研究》2015 年第 6 期。
③ 参与排雷项目被视为不成功的决定。

北约问题上，波黑内阁尚未达成一致意见。

与此同时，在 2003 年欧盟—西巴尔干萨洛尼卡峰会确定波黑拥有入盟前景后，波黑开始加速内部改革进程。2008 年 6 月 16 日，波黑与欧盟签署《稳定与联系协议》。2016 年 2 月 15 日，波黑正式递交入盟申请。

2018 年，对于波黑来说有两件重要的大事，即 10 月 7 日的大选和入盟答卷的提交。大选是反映不同主体民族以及主体民族内部博弈的重要舞台。从过去的经验看，统一经济空间的缺乏以及经济增长点的缺失[1]使得"经济牌"较难在大选中发挥效用，而主打"民族牌"、渲染历史遗留问题及其相关的民族间关系议题往往能凝聚本民族选民，在大选中获得显著效果。诚如 2017 年 11 月国际社会驻波黑高级代表处向联合国秘书长提交的第 52 份波黑报告指出的那样，虽然距离大选仍有一年之遥，但是波黑政治领导人已经将注意力从经济改革转向从未被边缘化的具有分歧和民族主义色彩的议题。[2] 从这个角度讲，波黑提前一年开启大选选战不足为奇。在选战期间，围绕波黑克族民主共同体提出的《选举法》修正案等相关议题的博弈不断加剧。修正案最主要的一点是主张在波黑联邦内建立独立的克族选区，而不是克族与波族一起推选主席团的克族成员。[3] 虽然最终《选举法》修正案未能通过，也没有影响大选的顺利进行，但大选后波黑联邦的政府组成不可避免地成了一个问题。尽管克族共同体主席乔维奇落选国家主席团成员，但该党获得不俗选票，能进入波黑联邦各级议会并影响政府内阁的组成。乔维奇多次表示，只有《选举法》修正案获得通过，政府才能有序组成。[4] 其实就大选本身而言，由于各主体民族以及主要政党间的矛盾很深，无论结果如何，否定与谴责的声音均会不断出现。应该看到的是，长时间的大选选战与选举后的政府组成博弈不可避免地给国家治理带来显著影响。

---

① 鲍宏铮、徐刚：《〈代顿协议〉后波黑经济发展与问题》，《俄罗斯东欧中亚研究》2015 年第 6 期。

② 参见 OHR，"52nd Report of the High Representative for Implementation of the Peace Agreement on BiH to the Secretary - General of the UN"，November 06，2017，http：//www. ohr. int/？p = 98165，访问时间：2018 年 12 月 10 日。

③ "Bosnia's Election Law crisis"，May 02，2018，http：//ba. n1info. com/English/NEWS/a258182/Bosnia - s - Election - Law - crisis. html，访问时间：2018 年 12 月 10 日。

④ "Covic：First Election Law changes，then government formation"，October 23，2018，http：//ba. n1info. com/English/NEWS/a292682/Covic - First - Election - Law - changes - then - government - formation. htm，访问时间：2018 年 12 月 10 日。

这一点在入盟答卷提交中有鲜明的体现。2016 年 12 月 9 日，波黑收到欧盟委员会下发的 3242 个入盟答题。欧盟委员会规定提交答卷的期限是半年，而波黑直到 2018 年 2 月底才完成提交。6 月中旬，欧盟委员会再次向波黑下发 500 个入盟答卷补充问题，并规定了 3 个月的完成期限，但波黑直到 2019 年 2 月才完成了提交。仅从时间上看，大选对入盟答卷的完成造成一定影响。但根本原因在于，波黑内部缺乏协调，入盟协调机制名存实亡，同时政治家们的主要注意力聚焦在国内权力争夺，使原本低下的工作效率更加下降。2018 年 11 月 29 日，欧洲议会批准通过欧盟委员会 4 月做出的西巴尔干国家国别报告，波黑未在其列。究其原因，波黑仍处在大选后政府组成时期以及《稳定与联系协议》议会委员会尚未成立。① 在国家层面缺乏统一协调机制将成为波黑融入欧洲一体化的致命顽疾。更为致命的是，大选结束一年多，波黑各级政府的组成仍处于僵局之中。直到 2019 年 11 月，有关各方才就政府组成达成共识。新一届部长会议于 12 月正式组成。

对于波黑来说，实现入盟前景仍然任重而道远。同时，在波黑内部，由于民族原则至上、政治体制运转不畅等弊端，实现政治共识异常困难。近年来，有关推出《代顿协议 2》的呼声不断，但其在国际社会监管的"去留"以及政治体制设计上有多大的运作空间值得怀疑。从这个层面上讲，波黑问题最为特殊，最为复杂，也最为棘手。

第三节　巴尔干短中期走向：遗留问题与地缘博弈

著名作家马克·吐温曾说：做出预测很困难，特别是在预测未来时。笔者常驻波黑期间，曾被不少当地政治家、学者和各国使节反复告诫：西巴尔干地区形势具有高度的复杂性和不确定性，对其进行预测十分危险。事实上，与其说是前景预测很难，不如说西巴尔干地区内部矛盾和问题相当之复杂。更为重要的是，这些矛盾和问题的解决并不是西巴尔干国家自己可以作主的。南斯拉夫作家米拉·马尔科维奇在《黑夜与白昼》一书中曾这样写道："从第二次世界大战到今天，世界上不总是有些地方成了几个大强国较量自己实力的场所吗？它们挑起暴行，又制止

---

① "When will the 2018 Commission's Report on BiH be adopted？" December 10, 2018, www.sarajevotimes. com/when – will – the – 2018 – commissions – report – on – bih – be – adopted/，访问时间：2018 年 12 月 11 日。

暴行，向这些地方提供武器，又向这些地方发出和平呼吁，为这些地方而动员军队，又为这些地方组织和平会议……"① 作者所称何地，又指向哪几个大强国，只要打开此书便一目了然。换个角度来说，在过去近 30 年的历史中，巴尔干地区走向冲突和升级，或实现和平与稳定，均由大国或大国集团扮演着关键角色。而这个地区在很大程度上成为大国或大国集团战略实施以及行动理念的"试验品"。

一 巴尔干地区内部遗留问题

冷战结束后，巴尔干国家纷纷走上转型之路，并集体选择"回归欧洲"。罗马尼亚和保加利亚于 2004 年、克罗地亚和阿尔巴尼亚于 2009 年、黑山于 2017 年、北马其顿于 2020 年加入北约；罗马尼亚和保加利亚于 2007 年、克罗地亚于 2013 年加入欧盟，作为欧盟候选国的塞尔维亚和黑山正在进行入盟谈判，同样是候选国的北马其顿和阿尔巴尼亚仍在争取开启入盟谈判，波黑于 2016 年递交入盟申请后争取早日成为候选国，科索沃地区则尚未递交入盟申请。

巴尔干国家转型和"回归欧洲"的进程既显露出积极的成果，也充满着曲折和不确定性。一方面，转型和一体化实践在向趋好方面发展；另一方面，潜在的冲突和不稳定因素起着阻碍作用。换言之，巴尔干地区存在一体化和巴尔干化的两种相反趋向②，从理论上解释，体现的是地区主义与民族主义的相互交织与博弈。一体化的趋向在一定程度上对巴尔干化的扩散起到了抑制作用，同时，巴尔干化的扩散又成为一体化的阻碍，影响着一体化的深入。二者之间的相互关联和影响已经成为观察后冷战时代巴尔干地区发展的一个重要线索。

就潜在的冲突和不稳定因素而言，巴尔干国家特别是前南斯拉夫继承国间仍然存在分离主义运动、民族认同的争议、未解决的边界争端、种族冲突与和解以及失踪人口等问题。③ 这些问题在西巴尔干国家既是推进地区合作和融入欧洲一体化的阻碍，

---

① 〔南〕米拉·马尔科维奇：《黑夜与白昼》，达洲译，新华出版社，1996，第 16 页。
② 朱晓中：《中东欧与欧洲一体化》，社会科学文献出版社，2002，第 233 页。
③ Rafael Biermann, "Secessionism, Irredentism and EU Enlargement to the Western Balkans – Squaring the Circle?" in Arolda Elbasani ed. , *European Integration and Transformation in the Western Balkans: Europeanization or Business as Usual?* London: Routledge, 2013, pp. 157 – 171; Marika Djolai and Zoran Nechev, "Bilateral Disputes Conundrum: Accepting the Past and Finding Solutions for the Western Balkans", *Balkans in Europe Policy Advisory Group Policy Brief*, April 05, 2018; "Bilateral Disputes Conundrum", July 19, 2018, https://europeanwesternbalkans.com/2018/07/19/27481/, 访问时间：2018 年 10 月 20 日。

也是需要重点解决的方向。仅就边界划定来说，西巴尔干地区尚无一个国家与其邻国完成了所有边界的划定[①]。此外，即使在已经入盟的国家里，也同样存在一些争议或潜在的问题。例如，克罗地亚与斯洛文尼亚对于皮兰湾海域的划分争执[②]，罗马尼亚、斯洛伐克同匈牙利关于跨境匈牙利族问题龃龉不断[③]（见表 2 - 4）。

表 2 - 4 西巴尔干地区双边争议问题一览

	波黑	克罗地亚	科索沃	马其顿	黑山	塞尔维亚	其他
波黑	—	流离人口	—	—	边界，流离人口	边界，失踪人口，流离人口	—
克罗地亚	流离人口	—	—	—	边界	边界，失踪人口，流离人口	—
科索沃	—	—	—	—	—	边界，难民，流离人口	—
马其顿	—	—	—	—	—	—	与希腊国名争端
黑山	边界，流离人口	边界	—	—	—	边界	—
塞尔维亚	边界，失踪人口	边界，失踪人口，种族灭绝诉讼，流离人员	边界，难民	—	边界	—	—

注：1）波黑与黑山于 2015 年 8 月签署边界协议，2016 年 4 月生效；2）黑山与科索沃于 2015 年 8 月签署边界协议，2018 年 2 月生效；3）马其顿与希腊国名争端通过 2019 年 2 月生效的《普雷斯帕协议》（2018 年 6 月签署）解决，马其顿改名为北马其顿。

资料来源：Lucia Vesnic - Alujevic，*European Integration of Western Balkans：From Reconciliation To European Future*，Brussels：Centre for European Studies，2012，p. 13。

---

① Sven Milekic and Maja Zivanovic，"Border Disputes Still Bedevil Ex - Yugoslav States"，July 3，2017，https：//balkaninsight. com/2017/07/03/border - disputes - still - bedevil - most - ex - yugoslav - states - 07 - 01 - 2017 - 1/，访问时间：2018 年 10 月 20 日；"Border disputes will keep Balkan region unstable"，Oxford Analytica Daily Brief，February 23，2017，https：//dailybrief. oxan. com/Analysis/DB218013/Border - disputes - will - keep - Balkan - region - unstable，访问时间：2018 年 10 月 20 日。

② 参见 Matej Avbelj and Jernej Letnar Č erni č，"The Conundrum of the Piran Bay：Slovenia v. Crotia，" *Jouranl of International Law & Policy*，No，6，2007；Anes Alic，"Slovenia，Croatia，the EU and Piran Bay，" *The International Relations and Security Network*，May 23，2007；Vasilka Sancin，"Slovenia - Croatia Border Dispute：From 'Drnovšek - Ra č an'to 'Pahor - Kosor' Agreement，" *Journal on European Perspectives of the Western Balkans*，Vol. 2，No. 2，2010；朱晓中：《入盟后中东欧国家的发展困境》，《国际政治研究》2010 年第 4 期。

③ 参见徐刚《东欧国家跨界民族问题探析：以匈牙利族人为例》，《俄罗斯东欧中亚研究》2013 年第 3 期。

　　另外，在"回归欧洲"进程中，加快内部改革是西巴尔干国家实现融入欧洲一体化目标的关键所在。西巴尔干国家提出的合作倡议都服务于这个宗旨，任何矛盾和问题都不至于发展到以牺牲入盟前景为代价。换言之，西巴尔干地区内部的任何举动都是有底线的。内部形势高开低走、反反复复、停滞不前将是常态，与欧盟互相"较劲"也会时常发生。

　　经过几十年的发展，虽然一些如波黑国家认同问题、科索沃地位问题等尚未解决的因素对西巴尔干地区合作进程和水平产生抑制作用，但地区合作的广度和深度无疑是空前的，多种类型的地区合作组织不断建立并逐渐产生影响。除了域外国家推动或主导的地区合作机制及倡议外，巴尔干国家自我创议了黑海经济合作组织、东南欧合作进程及"布尔多—布里俄尼进程"，等等。① 基于此，不少国外学者讨论了巴尔干"地区认同""地区自主""地区所有权"等话题。②

　　近年来，有关西巴尔干自主性的讨论越来越多。特别值得提到的是，2019年10月，阿尔巴尼亚、北马其顿和塞尔维亚三国签署《建立西巴尔干"迷你申根区"的宣言》，被视为西巴尔干成员联合自强、强调地区自主性的一个崭新姿态。③ 三国领导人先后于11月和12月分别在北马其顿和阿尔巴尼亚举行会晤，就推进区域合作和改善地区经济等相关问题的进一步磋商。倘若西巴尔干地区内部局势加剧复杂，特别是入盟进度不能满足（准）候选国期待，类似强调地区自主的主张与倡议还将不断涌现。

---

① 有关巴尔干地区合作机制的详细介绍与研究，参见徐刚《巴尔干地区合作与欧洲一体化》，社会科学文献出版社，2016，第88～115页。

② Maria Todorova, "What Is or Is There a Balkan Culture, and Do or Should the Balkans Have a Regional Identity?" *Journal of Southeast European and Black Sea Studies*, Vol. 4, Issue 1, 2004, pp. 175 – 185; Wolfgang Petritsch and Christophe Solioz, eds. , *Regional Cooperation in South East Europe and Beyond*, Baden – Baden: Nomas, 2008; Michael Weichert ed. , *Dialogues: Ownership for Regional Cooperation in the Western Balkan Countries*, Sarajevo: Friedrich Ebert Stiftung, 2009; Othon Anastasakis and Vesna Bojicic – Dzelilovic, B*alkan Regional Cooperation & European Integration*, London: The Hellenic Observatory, 2002; Christophe Solioz and Paul Stubbs, "Emergent Regional Co – operation in South East Europe: Towards 'Open Regionalism'?" *Southeast European and Black Sea Studies*, No. 9, No. 1 – 2, 2009; Christophe Solioz and Paul Stubbs, eds. , *Towards Open Regionalism in South East Europe*, Berlin: Nomos Publishers, 2012.

③ 徐刚、马细谱：《"迷你申根"，西巴尔干国家在联合自强？》，《世界知识》2020年第5期。

二　西巴尔干地区的地缘战略博弈

前南斯拉夫地区的四次战争，无一不受外部因素的干预，而且这种干预一次比一次深广，乃至在波黑战争的后期和科索沃战争中，外部因素竟成了左右战局和有关地区战后政局发展的决定性因素。[①] 最初，欧共体在解决该地区的冲突中扮演主要角色。然而，在斯洛文尼亚的武装冲突很快得到成功制止后，克罗地亚战争的全面升级却使欧共体难以应对。欧共体随后向联合国求助，联合国向克罗地亚派驻维和部队后战火才暂时得以平息，但矛盾并未彻底解决。波黑内战则更为复杂，更为惨烈，时间也更长。联合国与欧共体的斡旋一次次失败，美国和俄罗斯的参与放大了域外力量之间的矛盾与角逐。在后来成立的五国联络小组中，美国的主导地位逐渐显现。

美国布什政府起初只关注苏联的解体和 1991 年的海湾战争，南斯拉夫问题主要由欧洲来处理。1993 年克林顿上任后，发现美国与西欧在南斯拉夫的人道主义政策上有较大不同。在斯雷布雷尼察安全区的大屠杀事件发生后，美国在解决前南斯拉夫问题的军事和政治进程中的领导作用逐渐明显。[②] 美国主导的北约军事压力和国际社会的政治压力促成波黑内战的结束和《代顿协议》的签署。到 1999 年北约制定所谓"新战略"，美国和北约已全然不在乎对主权国家进行军事侵略的恶劣影响，反而以"保护的责任"高高在上地将科索沃战争视作美国和北约实施"新战略"的试验场。

有西方学者认为，"科索沃危机对欧盟防务共识的发展居功至伟，比考虑建立欧盟共同外交与安全政策的《马斯特里赫特条约》以及随后出现共同防务政策这整整 10 年所做的还要多"。[③] 若不是巴尔干地区的危机显现出欧盟安全政策的紧迫和防务政策的脆弱，欧盟自主干预和解决危机的能力仍得不到重视和提升，欧盟共同外交与安全政策仍会徘徊不前。在很大程度上讲，巴尔干地区的冲

---

① 赵乃斌、汪丽敏主编《南斯拉夫的变迁》，广东人民出版社，2002，第 314 页。
② 〔丹麦〕莱娜·汉森：《作为实践的安全：话语分析与波斯尼亚战争》，孙吉胜、梅琼译，世界知识出版社，2016，第 128~132 页。
③ Peter Van Ham, "Europe's Common Defense Policy: Implications for the Trans – Atlantic Relationship," *Security Dialogue*, Vol. 31, No. 2, 2000, p. 216.

突直接刺激和推动了欧盟共同安全与防务政策的诞生。①

进入 21 世纪，随着巴尔干地区形势总体趋于稳定以及"9·11"事件的发生，美国认为在可预见的未来欧洲不会出现需要美国介入的重大冲突，因此美国逐渐从巴尔干地区抽离。2002 年 12 月，欧盟与北约签署《柏林补充协议》，由此获得借用北约装备在巴尔干半岛执行危机管理活动的权利。② 此后，巴尔干国家在融入欧洲一体化的轨道内发展，欧盟特别是德国等国家的影响日益凸显。

2018 年前后，欧盟出现的一系列危机和挑战影响到西巴尔干地区的发展，一些原本脆弱的问题再度升级。在此情形下，美国一些智库和研究机构不断建议美国当局重视该地区，甚至呼吁"重返西巴尔干"。2017 年 11 月，大西洋理事会发布《巴尔干的未来：美国新的战略》报告，表示美国不应再"善意忽视"，而应积极重返巴尔干。③ 2018 年 5 月，美国东西方研究所和外交政策委员会联合发布《是时候在西巴尔干行动了》的报告，直接呼吁美国立即介入西巴尔干事务，防止地区走向冲突和分裂。④

美国虽然在战略上已从西巴尔干地区撤离，但在西巴尔干事务上秉持整体形势交予欧盟管控、总体安全借助北约控制、关键问题自身幕后干预的三大原则。这与美国和北约在巴尔干地区拥有的军事存在直接相关。美国在保加利亚和科索沃建有军事基地，在北马其顿建有情报基地，北约在罗马尼亚部署了导弹防御系统。从 2018 年起，美国国防部耗资 2 亿多美元对爱沙尼亚、拉脱维亚、斯洛伐克、匈牙利、罗马尼亚和阿尔巴尼亚等国的空军基地进行升级改造。如此，美国和北约在中东欧地区从波罗的海到亚得里亚海沿线构筑起包括轮换和长期的军事驻扎、军事基地和情报基地等在内的相对完整的防御和战斗链。⑤ 此外，美国高调支持 2016 年由波兰和克罗地亚提出的"三海倡议"，以深化美国同地区国家

---

① Denise Groves, *The European Union's Common Foreign, Security, and Defense Policy*, Berlin: Berlin Information-center for Transatlantic Security, 2000, p. 11; Gergana Noutcheva, *European Foreign Policy and the Challenges of Balkan Accession: conditionality, legitimacy and compliance*, London; New York: Routledge, 2012, p. 2.

② 殷翔、叶江：《后冷战时期欧盟—北约关系演变探析》，《国际观察》2010 年第 1 期。

③ "Balkans Forward", Nov 07, 2017, https://www.atlanticcouncil.org/content-series/balkans-forward-content-series/balkans-forward-2/，访问时间：2019 年 11 月 1 日。

④ "Time for Action in the Western Balkans", May 2018, https://www.eastwest.ngo/sites/default/files/Time-for-Action-in-the-Western-Balkans.pdf，访问时间：2019 年 11 月 1 日。

⑤ 朱晓中：《中东欧地区的大国因素：利益格局及其影响》，《当代世界》2020 年第 4 期。

的贸易、能源和基础设施合作。

可以想见，由于西巴尔干地区形势总体可控，且美欧在西巴尔干地区未出现根本分歧，美国仍将继续扮演西巴尔干事务的"幕后操盘手"角色，并随着局势的变化"选择性介入"。推动马其顿国名问题的解决就是一个例子。而 2019 年 8 月和 10 月分别任命美国西巴尔干事务特别代表和塞科对话协调人以全面介入塞科"关系正常化"谈判则是新举。

欧盟视西巴尔干地区为其后院和必争必保之域，于 2018 年 2 月推出新的西巴尔干扩大战略文件，再次重申和确认地区国家的入盟前景，以稳住和拉住地区各国。2018 年 10 月，欧盟委员会主席容克在奥地利议会发表题为"作为对外政策行为体的欧盟"的演讲中强调，如果没有欧盟前景，巴尔干地区将陷入新的军事冲突，或重回 20 世纪 90 年代的状况。① 这种局面显然是欧盟不愿意见到的。然而，欧盟内部在扩大与深化问题上龃龉不断，西巴尔干国家则频繁向欧盟喊话，呼吁欧盟履行责任，强调各国入盟应有的预期。双方在总体方向不变情况下的博弈还将加剧。

2019 年 10 月 18 日，由于法国等国反对，欧盟外长会议未就开启同北马其顿和阿尔巴尼亚入盟谈判达成一致。随后，欧盟表示将启动同两国入盟谈判的讨论推迟至 2020 年 5 月欧盟—西巴尔干萨格勒布峰会前进行。此系 2019 年两国入盟谈判的启动第二次遭到推迟，引发北马其顿和阿尔巴尼亚、西巴尔干地区以及欧盟内部甚至国际社会的广泛反响，失望和谴责的声音不断出现。② 11 月，主张"先深化后扩大"的法国发布关于改进欧盟扩大程序的非正式文件。③ 2020 年 2 月 5 日，欧盟委员会出台"新的扩大程序"提案。3 月 26 日，欧洲理事会正式批准该提案。从实行"章节打包"谈判、定期举行欧盟—西巴尔干峰会以及扩大具有"可逆性"等方面看，"新的扩大程序"确有一些不同于过往的思路和做法。然而，从内容上看，提案仍是"新瓶装旧酒"，加入欧盟的条件——《欧洲联盟条约》和哥本哈根标准并没有改变，谈判的基本框架也没有

---

① "Juncker：Without European perspective, military conflicts possible in the Balkans", October 05, 2018, https：//europeanwesternbalkans. com/2018/10/05/juncker – without – european – perspective – military – conflicts – possible – balkans/，访问时间：2018 年 12 月 10 日。

② 徐刚：《欧盟再度推迟开启西巴两国入盟谈判》，《世界知识》2019 年第 22 期。

③ "France unveils new model EU enlargement", November 16, 2019, https：//euobserver. com/enlargement/146624，访问时间：2019 年 12 月 1 日。

实质性变化。① 不过，从中可以看到的一个趋势是，在容克担任欧盟委员会主席期间，欧盟的西巴尔干扩大政策日益边缘化，冯德莱恩上台后试图推动欧盟的西巴尔干扩大政策重回其外交政策的中心，西巴尔干在某种程度上可谓冯德莱恩的"地缘政治委员会"试验场。②

在欧盟内部，德国在巴尔干地区的影响居于重要位置。一方面，巴尔干国家与德国的经贸关系十分密切；另一方面，德国在推动巴尔干国家融入欧洲一体化以及地区合作层面发挥了显著作用。以西巴尔干地区为例，2014 年 8 月，德国总理默克尔倡导举办高级别"西巴尔干经济论坛"，开启 4 年期（2014～2018年）"柏林进程"。2014 年底，在波黑国内政治经济改革停滞不前甚至有可能出现倒退的状况下，德国与英国共同倡议提出波黑"入盟新政"，即从强调"宪政民主"向重视"民生改善"转变。③ 2018 年"柏林进程"伦敦"收官峰会"期间，各方确认"柏林进程"将继续新的周期。经过数年发展，"柏林进程"已经成为一个多层次、宽领域的地区合作机制。德国借助"柏林进程"扩大了自己在西巴尔干国家的政治影响力和与这些国家的经济联系。

在欧盟看来，外部行为体特别是俄罗斯对西巴尔干地区的影响和渗透越来越明显。近年来，欧盟发布多份报告文件，明确提到俄罗斯、土耳其以及海湾国家加紧介入西巴尔干事务。俄罗斯影响西巴尔干地区的手段丰富，如果说能源外交、宗教和文化联系是其战术工具，那么牢牢抓住与塞尔维亚（族）的关系则是高明的战略布局。④ 尽管经济等方面的影响力逐渐弱于西方，但俄罗斯善于并不惮于利用地区危机进行武力介入。例如，1995 年波黑内战结束后，俄罗斯成为和平执行理事会指导委员会成员；1999 年科索沃战争期间，俄罗斯维和部队抢占科索沃普里什蒂纳机场；2016 年黑山发生政变，俄罗斯被疑"参与策划"⑤；2018 年

① 参见徐凤江《欧盟"改进的扩大程序"新在哪儿》，《世界知识》2020 年第 8 期。
② 参见孔田平《西巴尔干又逢地缘政治敏感期》，《环球》2020 年第 10 期。
③ "Bosnia & Herzegovina – a new strategic approach", November 5, 2014, https://www.gov.uk/government/speeches/bosnia – herzegovina – a – new – strategic – approach; "EU Council conclusions on Bosnia and Herzegovina", December 15, 2014, http://eu – un. europa. eu/articles/en/article_15864_en. htm, 访问时间：2018 年 12 月 10 日。
④ 参见徐刚《西巴尔干地区：在建立秩序与陷入失序之间徘徊》，《世界知识》2019 年第 3 期。
⑤ "Montenegro: Russians behind coup attempt, plot to kill PM", November 7, 2016, https://apnews.com/3224b10f9bf043318b12d54cf06d1c21/Montenegro: – Russians – behind – coup – attempt, – plot – to – kill – PM, 访问时间：2019 年 12 月 1 日。

马其顿举行关于国名更改协议的公投，西方指责系俄罗斯干预①，等等。需要强调的是，塞尔维亚已同俄罗斯建立战略伙伴关系，双方共享集体安全条约组织热线，随时就科索沃等问题进行沟通。2018 年 9 月塞科"两军对峙"事件发生后，塞尔维亚总统武契奇第一时间访问俄罗斯。2019 年 1 月 17 日，普京实现对塞尔维亚的回访。西方一直存有评论：塞尔维亚在俄罗斯的西巴尔干政策中扮演"桥头堡"和"代理人"角色。② 在欧盟 10 月再次推迟与北马其顿和阿尔巴尼亚启动入盟谈判后，许多政治家和评论人士都担忧，欧盟的决定将增强第三方特别是俄罗斯在西巴尔干地区的影响力。③ 颇具意味的是，在 10 月 25 日意大利维罗纳欧亚经济论坛期间，俄罗斯常驻欧盟代表奇若夫向北马其顿和阿尔巴尼亚发出了加入欧亚经济联盟的邀请。④

很大程度上说，在传统安全领域，西巴尔干地区已然是欧洲地区安全结构的组成部分，即使俄罗斯不为乌克兰局势所累，其军事上全面介入西巴尔干并对抗北约的可能性也不大。对于俄罗斯来说，西巴尔干地区更多是一个其施展影响的舞台，而不再是其"势力范围"。不过，这种影响丝毫不能被忽视。

总的来看，融入欧洲一体化不断给西巴尔干地区带来安全和经济红利。只是随着国际形势不确定性的增加及其在西巴尔干地区的蔓延，西巴尔干地区的欧洲一体化进程将遭到不小的阻碍。因此，对未来几年西巴尔干地区形势的展望既不应悲观，也不要过于乐观——盘根错节的问题和易受外部影响的特征使得任何进展都会举步维艰。⑤

---

① "US scolds Russia for meddling in Macedonia name deal referendum", September 17, 2018, https: //www. euractiv. com/section/digital/news/us – scolds – russia – for – meddling – in – macedonia – name – deal – referendum/，访问时间：2019 年 12 月 1 日。

② Predrag Petrovic, "Serbia is the most important bridge – head for Kremlin in the Balkans", 2017, http: //www. bezbednost. org/All – publications/6598/Serbia – is – the – most – important – bridgehead – for. shtml，访问时间：2019 年 12 月 1 日。

③ "Balkan Leaders Warn that EU Accession Delay Risks Stoking Tensions", November 03, 2019, https: //www. ft. com/content/9d0f4f6a – fbdf – 11e9 – a354 – 36acbbb0d9b6，访问时间：2019 年 12 月 1 日。

④ Chris Devonshire – Ellis, "Russia Invites Albania, North Macedonia To Join Eurasian Economic Union", October 30, 2019, https: //www. silkroadbriefing. com/news/2019/10/30/russia – invites – albania – north – macedonia – join – eurasian – economic – union/，访问时间：2019 年 11 月 1 日。

⑤ 徐刚：《西巴尔干地区形势新发展与短中期前景》，《俄罗斯学刊》2019 年第 2 期。

第三章

中欧地区合作：维谢格拉德集团
与融入欧洲

在历史上，中欧地区①是民族和国家碎片化比较突出的区域，而且随着国际力量对比的变化以及大国在该地区的介入或撤离，其地缘政治地位不时发生变化。尽管在第一次世界大战结束后，中欧出现了若干种国家联合的政治构想，但最终由于外部和内部因素的综合作用而没有获得成功。冷战结束后，中欧地区的地缘政治形势发生了巨大变化，随即出现了各种政治安排。在这一地区先后出现了中欧倡议、维谢格拉德集团和中欧自由贸易协定等合作形式，以便使中欧国家在融入欧洲一体化进程中加强合作，实现早日"回归欧洲"的目标。维谢格拉德集团是中欧地区最具活力和最有成就的地区合作组织，无论是在加入欧盟前还是在加入欧盟后，都为加快欧洲一体化进程做出了不容忽视的贡献，增强了中欧地区在欧洲的影响力。

第一节　中欧地区合作的历史背景和现实选择

中欧地区历来深受外部因素的影响，内部存在民族矛盾、领土争议，融合力量薄弱，经济发展相对落后，国家性不时被中断。虽然加强地区合作能够促进地区团结、防御外敌和增强影响力，但在不利的内部和外部因素共同作用下，中欧

---

① 无论是从地理意义上还是从地缘政治意义上理解中欧这个概念，都有若干种解释，其中一种解释是指位于德国（或说德语地区）和东方（有着不同的东正教文化和政治传统的东欧与巴尔干）之间的地区。本文所指的就是如此理解的中欧地区。

地区合作在历史上总是失败。1989 年东欧剧变后，在欧洲一体化不断扩大和深化的时代背景下，中欧国家做出了"回归欧洲"的战略选择，加强地区合作正是为了实现"回归欧洲"的目标。中欧地区合作既有历史的延续性，也在现实条件下获得新的发展。

一　中欧地区合作的历史背景

1. 中欧概念的模糊性和历史变迁

今天被视为中欧的地区是一个变动而灵活的概念，虽然常被划定为"东方"和"西方"之间的区域，但其边界具有模糊性。中欧人的历史经验受到他们与东部和西部邻国互动的影响，东西部邻国的进入或离开反映出中欧地区边界、语言和国家性变动的历史。由此引起的不稳定对中欧的发展造成了负面影响，因为中欧总是处于东方和西方行动的接收终端。①

中欧这一概念首次被使用是在 1815 年举行的维也纳会议上，当时认为今日的德国和比利时、荷兰、卢森堡经济联盟属于中欧地区。有欧洲历史学家认为，中欧地理上位于东欧的西部边缘，结构上和历史上处于西欧的东部边缘。这一特殊的地位，首先反映在德国环境中——德国处于欧洲的中部。在第一次世界大战期间，出现了被德国统治的中欧空间整体构想。1950 年，波兰历史学家奥斯卡·哈莱茨基提出，中欧是一个历史的次大陆地区，是东方和西方之间的过渡区域。他还建议将中欧分为西中欧和东中欧。冷战时期，中欧概念几乎被世人忘却。20 世纪 80 年代，匈牙利、捷克斯洛伐克和波兰的知识分子阶层开始重新讨论这一概念，奥地利的一些知识分子也对此给予了关注。当然这些讨论仅限于思想层面，不带有任何政治目的，因为当时很少有人相信，中欧地区的这些国家能够摆脱以苏联为首的东欧阵营。法国著名历史学家费尔南德·布劳德尔指出，中东欧地区依赖以苏联为首的东方阵营，是东欧的一部分。匈牙利历史学家彼得·哈纳克的观点也引起了广泛关注，他指出，如果中欧是一个文化整体，那它的特点就是：没有任何共同的意识，却有着相互敌视和不团结的趋势。②

---

① Silvia Pcolinska, "Security Implications of Central Europe's In-Betweenness: The Degree of Cooperation within the Visegrad Group in Security and Defense", http://www.visegradgroup.eu/documents/students – section/security – implications – of.

② Jan Křen, *Dvě století střední Evropy*, Argo 2019, s. 23.

在一些讨论中欧区域的先锋著作中，中欧有着不同的形态，而且名称也不相同。英国历史学家休·塞顿·沃森以及匈牙利的一些历史学者将中欧地区的波兰、捷克斯洛伐克和匈牙利与巴尔干国家联系在一起，称为东欧。还有一些作者将波罗的海国家和北部的芬兰以及南部的土耳其纳入进来，他们复兴了捷克斯洛伐克首任总统马萨里克界定中欧的概念：位于德国和俄罗斯之间的地带。波兰历史学家安东尼·帕隆斯基把奥地利也纳入中欧地区。波兰历史学家皮奥特·旺迪奇在其著作《从中世纪至当代的中欧历史》中认为，中欧地区仅限于波兰、捷克斯洛伐克和匈牙利，不包括奥地利和德国。[1]

还有一些学者从中欧与西欧和东欧地区的差异中突出中欧的特点。比如，在工业领域，大企业的比例很小，非城市的工人比例较大。在农业领域，资本化的大庄园与较为发达的中等农民阶层相结合，或者富裕农民较多，他们与食品工业紧密相连，农业合作社和农民运动较为发达。在文化领域，中欧大学的建立处于"第二波"，西欧大学始建于11世纪，中欧最早的大学建于14~15世纪，在东欧直至18世纪末19世纪初才出现大学；莱茵河以东和多瑙河以北地区，不曾有过古希腊罗马文明，因而是欧洲大陆的"野蛮"部分，或者是欧洲大陆发展中的部分，接受基督教比较晚。尽管在10世纪的时候，这里也如同西欧地区那样出现了本民族的王朝，但不是以古老的文明为基础，而是新建立的王朝。在政治制度方面，只是表面接受了西方模式，却往往超越社会现实。波兰的贵族民主制出现在古老的农业社会，匈牙利在19世纪实行的议会制中只代表极少数民众的利益，这里采用的西方议会制只有捷克斯洛伐克坚持到1938年"慕尼黑协定"的签署，其他国家早早实行了独裁制。在政治文化方面，具有地方主义、缺乏协商机制、政治精英与民众疏离等特点。在国家性方面，缺乏连续性，经常短期或长久地被中断。由于从16世纪起被奥斯曼帝国占领长达200年，匈牙利国家分裂为三个部分。在18世纪下半叶，波兰被普鲁士、俄国和奥地利三次瓜分，1795年波兰国家消亡，直至1918年复国。从17世纪"三十年战争"后，捷克王国逐渐失去自治地位。在民族建构方面，其连续性受到破坏甚至出现倒退，失去了国族地位。由于受到外族统治，中欧地区民族纷争不断，不时出现紧张局面。匈牙利起初受到土耳其入侵，后来被奥地利统治。波兰在被三大列强瓜分前已经依附

---

① Jan Křen, *Dvě století střední Evropy*, Argo 2019, s. 23.

瑞典、普鲁士和俄国。1306 年捷克普热米斯尔王朝绝嗣后，先后被卢森堡王朝、波兰雅盖隆王朝和奥地利的哈布斯堡王朝统治，德意志人的地位不断上升。在中欧，现代民族和国家的建构时间被迫迟滞。在西欧，这一进程开始于 15 ~ 16 世纪，中欧地区却直到 18 世纪末 19 世纪初才开始"民族复兴"进程，1918 年建立了自己的民族国家或恢复了本民族国家地位。另外，与西欧形成大的民族共同体不同，在中欧没有发展起强大的融合力量。在西欧国家出现的大的政治民族没能在中欧地区获得成功。在哈布斯堡王朝，既没能形成奥地利民族，也没能形成匈牙利民族，在捷克斯洛伐克没能形成捷克斯洛伐克民族。由于没能形成民族共同体，中欧地区出现了大量的少数民族。在争取民族自由和解放方面，中欧地区革命和起义不断。15 世纪在捷克爆发了胡斯宗教革命运动，17 世纪在捷克爆发了新教贵族和平民反对哈布斯堡王朝的起义，成为席卷全欧的"三十年战争"的导火索。在 18 ~ 19 世纪，匈牙利和波兰多次爆发反抗外族统治和压迫的起义。1918 年第一次世界大战结束后到 1945 年第二次世界大战结束前，中欧地区各种起义接连不断。在社会主义时期，中欧地区也爆发过反对苏联模式的事件，如 1956 年的波匈事件和 1968 年的"布拉格之春"。[1]

法国学者雅克·勒·里德则认为，中欧是"地缘政治的合奏"，在不同的时代，它有着不同的范围、意义和内涵。从经济、社会、人口和文化角度看，中欧在不同时代也有着不同的面貌。[2]

如今，中欧往往被等同于原先的哈布斯堡王朝统治下的地区，但有不少学者将中欧缩小至哈布斯堡王朝的中心区域，即波兰、捷克、斯洛伐克和匈牙利。

2. 中欧地缘政治地位的变迁

公元 7 世纪上半叶，法兰克商人萨莫在与阿瓦尔人的抗争中在中欧地区建立了第一个斯拉夫国家，其中心位于摩拉瓦河下游。尽管萨莫公国只存在了 30 年左右，但它的政治影响力很大。它在击败阿瓦尔人以后，又在与法兰克帝国的军事冲突中取得胜利。

833 ~ 907 年存在的大摩拉维亚帝国代表了斯拉夫人在中欧地区建立国家过程中取得的突出成就。在其强盛时期，它占领了摩拉维亚、斯洛伐克和匈牙利的

---

① Jan Křen, *Dvě století střední Evropy*, Argo 2019, ss. 24 – 26.

② Jan Křen, *Dvě století střední Evropy*, Argo 2005, s. 26.

大部分地区以及波希米亚和波兰的部分地区，控制了从亚得里亚海到波罗的海的琥珀之路，并在多瑙河地区站稳了脚跟。由于罗马教皇尼古拉一世拒绝大摩拉维亚帝国国王拉斯蒂斯拉夫关于在大摩拉维亚帝国建立教会组织的要求，拉斯蒂斯拉夫转而请求拜占庭皇帝迈克尔三世派遣能用民众理解的语言传播基督教的传教士到大摩拉维亚帝国。863 年，掌握古斯拉夫语的西里尔和美多德兄弟俩来到大摩拉维亚帝国，他们带来了最古老的斯拉夫文字——格拉戈尔字母，并将古斯拉夫语提升为做礼拜的语言。因此，大摩拉维亚帝国不仅是一个强大的国家，而且通过西里尔－美多德的文化政治传统表明拜占庭和罗马基督教可以相结合。这一文化遗产体现在中欧人的意识中，并在东西方之间的文化、经济和政治联系中发挥桥梁作用。

自 10 世纪初大摩拉维亚帝国崩溃后，尽管中欧民族的命运各不相同，但中欧地区最终被纳入西方文明圈。匈牙利王国随着它的第一位国王斯蒂芬一世接受罗马基督教而从 1000 年开始天主教化。1018 年，斯洛伐克被匈牙利吞并，从此失去与东正教的联系。与匈牙利国王斯蒂芬一世一样，波兰国王梅什科一世积极推动国家的天主教化。从 11 世纪初起，捷克公国被视为神圣罗马帝国皇帝的封地，而统治捷克公国①的普热米斯尔王朝在神圣罗马帝国框架内进行权力争斗和领土扩张。14 世纪，捷克国王查理四世担任神圣罗马帝国皇帝，捷克王国的首都布拉格成为神圣罗马帝国的中心。

15 世纪下半叶，波兰雅盖隆王朝获得捷克王国和匈牙利王国的王位，从而将波兰、匈牙利和捷克联合起来，形成中欧帝国。随着 1526 年哈布斯堡王朝的费尔南德一世成为捷克国王，捷克被纳入哈布斯堡王朝的统治范围。

从 16 世纪起，土耳其人占领匈牙利长达 150 多年。在此之前，中欧地区位于欧洲权力最重要地区的北部，抵御奥斯曼帝国的任务则将中欧地区推向欧洲经济和社会发展最重要地区西欧的东部。西欧和中欧的地缘政治问题开始变得明显不同。从资本主义开始以来，中欧的历史发展就伴随了四个特征：来自东方的持续压力、经济落后、民族多样性、国家的出现取决于具体的权力平衡。②

①　从 13 世纪初起成为捷克王国。

②　Oskar Krejčí, *Geopolitika Středoevropského Prostoru/Pohled z Prahy a Bratislavy*, Průhonice：Professional Publishing，2016，s. 73.

历史学家和经济学家们基本上都认为，中欧在启动早期资本主义进程方面比西欧延缓了 200 年。这主要是根据城市经济依赖程度和贵族在社会经济生活中重要性的差异得出的结论。15 世纪，中欧的贵族成功地制定了关于第二次农奴制的法律。在西方，专制国家弥补了农奴制消亡带来的影响，而在东方，专制政权是巩固农奴制的工具。[1] 中欧经济发展迟缓的另一个原因是来自东部的游牧民族和来自东南部的土耳其人的压力迫使其军事开支巨大。中欧还是 17 世纪"三十年战争"激战的主战场。人口下降一方面导致农奴制加强，另一方面使移民增多，从而增添了中欧的种族多样性。[2]

中欧形成民族国家的进程也明显落后于西欧。西欧开始出现民族国家的时候，在中欧占主导地位的是帝国，它们将数量众多的地域、政治和民族 – 文化单位联系在一起。这里不仅存在有奥斯曼帝国和哈布斯堡王朝，还有在雅盖隆王朝时期出现的波兰—捷克—匈牙利联合体和波兰—立陶宛联盟。帝国形态的长期存在造成中欧和东欧民族和国家的碎片化。

16 世纪，匈牙利分为三个部分：一是哈布斯堡王朝统治地区；二是土耳其人统治地区；三是特兰西瓦尼亚公国。随着波兰积极参与反对土耳其人的战斗，以及俄国加入反土耳其联盟，1699 年，哈布斯堡王朝与奥斯曼帝国签署和平条约，恢复了对匈牙利的统治。

1772 ~ 1795 年，俄国、普鲁士和哈布斯堡王朝对波兰进行了三次瓜分，导致波兰亡国。中欧的权力平衡发生变化，普鲁士得到加强，并成为德国统一进程中的核心，俄罗斯帝国开始进入中欧。

1806 年，在法国的压力下，哈布斯堡王朝的弗兰西斯二世放弃了神圣罗马帝国皇帝的头衔，宣布神圣罗马帝国灭亡。弗兰西斯二世创建了奥地利帝国。哈布斯堡王朝的皇帝从神圣罗马帝国的统治者转变为奥地利的皇帝，这不仅具有地理价值，而且具有地缘政治价值。中欧不再是一个能够抵抗奥斯曼帝国的泛欧天主教帝国或权力中心，而是要承受日益强大的普鲁士和拿破仑以及后来俄罗斯压力的地区。[3]

---

[1] Jan Křen, *Dvě století střední Evropy*, Argo 2019, s. 54.

[2] Oskar Krejčí, *Geopolitika Středoevropského Prostoru/Pohled z Prahy a Bratislavy*, s. 75.

[3] Oskar Krejčí, *Geopolitika Středoevropského Prostoru/Pohled z Prahy a Bratislavy*, s. 78.

随着 1867 年建立奥匈帝国、1871 年建立德意志帝国，中欧地缘政治版图开始重构。中欧的政治思想家产生了一种特殊的地缘政治潜意识，即不断变化的中央集权化、领土集中和国家联合。

3. 奥匈帝国解体后出现的中欧联合构想

捷克斯洛伐克政治家米兰·霍贾在其著作《中欧联邦》中写道："当小国被对手孤立和包围时，它们可能会受到大国政治的威胁。但是，如果它们能够在共同问题上采取共同立场，那么它们将成为平衡政治力量的重要组成部分，特别是在地理重要性突出的时候。"① 建立一个能够克服该地区多民族和地理差异的更大政治实体被视为抵御东方和西方列强的必要屏障。

（1）"大海之间"倡议

第一次世界大战结束后，波兰政治家约瑟夫·毕苏斯基提出建立由波兰领导的中欧和东欧国家联邦的构想。联邦成员有波兰、白俄罗斯、捷克斯洛伐克、爱沙尼亚、芬兰、南斯拉夫、立陶宛、拉脱维亚、匈牙利、罗马尼亚和乌克兰。该联合构想旨在仿效从 16 世纪至 18 世纪末存在的波兰—立陶宛联邦，并将多民族政体的疆域扩展到波罗的海和黑海之间的领土。然而，一些立陶宛人认为联邦的建立将威胁到其新近获得的独立，一些乌克兰人认为联邦的存在将威胁它希望独立的诉求，捷克斯洛伐克则对波兰不信任。由于波兰与邻国之间存在紧张关系，加之只有法国支持这一构想，俄罗斯和多数欧洲列强均表示反对，因此不可能在中欧建立数量众多国家保持良好关系的联合体。最后在 1921 年仅建立了波兰—罗马尼亚联盟，而不是一个庞大的联邦。

1935 年毕苏斯基去世后，波兰外交部部长约瑟夫·贝克试图简化"大海之间"的政治构想。贝克在 20 世纪 30 年代后期提出"第三欧洲"的构想，即建立由波兰、罗马尼亚和匈牙利的联盟。然而，第二次世界大战之前这一构想没有取得太大进展。②

（2）"多瑙河流域联邦"计划

"多瑙河流域联邦"计划是一个将多瑙河流域国家统一起来的政治构想。在 1918 年奥匈帝国解体后，一些中欧人士提出恢复奥地利、匈牙利和捷克斯

---

① Milan Hodža, *Federation in Central Europe*, Londýn: Jarrolds Publishers, 1942, s. 75.

② "Intermarium", https：//en. wikipedia. org/wiki/Intermarium.

洛伐克国家联合体的想法，并考虑将克罗地亚、南蒂罗尔、弗留尔、伊斯特拉和斯洛文尼亚纳入进来。第二次世界大战期间，英国首相温斯顿·丘吉尔也倡导"多瑙河流域联邦"计划，其依据是欧洲大陆的均势理论。丘吉尔坚信，中欧需要一个超级大国，以限制苏联对巴尔干国家和德意志帝国的影响。然而这一构想在 1943 年 10 月 28 日至 12 月 1 日举行的德黑兰会议上遭到美国总统罗斯福和苏联领导人斯大林的反对，因为它不符合他们对战后欧洲进行安排的计划。①

其实，除了丘吉尔，捷克斯洛伐克政治家米兰·霍贾在第二次世界大战期间也积极推动"多瑙河流域联邦"计划。他在其著作《中欧联邦》中指出，"多瑙河流域联邦"应该由八个国家组成，它们是波兰、捷克斯洛伐克、奥地利、匈牙利、南斯拉夫、罗马尼亚、保加利亚和希腊，即四个斯拉夫国家和四个非斯拉夫国家。霍贾认为，在共同利益基础上建立的联邦可以减弱民族主义，消除因领土要求和少数群体问题引发的争端，同时可以制衡来自西部的德国和东部的俄罗斯的压力。他还指出，中欧一体化是向统一欧洲迈出的一步，团结和强大的中欧可以为欧洲安全做出巨大贡献。②

（3）"波兰—捷克斯洛伐克邦联"计划

这一政治构想在第二次世界大战期间出现，得到波兰流亡政府的支持，英国和美国也在一定程度上给予了支持。在捷克斯洛伐克方面，由于其流亡政府领导人认为不需要在针对苏联的问题上得到波兰的支持，因此赞同这一政治构想的人士很少。尽管波兰和捷克斯洛伐克面临相似的外部威胁，但由于持续的边界争端，两国关系依然很冷淡。波兰流亡政府的目标是重建"大海之间"的中欧国家和东欧国家的联邦，以波兰和捷克斯洛伐克为核心，抵御德国和苏联的进一步侵略。捷克斯洛伐克流亡政府则分为两个阵营，总体上都对这一计划持犹豫不决的态度。

在波兰因卡廷大屠杀而中断了与苏联的外交关系后，捷克斯洛伐克流亡政府领导人贝奈斯则开始致力于与苏联结盟。1943 年，在国际舞台上最积极推动"波兰—捷克斯洛伐克邦联"计划的西科尔斯基去世，这一计划的实施逐渐变得希望渺茫。同年 12 月，捷克斯洛伐克与苏联签署新的联盟条约。贝奈斯担忧，

---

① "Podunajská federace", https://cs.wikipedia.org/wiki/Podunajská_federace.

② Oskar Krejčí, *Geopolitika Středoevropského Prostoru/Pohled z Prahy a Bratislavy*, ss. 208 – 211.

与波兰建立邦联将使捷克斯洛伐克遭受失去自身认同的威胁。加之，斯大林反对在中欧建立这样一个邦联，最终该计划流产。

二　中欧地区合作的现实选择

1989 年东欧剧变后上台执政的中欧地区国家原持不同政见者在剧变前就有密切接触，他们从共同的历史、地理位置以及建立西方民主和进行经济转型的目标出发，积极倡导区域合作。欧洲共同体也支持区域合作的想法。在最初欧洲共同体着手进行联系国谈判时，欧共体领导人就明确表示，他们欢迎中欧地区更紧密的合作，而且将给予中欧整体融入欧洲共同体优先权，而不是与中欧各个国家单独就加入问题进行谈判。[1] 可以看出，20 世纪 90 年代初，中欧国家开展地区合作的内部和外部条件都很好。于是，它们先后在中欧倡议、维谢格拉德集团和中欧自由贸易协定三个区域合作平台上协调政策，共同解决问题和实施具体项目。

1. 中欧倡议

中欧倡议是中欧、东欧和东南欧规模最大、历史最悠久的区域合作论坛，这一松散的地区合作组织自成立以来多次改变名称和构成。它的起源可以追溯到 1989 年 11 月，当时几个欧洲国家领导人成立了多瑙河—亚得里亚海集团。其创始成员国是中立国和欧洲自由贸易联盟成员国奥地利、北约和欧洲共同体成员国意大利、华沙条约和经互会成员国匈牙利、不结盟运动主席国南斯拉夫联邦。尽管在依然分裂的欧洲成立该集团的政治影响不容怀疑，但起初它主要致力于经济和文化合作。1990 年 5 月捷克斯洛伐克加入，1991 年 7 月波兰加入。随着 1991 年南斯拉夫联邦爆发内战，南联邦停止参与该集团的活动，而所有从南斯拉夫联邦独立出来的国家均被邀请参加活动。1992 年 7 月，该集团改名为中欧倡议，马其顿、斯洛文尼亚、克罗地亚和波黑加入。在同月举行的中欧倡议峰会上，欧洲委员会、欧共体、欧洲自由贸易联盟、多瑙河委员会、黑海经济合作组织、波罗的海国家委员会和欧洲复兴开发银行派代表出席。这次会议决定中欧倡议将在欧洲复兴开发银行伦敦总部建立一个秘书处，从 1993 年 1 月 1 日起开始运作。

捷克和斯洛伐克联邦解体后不久，1993 年 3 月，两个继承国捷克和斯洛伐克分别正式加入中欧倡议。尽管保加利亚、罗马尼亚、白俄罗斯和乌克兰等国也

---

[1]　Vlastmir Fiala, "Regionální spolupáce ve střední Evropě", *Politologická Revue*, 1 června 1995, s. 53.

表现出对成为中欧倡议成员国的兴趣，但中欧倡议成员国决定暂时不接受它们加入。

中欧倡议没有坚实的制度结构，只是从 1989 年起每年定期举行两次外交部部长会议和一次首脑会晤。在中欧倡议框架内成立了 16 个工作组，负责解决经济、运输、通信、能源、环境保护、中小企业发展、文化、信息、旅游、移民和少数民族等问题。几乎每个国家负责协调一个工作组，比如意大利负责运输工作组，捷克和斯洛伐克负责能源和文化工作组，奥地利负责环境保护工作组，匈牙利负责中小企业和移民工作组，波兰负责农业工作组。中欧倡议的主要宗旨是克服欧洲分裂，它被视为组织政治对话、形成共同决策和交流经验的平台。20 世纪 90 年代初，意大利外长吉安尼·德米歇里斯表示希望在中欧倡议框架内为成员国与欧洲共同体签订联系国协定创造条件。同样，原华约成员国领导人认为，中欧倡议可以成为它们与欧洲共同体建立更紧密联系或获得欧共体/欧盟正式成员国资格的工具。[①]

然而，在 20 世纪 90 年代初，中欧倡议内部的合作遇到了一些障碍，如南斯拉夫内战、捷克斯洛伐克联邦解体和意大利国内深刻的政治危机。上述国家将本国内政问题置于地区合作之上。随着意大利、捷克和斯洛伐克议会大选后新的领导人上台执政，他们对中欧倡议的态度发生变化。此外，匈牙利和斯洛伐克之间因多瑙河水利工程建设、斯洛伐克南部匈牙利少数民族的权利和地位问题发生冲突，导致中欧倡议框架内的合作更加复杂。

捷克独立后，其总理瓦茨拉夫·克劳斯开始对中欧倡议的活动和取得的成绩持批评态度。事实上，中欧倡议框架下实施的项目数量极少。由于资金问题，一些雄心勃勃的工程项目长期得不到落实，如通过卢布尔雅那和萨格勒布连接的里雅斯特和布达佩斯的铁路和公路项目、连接亚得里亚海和波罗的海的高速公路建设项目、维也纳到布达佩斯再到贝尔格莱德的铁路现代化工程项目、斯洛伐克核电站现代化项目等。在 1993 年 8 月于布达佩斯举行的第四次总理会晤上，克劳斯质疑中欧倡议继续存在的意义。尽管所有与会者都同意必须以实际成果证明中欧倡议存在和运作的价值，但绝大多数与会者仍倾向于保留中欧倡议。匈牙利总

---

①   Vlastmir Fiala, "Regionální spolupáce ve střední Evropě", *Politologická Revue*, 1 června 1995, s. 54.

理安塔尔·约瑟夫强调，中欧倡议的意义首先在于它已成为该地区重要的政治协调俱乐部，最终捷克总理克劳斯改变了原先的立场，宣布支持保留中欧倡议为自由、非制度化的地区合作组织。与这一态度相一致的是，捷克致力于将中欧倡议的活动引导至纯粹的经济领域，反对任何使该组织制度化的企图。1994 年 8 月，在的里雅斯特举行的成员国总理会议上，克劳斯拒绝成立所谓的协会理事会来协调中欧倡议的活动，呼吁立即吸纳罗马尼亚、保加利亚、乌克兰和白俄罗斯等国加入中欧倡议。捷克外长约瑟夫·齐勒涅茨提出在中欧倡议成员国之间建立自由贸易区的提议，得到了其他国家代表团的支持。克劳斯总理明确表示，捷克不支持中欧倡议成为解决成员国之间问题的国际保障者，捷克的主要目标是建立开放、自由的贸易区，从而在一定程度上取代在经互会框架下失去的市场。

1995 年，阿尔巴尼亚、白俄罗斯、保加利亚、摩尔多瓦、罗马尼亚和乌克兰加入中欧倡议。2006 年，塞尔维亚和黑山加入进来。如今，中欧倡议是一个超越中欧地区的政府间论坛，它有十七个成员国，致力于通过成员国之间以及与欧盟和其他国际、区域组织之间的合作推动欧洲一体化和可持续发展。其战略目标有二：一是倡导没有分界线的团结的欧洲，所有国家、地区和公民拥有共同的价值观；二是成员国拥有朝着善政、法治、可持续经济增长方向发展的强大能力，以实现稳定、社会凝聚力、安全和繁荣。中欧倡议主要在三个层面进行合作：政府、议会和企业，它通过六个主要领域促进联通性和多样性：善政、经济增长、媒体自由、环境保护、文化合作以及科学合作/教育与培训。①

2. 维谢格拉德集团

维谢格拉德集团由中欧三国——波兰、匈牙利和捷克斯洛伐克共建。1991 年 2 月 15 日，即华沙条约组织消亡前 10 天，捷克斯洛伐克总统哈韦尔、波兰总统瓦文萨和匈牙利总理安塔尔在匈牙利小城维谢格拉德会晤，签署了关于三国在通往欧洲一体化道路上密切合作的宣言。《维谢格拉德宣言》确立了下列基本目标：其一，恢复国家主权、民主和自由；其二，消除集权制度在社会、经济和精神方面的遗迹；其三，建立议会民主制和现代法治国家、尊重人权和自由；其

---

① "Central European Initiative"，https：//en. wikipedia. org/wiki/Central_Rruropean_Initiative.

四，创建自由市场经济；其五，参与欧洲政治、经济、安全和法律体系。① 选择维谢格拉德作为三国结盟的地点具有象征意义，656 年前就在此诞生了一项中欧合作倡议：1335 年，匈牙利国王查理一世、捷克国王扬·卢森堡和波兰国王卡西米尔三世就在政治和贸易领域加强合作以及建立永恒的友谊达成协议。

　　波兰、匈牙利和捷克斯洛伐克建立维谢格拉德集团的原因主要有六个方面。第一，国内政治发展形势相似。在 1989 年东欧剧变后，三国在向西方式民主制度转型的过程中遇到了相似的问题，取消共产党在社会中的领导作用并不意味着自动建成西方式民主制度。它们希望在政治生活民主化过程中分享经验和交流认识。第二，外交政策目标和倾向相似。三国都希望恢复完全独立，阻止苏联重新恢复在中欧地区的影响力。它们致力于采取措施促使苏联军队从本国撤离、与苏联建立新型的完全平等的国家间关系、解散经互会、减少在经济上对苏联的依赖。在外交政策倾向上，都提出"回归欧洲"，希望融入西欧安全和经济体系。这成为三国国内政治发展的重要催化剂。第三，面临同样的安全威胁。德国统一以及以苏联为首的东欧集团解体结束了旷日持久的冷战，实际上意味着世界两极分化的终结，中欧地区出现了安全真空，苏联国内形势的不确定性以及巴尔干地区冲突有可能直接影响到中欧地区的安全稳定。第四，经济发展陷入困境。尽管三国国内都存在结束经互会运作的强大政治压力，特别是在捷克斯洛伐克，但很少有人意识到经互会的解体将给这些国家带来什么问题，实际上三国以前都依赖向苏联的出口，东方市场的崩溃将给它们带来严峻的形势。加之，中欧国家之间的经济合作发展缓慢，长期存在一些贸易障碍。第五，三国都希望改善与邻国的关系，消除矛盾和分歧。中欧地区种族—民族构成多样化，国家的边界与民族的分界线长期不一致，各民族之间拥有一些不良的历史记忆，以及其内部发展屡受大国干预，导致近代以来该地区不断发生民族矛盾和冲突。1989 年政局剧变后，三国都希望抛弃历史恩怨，建立新型的睦邻友好关系。第六，三国领导人之间关系密切。1990 年 1 月初，捷克斯洛伐克总统哈韦尔在波兰和匈牙利议会发表演讲，呼吁中欧国家加强相互合作，得到波兰和匈牙利领导人的支持。

　　维谢格拉德集团合作的战略目的主要有两个。第一，保障中欧地区稳定，消

① " Visegrad Declaration 1991 ", http：//www. visegradgroup. eu/documents/visegrad-declarations/visegrad – declaration 110412.

除冷战结束后出现的"安全真空"状态；第二，在努力加入欧盟和北约进程中加强合作。① 中欧国家之间开展密切合作的想法与"回归欧洲"的理念密切相关，故维谢格拉德集团的建立可以被视为欧洲一体化的一个组成部分。②

波、匈、捷三国支持维谢格拉德集团合作有着各自的实用主义考量。波兰力求避免因位于统一的德国与苏联之间而可能出现的外交孤立局面，同时谋求中欧地区大国的地位。捷克斯洛伐克希望积极推进欧洲一体化进程，反对中欧国家建立联邦、邦联或保持中立的思想。匈牙利则希望维谢格拉德集团合作可以帮助其实现外交政策目标，提供安全政治稳定。③

维谢格拉德集团合作不是基于具有约束力的国际法基础上的国际协议，成员国在自愿的基础上履行商定的义务。维谢格拉德集团没有明确的制度结构，只是成员国通过各个级别和各种形式的会议来协调立场，它是在实现既定目标和优先事项时具有磋商特点的地区合作论坛。④

维谢格拉德集团合作得到西方国家的认可和支持，这可以从 1992 年春欧洲共同体委员会发布的文件中看出来。该文件称："经济一体化要求推进各个国家之间的合作，如同要求发展各个国家与欧洲共同体的关系一样，欢迎这些国家之间已经开展的相互合作，其性质和内容就像《维谢格拉德宣言》中提及的那样。"⑤

在 1992 年 12 月 31 日捷克斯洛伐克一分为二后，维谢格拉德集团成员国由三个变为四个。在 2004 年实现了融入欧洲一体化进程的战略目标后，维谢格拉德集团抓住历史机遇，确立了新的合作内容与目标。如今，维谢格拉德集团已经成为欧盟内一个知名商标，是欧盟框架内几个主要的次区域合作组织之一。维谢格拉德集团既是纯粹的中欧地区合作集团，也是生命力最旺盛、合作成效最突出的中欧区域合作组织，后面几节中将对此进行重点论述。

---

① 姜琍：《维谢格拉德集团合作的演变与发展前景》，《俄罗斯中亚东欧研究》2011 年第 4 期。

② Tomáš Strážay，"Visegrad—Arrival，Survival，Revival"，http：//www.visegradgroup. eu/documents/bibliography/visegradarrival – survival – 120628.

③ 朱晓中主编《欧洲的分与合：中东欧与欧洲一体化》，中国社会科学出版社，2017，第 198 页。

④ Kamila Zelená，"Visegrádská skupina：vývoj a současné formy spolupráce"，6. 5. 2013，file：///C：/Users/libus/Downloads/zaverecna_prace% 20（2）. pdf.

⑤ "Europe and the Challenge of Enlargement"，*Bulletin of the European Communities*（Supplement 3/92），p. 19.

3. 中欧自由贸易协定

中欧自由贸易协定是从中欧到南欧自由贸易区的协定，也是非欧盟国家之间的贸易协定，其成员国现在大多位于东南欧。1992 年 12 月 21 日，捷克斯洛伐克联邦框架内的捷克、斯洛伐克以及波兰和匈牙利的外长在波兰克拉科夫签订了自由贸易区协定。这是捷克和斯洛伐克分别签署的第一份国际协议。该协定于 1994 年 7 月生效。参加国希望通过该平台的合作融入西欧机构，并借此加入欧洲的政治、经济、安全和法律体系，从而巩固本国的民主和自由市场经济。

无论是捷克斯洛伐克联邦解体还是中欧自由贸易协定的签署，都发生在经互会和华约解散后不久的时间里。原有政治和经济结构瓦解以及新的国家和地区合作组织建立，表明 1989 年政局剧变后中东欧地区的形势十分复杂。

2005 年前加入中欧自由贸易协定的条件有三个：是世界贸易组织的成员国；与欧盟签署了保障未来成为欧盟正式成员国的联系国协定；与中欧自由贸易协定成员国签订了自由贸易协定。1996 年斯洛文尼亚加入，1997 年罗马尼亚加入，1999 年保加利亚加入，2003 年克罗地亚加入。2005 年以后的加入标准也有三个，但略有变化：是世界贸易组织的成员国或承诺遵守世界贸易组织的规章制度；与欧盟签署了任何联系国协定的国家；与中欧自由贸易协定成员国签订了自由贸易协定。2007 年阿尔巴尼亚、波斯尼亚和黑塞哥维那、摩尔多瓦、黑山、塞尔维亚和科索沃特派团等加入。

一旦中欧自由贸易协定的成员国加入欧盟，它们就退出该协定。捷克、斯洛伐克、波兰、匈牙利和斯洛文尼亚在 2004 年退出，罗马尼亚和保加利亚在 2007 年退出，克罗地亚在 2013 年退出。因此，中欧自由贸易协定成为正式加入欧盟之前的一个准备阶段。根据欧盟的建议，未来欧盟成员国通过建立自由贸易区来准备加入。中欧自由贸易协定成员国的对外贸易是与欧盟国家进行贸易。①

第二节　维谢格拉德集团合作与融入欧洲

维谢格拉德集团合作这一政治构想既与统一欧洲的思想密不可分，也源于根

---

① "Central European Free Trade Agreement", https://en.wikipedia.org/wiki/Central_Ruropean_Free_Trade_Agreement.

深蒂固的中欧文化理念。受冷战结束后欧洲地缘政治格局变迁的影响，有着密切历史文化联系、相近经济发展水平和相似社会思维的中欧三国波兰、捷克斯洛伐克和匈牙利联手共建了地区合作组织维谢格拉德集团。三国期望通过相互合作加强中欧地区稳定、消除民族主义和赢得西方国家的好感，从而尽快实现融入欧洲一体化进程的战略目标。在"回归欧洲"道路上，在内部变化和外部压力的共同作用下，维谢格拉德集团走过了复杂和艰辛的发展道路。在 2004 年实现了融入欧洲一体化进程的战略目标后，维谢格拉德集团抓住历史机遇，努力在欧盟内发挥更大作用并消除欧盟新老成员国之间的差异。然而，其发展并非一帆风顺。

一　"回归欧洲"道路上维谢格拉德集团合作的发展

1. 初期紧密合作

1991～1992 年，在成员国领导人良好个人关系的促进下，以及在欧盟和北约的外部支持下，维谢格拉德集团在成立后的最初两年中取得显著成效，具体表现为以下四个方面。第一，协调步骤摆脱对苏联的依赖，并努力避免苏联恢复影响力。成员国的协商一致使苏军撤离、华约和经互会的解体进程得以加速。时任匈牙利外交部部长的格扎·耶森斯基指出："中欧国家分开来力量很弱，可一旦团结起来就具有很强的影响力，戈尔巴乔夫第一个意识到了这点。"① 第二，在安全领域采取共同行动。成员国不仅对国际政治热点问题，如南斯拉夫危机、苏联解体和海湾战争等采取共同立场，而且发表声明表达了一起加入北约的政治意愿。第三，同时与欧洲共同体签署"联系国协定"。由于成员国在与欧洲共同体就"联系国协定"进行谈判的过程中互通信息和密切配合，签署的时间比预想中的大大提前。1991 年 12 月，三国一起与欧共体签署了"联系国协定"，并商定共同递交加入申请。第四，在经济领域加强合作。成员国共同开启了中欧地区资本流动自由化进程，通过了经济和贸易领域的双边国际条约，如关于避免双重征税的条约以及关于支持和保护投资的协议，并就建立中欧自由贸易区达成一致。

2. 合作放缓期

随着 1992 年 12 月 31 日捷克和斯洛伐克联邦共和国解体，维谢格拉德

---

① Rick Fawn, Visegrad: "The Study and the Celebration", Europe - Asia Studies Vol. 60, No. 4, June 2008, p. 678.

集团的成员国由三个变为四个。1993～1998 年，尽管维谢格拉德集团名义上存在，但其有效的运作仅体现在中欧自由贸易协定框架内的经济合作和加入北约进程中的安全合作两个层面，在集团内部几乎没有举行过政治磋商。其原因主要有以下几个方面。

第一，成员国致力于贯彻本国利益，将地区团结与合作置于次要地位。捷克总理克劳斯采取消极对待维谢格拉德集团合作的态度，他明确表示："维谢格拉德集团与我们无关，这一区域合作完全是西方国家人为引发的一个进程。"① 克劳斯主张与波兰、匈牙利和斯洛伐克加强双边关系，并倾向于与德国、奥地利和斯洛文尼亚这些经济较为发达的国家开展合作。克劳斯和捷克政府其他成员确信，捷克将在维谢格拉德集团中率先满足加入欧共体/欧盟和北约的标准，将以最快的速度加入欧共体/欧盟，维谢格拉德集团合作反而会束缚捷克"回归欧洲"的步伐。② 斯洛伐克独立后因与捷克之间存在财产纠纷，以及与匈牙利之间围绕卡布奇克水电站和境内匈牙利少数民族的地位问题关系紧张，对维谢格拉德集团合作的重视程度减弱。尽管匈牙利和波兰认为维谢格拉德集团合作是在欧共体/欧盟扩大问题上向西欧国家施加压力的有力工具，但匈牙利对外政策的优先方向是与邻国及其主要伙伴国发展双边关系，波兰也愈益重视与西部和东部伙伴国的关系，与德法两国建立了协调立场、加强合作的定期会晤机制"魏玛三角"，并与乌克兰、白俄罗斯和波罗的海三国密切联系。③

第二，欧盟采取以候选国自由竞争为基础的扩大战略。1993 年 6 月，欧盟哥本哈根首脑会议通过了与欧盟候选国单独对话的方式，从而使维谢格拉德集团的地位明显削弱，四个成员国协调步骤共同融入欧洲一体化进程的想法很快消失。1994 年波兰和匈牙利递交了入盟申请书，而斯洛伐克和捷克分别在 1995 年和 1996 年递交入盟申请书。为了获得欧盟委员会的最好评价，维谢格拉德集团成员国之间出现了明显的竞争态势。

---

① Peter Weiss, "Vyšehradská štvorka – aké pokračovanie?", 28. 8. 2003, http：//www. euractiv. sk/rozsirovanie/analyza/vysehradska – stvorka – ake – pokracovanie.

② Petra Vejvodová, "Spolupráce V4 a zájmy ČR v EU a NATO", https：//is. muni. cz/th/y7uyz/bakalarka. pdf.

③ Kamila Zelená, "Visegrádská skupina：vývoj a současné formy spolupráce", file：///C：/Users/libus/Downloads/zaverecna_prace%20 (4). pdf.

　　第三，出现了用中欧自由贸易协定取代维谢格拉德集团的想法。维谢格拉德集团四国是中欧自由贸易协定的创始成员国，后来斯洛文尼亚、罗马尼亚、保加利亚和克罗地亚加入。中欧自由贸易协定以较快的速度复苏了成员国之间呈下滑趋势的相互贸易，捷克和斯洛伐克更加重视中欧自由贸易协定，而不是维谢格拉德集团。

　　第四，成员国民众之间缺乏了解。维谢格拉德集团是自上而下建立起来的，成员国民众之间相对疏离。在民众层面，"回归欧洲"的热情完全掩盖了象征性的"回归中欧"的理念。成员国的非政府组织和公民之间缺乏联系，并且几乎不存在中欧地区认同，这导致维谢格拉德集团合作进程放缓。[①]

　　3. 合作恢复和加强期

　　在 1997 年 7 月举行的北约马德里峰会上，波兰、捷克和匈牙利接到入约邀请。同年 12 月，上述三国接到开启入盟谈判的邀请。这两个事件的发生促使波、匈、捷三国开始加强联系。由于国内的政治形势以及采取亲俄罗斯的对外政策，斯洛伐克被排除在欧盟和北约第一波扩大范围之外，中欧地区出现了双速发展的态势。自 1998 年秋起，开始逐渐恢复维谢格拉德集团合作，其主要原因有三点。第一，1998 年捷克和斯洛伐克先后举行了议会选举，政府的更替导致两国关系显著改善，捷克新政府致力于通过维谢格拉德集团合作帮助斯洛伐克打破国际孤立局面。第二，斯洛伐克新政府确立了外交政策优先目标：尽快在融入欧洲一体化进程中赶上维谢格拉德集团其他成员国，而实现这一目标的主要工具之一即是加强维谢格拉德集团合作。第三，斯洛伐克是维谢格拉德集团四国中唯一与其他三个成员国都交界的国家，一旦它被排除在加盟入约潮流之外，就会对中欧地区的安全稳定、经济合作、边防检查制度和人员往来带来问题。[②] 第四，波兰、捷克和匈牙利领导人重新意识到加强地区合作的重要性：波兰希望成为中欧地区合作的领导者；匈牙利希望利用维谢格拉德集团实现其对外政策两大优先目标，即融入欧洲一体化进程和解决敏感的境外少数民族问题；捷克希望通过合作改善与其他成员国的关系。

　　1998 年 10 月，捷克总理泽曼、波兰总理布泽克和匈牙利总理欧尔班在布达

---

①　Tomáš Strážay, "Visegrad—Arrival, Survival, Revival", http：//www.visegradgroup.eu/documents/bibliography/visegradarrival – survival – 120628.

②　Grigorij Mesežnikov, Michal Ivantyšyn, *Slovensko 1998 – 1999：Súhrnná správa o stave spoločnosti*, Bratislava：Inštitút pre Verejné Otázky, 1999, s. 292.

佩斯会晤并签署共同宣言，提出恢复维谢格拉德集团合作，以便在加盟入约问题上加强合作和支持斯洛伐克尽快加入北约等。

1999 年 5 月，波、匈、捷、斯四国总理在布拉迪斯拉发会晤，通过了有关"维谢格拉德集团合作内容"的文件，确定了未来合作的基本框架、优先方向和具体合作机制。四国商定在外交、打击非法移民和有组织犯罪、教育、文化、科技、跨边境合作等领域开展合作。合作的主要方向是支持成员国融入跨大西洋结构、加强维谢格拉德集团公民层面的联系和努力帮助斯洛伐克消除在融入欧洲一体化进程中的落后状态。在合作机制方面，按照欧盟的做法实行轮值主席国制度，每个成员国轮流担任主席国，任期一年；每年举行一次总统峰会、两次总理峰会（1 次正式和 1 次非正式）；部委、议会和专家之间也逐渐形成相互合作的平台。为了突出对斯洛伐克的重视，斯洛伐克从 1999 年 7 月起第一个担任维谢格拉德集团轮值主席国，2000 年 6 月成立的国际维谢格拉德基金会也设立在斯洛伐克首都布拉迪斯拉发。国际维谢格拉德基金会是维谢格拉德集团合作的第一个制度化形式，旨在推进成员国在文化、科研、青年人互访、旅游和跨边境合作等领域的联系，以使维谢格拉德集团成员国间的合作更贴近民众。

1998 ~ 2004 年，维谢格拉德集团合作的成功之处主要表现为以下三个方面。第一，斯洛伐克在融入欧洲一体化进程中赶上了其他成员国。在 1999 年 12 月欧盟赫尔辛基首脑会议上，斯洛伐克接到开始入盟谈判的邀请；在 2002 年 11 月北约布拉格峰会上，斯洛伐克被邀入约；2004 年 3 月，斯洛伐克正式加入北约；同年 5 月，维谢格拉德集团四个成员国同时加入欧盟。第二，其他中欧和东欧国家，如克罗地亚、斯洛文尼亚、立陶宛、奥地利和乌克兰等努力与维谢格拉德集团开展合作。第三，对其他国家集团产生了示范效应，如维尔纽斯十国和西巴尔干国家。[①]

在加入欧盟前的两三年中，维谢格拉德集团内部出现了离心倾向。第一，波兰和匈牙利不时将国家利益置于集团利益之上，从而影响了集团内部团结。第二，四国在入盟关键问题上，如与欧盟关于具体加入条件的谈判、欧盟的改革和欧盟宪法条约等问题上采取不同立场，甚至在一些领域相互竞争。第三，在集团未来存在形态问题上，四国也难以达成一致。[②]

---

① 姜琍：《维谢格拉德集团合作的演变与发展前景》，《俄罗斯中亚东欧研究》2011 年第 4 期。
② 朱晓中主编《欧洲的分与合：中东欧与欧洲一体化》，中国社会科学出版社，2017，第 209 页。

二　欧盟框架内维谢格拉德集团合作的演变

随着 2004 年维谢格拉德集团所有成员国会合于欧盟，该地区合作组织成功实现了融入欧洲一体化进程的战略目标，也就是在 1991 年《维谢格拉德宣言》中确立的"充分参与欧洲的政治、经济、安全和法律制度"的目标。这实际上意味着满足了维谢格拉德集团建立的初始动机。于是，出现了关于维谢格拉德集团在加入欧盟后失去存在理由的观点。然而，在强烈的政治意愿和中欧地区民众联系加强等因素推动下，维谢格拉德集团不仅得以在欧盟内延续，而且逐渐增强了自己在欧洲政治中的地位。

1. 开始参与欧洲政治，但亮点不多

入盟给维谢格拉德集团成员国带来一系列新的变化和挑战，促使它们在国家利益、中欧地区利益和欧盟利益之间进行权衡。这些变化和挑战如下。第一，各国独立运作的空间更为狭窄。第二，捷、斯、匈三国与波兰之间的差异凸显，捷、斯、匈三国在欧盟属于中等国家，波兰则跻身欧盟大国行列，它期待像法、德那样在欧洲政治中扮演领导角色。[①] 第三，维谢格拉德集团国家的国内生产总值之和低于荷兰的国内生产总值。这说明，在欧盟内四国的经济实力总体上可以忽略不计。[②] 第四，作为欧盟成员国，维谢格拉德集团成员国拥有自己的权利，掌握争取国家利益的工具。如果它们团结起来，就能更有效地使用权利。维谢格拉德集团四国的投票权相当于法、德两国的总和，其投票分量将在一定程度上影响欧盟的议程。第五，入盟后四国面临相似的挑战，比如加入申根区、过渡期、使用结构基金和采用欧盟立法等。维谢格拉德集团四国领导人意识到，获得与欧盟老成员国平等的地位远比四国之间的利益差异更为重要，如果每个国家单独融入欧盟现有的制度框架，很难有效地实现自己的利益。

2004 年 5 月 12 日，维谢格拉德集团四国总理在捷克的克洛姆涅什会晤，签署了关于加入欧盟后仍加强合作的宣言。四国一致认为，合作将继续侧重于加强中欧地区认同的区域活动和倡议；坚定为实现欧盟的共同目标以及欧洲一体化的

---

① Miroslava Vystavělová, "Potenciál středoevropské spolupráce v kontextu evropské integráce", http: // is. muni. cz/th/102848/fss_b/bakalarska_prace. pdf.

② Tamás Novák, " Možnosti visegrádské spolupráce v EU", 11. 11. 2013, https: //euractiv. sk/ section/all/opinion/moznosti – visegradske – spoluprace – v – eu/.

成功做出贡献；重申致力于欧盟扩大进程，愿意通过分享和传播它们的知识和经验来帮助渴望加入欧盟的其他国家，也准备利用其独特的区域位置和历史经验，推动欧盟制定和实施对东欧和东南欧国家的政策。① 同日制定了《未来合作领域指南》，确定中欧区域合作领域是文化，教育，青年交流，科学，公民层面的联系，跨境合作，基础设施，环境保护，打击恐怖主义，有组织犯罪和非法移民，申根合作，灾害管理，社会政策，国防和军工等；确定在欧盟内合作的领域是就共同关心的问题进行磋商和合作，促进共同外交和安全政策的发展，在司法和内政以及申根合作领域磋商和交流经验，为准备加入欧洲货币联盟进行磋商，为加强欧盟与北约之间的关系以及深化两个组织之间的实质性对话做出贡献；还确立了与其他伙伴国、北约和其他国际组织合作的框架和目标。② 上述两个文件表明，除入盟前的一些优先合作事项外，还扩展了许多新的合作内容，但比较模糊，缺乏具体的合作方式。人们对维谢格拉德集团这么一个灵活、非正式的、类似咨询论坛的组织能否带来实质性合作成果产生了疑问。③

在入盟最初的几年中，维谢格拉德集团常常表现为一个根据欧盟谈判议题而可能临时组成的联盟，成员国总是要到合作对其更为有利的时候才协调立场。它们把欧盟理解为一个争取民族国家利益的竞技场，过于偏好欧盟事务中自己感兴趣的或对其重要的部分，而忽略了其他部分，故被老成员国批评为消极、不明确、淡漠和不积极参与。④ 合作取得成功的案例不多，突出表现为共同努力加入申根区。入盟前，加入申根区问题已经成为维谢格拉德集团国家共同关注的问题，其原因有三。第一，加入申根区是获得欧盟全权成员国资格的一个体现。第二，一旦申根区边界将维谢格拉德集团国家分割开来，就会影响它们之间的相互联系以及中欧地区认同的形成。第三，波兰、斯洛伐克和匈牙利三国共同形成申根区的东部边界，它们与政治形势不稳定和安全风险较高的国家相邻，故需要通

① "The Kroměříž Declaration", 12 may 2004, http: //www. visegradgroup. eu/2004/declaration – of – prime.
② "Guidelines on the Future Areas of Visegrad Cooperatio", 12 May 2004, http: //www. visegradgroup. eu/cooperation/guidelines – on – the – future – 110412.
③ Jiří Koudar, "Visegrádská skupina po vstupu jejích členů do Evropské unie", 2012, https: //is. muni. cz/th/il s2w/Diplomova_prace_ – _finalni_verze. pdf.
④ Miroslava Vystavělová, "Potenciál středoevropské spolupráce v kontextu evropské integráce", 2006, http: //is. muni. cz/th/102848/fss_b/bakalarska_prace. pdf.

过合作保障东部边界的安全。① 2004 年 7 月，四国内务部部长发表共同宣言，确认 2007 年 10 月为全面参与申根区合作的战略期。2006 年，捷克为了不受波兰和斯洛伐克的拖累，有意采取单边主义行动，引起集团内部的矛盾。在申根区成员国发布声明决定延迟欧盟新成员国加入日期后，四国加强了团结与合作，共同给欧盟施压，最终在 2007 年 12 月 21 日一起加入申根区。

　　没有参与欧盟政治经验却又急切追求民族国家利益的维谢格拉德集团国家在《里斯本条约》批准进程中的表现遭到欧盟老成员国的批评。2007 年 12 月，欧盟各国领导人签署《里斯本条约》，旨在对欧盟机构进行改革，并通过改革表决机制提高决策效率。条约的批准进程因波兰和捷克两国领导人特别是捷克总统克劳斯延缓签署文件而变得非常复杂。在这个问题上，维谢格拉德集团国家没有采取统一立场，各国单独行动，最终使整个集团的声誉受损。

　　2. 积极为欧盟的命运承担责任，在欧盟地位上升

　　随着 2008 年国际金融危机爆发、2009 年俄乌天然气争端发生以及 2009～2011 年捷克、匈牙利和波兰先后担任欧盟轮值主席国，维谢格拉德集团开始聚焦一些优先合作领域，如能源安全、西巴尔干国家融入欧盟和北约、加强与"东方伙伴关系计划"国家的合作、交通基础设施的建设和连接、国防领域的合作等。在贯彻落实优先合作议题的过程中，成员国之间的互动强度和协同能力以及合作的连贯性明显加强。维谢格拉德集团不仅协调各自在欧盟政治中的地位，而且积极为欧盟的命运承担责任，从而为其在欧盟层面贯彻共同利益获得更大的空间。这主要表现在以下几个方面。第一，最高领导人会晤和各个层面的工作会晤延续欧洲理事会和欧盟峰会的议题，或者是事先确定的议题。第二，在欧洲理事会召开会议前，维谢格拉德集团领导人定期会晤以协调立场。第三，维谢格拉德集团的多数首脑会晤都会邀请欧盟的主要政治角色如欧盟轮值主席国、欧洲委员会的代表或欧盟大国的领导人参加。②

　　2009～2014 年，维谢格拉德集团在成员国共同利益、参与欧盟事务的积极性和外部威胁加大等因素推动下，取得一系列合作成效，提升了维谢格拉德集团

---

① Jiří Koudar, "Visegrádská skupina po vstupu jejích členů do Evropské unie", 2012, https://is. muni. cz/th/i1s2w/Diplomova_prace_ _finalni_verze. pdf.

② Michal Kořan, "Visegrádská spolupráce na prahu třetí dekády", Mezinárodní politika 3/2011, s. 5.

在欧盟的地位。匈牙利外交部高级顾问霍瓦特表示："维谢格拉德集团合作是一个知名品牌，如果我们明智地使用它，可以带来附加价值。"[①] 这一时期维谢格拉德集团的合作成效主要如下。

第一，能源安全领域的合作得到加强。能源安全是 2009 年上半年捷克担任欧盟轮值主席国期间的三大议题之一，也是 2009 年 7 月至 2010 年 6 月匈牙利担任维谢格拉德集团轮值主席国期间的优先合作领域之一。2009 年 1 月俄乌天然气争端发生后，四国抛弃观点分歧，开始采取措施减少对俄罗斯能源供应的依赖。具体措施是积极推动波兰和克罗地亚液化天然气终端管线之间的南北天然气走廊项目，逐步实现四国之间的能源管线连接。[②]

第二，国防安全领域的合作出现转折。2012 年 5 月，四国国防部部长签署共同声明，决定共同在欧盟框架内组建一支人数约为 3000 人的战斗部队，由波兰领导。此举是为了解决在经济形势不容乐观的情况下缩减国防开支而导致防务能力下降的问题。乌克兰危机爆发后，四国于 2014 年 3 月达成了另一项协议，进一步加强在联合演习、军事训练、国防采购和防御发展等方面的协调与合作。

第三，"东方伙伴关系计划"得以启动。鉴于历史文化、地缘政治和社会经济等方面的原因，维谢格拉德集团国家高度重视欧盟东部邻国的稳定和繁荣。2008 年 5 月，波兰和瑞典联合提出欧盟与东部邻国进行双边和多边合作的方案，该方案后来得到欧洲理事会的批准。为了进一步推动"东方伙伴关系计划"的实施，维谢格拉德集团四国定期举行与东部邻国外长的会议。2009 年 5 月，在捷克担任欧盟轮值主席国期间，启动了欧盟与六个欧亚国家——乌克兰、白俄罗斯、格鲁吉亚、摩尔多瓦、亚美尼亚和阿塞拜疆加强合作的"东方伙伴关系计划"。

此外，通过协调立场和步骤，维谢格拉德集团在支持西巴尔干国家融入欧洲一体化进程、2014～2020 年欧盟多年度财政框架的谈判和罗姆人的社会融合问题上发挥了重要作用。维谢格拉德集团还与欧洲乃至世界上其他国家和地区组织合作，以扩大其国际影响力。它在区域伙伴关系框架下与奥地利和斯洛文尼亚加

---

① Szabolcs Horváth, "Visegrádská čtyřka se v labyrintu Unie neztratila", 14. 12. 2011, http://www. euractiv. cz/evropske – instituce/interview/szabolcs – horvath – visegradska – ctyrka – se – v – labyrintu – unie – neztratila – 009424.

② 姜琍：《乌克兰危机对维谢格拉德集团四国能源合作的影响》，《欧亚经济》2015 年第 6 期。

强合作，通过"V4+"模式与波罗的海三国、瑞典、罗马尼亚、保加利亚、葡萄牙、日本、以色列、比荷卢经济联盟和北欧理事会等开展合作。

欧盟其他成员国意识到维谢格拉德集团的潜在力量。2009年11月，法国总统萨科齐对维谢格拉德集团国家领导人在欧洲理事会召开前定期会晤发出警告。这其实是他对维谢格拉德集团迫使主导欧洲事务的法德两国改变一些政策主张感到恼火，这也说明维谢格拉德集团在欧盟内部影响力的增强逐渐引起了老成员国的担忧。捷克总理内卡斯对此做出回应称，没有人阻止法国与德国的定期会晤，因此也没有理由出现对维谢格拉德集团会晤的担忧。内卡斯还强调，维谢格拉德集团也愿意与其他欧盟国家进行会谈。①

2013年底爆发的乌克兰危机暴露了维谢格拉德集团内部的不团结。由于在地理位置、历史经验、经济利益和执政党的理念等方面存在差异，四国对危机的认知及做出的反应不同：波兰传统上对俄罗斯采取强硬路线，主张军事上与俄罗斯对抗，力求减少中欧地区对俄罗斯的能源依赖；匈牙利和斯洛伐克对俄罗斯采取开放和务实的态度；捷克总统泽曼公开宣称他的亲俄态度。尽管四国都遵循欧盟关于制裁俄罗斯和捍卫乌克兰领土完整的政策主张，努力帮助乌克兰进行改革和融入欧洲一体化进程，但捷、斯、匈三国领导人也公开批评欧盟对俄罗斯的制裁措施。由于四国缺乏共同的安全利益和对安全威胁的统一认知，导致维谢格拉德集团在乌克兰危机问题上发挥的作用相对较小。

3. 在欧盟发出强有力的声音，挑战欧盟的政治正确性

（1）在难民危机问题上拒绝欧盟的安排

如果说乌克兰危机造成维谢格拉德集团的分裂，那么难民危机则促使维谢格拉德集团成员国团结一致。维谢格拉德集团成为塑造中欧在难民危机中共同立场的重要工具。

随着2015年难民危机的到来，维谢格拉德集团合作变得活跃起来。难民问题成为合作的优先事项，并促成了中欧政策的"维谢格拉德化"②。从一开始，

---

① Catherine McNally, "New possibilities for the Visegrad Group", 2010. 11. 23, http://csis.org/blog/new-possibilities-visegrad-group.

② Kateřina Zichová, "Další spolupráce Visegrádu je nejasná. Téma migrace čtyřku spojilo i rozdělilo zároveň", 5. 3. 2019, https://euractiv.cz/section/politika/news/dalsi-spoluprace-visegradu-je-nejasna-tema-migrace-ctyrku-spojilo-i-rozdelilo-zaroven/.

维谢格拉德集团四国就坚决反对欧盟委员会和以德国为首的老成员国提出的根据配额分配 12 万名难民的方案，这与四国特有的一系列因素有关：较低的富裕程度、行政管理薄弱、缺乏与伊斯兰文化的历史联系、与少数民族共处的糟糕经历等。① 在 2015 年 9 月欧盟部长理事会投票做出决定时，波兰是维谢格拉德集团中唯一投票赞成引入强制性难民配额制的国家。同年 10 月，法律与公正党赢得波兰议会选举并组建政府后，维谢格拉德集团四国联合起来反对德国的提议。图斯克担任波兰总理时试图促进维谢格拉德集团与德国之间的合作，法律与公正党政府则寻求与中欧和东欧国家中的盟友合作一起来抵制强大的德国。德国感受到维谢格拉德集团对其影响力的威胁，在 2017 年 2 月访问波兰时，默克尔总理发出对 "欧盟内部专属俱乐部" 的警告。②

维谢格拉德集团坚持认为边境保护是优先事项，应该切断难民的源头，只希望在自愿原则的基础上帮助难民，后来其他欧盟国家也同意维谢格拉德集团的意见。在 2015 年难民危机达到顶峰时，欧盟当务之急是解决突然涌入的移民问题，维谢格拉德集团拒绝强制性难民配额制遭到德国、法国和奥地利等欧盟老成员国的严厉批评，认为它们缺乏与欧盟其他国家在难民问题上团结互助的精神。卢森堡外交大臣阿塞尔博恩称维谢格拉德集团为 "叛逆者联盟"③。奥地利内务部部长约翰娜·米克洛娃－雷特内洛娃表示，应该从欧盟基金中削减对欧盟东部缺乏团结互助精神的国家的财政补贴。④ 面对老成员国的批评，维谢格拉德集团国家据理力争。斯洛伐克总理菲措称，欧盟以多数表决方式通过强制性难民配额制是无力在此问题上达成共识的表现。⑤ 匈牙利总理欧尔班则批评欧盟在难民危机问题

① Dariusz Kałan, "Migration Crisis Unites Visegrad Group", 16.9.2015, http://www.pism.pl/files/? id_plik=20392.
② Hans Kundani, "Protiněmecká koalice Visegrádské čtyřky", 18.9.2017, https://www.respekt.cz/politika/protinemecka – koalice – visegradske – ctyrky.
③ ČT24, "Visegrádská skupina přežila 25 let a drží stále pevněji", 15.2.2016, http://www.ceskatelevize.cz/ct24/domaci/1695274 – visegradska – skupina – prezila – 25 – let – a – drzi – stale – pevneji.
④ Jiří Pehe, "Východ Evropské unie tančí na hraně", 2.9.2015, www.pehe.cz/Members/.../vychod – evropske – unie – tanci – na – hrane.
⑤ Č TK, SITA, "Fico: Diktát odmietame, kvóty nebude Slovensko rešpektovat'", 22.09.2015, http://spravy.pravda.sk/domace/clanok/368428 – fico – povinne – kvoty – slovensko – nebude – respektovat/.

上软弱无能、优柔寡断和陷入瘫痪，呼吁欧盟采取新的难民政策，不仅应该保护欧盟的外部边界、文化和经济利益，而且应该给予民众更多的影响欧盟决策的权利。①2015 年 12 月，斯洛伐克和匈牙利先后向欧洲法院递交诉讼状，反对欧盟按照配额强制分摊难民。

捷克国际问题协会研究中心主任多斯塔尔表示，维谢格拉德集团引起欧盟其他成员国高度关注，主要是因为它对难民危机采取了共同态度，尽管它在此问题上取得了成功，却因此拥有了麻烦制造者的形象。②

（2）公开反对和力图摆脱作为"二等成员"的身份

首先，在英国脱欧公投后积极参与关于欧盟未来的讨论，并对"多速欧洲"方案提出异议。鉴于历史渊源、人员往来、经贸合作和政治理念等方面的因素，维谢格拉德集团国家与英国关系比较密切，既是政治盟友，也是经贸合作伙伴。英国脱欧将在政治、经济和国际关系等方面对其产生影响。③ 维谢格拉德集团积极面对英国脱欧的现实并努力参与关于欧盟未来的讨论。维谢格拉德集团四国总理发表联合声明称，欧盟应该增强公民对欧洲一体化和欧盟机构的信任，提高民族国家议会的地位，同时加强成员国之间的相互信任，努力消除人为的分界线。④ 在英国脱欧公投后一星期，斯洛伐克开始担任欧盟轮值主席国，它的主要任务之一是引领关于反思欧盟政治的讨论。在欧盟老成员国把"多速欧洲"作为英国脱欧后推进欧洲一体化的方式后，维谢格拉德集团四国一致认为，在欧盟内形成排他性的俱乐部对它们不利，一旦要在某些领域深化欧洲一体化，应该让所有成员国都可施加影响并加入其中。⑤ 匈牙利总理欧尔班表示："不应该有双

① SITA，Orbán："Do Európy nemožno nekontrolovane vpúšťať masy ľudí"，16. 11. 2015，http：// spravy. pravda. sk/svet/clanok/374063 – orban – do – europy – nemozno – nekontrolovane – vpustat – masy – ludi/.

② ČTK，Analytik："V4 byla úspěšná, ale zadělala si na problémy"，10. 6. 2016，http：//www. ceskenoviny. cz/zpravy/analytik – v4 – byla – uspesna – ale – zadelala – si – na – problemy/1359969.

③ 姜琍：《英国脱欧对欧盟和中东欧国家的政治影响》，《俄罗斯东欧中亚研究》2017 年第 5 期。

④ ČTK，"Země V4 po Brexitu prozradily další plány v rámci Evropské unie"，28. 6. 2016，http：// tn. nova. cz/clanek/zeme – v4 – po – brexitu – vzkazuji – nenechame – se – brity – utlacovat. html.

⑤ Adéla Denková，"Vícerychlostní Evropa je pro Česko nebezpečná, varují odborníci"，24. 3. 2017，https：//euractiv. cz/section/aktualne – v – eu/news/vicerychlostni – evropa – je – pro – cesko – nebezpecna – varuji – odbornici/.

速欧洲，不应该有任何一等或二等欧洲国家，不应该有任何的核心和边缘。"①

其次，坚决反对欧盟市场上存在双重质量标准。2017 年 3 月，维谢格拉德集团四国总理发表联合声明，呼吁欧盟委员会更加关注欧盟成员国存在双重食品质量问题，发出我们不是欧盟"二等公民"的声音。捷克总理索博特卡强调说，我们不能同意欧盟内可能有一等公民和二等公民的想法，绝不能以任何方式接受不同国家有不同商品质量的做法。②

最后，期待在欧盟和其他国家的关系中发挥更大作用。2019 年 4 月，维谢格拉德集团四国总理与日本首相安倍在斯洛伐克首都布拉迪斯拉发会晤。捷克总理巴比什表示，在欧盟内维谢格拉德集团是一个非常强大的集团，是欧洲最大的汽车生产地之一，不是欧盟二等成员国，应该在欧盟与美国、中国和其他国家的贸易协定中发挥更重要的作用。③

（3）指责欧盟干涉成员国内政

一些西欧人士认为，维谢格拉德集团是与匈牙利和波兰"民主倒退"、坚决反对难民配额制关联的地区。随着难民危机逐渐消退，西欧国家的注意力开始转移到与欧盟有争议的波兰和匈牙利。④ 2017 年 12 月，欧盟委员会以波兰司法改革严重违反法治原则为理由，建议欧洲理事会启动《里斯本条约》第七条。根据这条规定，严重违反欧盟价值观的成员国将遭到制裁，甚至被剥夺在欧盟的投票权。波兰则声称欧盟不应过多干涉成员国的内政。2018 年 10 月，欧洲法院在审议了欧盟委员会针对波兰司法改革提出的诉讼后，要求波兰立即停止"最高法院法"的实施。虽然波兰接受了欧盟法院的裁决，但拒绝放弃改变司法机构的长期计划。

---

① Echo24，"Polsko i Maďarsko rozhodně odmítají vícerychlostní EU. Juncker se diví"，10. března 2017，http：//echo24. cz/a/wx7XK/polsko－i－madarsko－rozhodne－odmitaji－vicerychlostni－eu－juncker－se－divi.

② ČTK，"Nejsme občané druhé kategorie，kritizovala V4 různou kvalitu potravin"，2. 3. 2017，https：//www. idnes. cz/ekonomika/zahranicni/ruzna－kvalita－potravin－v4. A170302_132842_eko_euro_pas.

③ Ivan Vilček，"Nejsme druhá kategorie，řekl Babiš v Bratislavě na setkání premiérů V4 a Japonska"，25. 4. 2019，https：//www. novinky. cz/zahranicni/evropa/503318－nejsme－druha－kategorie－rekl－babis－v－bratislave－na－setkani－premieru－v4－a－japonska. html.

④ Adéla Denková，"Visegrád táhne za Polskem a Maďarskem. Říká nahlas nepříjemné věci，migrace už ale nemusí být hlavní téma"，27. 2. 2018，https：//euractiv. cz/section/politika/news/visegrad－tahne－za－polskem－a－madarskem－rika－nahlas－neprijemne－veci－migrace－uz－ale－nemusi－byt－hlavni－tema/.

　　2018 年 9 月，欧洲议会通过决议，同意援引《里斯本条约》第七条对匈牙利的"民主倒退"启动制裁程序，认为匈牙利的民主、法治和人民的基本权利受到系统的威胁，严重威胁到欧盟的价值观。匈牙利政府回应称，这是欧洲支持难民政策的政客对匈牙利的报复。

　　其实，欧盟任何有效制裁的可能性都很低，因为波兰和匈牙利相互支持可以否决任何可能的制裁。捷克和斯洛伐克也呼吁欧盟和匈牙利、波兰之间通过对话方式解决争议。在 2018 年 10 月维谢格拉德集团四国议长会晤期间，波兰众议院议长库赫钦斯基表示，欧盟机构威胁对波兰和匈牙利启动《里斯本条约》第七条是对成员国内政的干涉，应该采取一切措施促使欧盟机构能够根据《里斯本条约》规定的权限采取行动。① 同月，捷克总统泽曼表示，欧盟试图干预维谢格拉德集团国家内部事务是多余的，将导致这些国家与欧盟其他国家产生隔阂。②

　　随着欧盟扩大和英国公投脱欧，欧盟各国的力量对比正在发生根本性的变化，欧盟的影响力从西部向东部转移，这将影响欧盟未来的发展。法德在欧盟内权力地位明显上升，维谢格拉德集团成为它们强劲的对手。③ 法德两国领导人意识到，在英国脱欧后欧盟二十七个成员国需要更紧密合作，以便为未来的欧洲政治议程找到新的方向，没有维谢格拉德集团的支持，它们很难实现这一目标。因此，近两年来，德国总理默克尔和法国总统马克龙加强了与维谢格拉德集团国家的对话。2018 年 3 月成立的德国新政府表示愿意与中东欧新成员国加强合作，以改变欧盟的面貌。德国外长马斯强调，希望避免欧洲东西部之间的政治争端变为持久的深层裂缝，不应该给人造成这种印象：在欧洲有两个等级的国家，其中一个等级的国家一直跟随在另一个等级国家后面而不发挥作用。④ 法德两国对维谢格拉德集团国家持有的开放和合作态度，表明后者在欧盟内的地位不容忽视。

---

① "Košice：Setkání předsedů parlamentů Visegrádské skupiny", 14. 10. 2018, http：//www. sejm. gov. pl/ Sejm8. nsf/v4Komunikat. xsp? documentId = CF350D7352412B5DC125832B0042A293&lan g = CZ.

② "Summit V4：Duda a Áder hájili svůj postoj k migraci, Zeman bránil Maďary", 12. 10. 2018, https：//zpravy. tiscali. cz/summit－v4－duda－a－ader－hajili－svuj－postoj－k－migraci－zeman－branil－madary－319332.

③ Lenka Zlámalová, "V EU se mění poměr sil. Kdo je tady civilizovaný?", 16. 11. 2018, https：// echo24. cz/a/SyKUS/v－eu－se－meni－pomer－sil－kdo－je－tady－civilizovany.

④ Christian Schweiger, "Věčně na periferii? Visegrádské země v EU po brexitu", 31. 5. 2018, https：//euractiv. cz/section/politika/opinion/vecne－na－periferii－visegradske－zeme－v－eu－ po－brexitu/.

第三节 维谢格拉德集团合作的特点

维谢格拉德集团合作的特点受到下列诸多因素的影响：成员国的利益诉求、历史文化经验、政治意愿、经济和社会的融合度。目前的合作形式是一种现实和折中的选择，是为了实现合作的长久性、灵活性和效率性的有机结合。

一 非制度化合作

维谢格拉德集团的运作纯粹依靠政府间合作方式，采用轮值主席国制度，实施从总统、总理到专家的各级代表定期会晤和各成员国"平等权利、平等贡献"原则。唯一固定的组织结构是国际维谢格拉德基金会，它成立于 2000 年，设立在斯洛伐克首都布拉迪斯拉发。国际维谢格拉德基金会的宗旨是促进和支持维谢格拉德集团成员国之间、维谢格拉德集团与其他国家和地区特别是西巴尔干国家和"东方伙伴关系计划"国家之间的紧密合作，涉及文化、科研、教育、青年人互访、旅游开发和跨边境合作等。基金会的预算来自成员国同等的会费以及加拿大、德国、荷兰、韩国、瑞典、瑞士和美国等国的资助。2006 年，基金会的预算总额为 320 万欧元，每个成员国贡献 80 万欧元，2007 年和 2008 年达到 500 万欧元，2009 年、2010 年和 2011 年上升到 600 万欧元，2012 年为 700 万欧元。自 2014 年以来，国际维谢格拉德基金会的年度预算达到 800 万欧元。[①]

加入欧盟后，维谢格拉德四国领导人决定保留非制度化的合作形态，原因是他们认为非制度化的方式不仅经济上节约，可以避免不必要的官僚化，而且有利于发展公民层面的合作，特别是能够保障集团合作的灵活性。[②] 灵活性具体表现为：便于集团对现实发展即时做出反应，使合作强度适应成员国的真正需要，同时为成员国提供相当灵活的运作空间，任何时候都可以毫无障碍地退出共同立场，而且不需要在不是其优先考虑的问题上表明立场。当然，过分的灵活性可能

---

① Centrum Univerzity Karlovy, "Visegradský fond", https://ec.cuni.cz/EC – 46. html; "Visegrádská skupina", https://cs.wikipedia.org/wiki/Visegrádská_skupina/.

② Vladimír Bilčík, "Tomáš Stražay, Funkovanie Vyšehradskej štvorky pred a po vstupe jej členov do Európskej únie", http://www.sfpa.sk/dokumenty/publikacie/116.

削弱行动力和集团的信誉。[1] 入盟后的合作经验表明，如果维谢格拉德四国只希望在有绝对共识的问题上合作，它们就会错过许多合作领域，因为它们几乎在每个领域都存在不同程度的态度差异。于是，维谢格拉德集团开始逐渐实施所谓的"优先团结"原则，即如果成员国不是明确反对某一倡议，那么就应该支持它；如果某一成员国与集团外某一国家就一个特别议题发生争执，其他成员国就应该给予这个合作伙伴一定的优先支持。[2] 从 2009 年起，维谢格拉德集团开始实施会晤制度化，即维谢格拉德集团的工作会晤或高层会晤的内容延续欧洲委员会和欧盟峰会的议题或四国事先确定的优先合作议题。

二　差异性和相似性并存

维谢格拉德集团是一个差异性与相似性都很突出的地区合作集团。差异性在一定程度上影响了维谢格拉德集团的凝聚力和合作成效，而相似性是维谢格拉德集团存在的基础与发展的动力。如何在差异性的基础上利用相似性达成共同立场，切实影响着维谢格拉德集团在融入欧洲一体化进程中的合作成效。

1. 维谢格拉德集团国家之间的差异性

维谢格拉德集团成员国在国家体量、政治抱负、对维谢格拉德集团的看法、对欧洲一体化未来模式的态度、与俄罗斯关系等方面存在差异，从而影响维谢格拉德集团内部的凝聚力。

第一，国家体量和政治抱负不同。维谢格拉德集团的不对称性突出，无论是人口、面积还是经济规模，波兰都超过其他三个成员国的总和。截至 2019 年底，波兰人口约 3840 万，面积 31.27 万平方千米，国内生产总值 1.353 万亿美元；匈牙利人口约 977 万，面积 9.3 万平方千米，国内生产总值 3163.4 亿美元；捷克人口约 1070 万，面积 7.89 万平万千米，国内生产总值 1756.5 亿美元；斯洛伐克人口约 545 万，面积 4.9 万平方千米，国内生产总值 811.5 亿欧元。[3] 波兰是欧盟第六大国和中东欧地区第一大国，捷、斯、匈三国在欧盟属于中小国家。维谢格拉德集团"平等权利、平等贡献"的原则不能体现波兰的雄心，波兰期

---

[1]　Eva Sladičeková, "Inštitucionálny "vývoj visegrádskej spolupráce, jej možnosti, limity a perspektívy", http://is.muni.cz/th/273908/fss_b/bakalarka_praca.txt.

[2]　Jana Liptáková, "The importance of V4", Visegrad Countries Special, august 31, 2009, p. 4.

[3]　参见四国统计局数据。

望能像法、德、英三国那样在欧洲政治中扮演重要角色，意欲在英国脱欧后在欧盟内取代其位置。但由于缺乏相应的经济、文化和权力等前提条件，难以发挥其作为美国重要盟友和欧洲一体化进程"减速器"的作用。① 捷、斯、匈三国则很少有决定欧盟政策议程的抱负。

第二，对维谢格拉德集团合作的看法不同。虽然波兰不满足于与其他三个较小的伙伴国享有同等权利和地位，但它依然将维谢格拉德集团合作作为实现其政治目标的工具。它同时积极推动"三海倡议"② 并参与 "魏玛三角"③ 和波罗的海国家理事会④，以便从不同区域合作组织中受益。匈牙利认为维谢格拉德集团合作是最重要的区域合作组织，是在欧盟内建立更广泛联盟的基础，同时也是实现其外交政策目标的重要工具。它尤其重视通过 "V4 ＋" 模式与其他国家建立伙伴关系。捷克把维谢格拉德集团合作看作与波兰和斯洛伐克这两个邻国保持定期对话和加强双边关系的工具，以及在斯拉夫科夫三边合作⑤中增强影响力的工具。斯洛伐克高度重视维谢格拉德集团合作，视其为最重要的区域合作倡议，但也支持深化欧洲一体化，故一直试图在两者之间寻找平衡。⑥

第三，对欧洲一体化未来模式的态度不同。波兰、匈牙利和捷克至今没有确定加入欧元区的日期，尽管它们的经济与欧元区联系紧密，它们也是中东欧非欧元区国家中经济发展水平相对较高的国家。按购买力平价计算人均国内生产总值，2018 年捷克相当于欧盟平均水平的 90%，波兰和匈牙利分别为欧盟平均水

① Juraj Marušiak, "Tekutá konfigurácia vyšehradského priestoru", https：//zahranicnapolitika. sk/tekuta－konfiguracia－vysehradskeho－priestoru/.

② "三海倡议" 是 2015 年由波兰和克罗地亚联合发起的一个国际经济—政治倡议，旨在为十二个位于亚得里亚海、波罗的海和黑海之间的欧盟成员国——波兰、爱沙尼亚、拉脱维亚、立陶宛、捷克、斯洛伐克、匈牙利、奥地利、斯洛文尼亚、克罗地亚、保加利亚和罗马尼亚加强经济合作和南北向基础设施联通提供政治支持。除了奥地利以外，其他十一个成员国均来自中东欧地区。

③ "魏玛三角" 是德国、法国和波兰三国协调立场、加强合作的会晤机制，创建于 1991 年。

④ 波罗的海国家理事会成立于 1992 年，旨在加强波罗的海沿岸地区的合作，特别针对经济发展、能源、教育与文化、公共安全与人类发展等五个优先范畴进行全面协商，有丹麦、爱沙尼亚、芬兰、德国、冰岛、拉脱维亚、立陶宛、挪威、波兰、俄罗斯和瑞典等十一个成员国。

⑤ 斯拉夫科夫三边合作是 2015 年 1 月捷克、斯洛伐克和奥地利三个相邻的国家建立的松散合作平台，旨在加强基础设施联通、教育交流和跨境合作项目。

⑥ Tomáš Strážay, "When Pragmatism Wins：Slovakia in the Visegrad Group", in Peter Brezán, *Yearbook of Slovakia's Foreign Policy*, Research Center of the Slovak Foreign Policy Association, Bratislava 2019, p. 68.

平的71%和70%，① 但是它们打算在本国经济解决好结构性问题、达到西欧发达国家经济水平以及欧元区改革之后再采用欧元。捷克和波兰把本国货币视为国家主权的象征，而且更加重视加入欧元区的实际趋同，认为希腊的情况具有警示意义，过早加入欧元区有风险。如果欧元区存在的问题得不到很好的解决，它们不加入欧元区的意愿会更加强烈和持久。匈牙利政府对欧元采取实用主义的态度，从政治和经济的角度考虑加入欧元区的利弊。② 波、匈、捷三国倾向于在未来欧洲一体化进程中加强主权国家的作用，反对"多速欧洲"，以免在欧盟被边缘化。斯洛伐克在2019年1月1日加入欧元区，是中东欧国家中继斯洛文尼亚之后第二个加入欧元区的国家，它致力于进入欧盟核心国家行列，倾向于更深入地推进欧洲一体化。

第四，与俄罗斯的关系不同。由于地理位置、历史记忆、执政思维、经济利益和对潜在安全风险的认知不同，维谢格拉德集团四国在对俄罗斯的态度以及欧盟与俄罗斯的关系问题上产生分歧。波兰地处德国和俄罗斯之间，复杂和敏感的地缘政治地位导致其有着较大的安全担忧，长期对俄罗斯持防范心理，将其视为潜在的安全威胁，在乌克兰危机后防范俄罗斯的意识进一步加强，主张欧盟对俄罗斯实行严厉的经济制裁，呼吁欧盟减少对俄罗斯的能源依赖，强烈反对由俄罗斯经波罗的海到德国的"北溪–2"天然气管道项目，力邀美国在其境内永久驻军，拟出资20亿美元帮助美国在其境内修建永久性军事基地，将之命名为"特朗普堡"。捷克地处北约中心位置，对俄罗斯威胁的担忧较小，没有因乌克兰危机而感到军事上直接受到俄罗斯威胁。捷克政界和民众对俄罗斯的态度呈割裂状态，一部分人持经济实用主义立场，另一部分人则认为俄罗斯是对欧洲秩序的一大威胁，应该加以防范和制裁。匈牙利视俄罗斯为重要的商业伙伴，不仅不认为它是威胁，而且进一步加强了与俄罗斯的政治与经济合作。匈牙利总理欧尔班与俄罗斯总统普京保持了一年至少一次的会晤。2014年，匈牙利与俄罗斯签署了关于在匈牙利境内建设保克什核电站的协议，双方承诺在核电站的维护和发展方面进行合作，俄罗斯将为核电站扩建提供100亿欧元信贷额度。2019年10月，俄罗斯总统普京访问匈牙利，双方签署了包括天然气、核电、铁路机车、医疗以

---

① Český Štatistický Úřad, "Česko v číslech – 2019", https：//www.czso.cz/documents/10180/92010922/3202031927_mez.pdf/82562317–35a1–4f8b–a2f1–0f1623f5ed62? version＝1.3.

② 姜琍：《中东欧国家加入欧元区前景分析》，《俄罗斯东欧中亚研究》2018年第4期。

及太空合作在内的八项合作协议，能源合作是双方的核心关切。匈俄达成协议，从 2020 年起俄罗斯向匈牙利供应未来整个冬季所需的天然气。① 斯洛伐克对俄罗斯的能源依赖程度最高，而且泛斯拉夫主义的历史遗产使斯洛伐克社会有一部分人士持亲俄态度。在 1994 ~ 1998 年梅恰尔政府执政期间，斯洛伐克因与俄罗斯在政治、经济和军事领域紧密合作而导致其融入欧洲一体化进程受阻；1998 ~ 2006 年中右翼政府执政期间，斯洛伐克努力加入欧盟和北约，明显疏远了与俄罗斯的关系。2006 年中左翼的政党方向 – 社会民主党主席菲措担任总理后强调，片面亲西方的政策对斯洛伐克不利，应该进一步加强与俄罗斯的关系。② 斯洛伐克现政府对俄罗斯持经济实用主义立场，注重发展与俄罗斯的经济关系。

2. 维谢格拉德集团国家之间的相似性

维谢格拉德集团国家有着相似的历史文化、宗教信仰、政治制度和经济发展水平，在一些欧洲事务上立场也相似，这是维谢格拉德集团合作的基础与动力。

第一，历史发展进程相似。1420 年，来自卢森堡家族的日吉斯蒙德担任捷克国王，他从 1387 年起已经担任了匈牙利国王。15 世纪下半叶直至 16 世纪上半叶，波兰雅盖隆王朝的弗拉迪斯拉夫二世担任了捷克国王和匈牙利国王。从 1526 年起直至第一次世界大战结束，捷克、斯洛伐克和匈牙利是哈布斯堡王朝的组成部分，波兰则受到它的影响。第一次世界大战结束后，波兰复国，继承了奥匈帝国的部分领土，捷克斯洛伐克和匈牙利是奥匈帝国的继承国。第二次世界大战后，波兰、捷克斯洛伐克和匈牙利成为苏联的卫星国。1989 年政局剧变后，三国开始了全面社会转型和"回归欧洲"的历史进程。

第二，宗教信仰相似。维谢格拉德集团四国以天主教信仰为主，只是每个国家宗教信仰的程度不同。波兰有 88% 的居民信仰罗马天主教，是欧洲信仰宗教人口比例最高的国家之一。斯洛伐克有 62% 的居民信仰罗马天主教。匈牙利有 54% 的居民信仰天主教。捷克绝大多数居民是无神论者，只有 10.5% 的居民信仰天主教，是欧洲信仰宗教人口比例最低的国家。③

第三，政治制度相似。四国都实行多党议会制，遵循三权分立原则，即司法

---

① 《普京"打进"中欧，匈牙利与俄合作找到舒适区》，《北京经济日报》2019 年 11 月 12 日，http: //www. dragonnewsru. com/news/ru_news/20191112/100710. html。

② 徐向梅主编《俄罗斯问题研究（2014 ~ 2015）》，中央编译出版社，2016，第 333 页。

③ "Visegrád Group"，https: //en. wikipedia. org/wiki/Visegr% C3% A1d_Group.

权、行政权和立法权相对独立。议会是国家最高立法机构，通常每四年举行一次大选。总统和政府拥有行政权，政府是最高行政机关，总统是国家元首和武装力量的最高统帅。四国还都是单一制的立宪共和国。在权力结构方面的一个差别是，捷、波两国的议会实行参众两院制，而匈、斯两国的议会实行一院制。

第四，经济发展水平相似。维谢格拉德集团国家都经历了从中央计划经济向市场经济的转型，虽然它们的经济转型战略和改革路径有差异，但存在趋同因素：服务业和工业在 GDP 中所占份额高，与欧盟特别是德国的经济联系紧密，倡导建设充满活力和运作良好的欧洲单一市场以及与第三国的自由贸易，近年来经济增长率超过欧盟老成员国，与欧盟发达国家的经济差距不断缩小。

第五，在许多与欧盟相关问题上持相似乃至共同立场。在政治领域，维谢格拉德集团四国强调民族国家主权和大小成员国一律平等，主张各国议会更多地参与欧盟决策过程，反对欧盟过多干预成员国内部事务。在经济领域，四国呼吁进一步发展欧洲单一市场尤其是数字市场，加大对基础设施的投资，认同德国和北欧采取严格的财政纪律和加强预算监管的经济发展模式。在欧盟基金分配和使用方面，四国主张欧盟成员国自由决定欧盟基金的使用范围，反对削减旨在援助欧盟较为落后国家的"凝聚基金"。在气候—能源方面，四国认为欧盟新成员国经济效率低下且是能源密集型经济体，不应承担过高的脱碳成本，应获得相应的补偿；力促将南北向天然气走廊项目纳入欧盟优先发展的能源基础设施项目，同时强调核能在能源结构中的地位。在外交和安全领域，四国支持欧洲进一步加强防务能力，同时强调保留北约在欧洲集体防御中的作用，呼吁通过成员国的可持续共识全面解决欧盟的难民危机，反对强制性难民分配制度，主张保护欧盟外部边界。

三　奉行不扩大原则

1991 年维谢格拉德集团成立初期，匈牙利总理安塔尔就表示，维谢格拉德集团国家是中东欧地区政治和经济最发达的经济体，维谢格拉德集团暂时不应该向中东欧地区其他国家扩大，而应该首先在中欧倡议合作平台上加强与集团外国家合作，如奥地利和多瑙河流域其他国家。① 不扩大原则贯穿了维谢格拉德集团

---

① Libor Lukášek, *Visegrádská skupina a její vývoj v letech* 1991 – 2004, Prague：Karolinum, 2010, s. 24.

成立以来的近30年时间，其成员国在其他地区合作平台中与集团外国家合作。1992年12月21日，波兰、匈牙利、捷克和斯洛伐克四国外长在波兰签署中欧自由贸易协定，其宗旨是加强成员国之间在经济领域的协调，推动地区经济合作，谋求共同发展。后来，这个地区合作平台不断扩大，从中欧扩展至东南欧。当然，维谢格拉德集团四国在2004年加入欧盟后退出了中欧自由贸易协定。

2013年秋，捷克总统泽曼表示赞同邀请奥地利和斯洛文尼亚加入维谢格拉德集团，但同时表示，该集团内其他国家反对将这两个国家吸纳进来。2016年9月，泽曼总统与奥地利自由党计划将维谢格拉德集团扩员，让奥地利加入进来。奥地利自由党希望把维谢格拉德集团作为制衡德国总理默克尔的政策工具，通过加入维谢格拉德集团加强奥地利在中欧的地位和推动欧盟的改革。然而，捷克总理索博特卡拒绝了这一提议，称维谢格拉德集团的共同利益是促进强大而团结的欧盟。① 从2015年至今，捷克、斯洛伐克和奥地利在斯拉夫科夫三边合作框架内加强合作。

第四节　维谢格拉德集团合作对欧洲一体化的意义

在考虑到差异性的前提下，四国积极寻求利益契合点，通过平等协商的方式实现紧密合作，目的是在欧盟内增强影响力。作为欧盟内政治上愈益自信、经济上长期保持较为快速增长的地区，维谢格拉德集团对欧盟产生了诸多方面的影响。

一　促进中欧地区的团结稳定

维谢格拉德集团这一地区合作平台有助于克服双边问题、加强团结协作和维护中欧地区稳定。在历史上，中欧地区经历了一系列冲突，国家间关系比较复杂。只有波兰和匈牙利之间长期友好，其他双边关系则比较曲折，甚至出现过敌对和战争。20世纪，波兰和捷克斯洛伐克的关系多次受到有争议的边境领土问

---

① "Žádná V5. Rakušané odmítli plán, který se líbil Zemanovi a rakouským Svobodným", https：// ct24. ceskatelevize. cz/svet/1935819 – zadna – v5 – rakusane – odmitli – plan – ktery – se – libil – zemanovi – a – rakouskym – svobodnym.

题的困扰。捷克和斯洛伐克曾经生活在同一个国家，它们之间的关系受到矛盾分歧和历史成见的影响。在捷克斯洛伐克国家解体后，两国因共同财产的分割问题一度关系冷淡。匈牙利和斯洛伐克之间冲突最多。在第一次世界大战结束后，曾经隶属于匈牙利并经历了强制性匈牙利化政策的斯洛伐克脱离匈牙利，与捷克共同建立了捷克斯洛伐克国家，从此与匈牙利之间产生了领土争端。匈牙利与捷克和斯洛伐克之间存在的一个重要历史遗留问题是所谓的"贝奈斯法令"，它涉及第二次世界大战结束后捷克斯洛伐克境内的德意志和匈牙利少数民族地位问题。1991 年维谢格拉德集团成立给成员国之间的关系带来关键性突破，当时各国决定努力解决双边问题，优先考虑多边合作，以实现融入欧洲一体化进程的战略目标。推动成员国关系显著改善的另一个时间节点是 20 世纪 90 年代末，率先加入北约并开始入盟谈判的波、匈、捷三国积极帮助在融入欧洲一体化进程中落后的斯洛伐克，最终四国成功会合于欧洲—大西洋结构。

　　维护中欧地区安全是维谢格拉德集团成立和持续存在的主要原因和动力。通过采取共同立场和协调行动，波、匈、捷三国在很短的时间内促使华沙条约和经互会解散以及苏联军队撤离。在 1991 年苏联国内形势恶化和南斯拉夫联邦发生深刻危机后，维谢格拉德集团愈益加强了在安全领域的合作。三国在下列领域开展了合作：军备和技术保障、训练和科研基地的使用、交流新型军事后勤体系的经验、防空和飞行管制一体化。三国还就下列问题努力采取共同立场：武器装备的生产和维修，加入北约、西欧联盟和欧洲安全与合作组织等。由于三国政治家、外交官和专家密切磋商和共同做出决定，在国际上用一个声音说话，得到西方国家的好评。例如，对苏联关系达成一致态度，在世界和欧洲形势中发生的重要问题包括巴尔干危机、欧洲一体化和伊拉克战争上协调立场，在与发展中国家关系问题上相互配合。随着三国成为欧洲委员会成员、与欧洲共同体签订"联系国协定"、在欧洲安全与合作会议的活动中发挥重要作用，维谢格拉德集团成功将中欧打造为稳定和受到国际社会尊重的地区。

　　由于波、匈、捷、斯四国逐渐摒弃成见、达成和解和加强协作，中欧地区成为欧盟框架下一个团结稳定的地区，无论是在双边关系还是多边合作领域，不和谐的杂音越来越弱。2010 年之后，四国一致同意，对于在国际上共同开展的活动，必须在那些对中欧地区和各个成员国最重要的问题上采取共同立场；每个成员国不应在单独行动中提出与其他成员国竞争的解决方案或者采取反对其他成员国的行动；在北约和欧盟首脑会议前应该相互协商，以便采取一致态度。①

根据 2015 年 5 月在四国进行的民意调查，70% 的斯洛伐克人、50% 的捷克人和 40% 的匈牙利人和波兰人认为维谢格拉德集团的合作有意义。相互信任是维谢格拉德集团国家间关系的一个重要指标。斯洛伐克人认为捷克人最值得信赖（78%），对波兰人和匈牙利人的信赖程度分别是 40% 和 30%；捷克认为斯洛伐克人最值得信赖（79%），对波兰人和匈牙利人的信赖程度分别是 58% 和 37%；波兰人认为斯洛伐克人最值得信赖（69%），对捷克人和匈牙利人的信赖程度均为 61%；匈牙利是四国中唯一对维谢格拉德集团以外的国家表现出高信任度的国家，认为德国人最值得信赖（62%），对波兰的信任度是 58%，对捷克和斯洛伐克的信任度均为 40%。②

二　推动欧盟边界扩大和周边安全

自加入欧盟以来，维谢格拉德集团国家表现出对东部邻国和西巴尔干国家的积极态度，希望通过分享和传播知识与经验帮助渴望加入欧盟的国家，推动欧盟边界的扩大。从 2009 年起，巴尔干事务与"东方伙伴关系计划"成为维谢格拉德集团总理和外长会晤的中心议题。大力支持欧盟加强与东部邻国和西巴尔干国家的关系成为它们外交政策的重中之重。除了向希望加入欧盟的国家强调开放政策外，还表示愿意协助东部邻国乌克兰、白俄罗斯、格鲁吉亚、摩尔多瓦、亚美尼亚和阿塞拜疆和西巴尔干国家实施必要的政治和经济改革。为了进一步推动"东方伙伴关系计划"的实施，定期举行维谢格拉德集团四国与"东方伙伴关系计划"国家的外长会议。2019 年是"东方伙伴关系计划"启动 10 周年，5 月，在斯洛伐克首都布拉迪斯拉发举行了由维谢格拉德集团四国、"东方伙伴关系计划"六国外长和欧盟委员会代表共同参加的会议，围绕"东方伙伴关系计划"的未来发展、人员往来、地区安全和经济合作等议题进行了磋商。

维谢格拉德集团国家一直都认为，欧盟的大门应该向西巴尔干国家开放。虽然西巴尔干地区在四国外交政策优先事项中占据位置不同，但它们一致表示支持西巴尔干国家入盟。一方面，维谢格拉德集团国家积极参与制定欧盟针对西巴尔

① Renata Pardíková，"Bezpečnostní spolupráce zemí Visegrádské skupiny"，2017/2018，https：// vskp. vse. cz/72545_bezpecnostni_spoluprace_zemi_visegradske_skupiny.

② OГga Gyarfášová，"Grigorij Mesežnikov，Key Findings—25 Years of the V4 As Seen by the Public"，http：//www. visegradgroup. eu/documents/other – articles/key – findings 25 – years – of – 160601.

干国家的政策；另一方面，它们努力帮助西巴尔干国家满足欧盟的要求。① 从 2011 年起，维谢格拉德集团在政治、资金和技术上支持西巴尔干基金会的诞生。2015 年 11 月，阿尔巴尼亚、波黑、黑山、科索沃、马其顿和塞尔维亚签署协议成立西巴尔干基金会，2017 年 10 月开始在阿尔巴尼亚地拉那运维。这一举措仿效国际维谢格拉德基金会，旨在在该地区建立信任和推动地区合作项目的落实。2019 年，维谢格拉德集团国家领导人先后发表声明支持塞尔维亚入盟，呼吁欧盟开启与北马其顿和阿尔巴尼亚的入盟谈判。

维谢格拉德集团国家积极促使欧盟边界向欧洲东部和东南部扩大，将临近地区转变为拥有共同价值观和制度的地区，旨在实现三个共同利益。第一，加强集团各成员国和中欧地区的安全。一旦与维谢格拉德集团四国接壤的地区是安全、稳定和繁荣的地区，就可以增加每个成员国的安全，还可以改变四国位于欧盟外部边界的地缘政治地位。第二，通过与东部邻国和西巴尔干国家分享它们成功过渡到民主和市场经济的经验，积极参与欧盟在一些领域的政策制定，从而树立在其他欧洲国家眼中可靠的合作伙伴形象。第三，东部邻国和西巴尔干国家是维谢格拉德集团的经贸合作伙伴，与它们加强合作有助于实现经济利益。乌克兰与维谢格拉德集团中的三个国家接壤，不仅在地缘政治方面，而且在能源安全方面对维谢格拉德集团都很重要。② 因此，四国努力推动乌克兰加入欧盟和北约。

国际维谢格拉德基金会不仅在加强维谢格拉德集团内部凝聚力和增进民间社会层面的联系方面，而且在与该集团以外的国家发展关系方面发挥重要作用。奖学金计划，特别是针对来自东欧和西巴尔干国家的学生和专家的奖学金计划是国际维谢格拉德基金会活动的一个重要方面。2012 年，维谢格拉德集团四国总理同意向国际维谢格拉德基金会的预算拨款 100 万欧元，以制定一项特殊的面向"东方伙伴关系计划"国家的合作项目。

维谢格拉德国家的共同威胁是来自中东和北非的移民涌入并在境内建立穆斯林社区。它们拒绝接受难民配额和共同的欧洲庇护政策，提倡保护欧盟的外部边界，解决难民来源地的冲突并提供援助，与难民进入欧洲的必经国家如土耳其和

---

① Tomáš Strážay, "Visegrad—Arrival, Survival, Revival", http：//www. visegradgroup. eu/documents/bibliography/visegradarrival – survival – 120628.

② Renata Pardíková, "Visegrádská skupina z pohledu regionálních bezpečnostních subkomplexů", 2017/2018，file：///C：/Users/libus/Downloads/zaverecna_prace%20（6）. pdf.

西巴尔干国家合作。由于西巴尔干地区的安全和稳定直接影响到欧盟的安全，维谢格拉德集团国家向塞尔维亚、北马其顿和黑山等国家提供了帮助。

三　推进欧盟的安全与合作

1. 积极维护申根区边境安全

随着 2007 年 12 月正式加入申根区，维谢格拉德集团成员国中除捷克以外，其他三国的东部边界均成为申根区边界，它们努力采取安全和技术措施维护边境安全。在欧洲难民危机爆发后，维谢格拉德集团呼吁继续保持申根区内部开放，以促进人员自由流动，但同时表示应加强申根区安全合作，保障外部边境的安全。

2. 在军事防务合作方面取得进展，为欧盟安全与防务一体化做出贡献

俄格冲突和乌克兰危机后，四国发布了深化军事防务合作的长期愿景，不仅涉及建立欧盟框架内的联合战斗部队，而且寻求在防务规划、联合训练和演习、联合采购军事装备和国防工业、军事教育、联合空域防护和职位协调等领域加强合作。欧盟框架内的联合战斗部队被维谢格拉德集团国家视为日益加强的防务安全合作的旗舰项目，已在 2016 年上半年处于待命状态。这支部队由波兰领导，由 3700 多名来自维谢格拉德集团成员国和乌克兰的军人组成，旨在应对欧盟面临的安全挑战。根据维谢格拉德四国国防部部长发布的联合公报，联合战斗部队的建立成功地表明四国有能力为组建欧盟框架内跨国部队做出贡献。2019 年下半年，维谢格拉德集团联合战斗部队再次处于待命状态，此次斯洛文尼亚也参与进来。从 2005 年起，每半年都有联合战斗部队处于待命状态。

3. 加强能源合作，推动中欧地区乃至整个欧盟的能源安全

2009 年 1 月俄乌天然气争端发生后，维谢格拉德集团四国决定采取措施降低对俄罗斯能源供应的依赖程度，能源合作取得实质性进展。第一，成立了负责各种能源合作项目的能源基础设施工作组，讨论贯通南北能源走廊和建造波兰和克罗地亚液化天然气终端管线等。第二，在 "V4 ＋" 合作机制框架内举行能源安全峰会，邀请奥地利、波黑、克罗地亚、塞尔维亚、斯洛文尼亚、保加利亚和罗马尼亚等国领导人前来参会，共商南北天然气走廊和其他合作项目。第三，努力争取欧盟对中欧地区能源基础设施建设的支持，将贯通南北能源走廊纳入欧盟优先发展的能源基础设施项目。第四，逐步实施维谢格拉德集团四国之间的能源管线连接。第五，积极推进核能领域的合作。

维谢格拉德集团四国多数是小型的能源市场，能源供应来源有限，特别是在石油和天然气供应方面高度依赖俄罗斯，这导致四国的能源安全比较脆弱。正因为如此，2013 年乌克兰危机爆发后，四国尤其重视继续扩大和深化在能源领域的合作。首先，在欧盟准备《2030 年气候与能源政策框架》过程中努力协调立场；其次，不断加强在天然气管线连接方面的合作；最后，扩大电力市场的连接。

对于维谢格拉德集团国家来说，能源供应来源多样化是应对高度依赖俄罗斯能源供应的一个关键因素，其他欧洲国家之间的能源交换和建立单一的欧洲内部能源市场有助于解决这个问题。迄今为止，波兰与捷克之间的天然气管道网已成功对接，捷克与斯洛伐克之间反向输送天然气项目已完成，斯洛伐克与匈牙利之间的天然气管线已连接。2018 年 9 月和 2019 年 9 月，斯洛伐克和波兰分别启动了两国间天然气管线连接项目。此外，维谢格拉德集团还计划与其他欧洲国家特别是奥地利进行天然气管线连接。

在电力市场的连接方面，2009 年，捷克和斯洛伐克率先连接。2012 年，捷克、斯洛伐克和匈牙利三国的电力市场成功连接。2013 年 7 月，捷克、斯洛伐克、匈牙利、波兰和罗马尼亚五国电力输送系统经营企业、电力交易所和国家能源监管机构的代表签署关于波兰和罗马尼亚加入捷克—斯洛伐克—匈牙利电力市场连接的合作谅解备忘录。2014 年 11 月 19 日，捷克、斯洛伐克、匈牙利和罗马尼亚的电力市场成功连接。中欧地区电力市场的连接有助于电力市场的组织采取协调一致的步骤、优化跨境输电容量、加强电力市场的竞争、推动电力批发价格的稳定与趋同、增强电能供应的安全性和流动性。[①]

4. 通过开展多种形式的合作促进欧盟的稳定与发展

维谢格拉德集团在"区域伙伴关系"框架下与中欧地区的奥地利和斯洛文尼亚合作，通过"V4 +"形式与比荷卢经济联盟、北欧部长理事会国家、欧盟"东方伙伴关系计划"国家、西巴尔干国家以及欧盟内外其他国家如德国、法国、英国、奥地利、加拿大、以色列、埃及、巴西、日本、韩国等进行广泛的合作。

四　促进欧盟的经济增长和东西部之间经济差距的缩小

维谢格拉德集团合作的重要性不仅体现在政治和文化方面，而且体现在经济

①　姜琍：《乌克兰危机对维谢格拉德集团四国能源合作的影响》，《欧亚经济》2015 年第 6 期。

方面。如果将维谢格拉德集团视为一个整体，它是欧洲第五大经济体和世界第十二大经济体。[1] 2004 年加入欧盟时，维谢格拉德集团成员国经济基础较为薄弱，但被认为具有巨大的增长潜力。2003 年，维谢格拉德集团总人口为 6400 多万，约占欧盟总人口的 13%，但其国内生产总值仅占欧盟总量的 3.7%，2018 年，这一比例增至 5.8%。按购买力平价计算，维谢格拉德集团的国内生产总值在 2003 年相当于欧盟 15 国平均水平的 49%，在 2018 年已相当于欧盟 28 国平均水平的 75.5%。具体是捷克为 89%，斯洛伐克为 77%，波兰为 70%，匈牙利为 68%。[2] 另外，根据国际货币基金组织的预测，2019 年波兰人均国内生产总值将超过葡萄牙，达到 33472 美元。[3]

维谢格拉德集团入盟后经济实力的增强源于其政局长期较为稳定和快速的经济增长。2004～2007 年，维谢格拉德集团经历了一段经济高速增长期，匈牙利年均增速为 3.43%，波兰年均增速为 5.45%，捷克年均增速为 5.95%，斯洛伐克年均增速为 7.82%。在国际金融危机和欧元区债务危机爆发后，其部分成员国一度陷入经济衰退，但波兰由始至终保持了经济正增长，这在欧盟成员国中也是独一无二的。近年来，维谢格拉德集团已成为欧盟经济增长的新引擎，其经济增速超过欧盟和欧元区平均值（见表 3-1），有力地推动了欧盟的经济增长并提高了欧盟的经济竞争力。

表 3-1　2009～2018 年维谢格拉德集团成员国与欧盟经济增长率

单位：%

年份	2009	2010	2011	2012	2013	2014	2015	2016	2017	2018
欧盟	-4.3	2.1	1.8	-0.4	0.3	1.7	2.3	1.9	2.4	2.0
欧元区	-4.5	2.1	1.6	-0.9	-0.2	1.3	2.1	1.8	2.4	1.9
捷克	-4.8	2.3	1.8	-0.8	-0.5	2.7	5.3	2.5	4.3	3.0

① Johannes Hahn, "The Visegrád Group – Growth Engine of Europe (speech on the international conference in Budapest)", 24 June 2014, https：//ec. europa. eu/regional_policy/upload/documents/Commissioner/Speech – Visegrad – 4 – Ministerial – meeting – on – Cohesion_24062014. pdf.

② TASR, "Poľské HDP predbehne portugalské, na Slovensko a Česko zatiaľ nemá", 8. 3. 2019, https：//spravy. pravda. sk/ekonomika/clanok/504698 – polske – hdp – predbehne – portugalske – na – slovensko – a – cesko – zatial – nema/.

③ Lucie Plesníková, "Visegrádská skupina", https：//www. novinky. cz/tema/clanek/visegradska – skupina – 40096589.

续表

	2009	2010	2011	2012	2013	2014	2015	2016	2017	2018
匈牙利	−6.6	0.7	1.7	−1.6	2.1	4.2	3.4	2.2	4.0	4.9
波兰	2.8	3.6	5.0	1.6	1.4	3.3	3.8	3.0	4.6	5.1
斯洛伐克	−5.4	5.0	2.8	1.7	1.5	2.8	3.9	3.3	3.4	4.1

资料来源：2009～2017 年数据来源于欧盟统计局。https：//ec. europa. eu/eurostat/statistics − explained/index. php？title = National _accounts _and _GDP/sk#V. C3. BDvoj _HDP _v. C2. AOE. C3. 9A：_rast _od _roku _2013；2018 年的数据来源于世界银行，https：//data. worldbank. org/indicator/NY. GDP. MKTP. KD. ZG。

2000～2014 年，维谢格拉德集团国家的经济显著增长，相互之间的经济合作明显加强。这一时期，捷克实际国内生产总值增长 40%，与维谢格拉德集团其他成员国的贸易额占其对外贸易总额的比例从 13% 增长到 16%；斯洛伐克实际国内生产总值增长 70%，与维谢格拉德集团其他成员国的贸易额占其对外贸易总额的比例保持在 24% 左右；匈牙利实际国内生产总值增长 29%，与维谢格拉德集团其他成员国的贸易额占其对外贸易总额的比例从 5.5% 增长到 14%；波兰实际国内生产总值增长 64%，与维谢格拉德集团其他成员国的贸易额占其对外贸易总额的比例从 6.4% 增长到 9.1%。[①]

2018 年 4 月，匈牙利总理欧尔班表示，中东欧地区为整个欧盟经济增长所做出的贡献比任何人的想象都要多，中东欧是欧盟经济增长最快的地区，如果没有这个地区，欧洲的经济增长不会这么快。波兰负责欧洲事务的外交部副部长康拉德·斯基曼斯基也表示，波兰在欧盟的地位显然受到其经济成就的影响。[②]

维谢格拉德集团对欧盟经济发展的重要性在对外贸易领域体现得最为明显。维谢格拉德集团国家的出口额占欧盟 28 国出口总额的比例从入盟之初的 5.8% 增加到如今的 10% 左右。西欧是维谢格拉德集团最重要的出口市场之一。捷克向欧盟国家的出口额占其出口总额的 84%，斯洛伐克则为 85%。德国是所有维谢格拉德集团国家最重要的贸易伙伴。捷克对德国的出口约占其出口总额的 1/3，

---

① "Význam spolupráce zemí Visegrádské skupiny"，https：//www. akcentacz. cz/files/analyzy _ cz/vyznam − spoluprace − zemi − visegradske − skupiny. pdf.

② "Význam spolupráce zemí Visegrádské skupiny"，https：//www. akcentacz. cz/files/analyzy _ cz/vyznam − spoluprace − zemi − visegradske − skupiny. pdf.

波兰和匈牙利为 1/4，斯洛伐克为 1/5。维谢格拉德集团也是德国最大的贸易伙伴之一，德国与维谢格拉德集团的总贸易额超过 2500 亿欧元，超过德国与中国的贸易额。①

尽管德国一直是维谢格拉德集团四国最重要的贸易伙伴，但德国在四国对外贸易伙伴结构中的地位有不同程度的下降。对四国来说，促使贸易伙伴多元化和减少对西欧国家的经济依赖比较重要。维谢格拉德集团内部的相互贸易以及与第三国的贸易逐步扩大，在一定程度上弥补了与德国贸易有所下降的趋势。当然，目前这些国家对德国经济的依赖依然很强，相对廉价和高质量的劳动力吸引德国公司前来投资。捷克、匈牙利和斯洛伐克的整个工业部门几乎都融入以德国为主导的中欧供应链。与德国相邻的捷克与其经济联系最为紧密。

五 平衡欧盟大国在欧洲事务上的影响力

如果把维谢格拉德集团看作一个整体，它在人口上位居欧盟第四位，在面积上位居欧盟第二位，在欧洲理事会的投票分量与法德两国的总和相等，即 58 票。因此，维谢格拉德集团的投票分量能在一定程度上影响欧盟的议程，但在重要事项上，它仍须与欧盟其他成员国合作。2009 年 10 月，维谢格拉德集团在其他欧盟成员国的支持下，成功阻止了法德两国倡导的"能源气候一揽子计划"的出台。2019 年 7 月，维谢格拉德集团联合意大利成功阻止了由德国、法国、西班牙和荷兰联合提名的原欧盟委员会第一副主席蒂默曼斯出任欧委会主席。

难民危机爆发后，维谢格拉德集团坚决反对以德国为首的欧盟老成员国提出的强制性难民分配制度。即便一些德国政界人士扬言，如果维谢格拉德集团继续拒绝公平分摊难民，就将切断四国获得的欧盟结构性基金援助，四国依然从文化、身份认同和安全的角度出发拒不接受德国的主张。在难民问题上，维谢格拉德集团一度明显表现为一个反德联盟，或者更确切地说是制衡德国影响力的联盟。匈牙利总理欧尔班对德国总理默克尔的批评最为严厉，他指责德国实行"道德帝国主义"②。2018 年 6 月举行的欧盟领导人峰会就移民与庇护政策问题达

---

① "Význam spolupráce zemí Visegrádské skupiny", https：//www. akcentacz. cz/files/analyzy _ cz/vyznam – spoluprace – zemi – visegradske – skupiny. pdf.

② Hans Kundani, "Protiněmecká koalice Visegrádské č ty ř ky", https：//www. respekt. cz/politika/protinemecka – koalice – visegradske – ctyrky.

成一致：欧盟应加强其外部边界，为欧洲以外的移民建立登陆中心，并在自愿基础上而不是通过强制性配额重新分配寻求庇护者。此结果表明，欧盟在解决难民问题的方式上发生了重大变化，大多数成员国放弃了强制性难民分配制度。捷克总理巴比什表示，维谢格拉德集团成功实现了其愿望。①

2016 年英国脱欧公投后，维谢格拉德集团在欧盟内失去了一个重要的政治盟友和经贸合作伙伴，欧盟内英法德三足鼎立的局面被打破，欧洲一体化的重心转变为"法德轴心"②。除了各自的利益诉求以外，法德两国领导人希望利用英国脱欧推进欧洲一体化，重塑欧盟的凝聚力，因此倡导"多速欧洲"。而维谢格拉德集团成员国除了斯洛伐克以外均反对"多速欧洲"，担心此举将明显提高大国在欧盟的地位，导致大国控制欧洲一体化进程，小国将只能接受大国制定的规则，致使它们的利益诉求难以在欧盟层面实现。③

总之，区域合作成为冷战后中欧国家转型和结盟战略的一个重要方面。维谢格拉德集团是中欧地区最有成效、影响力最强的合作平台，尽管有着制度化程度低、合作松散、不对称性突出等特点，但它已成为中欧地区稳定和睦邻友好的象征，对中欧和东欧地区开展次区域合作具有示范性效应。

融入欧洲一体化进程这一战略目标促使维谢格拉德集团成立，并在曲折中发展，同时，维谢格拉德集团合作在中欧国家融入欧洲一体化进程中发挥了积极的推动作用，在政治磋商和协调、文化交流和认同、提升中欧国家影响力方面发挥了重要作用。

在加入欧盟前，维谢格拉德集团是中欧四国进行政治、经济、安全和文化合作的论坛，旨在通过各种多边合作项目帮助成员国尽快实现融入欧洲一体化的战略目标。加入欧盟后，维谢格拉德集团成为以政治合作为主的平台，以期在进一步加强中欧地区一体化的同时，提高其在欧盟的政治话语权，消除欧盟新老成员国之间的人为分界线。在区域合作没有成功历史经验的中欧地区，走过近 30 年

---

① Ondřej Plevák, "EU nepodlehla tlaku V4, ke změně přístupu k migraci postupně dospěla, tvrdí europoslanci", https：//euractiv. cz/section/cr - v - evropske - unii/news/eu - nepodlehla - tlaku - v4 - ke - zmene - pristupu - k - migraci - postupne - dospela - tvrdi - europoslanci/.

② Kryštof Kruliš, "Ohlasy britského referenda：Důsledky pro ČR a EU", https：//www. amo. cz/wp - content/uploads/2016/08/AMO_Ohlasy - britskeho - referenda_Dusledky - pro - CR - a - EU. pdf.

③ 姜琍：《英国脱欧对欧盟和中东欧国家的政治影响》，《俄罗斯东欧中亚研究》2017 年第 5 期。

曲折发展道路的维谢格拉德集团展示出坚强的生命力。即便在集团合作陷入低迷时，成员国也能够设法化解矛盾与分歧，从内部和外部为这一合作平台的存续找到新的合作动力和发展目标。

1991 年 2 月波兰、匈牙利和捷克斯洛伐克签署的《维谢格拉德宣言》描述了两个平行的进程：中欧一体化和欧洲一体化。成员国希望在保持中欧历史文化和民族特色的同时为欧洲一体化积极做贡献。① 2006 年 2 月，在维谢格拉德集团成立 15 周年之际，时任欧盟委员会主席巴罗佐表示："维谢格拉德集团倡导欧洲价值观，致力于维护和促进欧洲的文化凝聚力。有效的区域合作是增强欧盟层面行动效率的绝佳途径。作为一个有着成功合作传统的政治联盟，维谢格拉德集团可以为整个欧盟的利益继续做出更大贡献。"② 纵观维谢格拉德集团入盟 15 年来的发展，它在欧盟的声誉和地位主要受到以下三个因素的影响：一是如何克服集团内部的差异性而形成共同利益和建立相互信任；二是如何处理好中欧地区一体化和欧洲一体化之间的关系；三是能否解决与欧盟机构和欧盟老成员国之间的分歧。

加入欧盟不仅实现了维谢格拉德集团成立之初的战略目标，而且为维谢格拉德集团带来了更大的发展空间。通过积极参与欧洲一体化进程，维谢格拉德集团成员国改善了地缘政治环境。随着入盟后逐渐缩小了与西欧发达国家之间的经济差距，政治上愈益成熟与自信，维谢格拉德集团开始努力提高其在欧洲政治中的影响力，竭力消除欧洲"二等成员国"的感觉。它们不再消极接受来自欧盟的政策或指令，而是从是否符合自己利益诉求的角度来看待欧盟的政策和安排。与此同时，在经历了国际金融危机、欧元区债务危机、乌克兰危机、难民危机和英国脱欧等一系列危机后，维谢格拉德集团国家逐渐发现欧盟并不能帮助它们有效地应对所有危机和解决所有问题，转而开始寻求适合自己的发展道路。在某些时候维谢格拉德集团或它的某些成员国表现出来的"特立独行"引起欧盟老成员国的担忧和指责。

由于欧洲一体化的深度、范围和制度等方面的特点，欧盟确定了整个欧洲以

① Jakub Groszkowski, "The V4 and the EU", *International Issues &Slovak Foreign Policy Affairs*, No. 1 – 2/2018, p. 4.

② Barrosso, José Manuel, "Is Visegrad Regional Cooperation Useful for the European Union?", http：//www. visegradgroup. eu/the – visegrad – book/barrosso – jose – manuel – is.

及所有次区域一体化的发展方向。一方面，次区域合作集团接受和适应欧盟的制度框架；另一方面，欧盟决策机制的复杂性又给次区域合作集团提供了较大的运作空间。它们对欧盟决策进程产生影响的大小主要取决于成员国形成共同立场能力的强弱。[①] 正是由于欧盟在决策机制和利益分配方面存有问题，才给维谢格拉德集团这样的次区域合作组织提供了足够的生存空间。比荷卢经济联盟和维谢格拉德集团是欧盟内的两个次区域合作组织，它们都可被视为欧盟决策机制内相对同质的次区域采取共同立场的平台，但两者之间存在明显的差别，维谢格拉德集团既没有比荷卢经济联盟历史悠久，也没有其稳定的制度结构。另外，比荷卢经济联盟处于欧洲一体化进程的中心，集团内部更密切的融合往往先于欧洲框架内一体化程度的加深，而维谢格拉德集团长期处于欧洲一体化进程的边缘。比荷卢经济联盟的事例表明，拥有广泛共同利益的紧密型经济联合体能够在欧盟内产生有效的融合，其影响可以显现在欧盟的决策层面。如果维谢格拉德集团希望像比荷卢经济联盟那样不断增强成员国在欧盟内部的地位，就必须以实际行动展现自己积极参与和推动欧洲一体化进程的形象，除了自信、团结和在优先合作领域取得显著进展，还需要处理好与老成员国的关系。

尽管一些欧盟老成员国批评维谢格拉德集团有时破坏欧盟团结和合作，但作为中东欧地区最有成就的地区合作集团，它对欧洲一体化发挥的积极作用不容忽视：促进中欧地区的团结稳定，推动欧盟边界扩大和周边安全，推进欧盟的安全与合作，促进欧盟的经济增长和东西部之间经济差距的缩小，平衡欧盟大国在欧洲事务上的影响力。

维谢格拉德集团成员国领导人已经意识到，不能一味地拒绝欧盟的政策和安排，而应增进与欧盟的相互理解并提出建设性意见，否则将会对维谢格拉德集团在欧盟内贯彻自己的优先合作议题产生负面影响。为了有效应对各种危机和问题、进一步提高在欧盟的地位、推动欧洲一体化向前发展并从中获利，维谢格拉德集团国家需要秉持开放包容、团结互助、务实创新的原则，与欧盟其他国家和次区域合作组织加强对话合作。也只有如此，维谢格拉德集团才能保持旺盛的生命力和强劲的合作动力。

---

① Eva Cihelková, Pavel Hnát, "Subregionalism within the EU with Special Regard to the Groupings of which the Czech Republic is a Member", *Prague Economic Papers*, 1/2006, p. 53.

第四章
跨境民族问题：出路与欧洲规范

跨境民族，既指紧靠边界两侧、居住地直接相连、分居于不同国家的同一民族，又指在相邻国家的边界附近地区活动的同一民族。多数跨境民族分布地区是连在一起的，也有少数同一民族之间可能会有其他民族居住地相隔，居住地没有直接相连。[①] 由于民族迁徙，特别是大国的瓜分、占领和/或对中东欧国家的领土安排，跨境民族问题成为中东欧地区的突出问题。匈牙利周边邻国的跨境匈牙利族、保加利亚的跨境土耳其族、克罗地亚的跨境塞尔维亚族只是其中的几例，罗马尼亚和摩尔多瓦关系中的民族问题并非跨境民族问题而只是与其密切相关，但回顾其形成、发展，评述相关国家和欧盟等国际组织对其采取的措施，或可为解决民族问题探寻出路。

第一节　匈牙利与跨境匈牙利族问题

欧洲民族在历史发展进程中，往往因迁徙、战争、自然因素等发生人口流动，从而形成不同民族地理杂居的现象。在中东欧国家，很可能每五个人中就有一个人是少数民族，西方学者将中东欧民族的这种分布状况形象地称为"马赛克"[②]。跨境匈牙利族就是这样散落在匈牙利邻国的"马赛克"。匈牙利周边所有邻国中都有匈牙利族人生活和居住，匈牙利经常与斯洛伐克和罗马尼亚就跨境匈

[①] 参见金春子、王建民编著《中国跨界民族》，民族出版社，1994，第 1 页。

[②] Stephen R. Bowers, *Ethnic Politics in Eastern Europe*, Research Institute for the Study of Conflict and Terrorism, February 1992, p. 9.

牙利族问题发生摩擦。跨境匈牙利族问题成为匈牙利与周边邻国关系中的重要议程。20 世纪 90 年代以来，欧洲安全与合作组织（以下简称欧安组织）、欧洲委员会和欧盟等区域性国际组织在跨境匈牙利族问题的解决中发挥了重要作用。

一　跨境匈牙利族的形成

跨境匈牙利族指的是生活在匈牙利国境线以外、喀尔巴阡盆地以内、历史上曾隶属于匈牙利领土上的匈牙利族，目前约有 300 万人。这种情况的出现是民族迁徙和人口流动的结果，也是第一次世界大战后边界划分所致。

1. 一战前生活在喀尔巴阡盆地的匈牙利族

喀尔巴阡盆地地处欧洲中部，是东西方文明交汇处，历史上曾有多个民族在此聚居。匈牙利人并不是喀尔巴阡盆地最早的居民，其原始聚居地在乌拉尔山以东鄂毕河流域及里海以北一带，以渔猎为生。大约 5 世纪中期匈牙利人开始向西迁徙，896 年来到喀尔巴阡盆地并在此定居。欧洲大陆其他民族大多操印欧语系语言，匈牙利语则属于芬兰 - 乌戈尔语系。在随后的一千多年里，被印欧语系的拉丁语族和斯拉夫语族环绕的匈牙利人吸收了其他欧洲文明的许多特点，却始终保持了自己独特的民族和语言特征。

10 世纪末期，匈牙利人逐渐接受基督教文化，并于 1000 年建立天主教国家。随着国家的稳定和经济的发展，匈牙利日渐强盛，开始尝试向周围扩张领土。11 世纪，匈牙利向北征服了现在的斯洛伐克，逐步将其并入匈牙利；向东占领了现在罗马尼亚的特兰西瓦尼亚地区。其后的 5 个多世纪中，由于内部的王位之争、农民起义和外族入侵，匈牙利的力量被削弱，终于在 16 世纪时没有抵挡住土耳其人的入侵。1526 年，奥斯曼大军在莫哈赤战役中大获全胜，匈牙利全军覆没，国王在逃跑中丧命，王国从此一分为三：中部和南部被奥斯曼帝国占领；西部和包括斯洛伐克在内的北部同捷克、克罗地亚一起并入哈布斯堡王朝统治下的奥地利；东部的特兰西瓦尼亚地区成立了埃尔代伊大公国。随后的数十年间，埃尔代伊大公国成为哈布斯堡王朝和奥斯曼帝国争夺的对象，在奥土战争中被几度易手。18 世纪初，根据 1699 年 1 月签订的《卡尔洛维茨和约》和 1718 年签订的《帕萨罗维茨和约》，奥斯曼帝国统治的匈牙利和特兰西瓦尼亚地区划归奥地利。

19 世纪中叶，民族主义浪潮席卷欧洲。1848 年 3 月，匈牙利布达佩斯爆发了争取民族独立和自由的革命。为镇压革命，奥地利动员周边地区的民族与匈牙利军队作战，特兰西瓦尼亚的罗马尼亚边防军和北部斯洛伐克的起义者，纷纷参加与匈牙利军队的作战。加上俄国沙皇的介入，终致势单力薄的匈牙利寡不敌众，革命运动宣告失败，匈牙利重新回到哈布斯堡王朝统治之下。1866 年普奥战争之后，奥地利力量减弱，为维持稳定，与匈牙利贵族达成妥协，于 1867 年成立了奥匈二元君主制帝国，斯洛伐克地区和特兰西瓦尼亚地区归匈牙利直接统治。匈牙利实行内部自治，议会独立制定法律，并成立责任内阁。奥地利和匈牙利由各自的政府执行各自议会制定的法律，军事、财政和外交由奥匈帝国统一管理。此后近 40 年是匈牙利历史上最为和平和繁荣的时期。这一局面一直维持到第一次世界大战爆发。

2. 《特里亚农条约》与跨境匈牙利族的形成

第一次世界大战中，匈牙利作为奥匈二元帝国的一部分，参加了德国、奥斯曼帝国和保加利亚组成的同盟国阵营。罗马尼亚则在 1916 年 8 月与法国、英国、意大利和俄国签订了《罗马尼亚和四强同盟条约》《罗马尼亚和四强军事专约》，随后向奥匈帝国宣战。根据这两个条约，罗马尼亚与其他协约国享有获得奥匈帝国国内领土的平等权利。1918 年底，罗马尼亚军队占领了特兰西瓦尼亚地区。1916 年 2 月，流亡在外的捷克民族主义者在巴黎成立"捷克斯洛伐克民族委员会"。1917 年 8~9 月，该委员会先后得到了英国、美国和法国的承认，实际上获得了协约国政府的地位。罗马尼亚和捷克斯洛伐克站到协约国一边，为它们在一战后的利益分配奠定了基础。

第一次世界大战结束后，作为战败国的匈牙利受到惩罚。1920 年 6 月 4 日，匈牙利代表团在法国巴黎凡尔赛的特里亚农宫同协约国签署《特里亚农条约》。根据该条约，斯洛伐克和外喀尔巴阡乌克兰地区划归捷克斯洛伐克；特兰西瓦尼亚和巴纳特东部划归罗马尼亚；布尔根兰划归奥地利；克罗地亚、斯洛文尼亚、巴契卡和巴纳特西部划归南斯拉夫。匈牙利失去了 2/3 的领土和 1/3 的人口。[①]匈牙利极不愿意接受这样的事实，这也成为匈牙利卷入第二次世界大战的根本原因。

第二次世界大战爆发后，匈牙利为收复失地，与势力强大的德国、意大利合作，参与占领某些周边国家和对苏联的战争。1938 年 11 月 2 日，匈牙利在第一

---

①   Romsics Ignác, *A trianoni békeszerzödés*, Budapest：Osiris Kiadó, 2001, p. 230.

次维也纳仲裁中从捷克斯洛伐克分走斯洛伐克南部的部分土地。1939 年 3 月，匈牙利军队占领斯洛伐克东部地区。1940 年 8 月 30 日，第二次维也纳仲裁将特兰西瓦尼亚北部领土划归匈牙利。1940 年 11 月 20 日，匈牙利成为轴心国一员。1945 年 2 月，苏联军队攻克布达佩斯，匈牙利再次成为战败国，领土修复和民族复兴之梦破灭。二战结束后，根据 1947 年 2 月 10 日在巴黎签署的和约，匈牙利边界按 1920 年《特里亚农条约》划定。如今匈牙利、斯洛伐克和罗马尼亚三国的边界线正是基于这一和约。

《特里亚农条约》使匈牙利的国土面积大大缩小，人口也随之流失。但对斯洛伐克而言是通往主权国家道路上的重要一步①，对罗马尼亚而言是建立统一国家的关键一步。根据 2011 年人口普查数据，生活在邻国中的跨界匈牙利族共计约 219 万人，其中在罗马尼亚境内生活着 126 万匈牙利族人，在斯洛伐克境内生活着 45 万匈牙利族人②。

一千多年来匈牙利与斯洛伐克、罗马尼亚彼此交织、紧密联系的历史，造成在斯洛伐克和罗马尼亚境内生活着大批匈牙利族人，跨境匈牙利族问题成为近代以来匈牙利政治中不可逃避的议题。

二　欧洲区域性国际组织的少数民族权利保护政策

在欧洲一体化进程中，欧洲安全与合作组织、欧洲委员会和欧盟三个区域性国际组织对少数民族权利保障提供了规范引导和制度监管，在跨境匈牙利族问题的解决中发挥了规范和监督作用。

1. 欧洲安全与合作组织

欧安组织通过一系列会议文件和建立少数民族问题高级专员制度，保障少数民族权利，并为可能产生的区域性安全冲突提供预防性建议。

欧安组织的前身是 20 世纪 70 年代成立的欧洲安全和合作会议（以下简称欧安会），作为冷战时期的政府间外交会议，欧安会特设人权监督机制，借此机制评估内部会员国遵守其人权承诺的情况，同时运用外部的观察机制和社会舆论监

---

① 姜琍：《匈牙利与斯洛伐克民族民粹主义及其相互关系的发展变化》，吴恩远主编《俄罗斯东欧中亚国家发展报告（2011）》，社会科学文献出版社，2011，第 248 页。

② "A nemzetpolitikai stratégia kerete"，https：//bgazrt. hu/wp – content/uploads/2019/03/02 – Magyar – Nemzetpolitika – A – nemzetpolitikai – strat% C3% A9gia – kerete – 2. pdf.

督促成会员国履行承诺。它旨在实现各成员国之间安全与稳定的合作，它不是防御联盟，也不是军事机构。

欧安会举行了一系列研讨少数民族权利标准的专题会议，包括 1973～1975 年的赫尔辛基会议，1977～1978 年的贝尔格莱德会议，1986～1989 年的维也纳会议。这些会议确立了少数民族人权的基本原则。1985 年在渥太华举行的人权问题专家会议和 1986 年在伯尔尼举行的专家会议等进一步推动了少数民族权利标准的建立。[①] 1990 年 6 月，欧安会在哥本哈根通过《哥本哈根文件》，文件完整系统地规定了少数民族的权利标准和保障原则，成为欧安会/欧安组织少数民族权利的基本法律文件。文件规定的少数民族权利包括：表达、保持和发展他们的特点与文化的权利，免遭强制同化；私下和公开使用母语和用母语交流信息的权利；遵照国家立法设立和维持少数民族教育、文化和宗教机构及为它们筹资的权利；信奉宗教的权利，包括利用宗教材料和用少数民族母语开展宗教教育活动的权利；与境内外出身、传统或宗教信仰相同的人保持"不受妨碍的接触"的权利；切实参与公共事务，包括参与保护和促进此类少数民族特点的有关事务的权利。[②] 1990 年 11 月，欧安会会员国在巴黎签署《新欧洲巴黎宪章》，确立"奉行平等和不歧视原则，保护各国境内少数民族的种族、文化、语言和宗教特征"的指导思想，再一次强调少数民族有权自由表达、维持和发展群体认同，政府应该为少数民族认同的发展提供保障。1991 年 10 月，在莫斯科举行的欧安会人权会议上建立了国家间相互监督机制。这一机制允许一国少数民族不经本国政府同意邀请外国团体对自身权利状况进行观察监督。通过以上会议和机制，欧安会确立了少数民族权利保障的欧洲标准。这些标准没有直接的法律约束力，但表明少数民族权利保障已被欧安会确立为共同应对欧洲安全问题的措施，因此，对每个成员国都具有实际影响力。

为实施少数民族权利保障标准，1992 年，欧安会成立了少数民族问题高级专员制度。专员的任务是集中解决涉及少数民族的、往往造成成员国之间紧张局面或引发国际武装冲突的国际性争端，其权力不具有直接的法律约束力。为使保

---

① 陆平辉：《欧洲少数民族权利保障：权利标准与区域共治》，《云南大学学报》（法学版）2013 年第 3 期。

② "Document of the Copenhagen Meeting of the Conference on the Human Dimension of the CSCE", https：//www.osce.org/files/f/documents/9/c/14304.pdf.

护少数民族的国际标准更为明确，也为了协助政策制定者和立法者执行这些标准，欧安组织①少数民族问题高级专员多次寻求国际公认的专家协助澄清具体领域少数民族权利的内容，并提出了三套普遍适用的建议，为各国在教育、语言和参与公共生活领域中为其所管辖的少数民族拟订政策提供指导。这些建议是：1996 年关于少数民族教育权利的海牙建议，1998 年关于少数民族语言权利的奥斯陆建议，1999 年关于少数民族切实参与公共生活的隆德建议。②

2. 欧洲委员会

欧洲委员会主要通过 1950 年签署的《欧洲人权公约》，1959 年基于该公约成立的欧洲人权法院，以及 1994 年的《欧洲保护少数民族框架公约》构建少数民族权利标准和保障机制。

《欧洲人权公约》中虽然没有规定少数民族权利的具体条款，但第 14 条确立的平等对待和反歧视的原则可适用于保障少数民族权利。③《欧洲保护少数民族框架公约》是首个将少数民族权益保护列为人权保护一部分的具有法律约束力的多边条约，作为全球为数不多的专门规定少数民族权益保障的区域性法律文件，它提出的国际标准较为全面。该公约实施后，欧盟推动其成员国及候选国积极签署该公约，借此促进成员国及候选国在少数民族权益保障方面做出努力。在少数民族权利标准方面，该公约发展了 1990 年欧安会《哥本哈根文件》所确立的少数民族权利标准，与欧洲委员会的《欧洲人权公约》和联合国的《公民权利和政治权利国际公约》相比，它规定了少数民族的某些特殊权利，如自我认同、践行宗教信仰、接触利用传媒、使用少数群体语言和姓名，以及有效参与文化、社会、经济生活和公共事务等。《欧洲保护少数民族框架公约》建立了国际监督机制，要求缔约国按时提交报告，接受监督。由于公约的标准在成员国中转化有限，加上有些成员国没有批准公约，它只能起到立法建议作用。④ 与此同时，欧洲委员会也缺乏制裁机制强制要求成员国政府履行公约义务，只能通过促

---

① 1995 年 1 月欧安会改名为欧安组织。

② 《联合国少数群体指南第 9 号小册子》，https：//www. ohchr. org/Documents/Publications/Guide Minorities4ch. pdf。

③ 《欧洲人权公约》，https：//www. echr. coe. int/Documents/Convention_ZHO. pdf。

④ Gabrial N. Toggenburg, *Minority Protection and the Enlarged European Union*：*The Way Forward*, Open Society Institute, Local Government and Public Service Reform Initiative, Budapest, 2004, p. 138.

成成员国政府和少数民族的对话来实施公约。同时，由于该公约中不包含任何为个人或团体提供司法救济的机制，欧洲人权法院只能通过扩大对《欧洲人权公约》中某些权利的解释来保障少数民族的特殊权利，在个案中即使法院做出支持少数民族的判决，也缺乏相应的执行机制。

20 世纪 90 年代初，中东欧国家陆续加入欧洲委员会。1995 年，匈牙利和斯洛伐克、罗马尼亚完成了《欧洲人权公约》的签署和批准。《欧洲人权公约》和《欧洲保护少数民族框架公约》对这些国家具有约束力。

3. 欧共体/欧盟

欧共体成立之初，保护少数民族权利并非其重要宗旨，相关条文中关于少数民族的内容不多。1989 年东欧剧变以来，日趋严峻的种族主义和移民问题开始困扰欧洲，少数民族问题成为地区安全中的重要议题。中东欧国家民族成分和宗教信仰复杂，各国在历史上经历的民族压迫、产生的民族矛盾、国家间因民族问题发生的冲突，都让欧盟感到担忧。因此，欧盟东扩之时，对少数民族问题给予了高度的重视。

1993 年 6 月在哥本哈根举行的会议上，欧洲理事会规定只要联系国能够满足在经济和政治方面的一些要求，便可以开展入盟进程，并制定了"哥本哈根标准"，其中明确将"尊重和保护少数民族"作为中东欧候选国入盟的政治标准之一。"哥本哈根标准"反映了欧盟一贯以来将民族问题与人权问题相结合的做法，标志着欧盟外交思维中少数民族权利观念的形成，对于欧盟建构少数民族权利标准及保障机制具有重要意义。在欧盟的帮助和监督下，候选国基本都在规定时间内签署并批准了《欧洲人权公约》《欧洲保护少数民族框架公约》《种族平等法令》《就业平等法令》等涉及保护少数民族条款的文件，并在国家层面制定了少数民族政策。此外，欧盟还建立了定期评估报告制度，对中东欧国家少数民族政策的实施进行监督。

1994 年欧洲议会通过了《有关支持少数民族和地区语言决议》，指出成员国应承认国内存在的说本民族语言的少数民族，创造条件保证民族语言在教育、司法、公共管理和传媒等领域的使用和传播，建议给予欧洲小语种更多的资金支持，并催促各国政府签署并批准欧洲委员会的《欧洲区域和少数民族语言宪章》。此外，欧洲议会的《关于 1997~1998 年世界人权和欧盟人权政策的决议》《关于欧盟尊重人权的决议》《关于反对种族歧视的决议》等的相关条文进一步细化了欧盟少数民族权利保护的内容。[①]

2004 年欧盟扩大以来，中东欧少数民族问题成为欧盟的内部事务，少数民族权利保障从外交关系问题转变成为欧盟内部政策问题。2009 年 12 月 1 日，《里斯本条约》正式生效，该条约首次在欧盟基本法层面明确了少数民族的法律地位。欧盟的少数民族权利标准主要存在于《欧洲共同体条约》《欧洲联盟条约》《欧盟基本权利宪章》三个法律文件和《种族平等法令》《就业平等法令》两个法令当中。与欧安组织和欧洲委员会不同，欧盟的少数民族权利标准和保障机制蕴含在其普遍人权标准和权利保障机制中，平等和反歧视是少数民族权利保障的主要内容。在《欧盟基本权利宪章》中，对于人的尊严、自由、平等、团结、公民权利和司法权力的行使主体界定为任何人、任何劳动者、任何公民，没有专门规定少数民族的特殊权利，暗含人人平等的原则。[②]

三　欧洲区域性国际组织在跨境匈牙利族问题上的作用

冷战结束后，中东欧国家脱离社会主义阵营。20 世纪 90 年代，这一地区民族问题带来的矛盾开始浮现。1993 年斯洛伐克独立后，其南部境内的匈牙利族问题尖锐化，匈牙利族人试图建立自治机构以获得更多的权力，一度导致斯洛伐克与匈牙利关系紧张。1995 年，斯洛伐克通过《语言法》以限制匈牙利族人的权利，引起匈牙利的强烈抗议。2001 年 6 月 19 日，匈牙利国会通过了《邻国匈牙利族人地位法》。2002 年 1 月 1 日，该法开始生效。根据《邻国匈牙利族人地位法》，匈牙利政府将向其邻国境内非匈牙利公民的匈牙利族人提供文化、教育及社会福利保障等多种优惠待遇和经济补贴。《邻国匈牙利族人地位法》草拟过程中及其生效后，遭到匈牙利邻国尤其是斯洛伐克和罗马尼亚的强烈不满和非议。匈牙利与这两国的关系也趋于紧张。

1993 年，欧安组织和欧洲委员会开始关注罗马尼亚和斯洛伐克的跨境匈牙利族问题，1997 年相关国家开启入盟进程后，欧盟开始介入这一问题。

第一，各国际组织从不同角度关注跨境匈牙利族问题。

[①] Snezana Trifunovska, *Minority Rights in Europe – European Minorities and Languages*, T·M·C Asser Press, 2001, p. 212.

[②] "Charter of Fundamental Rights of the European Union", https：//www. europarl. europa. eu/charter/pdf/text_en. pdf.

　　冷战期间，欧洲委员会忽略了少数民族对特殊权利和待遇的需求，要求对所有公民平等对待，无视少数民族的特殊性①，没有在跨境匈牙利族问题上发挥太多的积极作用。冷战结束后，少数民族问题被重新提上欧洲议程，欧洲委员会开始在少数民族权利的辩论中发挥作用。1993 年，欧洲委员会开始关注罗马尼亚和斯洛伐克的跨境匈牙利族问题，《欧洲保护少数民族框架公约》出台后，欧洲委员会的建议委员会成为为跨境匈牙利族问题提供监督和建议的机构。在少数民族权利保障中，与欧安会/欧安组织相比，欧洲委员会更注重公正，在区域性的暴力冲突问题上反应更为积极。如 1990 年特兰西瓦尼亚地区匈牙利族和罗马尼亚族的暴力冲突发生后，欧洲委员会迅速对此表示安全忧虑。②

　　相比之下，欧安组织的少数民族问题高级专员更关注长期的冲突预防，鼓励各方通过对话的形式进行沟通，要求少数族群或其代表要参与对话和决策。从根本上来说，欧安组织是一个旨在促进民主和法治、以公正为导向的国际组织。其建立少数民族问题高级专员制度的目的是预防少数民族问题带来的种族冲突，而不是保护少数民族③，即其目的是保障地区安全而非维护公正。这一机构的设置，表明国际机构对少数民族问题的关注不仅包括对人权保护的维度，还增加了对地区安全的考量。在实际运作过程中，欧安组织的少数民族问题高级专员关注的内容既包括地区安全，也包括人权和民主。从安全角度来看，其关注从政治体系的建构上预防分离主义；从公正角度来看，其认为作为少数族群而受到影响时，少数族群需要获得区别于主体民族的特别优待。例如，1995～1996 年，欧盟少数民族问题高级专员多次提出罗马尼亚和斯洛伐克的跨境匈牙利族有权享受匈牙利语教育，学习匈牙利族文化，政府应为此提供相应保障，包括保证学校有

---

① Manas, J. E., *The Council of Europe's Democracy Ideal and the Challenge of Ethno – national Strife*, *Preventing Conflict in the Post – Communist World*: *Mobilizing International and Regional Organizations*, A. Chayes A. and A. H. Chayes. Washington, The Brookings Institution, 1995. 转引自 Jakob Skovgaard, *Towards a European Norm? The framing of the Hungarian Minorities in Romania and Slovakia by the Council of Europe*, *the EU and the OCSE*, EUI working papers sps 2007/07, European University Institute, 2007.

② "Report on the Application by Romania for Membership of the Council of Europe, Parliamentary Assembly Political Committee, 19/7/1993, 6901", http://assembly.coe.int/nw/xml/XRef/X2H – Xref – ViewHTML. asp? FileID = 7253&lang = EN.

③ Walter, A Kemp, *Quiet Diplomacy in Action*: *the OSCE High Commissioner on National Minorities*, The Hague, London, Boston: Kluwer Law International, 2001, p. 11.

足够的师资进行教学，提供适当的教学材料。2001 年匈牙利出台《邻国匈牙利族人地位法》后，少数民族问题高级专员尽管没有直接提出批评，但在相关文件中对这一法案表示了关注。①

欧盟出于安全考虑，对这一地区的少数民族问题持谨慎态度，并不希望将"火药桶"引入欧盟，而是希望以入盟作为推动力，缓和跨境匈牙利族问题带来的矛盾。这一时期匈牙利、罗马尼亚和斯洛伐克等中东欧国家纷纷转向西方，希望加入欧洲一体化进程。1996 年，匈牙利和罗马尼亚签署了《谅解、合作和睦邻友好条约》，在领土问题和少数民族地位问题上达成共识，为双方顺利加入欧盟创造条件。2001 年，双方签订了关于保护境内少数民族语言、文化和宗教的议定书。2003 年 6 月，在罗马尼亚、斯洛伐克两国的强烈抗议和欧盟的调解下，匈牙利对《邻国匈牙利族人地位法》进行了修订。尽管修订的结果还不能让其邻国完全满意，但由于该法不涉及欧盟公民，在斯洛伐克和罗马尼亚相继入盟后，便不再受该法约束。

第二，在少数民族政策上，三个区域性国际组织之间相互协调一致。

欧盟在少数民族政策上的经验不足，欧安组织和欧洲委员会则能在这一问题上提供经验和建议，鉴于此，欧盟求助于这两个机构，希望它们为入盟候选国的少数民族政策评估提供意见。自 1994 年起，欧盟开始通过稳定机制来协调有跨境少数民族问题的相关国家，通过双边协议来解决跨境少数民族问题，划定双方共同认可的边界。在欧盟的努力下，匈牙利与斯洛伐克、罗马尼亚相继签署了双边友好合作协议。1997 年欧盟公布的入盟进程报告中，从安全角度评估了跨境匈牙利族问题。欧盟的文件更加聚焦于短期、易于执行的问题，强调跨境匈牙利族问题的国际影响，努力通过双边协议为问题的解决提供可执行性的方案。20世纪 90 年代后期，即欧盟扩大进程开启之初，这三个组织更加频繁地沟通。欧安组织少数民族问题高级专员和欧洲委员会的专家影响了欧盟相关政策的出台。欧安组织以 1990 年的"哥本哈根文件"为指导性文件。欧洲委员会的《欧洲保护少数民族框架公约》是被大多数欧洲国家接受的标准，也成为欧安组织少数

---

① Jakob Skovgaard, *Preventing Ethnic Conflict, Securing Ethnic Justice? The Council of Europe, the EU an the OSCE High Commissioner on National Minorities'Use of Contested Concepts in their Respnses to the Hungarian Minority Policies of Hungary, Romania and Slovakia*, European University Institute, Florence, March 2007.

民族问题高级专员和欧盟保护少数民族权利的国际标准。此外，这三个国际组织都认为，少数民族政党进入政府、参与所在国的政治生活是处理少数民族问题的一个重要手段。匈牙利族政党在 1996 年进入罗马尼亚政府，1998 年进入斯洛伐克政府，这一现象受到三个国际组织的欢迎。

第三，入盟进程开启后，跨境匈牙利族问题在很大程度上得到解决。

在入盟进程开启前，尽管欧洲委员会和欧安组织少数民族问题高级专员已经对斯洛伐克和罗马尼亚的跨境匈牙利族问题提供了意见，但缺乏足够的约束力和可执行性，没有得到足够重视。入盟进程开始后，相关政策才在入盟愿景的推动下发挥作用。[1] 为争取走进欧盟大家庭，中东欧一些国家在少数民族权利保护方面做出了很多努力，签署、批准欧盟规定的公约、宪章，并根据公约、宪章的精神制定相应的法律法规，设立专门机构，执行法律法规以保障少数民族的权利。2004～2007 年入盟的中东欧国家基本都在 1993～1995 年完成了对《欧洲保护少数民族框架公约》的签署，其中匈牙利、罗马尼亚和斯洛伐克最早完成《欧洲少数保护民族框架公约》的签署、批准和生效。2000 年，《种族平等法令》《就业平等法令》两个法令出台后，中东欧候选国在入盟意愿的驱动下，陆续通过了这两项法令，并采取立法行动制定有关反对种族和民族歧视的条例、法案等。2001 年，斯洛伐克"反歧视综合法律"由几个非政府组织联合完稿，虽然没有在议会中通过，但至少表明该国对欧盟的平等法令采取了行动。2002 年，罗马尼亚通过了《关于阻止和惩罚各种歧视的条例》。2002 年，斯洛伐克《新劳动法典》获得通过，基本完成了将欧盟反歧视法令向斯洛伐克法律内容的转移。

在制定入盟标准和民族政策、要求成员国和候选国进行制度内化的同时，欧盟也对候选国和成员国的实施情况进行监督和督促。欧盟最奏效的监督形式是定期出台的年度报告，"人权和少数民族保护"是其中的重要内容，旨在追踪调查部分成员国和候选国的少数民族保护政策，列举本年度中各国对欧盟和欧洲委员会相关条约的签署和批准情况、国内层面有关少数民族权利保护的立法成果、候选国新设立的机构以及运作过程等。评估报告能对候选国起制约作用是因为该报告是欧盟委员会的官方报告，直接关系到候选国能否入盟；另一个原因是评估报

---

[1] Judith G. Kelley., *Ethnic Politics in Europe: the Power of Norms and Incentives*, Princeton, NJ: Princeton University Press, 2004, p. 264.

告是一个持久而非半途而废的跟踪报告，对候选国长期有序进行少数民族权利保护起到监督和推动作用。① 在保护少数民族方面，年度评估报告主要关注联系国是否批准落实了《种族平等法令》《欧洲保护少数民族框架公约》《欧洲区域和少数民族语言宪章》等。报告对各国少数民族保护状况进行描述、表扬和批评，并在候选国之间进行比较，形成竞争压力。如在 1997 年的报告中，匈牙利被认为拥有尊重少数民族权益的机制，巩固和加强了与邻国的关系，与周边的乌克兰、斯洛文尼亚、克罗地亚、斯洛伐克和罗马尼亚都签订了协议。这些协议保障了欧盟和欧安组织等倡导的少数民族权利保障的原则。②

综上所述，跨境匈牙利族问题是历史遗留的产物，是地区冲突和战争的遗产。20 世纪 90 年代以来，欧安组织、欧洲委员会和欧盟在尊重主权国家权利的基础上，通过公约、协议、建议等形式，为解决少数民族问题引发的冲突、维护少数民族权利做出积极努力。欧洲委员会重视公正；欧安组织关注长期的冲突预防，鼓励各方对话沟通；欧盟则以入盟条件为约束，促使各国签订友好条约，加入框架协约。它们的共同作用为跨境匈牙利族问题的解决带来了契机。双边协议和相关法律条文的出台为双边关系的稳定奠定了基础，有效防止了严重冲突的发生。斯洛伐克和罗马尼亚给予少数民族选举权利，跨境匈牙利族获得议会席位等都表明跨境匈牙利族的权利得到保障。尽管双边摩擦时有发生，但没有出现升级为地区安全冲突的威胁。

虽然在欧洲一体化进程中，三个国际机构尤其欧盟对跨境匈牙利族问题的关注为解决这一问题提供了帮助，但欧盟东扩进程启动之初，欧盟给候选国设定的少数民族保护标准远远高于对欧盟老成员国的标准。例如候选国必须签署的《欧洲保护少数民族框架公约》并没有得到英、法等欧盟老成员国的批准。对于老成员国存在的一些少数民族问题，如北爱尔兰问题，欧盟并没有同样重视并加以解决。涉及中东欧少数民族问题时，欧盟不仅运用"入盟标准"予以约束，还通过年度报告施加压力。

匈牙利、斯洛伐克和罗马尼亚相继入盟后，跨境匈牙利族都成为欧盟成员国

---

① 陈玉凤：《欧盟东扩以来的少数民族权利保护政策》，中国社会科学院研究生院 2012 年硕士学位论文。

② "Commission Opinion on Hungary's Application for Membership of the European Union"，https：//ec. europa. eu/commission/presscorner/detail/en/DOC_97_13.

公民，少数民族问题带来的民族分裂风险在这一地区基本消除，但小规模的冲突仍有发生。如 2008 年 11 月斯洛伐克南部匈牙利族聚居区的足球比赛中出现斯洛伐克族球迷与匈牙利族球迷的冲突，引发两国民众示威。

与此同时，三国入盟后，外部因素对跨境匈牙利族问题的影响力减弱。2004年的欧盟年度报告只对罗马尼亚、保加利亚和土耳其国内少数民族状况进行了评估，对 2004 年入盟的包括匈牙利和斯洛伐克在内的十个国家没有提及少数民族保护的状况。匈牙利国内因素更多地影响其民族政策的制定，其中政府偏好对国家政策的制定起到更直接的作用。1989 年以来的匈牙利政府由左右翼政党轮替执政，右翼政党执政时更重视对跨境匈牙利族的权利保护，左翼则相反。2010年以来执政的青民盟政府奉行民族主义政策，支持跨境匈牙利族。2010 年 5 月，匈牙利通过了《双重国籍法》，给予跨境匈牙利族国籍，引发与斯洛伐克和罗马尼亚等国的新一轮冲突。2011 年 4 月通过的新宪法中将国名由"匈牙利共和国"改为"匈牙利"，去掉了"共和国"，这一更名被认为是在强调匈牙利民族，强化民族国家的认同。欧尔班在 1998～2002 年第一次担任总理时就已经释放出强烈的民族主义信号，通过了《邻国匈牙利族人地位法》，他的民族主义主张在2010 年后的几年中得到强化。[①] 其目的在于，强调匈牙利作为一个民族国家的重要性，强调民族利益。这种做法在赢得民族主义选民认同的同时，也强化了匈牙利民众的民族认同。据统计，2014 年和 2018 年的匈牙利议会大选中，因为跨境匈牙利族拥有相对宽松的投票权，而境外选民大多投票给赋予他们投票权的青民盟，境外选民的选票足够青民盟在议会中多获得一到两个席位，为青民盟占据议会 2/3 多数席位贡献了决定性的票选。

在可见的将来，跨境匈牙利族问题不会带来地区性安全冲突，但仍然是匈牙利对外关系，特别是匈牙利与周边邻国关系中的一个重要议题。相对匈牙利等相关国家入盟前，国际组织在这一问题上的影响力已在较大程度上减弱，但仍会通过已经签订的协议和框架条约发挥约束作用。

---

① 欧尔班反复强调"民族团结"，他批判《特里亚农条约》，批判共产主义体系的遗产，批判全球化的影响，强调上述这些对匈牙利民族造成了伤害。他的民族概念不光包括境内的匈牙利族人，还包括境外的匈牙利族人。他认为，公民自由和欧盟成员国的身份都不能与民族团结的优先性相冲突。"The Crisis of Democracy in Hungary"，https：//www. boell. de/de/node/276334.

第二节　保加利亚与跨境土耳其族问题

自保加利亚独立以来，跨境土耳其族问题一直是影响保加利亚与土耳其关系的关键问题。20 世纪 80 年代，保加利亚对国内土耳其族的强迫改名和同化政策使土耳其与保加利亚的关系严重恶化，并引发了国际社会的关注。冷战结束后，随着保加利亚入欧进程的开启和保土两国关系的改善，保加利亚对国内土耳其族的政策发生了根本性的变化。土耳其族的地位有了实质性的提高，与保加利亚族实现了政治和解。作为冷战后巴尔干民族问题治理较为成功的案例，保加利亚土耳其族问题的解决可以为巴尔干地区乃至其他地区族际紧张关系的缓解提供借鉴。

一　保加利亚跨境土耳其族的来源和变迁

保加利亚国内除主体民族保加利亚族外，还存在土耳其族、波玛齐人①、吉卜赛人②以及其他规模较小的族群，其中土耳其族是人数最多的少数民族。保加利亚的土耳其族大多为奥斯曼帝国晚期留在保加利亚的奥斯曼土耳其人的后裔，他们虽然懂一些保加利亚语，但讲土耳其语地方方言，信奉伊斯兰教，大多为逊尼派，在历史、文化以及族裔方面都与土耳其存在密切的联系。如今保加利亚的领土上居住着约 80 万土耳其族人。③ 土耳其族主要分布在保加利亚的东南部和东北部④，其中 68% 的土耳其族人生活在农村⑤。根据 2011 年保加利亚人口普查

---

① 波玛齐人又称波马克人，为奥斯曼帝国统治时期皈依伊斯兰教的保加利亚人，讲保加利亚语，其中很多人懂土耳其语，或多或少受到土耳其文化的影响。有些研究者将波玛齐人列为土耳其人的一支。土耳其政府出于政治考虑，倾向于扩大巴尔干境外土耳其人的数量，在这一问题上持默许乃至鼓励的态度。

② 吉卜赛人，又称罗姆人。保加利亚的吉卜赛人自称为罗姆人。

③ 马细谱：《保加利亚史》，中国社会科学出版社，2011，第 281 页。关于目前保加利亚土耳其族人的具体数量，出于政治原因以及统计的标准不同，各方数据不一。

④ 根据 1993 年保加利亚国家统计研究所数据，土耳其族人口比例较高的地区为：克尔贾利州南部（65.7%）、锡利斯特拉（33.5%）、舒门（30.3%）、拉兹格勒（47.4%）、特尔戈维什特（32.8%）。

⑤ Ali Eminov, "The Turks in Bulgaria: Post - 1989 developments", *Nationalities Papers*, Vol. 27, No. 1, 1999, p. 5.

的数据，土耳其族人口数量为 588318 人，大约占保加利亚总人口的 8.8%，仍然为保加利亚人口最多的少数民族。[①]

1. 保加利亚跨境土耳其族的由来

关于保加利亚土耳其族的来源，大致有三种不同的看法。第一种看法认为，土耳其族是奥斯曼帝国征服保加利亚后从安纳托利亚迁来的奥斯曼土耳其人，包括奥斯曼帝国在当地的驻军和官员、阿訇、商人以及农民。另一种看法认为，土耳其族是奥斯曼统治数百年中皈依伊斯兰教的保加利亚人。这两种观点的分歧在于保加利亚土耳其族与土耳其人是否存在血缘关系。土耳其的学者多持第一种观点，而保加利亚学者大多认可第二种看法。如果把这两种观点结合起来，可能更加接近事实，即保加利亚的土耳其族中既有奥斯曼帝国时期来自安纳托利亚的突厥移民，也有被土耳其化的斯拉夫人，而移民的后裔构成了今日土耳其族的基础。当然，也有人持第三种观点，认为其中一些土耳其族是中世纪早期突厥部落佩切涅格、乌古斯、库曼的后裔，早在 13 世纪就已经定居保加利亚。[②] 不过，这种看法并不占主流。

无论持何种观点，学者们都承认保加利亚的土耳其族主要形成于奥斯曼帝国统治时期。历史上奥斯曼土耳其人统治保加利亚超过 500 年。1363 年，奥斯曼军队直抵保加利亚，1393 年，奥斯曼帝国征服了保加利亚全境，正式将保加利亚纳入版图。作为奥斯曼帝国通往欧洲的主要通道，保加利亚地理位置非常重要，逐渐成为奥斯曼帝国统治的心脏地带。从 14 世纪开始，土耳其人移居巴尔干，而保加利亚是土耳其移民较为集中的地区之一。14 世纪末期，大批土耳其移民开始进入保加利亚。随后几个世纪，土耳其人继续涌入保加利亚。18 世纪俄国成为奥斯曼帝国的主要对手，奥斯曼帝国出于战略考量，加强了在保加利亚的存在，在政府的支持下大量土耳其人移居保加利亚。1877～1878 年俄土战争爆发前，保加利亚 1/3 的人口是穆斯林，其中大部分为奥斯曼土耳其人，其他为波玛齐人、吉卜赛人和鞑靼人。奥斯曼土耳其人主要居住在保加利亚的城镇，在主要城市人口中占多数。1878 年俄土战争之后，奥斯曼帝国被迫给予保加利亚

---

① Kutlay Muzaffer, "The Turks of Bulgaria: An Outlier Case of Forced Migration and Voluntary Return", *International Migration*, Vol. 55, No. 5, 2017, p. 9.

② Ali Eminov, "Turks and Tatars in Bulgaria and the Balkans", *Nationalities Papers*, Vol. 28, No. 1, 2000, p. 129.

自治地位。1908 年，保加利亚宣布正式从奥斯曼帝国独立。至此，遗留在保加利亚的奥斯曼土耳其人彻底沦为少数民族。保加利亚主体民族与国内的土耳其族在种族、宗教以及文化方面的差异根深蒂固，加上双方在历史上的积怨，经常爆发矛盾和冲突，不仅对保加利亚的政治进程，也对土耳其和保加利亚的关系产生重要影响。

2. 保加利亚跨境土耳其族的移民潮

国际环境和东南欧地区局势的变化对保加利亚国内政治产生了持久的影响。保加利亚政治体制和民族政策的变化导致历史上出现土耳其族的间歇性移民潮。土耳其族移民的主要对象国为土耳其。除了历史和族裔联系外，保加利亚和土耳其山水相连，两国具有共同的边界，地理条件也是影响土耳其族移民方向的重要因素。

战争是二战前保加利亚土耳其族移民国外的主要原因。1877 年俄国向奥斯曼帝国宣战，从巴尔干半岛和高加索两个方向对奥斯曼帝国发动进攻。奥斯曼帝国战败，被迫承认保加利亚自治。原来在保加利亚社会中处于统治地位的土耳其族沦为少数民族。根据 1879 年保加利亚首次官方人口普查数据，俄土战争前，土耳其族占当时保加利亚人口总数的 19.7%。俄土战争之后，保加利亚的土耳其族人担心受到迫害，持续迁往奥斯曼帝国。到 1900 年，土耳其族已从 1875 年占保加利亚总人口的 33% 降到 14%。[①] 1912 年第一次巴尔干战争爆发后，奥斯曼帝国节节败退，巴尔干穆斯林[②]大规模迁往奥斯曼帝国。其中约有 20 万土耳其族人从保加利亚占领下的西色雷斯逃往奥斯曼帝国。1913 年第二次巴尔干战争结束后，奥斯曼帝国与保加利亚签署了人口互换协议，有 4.7 万保加利亚族人从奥斯曼帝国迁往保加利亚，4.9 万土耳其族人离开保加利亚前往奥斯曼帝国。[③]不过，人口互换协议涉及的土耳其族人只占保加利亚土耳其族人很小的一部分，

---

① 〔英〕R. J. 克兰普顿：《保加利亚史》，周旭东译，中国出版集团·中国大百科全书出版社，2009，第 106 页。

② 奥斯曼帝国晚期，居住在巴尔干的穆斯林除了奥斯曼土耳其人外，也包括在奥斯曼时期整体皈依伊斯兰教的阿尔巴尼亚人、被伊斯兰化的部分塞尔维亚人和保加利亚人。此外，还包括鞑靼人、信仰伊斯兰教的吉卜赛人等。巴尔干的土耳其族与其他穆斯林的主要区别在于讲土耳其语，其他穆斯林大多讲本民族语言，如保加利亚的波玛齐人讲保加利亚语。

③ Ahmet İçduygu and Deniz Sert, "The Changing Waves of Migration from The Balkans to Turkey: A Historical Account", in Hans Vermeulen, eds., *Migration in the Southern Balkans: From Ottoman Territory to Globalized Nation States*, Berlin: Springer International Publishing, 2015, p. 88.

保加利亚境内仍然存在大量的土耳其族人。

　　1914 年第一次世界大战爆发，奥斯曼帝国和保加利亚一同加入了以德国为核心的同盟国，双方关系有所缓和，保加利亚土耳其族问题暂时进入休眠状态。1923 年土耳其共和国建立后，土耳其和保加利亚都有改善关系的愿望，两国于 1925 年再次签署人口互换协议，大约有 10 万保加利亚土耳其族人移民土耳其。[①] 一战结束后，保加利亚的土耳其族继续通过各种途径外迁。相关数据显示，1923～1939 年，有将近 20 万土耳其族人从保加利亚迁往土耳其，1940～1945 年，有超过 1.5 万保加利亚土耳其族人迁往土耳其（见表 4－1）。虽然保加利亚土耳其族人不断外迁，但由于较高的出生率，土耳其族的人口数量仍然有所增加。

表 4－1　保加利亚土耳其族人迁往土耳其的数量（1923～1997 年）

1923～1939	1940～1945	1946～1997	总计
198688 人	15744 人	603726 人	818158 人

资料来源：Ahmet İçduygu and Kemal Kirişci, *Land of Diverse Migrations*, Istanbul：Bilgi University Press, 2009, p. 10。

　　二战后，保加利亚政治体制和国家政策的变化成为土耳其族移民国外的直接原因。冷战时期，保加利亚土耳其族和穆斯林出现了三次规模较大的移民潮，时间分别为 20 世纪 50 年代初、60 年代末至 70 年代末、80 年代中期至 80 年代末。1950 年保加利亚共产党中央开始实行农业集体化和教育国家化，对宗教特别是伊斯兰教实行严格的管制，土耳其族的学校被关闭或者由国家控制。[②] 这一政策引发了土耳其族人的普遍抵制。1950～1951 年，有 154393 名土耳其族人离开保加利亚，前往土耳其。[③] 根据 1956 年人口普查结果，保加利亚人口总数为 7613709，其中土耳其族有 656000 人，土耳其族人口比例为 8.6%。[④] 1951～1968

① Ayse Parla, "Marking time along the Bulgarian－Turkish border", *Ethnography*, Vol. 4, No. 4, 2003, p. 562.
② Beltan, S. B, *Citizenship and Identity in Turkey：The Case of the Post－1980 Turkish－Muslim Immigrants from Macedonia*, Masters Thesis, Istanbul：Boğaziçi University, 2006, p. 25.
③ Ali Eminov, "The Turks in Bulgaria：Post－1989 Developments", *Nationalities Papers*, Vol. 27, No. 1, 1999, p. 2.
④ Ali Eminov, "The Turks in Bulgaria：Post－1989 Developments", *Nationalities Papers*, Vol. 27, No. 1, 1999, p. 1.

年，由于保加利亚政府禁止移民，土耳其族的移民活动基本上停止。1968 年保加利亚和土耳其签署了为期 10 年的《离散家庭协议》，允许亲属在土耳其的土耳其族人离开保加利亚去和家人团聚。到 1978 年为止，有 114356 土耳其族人移民土耳其。① 该协定于 1978 年期满后，土耳其族人的移民活动再次停止。

从 20 世纪 70 年代起，保加利亚政府实行新的民族政策，试图推动少数民族融入保加利亚主体民族，以建立单一的民族国家。这一政策在 1984～1985 年所谓的"复兴进程"中达到高潮。政府不再承认保加利亚存在少数民族，宣称境内所谓的土耳其族人是奥斯曼帝国奴役保加利亚时被迫皈依伊斯兰教的保加利亚人的后裔，与现代土耳其人不存在族属关系。日夫科夫政府宣布要像欧洲文艺复兴运动那样，帮助这些迷失的保加利亚人找到自己"真正的身份"，要求他们重新回归祖国母亲的怀抱。日夫科夫决定对国内的土耳其族实行强制改名和同化政策。土耳其族人必须改用保加利亚或者斯拉夫名字。1984 年春，保加利亚政府批准了要求土耳其族人改名的法令。同年 12 月，这一法令进入实施阶段。自 1984 年底至 1989 年底，保加利亚官方否认国内存在土耳其族。针对土耳其族的"复兴进程"包括：限制土耳其族人的权利，禁止在公共场合讲土耳其语，禁止穿戴土耳其人和穆斯林的传统服饰，禁止出版土耳其语书籍，土耳其歌曲和舞蹈也在被禁之列，清真寺被关闭，传统的穆斯林葬礼仪式也被"社会主义"的葬礼仪式所取代，穆斯林墓碑禁止使用土耳其语和阿拉伯语铭文，伊斯兰节日同样被禁。1989 年土耳其族公开抵制同化政策，举行了广泛的示威活动，要求恢复自己的名字和身份。保加利亚政府将抗议运动领导人和很多土耳其族知识分子驱逐出境。1989 年 5 月，为"一劳永逸"地解决"土耳其族人问题"，保加利亚政府向那些自认为是"土耳其族人"的居民发放移民护照。这一政策导致土耳其族人从保加利亚大规模外逃，大多数人低价卖掉房产，乘坐装载着电器和家畜的卡车前往土耳其边界。到 8 月底，当土耳其政府关闭边境时，已有 30 多万土耳其族人离开保加利亚。②

1989 年底，保加利亚政治局势发生变化。随着日夫科夫下台，保加利亚放弃了原来的同化政策，部分之前迁往土耳其的保加利亚土耳其族人开始回流。

---

① Beltan, S. B, *Citizenship and Identity in Turkey*: *The Case of the Post – 1980 Turkish – Muslim Immigrants from Macedonia*, p. 21.

② Victor Bojkov, "Bulgaria's Turks in the 1980s: A Minority Endangered", *Journal of Genocide Research*, Vol. 6, No. 3, 2004, p. 362.

1989 年 11 月后大约有 15 万人返回保加利亚，但仍有 20 多万人选择留在土耳其。[①] 保加利亚转轨初期，土耳其族集中分布的地区经济状况恶化。这些地区的土耳其族人主要从事烟草种植和加工，苏联是其主要的出口市场。苏联解体后，这些地区的烟草出口受阻，很多土耳其族人失去生活来源。此外，这些地区在基础设施方面本就相对落后，转向自由经济导致了更高的通货膨胀率和失业率。相比其他地区而言，土耳其族人数较多的地区得到的投资较少，严重依赖国家财政补贴。土耳其族聚集区经济形势的恶化使得土耳其族向外移民的活动再次开始，移民的主要方向为土耳其和欧盟国家。1989～1992 年，有 32 万土耳其族人移居土耳其。[②] 这次移民潮主要受经济因素驱动，移民是为了更好的生活，大批土耳其族人前往土耳其和西欧寻求就业机会，但是其中大多数人并没有合法的工作签证。

二战结束以来，尽管保加利亚政府多次试图通过同化或移民来减少境内土耳其族人的数量，但土耳其族的高出生率使他们在人口中所占的比例始终保持在 8%～10%。1878～1984 年，保加利亚移民土耳其的总人数超过 79 万，与 1984 年保加利亚国内的土耳其族人数大致相当。1992 年保加利亚人口普查结果显示，保加利亚总人口为 7928901 人，土耳其族人数为 746664 人，占总人口的 9.4%。[③]

保加利亚土耳其族的几次移民浪潮具有一些共同的特点。第一，移民潮与重大的历史事件密切相关，而且往往发生在穆斯林与基督徒关系紧张之际，尤其是在战争爆发以后。第二，不管保加利亚处在资本主义制度还是社会主义制度之下，都发生过大规模强制移民的事件。第三，1946～1989 年，保加利亚共产党执政时期，保加利亚政府关于土耳其族的政策并不稳定，中间出现了几次反复。相对容忍与驱逐同化政策交替出现，但国家从未放弃将少数民族融入保加利亚主体社会的意图。

3. 跨境土耳其族的地位问题

跨境土耳其族的地位问题是保加利亚跨境土耳其族问题的核心。保加利亚独

---

① Darina Vasileva, "Bulgarian Turkish Emigration and Return", *The International Migration Review*, Vol. 26, No. 2, 1992, p. 349.

② Lilia Petkova, "The Ethnic Turks in Bulgaria: Social Tntegration and Impact on Bulgarian – Turkish Relations, 1947 – 2000", *The Global Review of Ethnopolitics*, Vol. 1, No. 4, 2002, p. 26.

③ Antonina Zhelyazkova, "Bulgaria in Transition: The Muslim Minorities", *Islam and Christian – Muslim Relations*, Vol. 12, No. 3, 2001, p. 16.

立以后，国内民族主义盛行。不过，一系列的国际会议和相关法律赋予了保加利亚国内少数民族同等的政治地位和权利。1878 年欧洲列强签署的《柏林条约》规定保加利亚境内的穆斯林享有同等的政治权利。[①] 1879 年的保加利亚宪法同样承认包括土耳其族在内的非东正教教徒的宗教自由。[②] 1919 年的《纳伊条约》重申了对保加利亚境内少数民族权利的保护。根据这一条约，保加利亚语虽然是官方语言，但是少数民族的母语也被允许使用，少数民族还可以开设自己的宗教机构和语言学校。[③] 1925 年，土耳其与保加利亚签署友好条约，确认《纳伊条约》适用于保加利亚的土耳其族。[④]

关于国内少数民族的法律地位，保加利亚的宪法先后做了数次修改。1947年的保加利亚宪法承认少数民族的存在，规定少数民族必须学习保加利亚语，同时也有接受母语教育和发展本民族文化的权利。[⑤] 1971 年保加利亚对宪法进行修改，删除了"少数民族"的提法。1975 年保加利亚公民的个人身份证上删除了"民族"一栏。[⑥] 20 世纪 90 年代，保加利亚开始政治经济转轨，司法方面也进行了根本性的改革，但是 1991 通过的新宪法没有提到"少数民族"一词，规定所有保加利亚公民，无论其宗教、种族差异，都平等享有法律规定的自由和权利，用公民的个人权利取代民族意义上的集体权利。[⑦]

保加利亚的土耳其族一直保持着自己独特的语言和文化。保加利亚独立之后，土耳其族由原来的特权民族沦为少数民族、离散民族。留在保加利亚的土耳其族人虽处境艰难，但仍然努力保持着自己独立的教育系统，由土耳其族社区参

---

① Eminov Ali, "Islam and Muslims in Bulgaria: A Brief History", *Islamic Studies*, Vol. 36, No. 2, 1997, p. 222.

② Yonca Köksal, "Minority Policies in Bulgaria and Turkey: The Struggle to Define a Nation", *Southeast European and Black Sea Studies*, Vol. 6, No. 4, 2006, p. 507.

③ Yonca Köksal, "Minority Policies in Bulgaria and Turkey: The Struggle to Define a Nation", *Southeast European and Black Sea Studies*, Vol. 6, No. 4, 2006, p. 507.

④ 《土耳其和保加利亚友好条约》（1925 年 11 月 18 日），http://www. forost. ungarisches – institut. de/pdf/19251018 – 1. pdf。

⑤ Kutlay Muzaffer, "The Turks of Bulgaria: An Outlier Case of Forced Migration and Voluntary Return", *International Migration*, Vol. 55, No. 5, 2017, p. 10.

⑥ Milena Mahon, "The Turkish Minority under Communist Bulgaria – Politics of Ethnicity and Power", *Journal of Southern Europe and the Balkans*, Vol. 1, No. 2, 1999, p. 155.

⑦ Gabriela Fatková, "Revisiting the Conceptualization of 'Turks' in Bulgaria", *Antrocom Online Journal of Anthropology*, Vol. 8, No. 2, 2012, p. 317.

与办学，采用土耳其语教学。第二次世界大战前，保加利亚的土耳其族儿童基本上在土耳其社区的私立学校接受教育。这些学校提供的教育非常有限，资金和师资严重不足。只有大约 50% 的学龄儿童上过小学，其中许多人在完成小学教育前就已辍学。1905 年保加利亚土耳其族的识字率只有 4%。[1] 此后 40 年里，土耳其族的教育状况没有明显的改善。

在社会主义时期，保加利亚政府对穆斯林和土耳其族的政策多变。保加利亚共产党在执政初期实行了一些尊重和保护少数民族权利的政策。1945 年 10 月，保加利亚共产党通过法令恢复了早些时候所有被强行改名的穆斯林的名字。[2] 土耳其语学校的数量有所增加，土耳其族居住的主要城市出版了土耳其语的期刊和报纸。在土耳其族的教育问题上，保加利亚政府鼓励土耳其族的学校实行双语教学。1946 年，政府决定向土耳其族开设的学校拨款，允许土耳其族适龄儿童学习土耳其语，但必须同时学习保加利亚语。[3]

20 世纪 50 年代中期以来，保加利亚族人口增长几乎陷入停滞，而土耳其族人口迅速增长。1940~1960 年，保加利亚农村地区单个穆斯林家庭的平均子女人数，从 2 个增加到 3 个。[4] 1968 年保加利亚有 8 万名儿童出生，其中只有 2.5 万名是保加利亚族。[5] 土耳其族人口的快速增长引起保加利亚政府的警觉和焦虑，成为保加利亚政府对国内土耳其族和穆斯林政策显著变化的重要因素。从 1955 年开始，保加利亚高中的土耳其语班被取消。1959 年，保加利亚政府决定将土耳其族运营的学校纳入保加利亚教育部，所有土耳其语高中、职业学校与保加利亚教育部直属的其他学校合并，土耳其语成为选修课程。[6] 此后不久，保加

---

[1] Ali Eminov, "Turks and Tatars in Bulgaria and the Balkans", *Nationalities Papers*, Vol. 28, No. 1, 2000, p. 139.

[2] 1942 年保加利亚政府开始强迫穆斯林改名和强行为新生儿起名，同时加强了对伊斯兰教的管理。

[3] Rossen Vassilev, "Restoring the Ethnolinguistic Rights of Bulgaria's Turkish Minority", *Ethnopolitics*, Vol. 9, No. 3, 2010, p. 296.

[4] Kemal Karpat, "The Turks of Bulgaria: The Struggle for National - Religious Survival of a Muslim Minority", *Nationalities Papers*, Vol. 23, No. 4, 1995, p. 741.

[5] Simsir and Bilal, *The Turks of Bulgaria* (1878 - 1985), London: Rustem and Brother, 1988, p. 221.

[6] Milena Mahon, "The Turkish Minority under Communist Bulgaria - Politics of Ethnicity and Power", *Journal of Southern Europe and The Balkans*, Vol. 1, No. 2, 1999, p. 156.

利亚政府通过了将穆斯林整合进保加利亚社会的决议。土耳其族社区创办的小学和初中被关闭，所有报纸都用保加利亚语发行。从 20 世纪 70 年代中期开始，保加利亚政府开始关闭土耳其的学校、报纸等。1971 年保加利亚共产党党章规定要创建统一的社会主义国家。1971 年新的宪法通过后，建立语言和文化单一的民族国家成为一项明确的政府政策。对土耳其族等少数族裔同化的压力增强，已经土耳其化的保加利亚穆斯林被要求采用斯拉夫人的名字。[1] 1972 年，土耳其语课程被禁止，土耳其语书籍从书店和图书馆消失，土耳其语电台广播也被停止，仅存的几份土耳其语报纸开始以双语出版。

到 20 世纪 80 年代，保加利亚土耳其族的文化权利受到越来越严格的限制。保加利亚政府对土耳其族的同化政策在 1984～1985 年达到顶点。自 1989 年 11 月保加利亚转轨以来，包括土耳其族在内的少数民族的待遇获得大大改善，土耳其族人的政治和文化权利得到法律的保障。

二 保加利亚与土耳其关系中的跨境土耳其族问题

保加利亚与土耳其接壤，是土耳其族在巴尔干数量最多、最为集中的国家。保加利亚与土耳其的关系以及两国对跨境土耳其族的政策对跨境土耳其族问题的影响尤为突出。1923 年土耳其共和国建立以后，凯末尔将"土耳其人"界定为居住在土耳其共和国现有国界之内的国民，压制泛突厥主义和泛伊斯兰主义在国内的影响。凯末尔主义者在周边实行睦邻政策，尽力避免因为境外土耳其族问题卷入与周边国家的冲突。然而，历史和地缘因素使得凯末尔和之后的领导人不能完全忽视境外的土耳其族人，尤其是与土耳其在血缘和文化方面最为密切的巴尔干地区的土耳其族。1925 年，保加利亚和土耳其签署了一项友好条约，确认《纳伊条约》适用于土耳其少数民族。这一条约确认了保加利亚土耳其少数民族的存在，并赋予土耳其与这一少数民族的法律联系。[2] 土耳其对外来移民的接纳程度存在明显的等级差异。来自巴尔干的移民最受欢迎，在土耳其政治和社会中

---

[1] 〔英〕R. J. 克兰普顿：《保加利亚史》，周旭东译，中国出版集团·中国大百科全书出版社，2009，第 186 页。

[2] Yonca Köksal, "Minority Policies in Bulgaria and Turkey: The Struggle to Define A Nation," *Southeast European andBlack Sea Studies*, Vol. 6, No. 4, 2006, p. 509.

地位最高，被给予了最大限度的照顾和权利。① 土耳其社会普遍认为来自巴尔干地区的土耳其族在血缘和文化上与土耳其联系最为密切。历史上，土耳其政府尽己所能，多次接纳保加利亚土耳其族移民。

　　二战后，保加利亚建立社会主义制度，成为苏联领导的社会主义阵营的一部分，土耳其则继续实行资本主义制度并加入北约。社会制度的不同和阵营之间的对抗使得保加利亚和土耳其之间的土耳其族问题更加复杂。意识形态成为影响两国对保加利亚土耳其族态度的重要因素。保加利亚担心土耳其利用境外的土耳其族进行反共宣传。1947 年，保加利亚领导人季米特洛夫警告国内的土耳其族不要成为保加利亚敌人的代理人。② 1950 年 8 月 10 日，保加利亚契尔文科夫政府向土耳其发出一份措辞严厉的照会，要求土耳其在 3 个月内接收 25 万土耳其族人③。土耳其认为，这是苏东集团借此惩罚土耳其参加朝鲜战争，向土耳其施压。被驱逐的土耳其族人大多来自土地最为肥沃、适于耕作的多布罗加，保加利亚政府通过驱逐土耳其族人，获得了大量土地，以推进农业集体化。土耳其以经济难以承受为由，希望将每年接受的保加利亚土耳其族人控制在 2.5 万 ~ 3 万人，这与保加利亚的要求相去甚远。1951 年 3 月 10 日，保加利亚再次向土耳其发出照会，谴责土耳其在保加利亚煽动叛乱。随后保加利亚向 25 万土耳其族人发放通行证。1951 年 12 月 8 日，土耳其政府被迫关闭土耳其和保加利亚的边界。1950 ~ 1951 年，15 万名来自保加利亚的移民被赋予了土耳其公民权，他们大部分是保加利亚农业集体化的受害者，后来成为反对共产主义的坚定支持者。在土耳其政府看来，来自保加利亚的大规模移民本身就是资本主义的土耳其优于社会主义的保加利亚的有力例证。④ 在 1951 ~ 1963 年的 12 年中，保加利亚与土耳其的关系跌入低谷。保加利亚禁止境内的土耳其族人移民国外。1958 年，保共中

① Parla Ayse, "For us, Migration is Ordinary: Post – 1989 Labour Migration from Bulgaria to Turkey", in Hans Vermeulen, eds. , *Migration in the Southern Balkans: From Ottoman Territory to Globalized Nation States*, Springer International Publishing, 2015, p. 108.

② Petkova Lilia, "The Ethnic Turks in Bulgaria: Social Integration and Impact on Bulgarian Turkish relations, 1947 – 2000", *Review of Ethnopolitics*, Vol. 1, No. 4, 2002, p. 42.

③ Lilia Petkova, "The Ethnic Turks in Bulgaria: Social Tntegration and Impact on Bulgarian – Turkish Relations, 1947 – 2000", *The Global Review of Ethnopolitics*, Vol. 1, No. 4, 2002, p. 44.

④ Parla Ayse, "For us, Migration is Ordinary: Post – 1989 Labour Migration from Bulgaria to Turkey", in Hans Vermeulen, eds. , *Migration in The Southern Balkans: from Ottoman Territory to Globalized Nation States*, p. 109.

央召开特别会议，开始对少数民族文化权利实施更加严格的政策。

从 20 世纪 80 年代中期开始，保加利亚日夫科夫政府对国内的土耳其族实行规模空前的同化政策。这一政策的出台受到国内外多重因素的影响。其中，土耳其族人的高出生率使得保加利亚政府非常担忧。[①] 有学者认为，鼓吹民族主义可能会增加国内民众对政府的支持和掩盖保加利亚经济的困境。[②] 更多的学者认为塞浦路斯问题爆发后，土耳其出兵占领塞浦路斯北部，使得保加利亚担忧土耳其利用境外的土耳其族在巴尔干扩张。日夫科夫在 1997 年出版的回忆录里将发起"复兴进程"政策归咎于土耳其，宣称土耳其政府暗地里在保加利亚的穆斯林中推行"泛突厥"运动，煽动分离主义，因此保加利亚政府不得不采取措施。[③]

1983 年图尔古特·厄扎尔担任土耳其领导人时，在内政和外交方面做了重大调整。与凯末尔主义者的理念相反，厄扎尔代表的一批精英对于"土耳其人"边界的看法发生变化，认为生活在伊拉克、保加利亚、高加索的土耳其族人甚至是中亚的突厥人在文化、历史和种族方面与土耳其民族存在密切联系，即土耳其民族不再局限于安纳托利亚和土耳其共和国的现有疆界。[④] 厄扎尔不再将境外土耳其族人视为负担，相反认为生活在其他国家的"同胞"是土耳其在国际上增强影响力的资产。厄扎尔政府密切关注保加利亚局势和土耳其族的处境。1984 年保加利亚政府发起的"复兴进程"遭到了土耳其族各种形式的抵制。1985 年夏成立的"保加利亚土耳其人民族自由运动"进行了暴力抗议，在一些地区引爆炸弹。同年 5 月，保加利亚东北部的土耳其族人举行了大规模示威游行。保加利亚政府出动军队镇压，20～35 名示威者死亡，数百人受伤。[⑤] 1989 年 6 月，

---

① Darina Vasileva, "Bulgarian Turkish Emigration and Return", *The International Migration Review*, Vol. 26, No. 2, 1999, p. 348.

② 〔英〕R. J. 克兰普顿：《保加利亚史》，周旭东译，中国出版集团·中国大百科全书出版社，2009，第 192 页。

③ Rossen Vassilev, "Restoring the Ethnolinguistic Rights of Bulgaria's Turkish Minority", *Ethnopolitics*, Vol. 9, No. 3, 2010, p. 298.

④ Muhittin Ataman, "Özal Leadership and Restructuring of Turkish Ethnic Policy in the 1980s", *Middle Eastern Studies*, Vol. 38, No. 4, 2002, p. 128.

⑤ Kemal Karpat, "The Turks of Bulgaria: The Struggle for National - Religious Survival of A Muslim Minority", *Nationalities Papers*, Vol. 23, No. 4, 1995, p. 725.

2000 名土耳其族知识分子被驱逐出境。[1] 这场强制同化运动持续了 4 年，很多土耳其族人受到迫害。组织抗议活动的土耳其族人大多被强制要求移民或者被投入监狱。对此，土耳其政府除了直接和保加利亚进行外交交涉以外，不断在国际上发起一系列外交活动，谴责保加利亚政府对土耳其族人的同化政策，争取国际舆论的支持。保加利亚则认为本国穆斯林社区的事务纯属内部事务。1985 年 4 月，保加利亚外交部巴尔干司司长柳博米尔·肖波夫在记者招待会上指出，土耳其境内的土耳其人与保加利亚境内的土耳其族之间没有任何联系，称"土耳其没有任何历史权利，也没有任何其他理由声称保加利亚境内存在'土耳其少数民族'或'土耳其同胞'"[2]。1985 年 12 月，土耳其向联合国申诉，要求保加利亚停止迫害土耳其族人。联合国部分成员国要求向保加利亚派出独立的代表团，但被保加利亚政府拒绝。

1989 年底，保加利亚国内外形势发生巨大变化，"复兴进程"难以为继。保加利亚新政府最终放弃了对土耳其族的同化政策，困扰土耳其和保加利亚双边关系的最大障碍消除。1990~1994 年，土耳其和保加利亚签署了睦邻友好条约和安全合作条约，双方一致同意从两国边境撤军，关系进入蜜月期。[3] 土保双边关系的改善为跨境土耳其族问题的解决创造了积极的氛围。保加利亚的土耳其族在争取政治和文化权利方面取得了实质性的进展，保加利亚族和土耳其族实现历史性和解。1997 年，保加利亚总统彼得·斯托扬诺夫访问土耳其，对保加利亚在 20 世纪 80 年代粗暴对待国内土耳其族的行为做出道歉。[4] 土耳其积极支持保加利亚加入北约和欧盟，两国关系得到极大改善。

此后，保加利亚和土耳其的关系总体保持稳定，两国成为彼此重要的经济合作伙伴。1997 年 12 月，两国签署协定，解决了保加利亚和土耳其的陆地边界和黑海领域的划界问题。1999 年 1 月 1 日，两国自由贸易协定生效。然而，土耳其

---

① Oran Baskin, "Religious and National Identity among The Balkan Muslims: A Comparative Study on Greece, Bulgaria, Macedonia and Kosovo", *Cemoti*, Vol. 1, No. 18, 1994, p. 316.

② Ali Eminov, *Turkish and Other Muslim Minorities of Bulgaria*, London: Hurst Company, 1997, p. 196.

③ Nihat Çelik, "The Political Participation of Turkish Minority in Bulgaria and the Public Reaction: The Case of Movement for Rights and Freedoms (1990 – 1994)", *Karadeniz Araştırmaları*, Vol. 6, No. 22, 2009, p. 16.

④ Michael Bishku, "Turkish – Bulgarian Relations: From Conflict and Distrust to Cooperation over Minority Issues and International Politics", *Mediterranean Quarterly*, Vol. 14, No. 2, 2003, p. 92.

族问题仍然是土耳其和保加利亚关系中的敏感问题。2002 年正义与发展党在土耳其执政后，对境外土耳其族的重视达到前所未有的程度。正发党政府将加强与境外土耳其族的联系作为一项重要政策，把移民视为增强土耳其海外影响力的战略资产。[①] 2012 年土耳其政府发行了一本名为《+90》[②] 的季刊，发布关于海外土耳其人的信息和新闻[③]，其中一个主要栏目"移民记忆"中有大量关于保加利亚土耳其族移民的报道。跨境土耳其族问题还关系到土耳其和保加利亚两国的国内政治。至今仍有 20 万名持有保加利亚护照的土耳其族人在土耳其定居，保加利亚选举期间，他们中很多人会返回保加利亚参加投票。对此，保加利亚国内的民族主义者颇为不满。此外，土耳其大选期间，埃尔多安在海外土耳其族中的"拉票"行为也引起了保加利亚的反感和疑虑。保加利亚总统鲁门·拉德夫指责邻国土耳其"干涉"保加利亚内政，并表示索非亚对此不会接受。[④] 尽管目前两国关系正处于历史最好水平，但是围绕跨境土耳其族，两国关系中仍有一些杂音。保加利亚民众仍然对"土耳其族问题"非常敏感，对于土耳其族政党"争取权利与自由运动"的疑虑并未消除。

三 转轨后保加利亚跨境土耳其族问题的演进与欧盟的影响

日夫科夫政府对跨境土耳其族的同化政策并未取得预期效果，反而严重损害了保加利亚的国家形象，使保加利亚在国际上陷入孤立。美国和欧共体多次要求保加利亚停止对少数民族的迫害。苏联和其他东欧国家在这一问题上也没有给保加利亚坚定的支持。[⑤] 除了国际上的压力，所谓的"复兴进程"在国内也面临不小的压力。一些保加利亚族知识分子认为这是专制政权腐败的一种表现。[⑥] 土耳

---

① Zeynep Sahin Mencutek, "Mobilizing Diasporas: Insights from Turkey's Attempts to Reach Turkish Citizens Abroad", *Journal of Balkan and Near Eastern Studies*, Vol. 20, No. 1, 2018, p. 98.

② 90 为土耳其国际区号。

③ Damla Aksel, "Kins, Distant Workers, Diasporas: Constructing Turkey's Transnational Members Abroad", *Turkish Studies*, Vol. 15, No. 2, 2014, p. 212.

④ "Erdogan Slams 'Pressure' on Turks in Bulgaria ahead of Vote", 2017 – 03 – 23, https://middle – east – online. com/en/erdogan – slams – pressure – turks – bulgaria – ahead – vote.

⑤ Peter Stamatov, "The making of a 'bad' public: Ethnonational Mobilization in Post – Communist Bulgaria", *Theory and Society*, Vol. 29, No. 4, 2000, p. 554.

⑥ Peter Stamatov, "The making of a 'bad' public: Ethnonational Mobilization in Post – Communist Bulgaria", *Theory and Society*, Vol. 29, No. 4, 2000, p. 554.

其族要求撤销同化政策并赔偿在改名运动中土耳其族遭受的迫害，并为此发起了大规模的游行示威，这成为 1989 年保加利亚国内反政府抗议活动的先导。

1. 保加利亚政策的变化与跨境土耳其族地位的提高

1989 年 11 月 10 日，在保加利亚执政 33 年的日夫科夫被迫辞去共产党中央书记和国务委员会主席的职务，保加利亚共产党内的改革派掌握了权力。12 月 29 日，保共中央讨论民族问题，指出日夫科夫自 1985 年以来实行的同化土耳其族的"复兴进程"是一个严重的政治错误，宣布恢复土耳其族人的土语名字，并赦免因抵抗这场运动而被监禁的人。① 中央委员会的决定在保全国引发民族主义者的反对。决议通过后，一些地方政府无视中央政府的命令，反对中央关于恢复土耳其族土语名字和追回以低价出售的土耳其族财产的决议。当天，保加利亚族民族主义者在保加利亚东南部成立了"维护国家利益委员会"，并在卡扎里市举行大规模示威，反对保共中央委员会的决定。随后几天，保加利亚族和土耳其族混居的城镇也发生了类似的示威和罢工。许多来自不同城镇的抗议者在首都索非亚的主要广场集会，进行了近两周的抗议，要求取消 12 月 29 日的决定。保加利亚族民族主义者争辩说，这项决定是保加利亚共产党中央做出的，没有充分考虑保加利亚人民的意见，因此是不民主的。他们敦促就这个"国家问题"举行全民公投。保加利亚族的民族主义动员引起了反对它的组织的反动员。其中最突出的是非民族主义知识分子组织的人权团体和土耳其族的大规模动员。改革派主导的新政府认为人权问题不能通过全民公决解决。

1990 年 1 月，保加利亚议会通过议案，宣布特赦在"复兴进程"中被判刑的公民。② 到 1991 年春，保加利亚政府已批准了 60 万项恢复穆斯林姓名的请求。1991 年 6 月通过的法案宣布，那些因为拒绝改名而被判刑的人在政治和公民方面的权利得到恢复。随着政治转轨的推进，土耳其族的地位逐步提高。

土耳其族学习本民族语言和文化的权利得到承认。1991 年通过的新宪法第 36 条第 2 款规定"凡母语不是保语的公民在必须学习保语的同时，有权学习和使用自己的语言"③，确认了非保加利亚族血统的公民有学习和使用母语以及发

---

① 马细谱：《保加利亚史》，中国社会科学出版社，2011，第 286 页。
② 特赦不包括那些引爆炸弹的土耳其族人。
③ 《保加利亚共和国宪法（一九九一年七月十二日通过）》，姜士林等主编《世界宪法全书》，青岛出版社，1997，第 751 页。

展本民族文化的权利。1991 年 11 月，政府发布法令，规定三年级到八年级的学生每周可以学习 4 个小时的本民族语言选修课。同年 12 月，保加利亚教育部宣布，从 1992 年 2 月开始，将在土耳其族学生占多数的学校开设土耳其语必修课，在土耳其学生占少数的学校开设土耳其语选修课。1994 年，保加利亚教育部实行新的管理制度，允许所有少数民族学生都可以每周上 4 个小时的母语课程，并将授课时间放宽到整个小学阶段。1990 年，保加利亚《新光明报》改为用保加利亚语和土耳其语双语发行，不久出现了一批土耳其语的报刊。保加利亚国家电视台于 2000 年 10 月 2 日首次开播了土耳其语新闻节目。[1]

土耳其族的宗教自由得到法律保护。保加利亚通过立法规定个人宗教信仰自由。社会主义时期关闭的伊斯兰学校重新开放，一些伊斯兰宗教学校得到修复，还出现了一批新的宗教学校。保加利亚首都索非亚也被允许建立伊斯兰宗教学院。1992 年底，保加利亚开放的清真寺接近 1000 座，比 1989 年时的 300 座大幅增加。政府还取消了对《古兰经》和其他宗教文本的出版、进口和销售的限制。土耳其语版《古兰经》被允许合法销售。穆斯林可以自由庆祝重要的宗教节日，在没有政府干预的情况下举行传统的婚礼和葬礼。

土耳其族的政治权利也得到保障，土耳其族在保加利亚政府内部获得了一些国家层级的重要职位。艾哈迈德·多甘于 1990 年 1 月组建了以保加利亚土耳其族为主体的"争取权利与自由运动"。"争取权利与自由运动"是持中间立场的党派，主要目标是保护保加利亚的少数族裔，特别是土耳其族的权利。"争取权利与自由运动"成立以后，积极参与多党选举，在历届选举中一直稳居议会前四大政党之列，在保加利亚政治生活中发挥着重要影响。2001～2009 年，"争取权利与自由运动"与其他政党组成联合政府，其成员出任了多位政府部长。2013～2014 年，"争取权利与自由运动"与保加利亚社会党联合执政。2014 年议会选举中，这一政党得到了 3% 的保加利亚族人、83% 的土耳其族人和 44% 的吉卜赛人的支持，在议会选举中获得 38 个席位，获得 14.84% 的得票率，成为议会第三大党。[2]"争取权利与自由运动"在欧盟也有较大的影响，在欧洲议会中占

---

[1]　Rossen Vassilev, "Restoring the Ethnolinguistic Rights of Bulgaria's Turkish Minority", *Ethnopolitics*, Vol. 9, No. 3, 2010, p. 303.

[2]　引自维基百科，https://en. wikipedia. org/wiki/Movement_for_Rights_and_Freedoms. HYPERLINK, http://www. electionguide. org/elections/id/2800/。

有四个席位①。目前，除了"争取权利与自由运动"外，保加利亚还有三个土耳其族人组成的小党：民主阵线运动、民主和正义党、保加利亚土耳其人联盟。这三个党组成巴尔干民主联盟，但在选举中未能跨过 4% 的议会门槛。

保加利亚主流社会一直担忧"争取权利与自由运动"成为土耳其在保加利亚的"第五纵队"。为了避免引发保加利亚族的强烈反应，艾哈迈德·多甘一再宣传该党以保加利亚的国家利益为最高准则，在涉及土耳其的问题上态度谨慎。2013 年 1 月 19 日，卢特菲·梅斯坦当选为"争取权利和自由运动"第二任主席。2015 年土耳其击落俄罗斯的战斗机后，卢特菲·梅斯坦公开表态支持土耳其，在保加利亚引发争议。在党内仍有巨大影响力的艾哈迈德·多甘通过中央委员会，于 2015 年 12 月 24 日解除了卢特菲·梅斯坦的党主席职务。土耳其领导人埃尔多安则将艾哈迈德·多甘列入黑名单，禁止他入境土耳其。总体来说，"争取权利与自由运动"成立以后，其领导层是清醒、克制的，一直强调自由主义和亲欧洲主义是自己的核心理念。他们没有发起独立运动，甚至没有推动保加利亚政府承认土耳其族是少数民族。② 该党始终在宪法和民主框架之内争取基本的政治和文化权利，只是要求承认土耳其族和其他少数民族的平等权利，致力于与所有其他公民平等地参与该国的政治、社会、经济和宗教生活。

2. 保加利亚跨境土耳其族与主体民族关系中的潜在问题

尽管保加利亚在加入欧盟前后进行了多项改革，在制度和法律方面保护少数民族权利，但是民族主义情绪和歧视少数民族的声音在保加利亚仍然存在。2005 年保加利亚议会选举中，公开鼓吹民族主义的极右翼政党阿塔卡党获得了 8.1% 的选票，在议会中占有 21 个席位。③ 其领导人沃伦·锡德罗夫以反土耳其族人、反吉卜赛人为口号，在 2006 年总统选举第二轮投票中吸引了高达 24% 的选票。④

---

① "Bulgaria's Movement for Rights and Freedoms Puts Peevski on European Parliament Candidate list，https：//sofiaglobe. com/2019/04/22/bulgarias - movement - for - rights - and - freedoms - puts - peevski - on - european - parliament - candidate - list/.

② Bernd Rechel，"The 'Bulgarian ethnic model—reality or ideology?"，*Europe - Asia Studies*，Vol. 59，No. 7，2007，p. 1209.

③ Gabriela Fatková，"Revisiting the conceptualization of 'Turks' in Bulgaria"，*Antrocom Online Journal of Anthropology*，Vol. 8，No. 2，2012，p. 320.

④ Nikolai Genov，"Radical Nationalism in Contemporary Bulgaria"，*Review of European Studies*，Vol. 2，No. 2，2010，p. 35.

媒体认为锡德罗夫是与法国极端民族主义者勒庞类似的人物。阿塔卡党的主要支持者来自保加利亚族民族主义者和对转轨后出现腐败等社会问题不满的年轻人。2007 年，阿塔卡党在欧洲议会中获得了两个席位。2009 年阿塔卡党在议会选举中赢得 9.3% 的选票。[①]"争取权利与自由运动"一直小心翼翼地避免给外界土耳其族政党的印象，但事实上它的党员和支持者绝大部分来自土耳其族。2009 年它在保加利亚族中只有 1.6% 的支持率。[②] 保加利亚的极端民族主义政党和右翼政党多次攻击"争取权利与自由运动"在选举中舞弊，称有不少居住在土耳其的保加利亚土耳其族人在选举中返回保加利亚投票。

横亘在土耳其族和保加利亚族之间的历史积怨和心理鸿沟不会轻易消除，对彼此的疑虑依然真实存在。历史上强迫同化政策的创伤增加了土耳其族与保加利亚主体民族之间的心理距离。保加利亚族和土耳其族之间的关系仍然是疏离的，双方在日常生活中的接触非常有限。在很大程度上，土耳其族把与保加利亚族的接触限制在正式场合和工作场所。土耳其族生活在独立的社区，日常交际和语言也基本用土耳其语。[③] 未来在经济和社会环境恶化的情况下，保加利亚的民族主义者可能煽动仇外心理和极端民族主义情绪，将土耳其族视为"替罪羊"，试图通过保持族群关系的紧张来保持主体民族的"团结"。土耳其族问题的彻底解决仍然需要各方的共同努力。

3. 欧盟对保加利亚少数民族政策和跨境土耳其族问题的影响

欧盟对于候选成员国的入盟标准几乎影响了中东欧国家国内政策的各个领域，包括其少数民族政策。1993 年 6 月，哥本哈根会议上欧洲理事会制定了成员资格标准，即"哥本哈根标准"。其中有一条规定：候选国必须保障民主、法治、人权，尊重和保护少数民族。从 1998 年开始，欧洲委员会每年都会发表关于候选国进展情况的年度报告，该报告成为监测候选国入盟进程的重要手段。2000 年，欧盟通过了非歧视条款，要求候选国家将非歧视原则纳入

---

① Cholova, B. & De Waele, "Bulgaria: A Fertile Ground for Populism?", *Slovak Journal of Political Sciences*, Vol. 11, No. 1, 2011, p. 25.

② Nikolai Genov, "Radical Nationalism in Contemporary Bulgaria", *Review of European Studies*, Vol. 2, No. 2, 2010, p. 43.

③ Maya Kosseva and Marko Hajdinjak, "Voting Rights of Bulgarian Minorities: Case of Roma and of Bulgarian Turks with Dual Bulgarian – Turkish Citizenship", *IMIR Political Life Final Country Reports*, 2012, p. 29.

国家立法。其中"种族平等"条款禁止候选国基于种族差异，在就业、培训、社保、教育和公共服务方面进行直接和间接歧视，并要求欧盟十二个成员国必须在 2003 年 7 月 19 日之前实施这一法令，欧盟候选国也必须效仿。① 正是欧盟的指令促使中东欧国家通过了反歧视立法。欧盟虽然没有硬性要求入盟候选国加入《欧洲保护少数民族框架公约》②，但它表达了对候选国加入的期望，这对候选国具有潜在的约束和影响。保加利亚于 1999 年获得欧盟候选国地位，并在 2007 年最终加入了欧盟，这对保加利亚民族问题的解决发挥了积极影响。欧盟设定的入盟条件有助于遏制保加利亚政治中的民族主义和对少数民族的歧视倾向。

欧盟是保加利亚少数民族政策改变的关键因素。1995 年 12 月 14 日，保加利亚正式申请加入欧盟。在 1995 年所有其他中东欧国家签署《欧洲保护少数民族框架公约》之后，保加利亚面临着巨大的压力。保加利亚国内对批准这一公约进行了激烈的辩论，保加利亚族民族主义者反对承认国内存在少数民族。欧盟在 1999 年的报告中认为，所有中东欧候选国家都符合政治标准，尽管其中一些国家在人权和少数民族保护方面仍须取得进展③，这带有明显的督促和告诫保加利亚的含义。保加利亚为了尽快达到入盟标准，出台了一些保护国内少数民族权利的政策。欧洲委员会对此表示欢迎。在欧盟的影响下，保加利亚各主要政党最终就批准《欧洲保护少数民族框架公约》达成一致意见，1999 年 5 月 7 日，保加利亚议会正式批准了这一公约。欧盟委员会在 2000 ~ 2002 年的年度报告中一再提醒保加利亚，需要在反对种族歧视方面做出进一步的改变。2003 年 9 月 16 日，保加利亚按照欧盟的要求，通过了《反歧视保护法》。

在保加利亚跨境土耳其族问题上，欧共体/欧盟直接发挥了积极的作用。早在保加利亚转轨之前，欧共体就在土耳其族问题上向保加利亚施压。1989 年 8

---

① Bernd Rechel, "What Has Limited the EU's Impact on Minority Rights in Accession Countries?", *East European Politics and Societies*, Vol. 22, No. 1, 2008, p. 174.

② 这是专门规定少数民族保护的区域性法律文件中最全面的一个公约，并且是第一个致力于将少数民族保护作为人权保护不可分割的一部分的具有法律约束力的多边条约。参见廖敏文《〈欧洲保护少数民族框架公约〉评述》，《民族研究》2004 年第 5 期。

③ Rechel Bernd, "What Has Limited the EU's Impact on Minority Rights in Accession Countries?", *East European Politics & Societies*, Vol. 22, No. 1, 2008, p. 176.

月，欧洲议会通过一项决议称，如果保加利亚继续虐待国内的土耳其族公民，欧洲议会将对保加利亚采取经济制裁。[1] 保加利亚开始转轨后，1991 年 10 月，93名议员根据新宪法第 11 条 "不得以种族、人种或宗教信仰为基础建立政党"[2] 的规定，要求取缔 "争取权利与自由运动"。1992 年，宪法法院以基于种族原因取缔一个政党属于种族歧视，并且违反欧洲宪法和《欧洲保护少数民族框架公约》为由驳回了这一要求，"争取权利与自由运动" 得以继续存在。1999 年保加利亚成为欧盟候选国后，欧盟的影响变得更加直接和明确。[3] 进入 21 世纪以后，保加利亚科斯托夫政府根据 1999 年与欧盟签署的入盟进程框架协议，采取了进一步的措施使保护少数民族权利制度化。[4]

　　欧盟还直接在保加利亚和土耳其关系上施加影响，支持两国改善关系。欧盟成员国身份是保加利亚和土耳其共同的政策目标。除了政治和经济标准外，候选国与周边国家不存在领土和其他方面的重大争端也是入盟的潜在标准。为了加入欧盟，土耳其和保加利亚在国内推行政治经济改革，也致力于改善彼此的关系。土耳其对保加利亚政治和经济转轨持欢迎态度，并与保加利亚在入盟问题上相互支持。对于保加利亚来说，土耳其加入欧盟并接受欧盟的约束，符合保加利亚的利益。冷战时期土耳其为保护离散土耳其人而出兵塞浦路斯的举动曾让保加利亚非常担心。保加利亚对国内土耳其族实行同化政策，背后的一个重要因素是安全感的缺乏。在保加利亚看来，欧盟是安全提供者，如果土耳其和保加利亚都成为欧盟成员国，保加利亚对土耳其可能自行其是的担忧将大大缓解，这将有助于保加利亚在国内采取更加包容的少数民族政策。欧洲一体化也得到保加利亚主体民族和土耳其族的支持。"争取权利与自由运动" 的领导人艾哈迈德·多甘坚信保

---

[1] Papadimitriou, D. and E. Gateva, "Between Enlargement – Led Europeanization and Balkan Exceptionalism: An Appraisal of Bulgaria's and Romania's Entry into the European Union", *Perspectives on European Politics and Society*, Vol. 10, No. 2, 2009, p. 161.

[2] 《保加利亚共和国宪法 (一九九一年七月十二日通过)》，姜士林等主编《世界宪法全书》，青岛出版社，1997，第 749 页。

[3] Papadimitriou, D. and E. Gateva, "Between Enlargement – Led Europeanization and Balkan Exceptionalism: An Appraisal of Bulgaria's and Romania's Entry into the European Union", *Perspectives on European Politics and Society*, Vol. 10, No. 2, 2009, p. 161.

[4] Dia Anagnostou, "Nationalist Legacies and European Trajectories: Post – Communist Liberalization and Turkish Minority Politics in Bulgaria", *Southeast European and Black Sea Studies*, Vol. 5, No. 1, 2005, p. 101.

加利亚土耳其族的权利在欧洲－大西洋结构中能得到最好的维护。① 正是在共同的欧洲愿景下，保加利亚国内主体民族和土耳其族相互妥协，推进两族的政治和解进程，以便更加顺利地加入欧盟。欧盟多次肯定了保加利亚在少数民族政策上的进步，甚至已经不再将保加利亚土耳其族问题视为一个亟待解决的问题。

冷战结束后，世界上多个国家和地区的少数民族发起分离和独立运动，引发了血腥的族群间战争和冲突。巴尔干更是民族冲突最为剧烈的地区之一。与前南斯拉夫地区不同，保加利亚并未发生族群间的流血冲突。保加利亚主体民族和跨境土耳其族之间实现和解，土耳其族的地位提高，平等地参与保加利亚的政治和选举。《洛杉矶时报》评论称，保加利亚民族问题的解决是动荡的巴尔干地区"种族关系上取得的最大成果之一"②。保加利亚跨境土耳其族问题的案例在理论和实践方面对于当代跨境民族问题的解决提供了一些有益的启示。

第一，主体民族和跨境少数民族之间的相互谅解和妥协是族际关系和平的基础。

尽管在历史上保加利亚政府多次对土耳其族等少数民族采取歧视和同化政策，土耳其族和保加利亚族关系一度非常紧张，但是冷战后保加利亚没有像前南斯拉夫地区那样出现族群间严重的流血冲突。保加利亚的土耳其族通过和平方式，获得了前所未有的政治和文化权利。保加利亚土耳其族问题得到缓解，这与保加利亚主体民族和土耳其族之间的相互谅解和妥协有关。土耳其族精英争取权利的态度和策略无疑也起了重要作用。"争取权利和自由运动"采取了克制和务实态度，始终强调合法维权而非暴力对抗的理念，抵制了土耳其族内部要求从保加利亚分离或者并入土耳其的激进主张，坚持走议会斗争的道路。在"争取权利和自由运动"的影响下，土耳其族人坚持在公共场合使用土耳其语和在学校学习土耳其语的权利，但是承认保加利亚语为唯一的官方语言，强调土耳其族公民应在与保加利亚人平等的基础上融入保加利亚社会。保加利亚改革派精英也做出了很多让步和妥协。政府承认了包括土耳其族在内的少数民族的政治和文化权利，但是拒绝了土耳其族要求自治的主张。对于在公立学校开设土耳其语课的问题，政府最终决定在公立学校将土耳其语列为选修课，对每周课时安排做了限

---

① Osman Koray Ertaş, Identity Conflict in Bulgaria: The Dynamics of Non–Violence, Ph. D Thesis, George Mason University, 2016, p. 103.

② Holley David, "Bulgaria's Ethnic Calm Is a Sharp Contrast to Region's Troubles," *Los Angeles Times*, 12 February 2001.

制，这也是双方妥协的结果。

第二，不能通过行政命令的方式来消除民族差异及解决民族问题。

20 世纪 80 年代保加利亚对土耳其族的同化政策证明，不能通过行政和立法的方式来确定身份和消除民族差异。身份更多是一种自我的认同，在教育、语言和宗教方面对少数民族的压制和歧视，必然会激起反抗，在特定条件下反而会增强少数民族的民族意识和自我认同。事实证明，当一种语言在公共场所被禁止使用时，语言的持有者在日常生活中反而会经常使用它来挑战压制性的制度，维护和捍卫自己的身份。禁止在公共场合使用土耳其语反而加强了保加利亚土耳其族的民族认同，因为土耳其语是维系土耳其族文化、宗教乃至家庭的纽带。对少数民族采取歧视和同化政策，会加深民族隔阂和仇恨，也容易引发少数民族的反抗和族群之间冲突。

第三，强调少数民族的特性和集体权利并不是族际关系和谐的必要条件。

事实上，在国家宪法中使用"少数民族"这一概念并赋予民族的集体权利，不是保证少数民族权利发展和族际关系改善的必要条件。从 20 世纪 90 年代开始，保加利亚境内土耳其族人的地位和权利得到切实的保障。但保加利亚新宪法没有使用"少数民族"一词，依然遵循了单一民族国家的原则。这一原则得到所有保加利亚政党，包括保加利亚以土耳其族为主体的政党的承认。在中东欧国家中，保加利亚是冷战后唯一在宪法和法律制度方面不承认少数民族或少数民族集体权利存在的国家。保加利亚不同族群之间关系较为和谐，未出现民族间的冲突。相反，保加利亚 1971 年以前宪法中使用"少数民族"的概念，但政府多次采取对土耳其族和其他穆斯林的歧视和压制政策。保加利亚土耳其族的案例表明，强调法治基础上公民的个人权利而非民族的集体权利，淡化民族特性和差异，在特定的时空范围内似乎更有利于国家的统一和民族关系的稳定。

第四，跨境民族相关国家之间关系的改善是解决跨境少数民族问题的先决条件。

跨境民族问题的解决需要相关国家具有改善关系的共同意愿。保加利亚跨境土耳其族地位的实质性提高发生在土耳其与保加利亚双边关系得到根本性改善之后。保加利亚一直担心土耳其支持自己国内土耳其族的分离活动。后冷战时代，土耳其将自己国内的跨境民族库尔德人的分离运动视为对自身国家安全最主要的威胁之一，并因此反对巴尔干和高加索地区形形色色的分离主义。1992 年，土耳其重申保加利亚的边界不可侵犯并承诺不干涉保加利亚内政。土保两国在维护领土完整、打击宗教极端主义方面的共同利益为两国关系的合作与发展奠定了坚实的基础。无论巴尔干和国际形势如何变幻，土保两国都始终坚持领土完整原则和谴责分裂主义的立场。两国的持久合作为东南欧的区域稳定和发展提供了稳定的基础，也是保加利亚跨境土耳其族的地位和权利获得法律和制度保障的先决条件。

第五，欧共体/欧盟的规范力量在解决保加利亚跨境土耳其族问题上发挥了极其重要的作用。

冷战结束前后，保加利亚开始政治经济转轨，以"回归欧洲"为主要战略方向。保加利亚亟须在各个方面满足欧共体/欧盟的入盟标准，树立新的国家形象。欧共体/欧盟通过经济援助、政策引导和外部压力，一方面促使保加利亚调整对外政策，改善与土耳其等周边国家的关系，另一方面对保加利亚的国内政治施加影响，推进保加利亚的民主改革。这都要求保加利亚政府改善国内土耳其族的处境并与土耳其族和解。正是在欧共体/欧盟的影响下，保加利亚出台了保护少数族裔权利的系列文件，宪法法院否决了保加利亚族民族主义者要求取缔土耳其族政党的要求。在保加利亚民族和解进程中，欧共体/欧盟的规范性力量发挥了重要作用，在某些时刻甚至起到了关键的作用。

1989 年以来保加利亚跨境土耳其族问题向着良好的方向发展。保加利亚通过制度性安排将土耳其族纳入国家政治体系，在维护和加强国家认同的基础上尊重少数族裔的文化特性。土耳其族的政治地位提高，并积极参与国内政治，与主体民族的关系由紧张走向和解。这为巴尔干族群关系带来新的希望，即不同的种族、宗教和语言团体之间有可能实现和解。历史不能忘记，但可以超越。民族国家可以褪去神话的色彩，可以重新定义为多样性、包容性的政治空间。族群和宗教问题也并非巴尔干地区稳定与和平不可逾越的障碍。

第三节　克罗地亚与跨境塞尔维亚族问题

20 世纪 90 年代初以来，伴随南斯拉夫社会主义联邦共和国的解体，原本生活在一个国家里的六大主体民族①在成为新独立国家各自的主体民族的同时，都

---

① 指塞尔维亚族、克罗地亚族、斯洛文尼亚族、马其顿族、黑山族、穆斯林（自波黑独立后改
　称波什尼亚克族）。

变成了"跨境民族"。其中，塞尔维亚族是塞尔维亚共和国的主体民族，而对克罗地亚共和国来说又是跨境民族。克罗地亚的跨境塞尔维亚族生活在克罗地亚共和国境内，拥有克罗地亚国籍，但保持了塞尔维亚民族的语言、文化和宗教传统。他们如何形成、怎样发展？克罗地亚和欧盟对解决跨境塞尔维亚族问题采取了哪些政策措施，发挥了什么作用？从克罗地亚跨境塞尔维亚族问题的解决中能够得到什么启示？

一　跨境塞尔维亚族的形成与发展

历史上，克罗地亚族和塞尔维亚族都属于南部斯拉夫民族，在6~7世纪来到巴尔干半岛，并分别于8世纪末和13世纪初建立早期国家。两个民族虽然语言相近，但宗教和文化传统迥异。克族主要信奉天主教，使用拉丁文字，继承西罗马帝国文化传统，从12世纪初至一战结束，先后被匈牙利和奥地利哈布斯堡王朝统治；塞族则主要信奉东正教，使用西里尔文字，保持拜占庭帝国文化传统，从15世纪起被奥斯曼帝国统治了500年。两个同源的民族就这样恰好处在了欧洲大陆东西方文明分界线的两侧，留下了不同的宗教和文化底色。

奥地利为抵御奥斯曼帝国入侵，在克罗地亚边境设立了很多"边屯区"，由奥军直接统辖，享有一定的自治权。自16世纪起，大量塞族人不堪奥斯曼帝国的统治而迁入边屯区，在克罗地亚境内"利卡、巴诺维纳、科尔顿、达尔马提亚北部和东西斯拉沃尼亚"等地形成了最早的塞族聚居区。[1] 他们"建立了东正教堂和边区大主教辖区"，始终保持着本民族传统，特别是对塞尔维亚东正教的坚定信仰。"1881年边屯区被取消，这一地区重归克罗地亚管辖。"[2]

尽管第一次世界大战爆发时一批克罗地亚政治精英怀揣建立统一南斯拉夫国家的理想，但在一战中，克罗地亚作为奥匈帝国的一部分，仍与塞尔维亚兵戎相见，历史积怨由此形成。一战后，塞尔维亚重拾大国梦想，主张以本国为核心建立统一的南部斯拉夫人国家，并得到了协约国一方的支持；克罗地亚尽管国内分歧巨大，但作为战败的奥匈帝国的一部分，面临被意大利等国肢解的风险，最终还是选择与战胜国塞尔维亚联合。塞尔维亚国王亚历山大成为新成立的"塞尔

---

[1] Ivana Grljenko, *Hrvatska: zemlja I ljudi*, Zagreb: Leksikografski zavod Miroslav Krleža, 2013, str. 83.

[2] 汪丽敏：《前南斯拉夫的民族问题》，《东欧中亚研究》2000年第2期。

维亚人 - 克罗地亚人 - 斯洛文尼亚人王国"国王。他推行大塞尔维亚主义和专制独裁，引发其他民族的不满。克塞两族在国家实行联邦制还是中央集权制的问题上激烈争执。1928 年，克族议员拉迪奇在议会开会时被塞族议员枪杀，引起克族人的强烈愤慨。1929 年，国王亚历山大废除宪法，解散议会并改国名为南斯拉夫王国，以"一个国家、一个国王、一个民族"的口号来抹杀其他民族的存在和现实矛盾。① 专制独裁一方面给塞族人带来了普遍的优越感，克境内的塞族人遵循"大塞尔维亚"构想，不断提出自治甚至提出与波黑塞族合并的要求②；另一方面也激发了其他民族，特别是克族的强烈分离倾向和复仇心理。1934 年，克族极端民族主义分子刺杀了亚历山大国王，克塞两族矛盾进一步激化。二战爆发后，在铁托团结领导各族人民进行反法西斯斗争的同时，克罗地亚法西斯组织"乌斯塔沙"和大塞尔维亚民族主义组织"切特尼克"分别屠杀了大批塞族和克族平民。

二战后，铁托领导的社会主义国家实行各民族平等和大团结的政策，在一定时期内缓解了克塞矛盾，但由于联邦内部经济发展不平衡以及对国家政策意见不统一，克塞两个共和国在 20 世纪 60 年代末 70 年代初矛盾激化。在铁托的强力领导下，矛盾尚可"压制"，及至铁托逝世后，各民族间围绕联邦制发展方向的分歧愈演愈烈。塞尔维亚"主张实行一体化政权体制"，强化联邦层面的领导；克罗地亚（和斯洛文尼亚）则认为这是"中央极权主义的复辟"，应将当前的"联邦"改革为更松散的"邦联"。③ 伴随严重的政治分歧，民族主义和分离主义思潮不断发酵。

塞族和克族都是南斯拉夫宪法中确定的主体民族，在克罗地亚共和国 1947 年的宪法中明确表示"在克罗地亚的塞尔维亚族人与克罗地亚族人地位平等"④，塞族在克罗地亚共和国内仍享有主体民族地位，并且"在民兵组织（有些地区甚至高达 67%）、共和国国家机关（约 24%）、共产党机关及经济管理部门中占

---

① 孔寒冰：《东欧史》，上海人民出版社，2010，第 201 页。
② 大塞尔维亚主义主张所有塞族人聚居的地方都联结起来组成一个统一的新国家，所有塞族人都生活在这个共同的国家里。克罗地亚和波黑两个共和国接壤，边境线长约 1000 千米。克罗地亚西部与波黑北部接壤的地区都是塞族聚居区，故克境内塞族提出了与波黑塞族合并的要求。
③ 章永勇编著《列国志·塞尔维亚和黑山》，社会科学文献出版社，2005，第 319 页。
④ *Ustav Narodne Republike Hrvatske*，Narodne Novine，23. sije č nja 1947，str. 7.

有较大比重。1981 年，塞族占克罗地亚共和国总人口的 11.6%。到 1991 年，这一比例增长至 12.2%。由于一些居民在人口普查时把自己定义为'南斯拉夫人'，塞族的实际比例会更高一些。在全国 114 个行政区县中，塞族人口占绝对优势的有 11 个"[1]。20 世纪 80 年代末，面对克罗地亚共和国内日益高涨的民族主义思潮和独立倾向，塞族充满疑虑和担忧，而"来自贝尔格莱德的宣传认为，这是二战中曾大量屠杀塞尔维亚人的克罗地亚独立国的复活，从而进一步加剧了塞族人的恐慌"[2]。塞族人愈加寻求塞尔维亚"母国"和塞族占多数、由塞尔维亚主导的南联邦唯一的军队南斯拉夫人民军的庇护。

1990 年 12 月 22 日，克罗地亚议会通过新宪法，规定克罗地亚共和国是"克罗地亚民族和其他具有该国国籍的少数民族的国家"[3]，塞族彻底丧失了主体民族地位。此前一天，塞族以克宁为中心成立了"克拉依纳塞族自治区"，开始封锁共和国首都萨格勒布通向沿海的公路、铁路，并暴力驱赶当地的克族居民。塞族人大肆洗劫克族人的财产，强占或焚烧他们的房屋，原本的邻里友情变成了刻骨仇恨。1991 年 4 月 1 日，在塞尔维亚的支持下，"克拉依纳塞族自治区"宣布脱离克罗地亚并将与塞尔维亚和波黑合并。此后不到两个星期，塞族在南斯拉夫人民军的干预和支持下抢占普利特维采国家公园，打死打伤克族警察，此事件通常被视为战争的开端。

1991 年 6 月 25 日，克罗地亚议会发表主权和独立宣言，指出克罗地亚现有边界就是国界，决心捍卫国家领土完整。此后，南斯拉夫人民军出动陆海空三军与克方由警察部队改编的武装力量作战，战争全面爆发。虽然南斯拉夫人民军以打击克罗地亚对南联邦分裂的名义采取行动，但克方认为，依据南联邦宪法，克罗地亚共和国拥有主权和自由退出联邦的权力，南斯拉夫人民军和塞尔维亚完全是在帮助克境内的塞族抢占地盘。因此，克方将这场战争定义为克罗地亚卫国战争。

1991 年 10 月 8 日，克罗地亚议会关于国家独立的决议正式生效，冲突进一步加剧。南斯拉夫人民军和克境内的塞族武装全面封锁克罗地亚港口，持续轰炸奥西耶克、希贝尼克、杜布罗夫尼克等主要城市。及至 1991 年底，他们"已控

①　Ivo Goldstein, *Hrvatska povijest*, Zagreb: Novi Liber, 2003, str. 379.

②　Viktor Koska, "Manjinske politile u Hrvatskoj, Slučaj srpske manjine u Hrvatskoj", *Političke analize*, vol. 5, No. 5, 2011, str. 51.

③　*Ustav Republike Hrvatske*, Narodne Novine, 22. prosinca, 1990, str. 56.

制了克罗地亚约 26.5% 的领土"①。1991 年 12 月 19 日，此前成立的"克拉依纳塞族自治区"宣布成立"塞尔维亚克拉依纳共和国"，克宁为"首都"。塞控区全面驱逐克族居民，"流离失所的克族人达到 50 万。约 500 个文化古迹，主要是天主教堂，在南斯拉夫人民军的轰炸中被完全或严重损毁"②，这极大加剧了克族人的仇恨。克罗地亚在克族占多数的地区采取报复性措施，造成大量塞族难民逃往塞族控制区。

至此，由于克罗地亚共和国宣布独立，生活在其境内的塞族成为跨境民族；由于这部分塞族人与克政府激烈对抗直至爆发战争，跨境塞族问题不仅成为克罗地亚国内，而且也是影响整个地区局势的棘手"问题"。

二 克罗地亚和欧盟解决跨境塞族问题的政策措施

克政府和欧盟在以下三个阶段采取不同的政策措施解决跨境塞族问题。

1. 1991 ~ 1998 年：由战争到和平

自 1991 年 3 月武装冲突爆发至该年底，克塞双方在国际社会的调停下，"共签署了 16 个停火协议，但没有一个能持续执行超过 24 小时。塞族人和南斯拉夫人民军要占领更多的土地，克族人要收复失地"③，战火难熄。在此情况下，欧共体于 1991 年 12 月 17 日决定："如果南斯拉夫的各共和国在 12 月 23 日以前提出要求承认其独立并且具备一系列条件（尊重人权、民主、多党制、市场经济等原则），欧共体将于 1992 年 1 月 15 日宣布承认其独立。"④ 对于刚刚宣布独立的克罗地亚来说，获得欧共体的承认至关重要。克议会旋即通过了《关于种族、民族群体和少数民族人权与自由的宪法性法律》，"给予少数民族比例超过 8% 的地区特殊的自治政策。由于克境内只有塞族在一些地区的比例超过 8%，因此该法律被认为是主要确保塞族在克罗地亚的地位"⑤，因此也"得到了欧共体仲裁委员会的积极评价"⑥。

---

① Ivana Grljenko, *Hrvatska：zemlja I ljudi*, 2013, str. 59.
② Ivo Goldstein, *Hrvatska povijest*, str. 398 - 402.
③ Ivo Goldstein, *Hrvatska povijest*, str. 397.
④ 赵乃斌、汪丽敏主编《南斯拉夫的变迁》，广东人民出版社，2002，第 326 页。
⑤ Viktor Koska, "Manjinske politile u Hrvatskoj, Slučaj srpske manjine u Hrvatskoj", str. 52.
⑥ Ivo Goldstein, *Hrvatska povijest*, str. 404.

在联合国和欧共体的共同调停下，1992 年 1 月 2 日，克罗地亚与南斯拉夫人民军签署停火协议，并同意联合国维和部队进驻。1 月 15 日，克罗地亚得到欧共体的承认。同年 5 月 22 日加入联合国。从克罗地亚的角度来看，欧共体对制止该国主体民族与跨境民族之间的武装冲突起到了非常重要的作用，甚至可以说是决定性作用。也正是从此时开始，克政府着手构建一套与南联邦时期不同的少数民族权利保护体系。

尽管战火已基本平息，但克拉依纳仍在塞族武装的控制下成为"国中之国"。在美国的默许下，克罗地亚分别在 1995 年 5 月 1 日和 8 月 4 日发动代号为"闪光"和"风暴"的军事突袭，击垮"塞尔维亚克拉依纳共和国"，收复了大部分被占领土。但在此过程中，克武装力量对聚居在这里的塞族平民也进行了报复性打击，一如当初塞族人驱赶克族人那样抢劫财产、毁坏房屋。"复仇"行为造成"15 万余名塞族难民离开克罗地亚"①。欧盟为此对克罗地亚实施制裁，克罗地亚成为极少数没有享受到"法尔计划"援助的中东欧国家之一。

在此阶段，欧共体/欧盟的政策非常明确，即结束战争，以和平方式解决塞族问题。为此，欧共体/欧盟承认克罗地亚独立并要求克政府必须切实保障塞族作为少数民族的合法权益。而克罗地亚以巩固国家独立、摧毁塞族分离计划、实现领土统一为目标，所以在广泛获得国际承认后，不惜与欧盟发生分歧，对塞族采取军事行动。此时的克罗地亚，从国家政策到公众舆论都带有强烈的民族主义色彩，甚至把塞族视为"克罗地亚国土上的癌症"②。克罗地亚政府根本不可能也没有意愿切实维护塞族的利益。因此，克罗地亚与欧盟的关系在"风暴"行动后几乎陷入停滞。1998 年 1 月，联合国正式将东斯拉沃尼亚的行政管理权移交给克政府，克罗地亚最终实现全境统一，国家开始和平发展，这为恢复克罗地亚与欧盟的关系提供了可能。克罗地亚政府和欧盟对跨境塞族问题的解决进入新阶段。

2. 1999 ~ 2013 年：难民返回与社会融合

1999 年 12 月，奉行民族主义政策的克罗地亚总统图季曼去世。外界普遍认为这标志着克罗地亚一个政治时代的结束。2000 年 2 月上台的克罗地亚新政府放弃了民族主义立场，明确表示"克罗地亚的国家利益和战略目标是加入欧盟"③。

---

① Ivana Grljenko, *Hrvatska：zemlja I ljudi*, str. 61.

② Viktor Koska, "Manjinske politile u Hrvatskoj, Slučaj srpske manjine u Hrvatskoj", str. 50.

③ *Nacionalni Program Republike Hrvatske za pridruživanje Europskoj Uniji – 2003. Godina*, Narodne Novine, 27. veljače. 2003, str. 6.

2001 年 10 月，克罗地亚与欧盟签署《稳定与联系协议》。2003 年 2 月，克罗地亚正式提出入盟申请，2004 年 6 月获得欧盟候选国地位，2005 年 10 月开始入盟谈判并最终于 2013 年 7 月正式加入欧盟。根据"哥本哈根标准"，申请入盟的国家首先要是"保障民主、法治、人权以及尊重和保护少数民族的稳定国家"①。对克罗地亚来说，切实解决跨境塞族问题是不可逾越的先决条件。所以，伴随入盟进程，欧盟再次成为克罗地亚解决跨境塞族问题强大和最主要的外部力量。

塞族问题是克罗地亚入盟谈判第一章"政治标准"中的重要内容，在"人权与少数民族保护"一节中被单独列出。欧盟要求克罗地亚保障塞族作为少数民族的一切合法权益，妥善解决塞族难民返回问题，帮助塞族重新融入克罗地亚国内社会。为此，克罗地亚依据"欧盟标准"采取以下措施。

在制度建设方面，克罗地亚于 2002 年颁布了《关于少数民族权利的宪法性法律》，全面规定了该国少数民族享有的特殊权利、自由及其实现方式，这被认为是克罗地亚在保护少数民族领域的里程碑。此后又颁布了《克罗地亚共和国少数民族语言和文字使用法》《少数民族教育法》《关于登记少数民族委员会、协调委员会及少数民族代表的法律》等四部专门性法律，这为解决塞族问题提供了制度基础和法律保障。

在国家管理方面，克罗地亚修订了《克罗地亚国家议会议员选举法》《国家公务员法》《地方自治法》等 10 余部法律。自 2003 年起，在国家议会中增设 8 个少数民族议席，其中塞族 3 席，其他 21 个少数民族共 5 席。少数民族公民在议会选举中投票两次，一次是作为普通公民投票，另一次单独选举本民族议员。该项措施有效提高了塞族在国家议会的代表性。同年，克政府在地方层面设立少数民族委员会、少数民族代表和少数民族协调委员会②，监督地方政府落实相关法律和优惠政策，组织本民族成员申请并执行国家和欧盟基金项目及维护其他合

---

① European Council in Copenhagen – 21 – 22 June 1993 – Conclusions of the Presidency，https：//europa. eu/rapid/press – release_DOC – 93 – 3_en. htm？locale = en.

② 根据克罗地亚相关法律，在地方自治单位或市一级，达到当地人口 1. 5% 或总数超过 200 人的少数民族，可通过选举成立本民族的"少数民族委员会"；如人数不足 200 人但超过 100 人，可选举本民族的"少数民族代表"；在首都萨格勒布和省级层面，超过 500 人的少数民族可通过选举成立本民族省级的"少数民族委员会"；各少数民族委员会和少数民族代表之间可开展合作，组成"少数民族协调委员会"。每届委员会和代表任期 4 年。

法权益。在全国 285 个少数民族委员会中，塞族委员会有 131 个，占比 46%①。通过以上措施，克罗地亚提高了塞族的政治参与度和在国家管理层面的代表性。

难民返回是最复杂、最艰难，也是最敏感的环节。"到 2004 年，克罗地亚的塞族难民约为 20.9 万（18.95 万人在塞黑，1.95 万人在波黑）。"② 战争中，在塞族难民离开克罗地亚的同时，大量克族难民也从波黑和塞尔维亚涌入克罗地亚。"财产置换"现象非常普遍，即克族难民占用了塞族难民留在克罗地亚的居所，塞族难民在波黑和塞尔维亚占用了克族难民的住所。除了盘根错节的财产纠纷，战争造成的心灵创伤与仇恨更加难以抚平。特别是从当年塞控区出走的塞族难民，一些人曾参与驱赶自己的克族邻居，十分担心遭到报复，不愿也不敢返回克罗地亚。因此，难民安置和财产返还不仅涉及国内政治、经济、社会保障等各个领域，还需要克、塞、波黑等相关国家同时采取行动，通力合作，以免在落实中因操作不当激起克塞民族间新的矛盾。虽然各国一直都在联合国难民署的敦促下开展难民遣返工作，但进展缓慢。正如一位克罗地亚学者所言："如果没有入盟这个新的国家优先选项，任何一个政治党派都不会不考虑可能失去大面积支持的政治风险，而去着力解决塞族问题。"③

当"入盟"成为国家共识，克罗地亚媒体开始出现关于民族和解及塞族的正面报道，舆论环境逐渐趋向宽容，为塞族难民返回创造了有利的社会氛围。克罗地亚议会和政府颁布实施了《流离失所者和难民地位法》《国家特殊福利法》《国家特殊福利地区住房安置计划》《国家特殊福利地区住房保障条件和措施条例》《国家特殊福利地区住房保障优先级法则》《难民重返家园和保障规划》等一系列法律法规，维修房屋，发放补贴，加紧安置难民。

为保障各项措施顺利落实，克罗地亚政府自 2003 年起，在每年颁布的《克罗地亚加入欧盟国家纲要》④ 中都会详细列出解决塞族问题的执行情况并确定当年的工作计划。同样，欧盟委员也会在每年的《克罗地亚入盟进展情况

---

① Ljubomir Mikić, *Priručnik za vjeća i predstavnike nacionalne manjine*, Zagreb：WYG savjetovanje, 2017, str. 22 – 31.

② "Communication from the Commission Opinion on Croatia's Application for Membership of the European Union", p. 27. 转引自左娅编著《列国志·克罗地亚》，社会科学文献出版社，2007，第 236 页。

③ Viktor Koska, "Manjinske politike u Hrvatskoj, Slučaj srpske manjine u Hrvatskoj", str. 53.

④ 克政府于 2003 年 2 月发布第一份《克罗地亚加入欧盟国家纲要》。

报告》① 中对此进行专项评估，提出问题和要求。

例如，《克罗地亚加入欧盟国家纲要（2006 年）》第一章第三节中记录："为继续提高少数民族权利保障，加强国际合作，克罗地亚议会于 2005 年 3 月 18 日批准了《克罗地亚共和国与塞尔维亚和黑山关于保护塞尔维亚和黑山境内克罗地亚少数民族及克罗地亚共和国境内塞尔维亚和黑山少数民族权利的协定》。……为响应欧盟委员会关于促进塞族与社会融合的要求，克政府任命 6 名塞族人分别担任科教体育部副部长和文化部、内务部、司法部、交通旅游部的部长助理等职务。……克政府于 2005 年 7 月通过了《难民回返计划》并制定了明确的执行时间表和预算。2006 年将从国家预算中拨付 23 亿库纳（约 3.07 亿欧元）用于该计划。……2005 年重建了 9800 套在战争中完全被损毁的住房，主要分配给了 2001 年提出申请返回的塞族难民；为 5207 套轻度损坏的住房发放了维修补助。2006 年将继续重建 3000 套、维修 4000 套住房。《国家特殊福利地区住房安置计划》2005 年获得欧盟援助 1400 万欧元，其中 1100 万欧元资助具体项目，300 万欧元用于技术援助。"②

对此，欧盟委员会在《克罗地亚入盟进展情况报告（2007 年）》中表示："该国的气氛整体好转，对塞族和东正教徒出于族裔动机的袭击正在减少。但当此类袭击发生时，警方调查仍不充分，追责有限。塞族人，包括战争期间留在克罗地亚的塞族人，在就业方面有许多困难，歧视仍然存在，还需要做更多的工作以消除民族偏见……难民问题取得了有限进展。去年约有 3500 名难民返回克罗地亚。登记返回克罗地亚的塞族人总数增加到 13 万……住房仍然是阻碍难民返回的主要问题。政府的安置计划进展十分缓慢。《国家特殊福利地区住房安置计划》涉及 8320 个住房申请，只解决了 3736 个，占总数的 44%；特殊福利地区以外的 4500 个住房申请只解决了 2%。克罗地亚政府如希望在 2009 年按计划完成安置工作，主管部门的政治意愿和协调行动显然是必要的。"③

欧盟将解决跨境塞族问题列入克罗地亚入盟必须完成的政治事项，提出明确

---

① 欧盟委员会于 2005 年 11 月发布第一份《克罗地亚入盟进展情况报告》。

② *Nacionalni program Republike Hrvatske za pridruživanje Europskoj Uniji* – 2006. *Godina*，Ministarstvo vanjskih poslova i europskih integracija, Zagreb, 2006, str. 47 – 54.

③ "Izvješćeo napretku za 2007. Godinu"，str. 10 – 11. http：//www. mvep. hr/hr/hrvatska – i – europska – unija/pregovori/izvjesca/europska – komisija0/.

要求并进行严格评估，同时也给予克罗地亚一定的物质和技术支持。可以说，欧盟不仅形成了强大的外部推动力和约束力，也激发了克罗地亚自身解决问题的内动力。伴随入盟进程，克塞两族最终实现了民族和解，难民逐渐回归，塞族作为少数民族重新融入克罗地亚国内社会，开始正常生活。欧盟委员会在 2013 年 3 月《克罗地亚入盟准备情况最终报告》中确认"克罗地亚原则上已履行了入盟谈判中规定的所有义务和要求"①。至此，该国的跨境塞族问题也基本得到解决。

3. 2013 年至今：继续深化社会融合

入盟后，克罗地亚进入了新的发展阶段，解决跨境塞族问题也进入了更深层次。在《克罗地亚入盟准备情况最终报告》中，欧盟委员会希望克罗地亚在入盟后继续做好少量尚未得到住房的难民的安置工作；通过有效执行《关于少数民族权利的宪法性法律》继续加强对少数民族的保护；继续提高少数民族成员在国家机构的就业比例。② 在此阶段，除难民安置工作外，无论克罗地亚政府还是欧盟都不再对塞族实行特殊政策，而是将塞族与其他少数民族一样平等对待，淡化差异性，在保护少数民族权利、促进少数民族发展的整体框架下增加其对国家的认同感和归属感，继续推动塞族深度融入社会。

欧盟主要通过结构与投资基金、地方发展基金、社会基金、农业基金、海洋和渔业基金等资助具体项目，促进包括塞族在内的各少数民族地区经济发展和少数民族语言、文化、教育的保护与发展，以增强少数民族融入社会、参与国家管理的能力。例如，欧盟结构与投资基金在 2014～2020 年增设了专题性的"综合领土投资"以促进地方可持续发展，其中包括专门资助曾遭受战争影响的小城市的经济、社会、人力资源综合项目。克宁、武科瓦尔等 4 个当年克塞激烈交战的城市入选首批试点地区，将在 2014～2020 年获得总计 1.2 亿欧元的资助。③

克罗地亚政府除原有的少数民族促进措施外，还重点加强与欧盟合作。前文提到的少数民族委员会，其日常工作的一项重要内容就是组织或代表本民族成员申请欧盟基金项目，并与地方政府联合执行已获批的项目。例如，2015 年克罗地亚有 3 个城市和 3 个区县入选欧盟与欧洲委员会共同的项目"加强东南欧人权

---

① "Izvješće o praćenju pripremljenosti Hrvatske za članstvo u EU, 2013. godina", str. 15. http：//www. mvep. hr/hr/hrvatska – i – europska – unija/pregovori/izvjesca/europska – komisija0/.

② "Izvješ́e o prać enju pripremljenosti Hrvatske za članstvo u EU, 2013. godina", str. 8 – 9.

③ Ljubomir Mikić, *Priručnik za vjeća i predstavnike nacionalne manjine*, str. 58.

与少数民族权利保护"，共得到 1.8 万欧元项目经费；当地自治政府和少数民族委员会共同作为项目执行人。其中，在维诺格拉德区通过该项目组织了塞语、匈牙利语、德语等少数民族语言的推广活动，并制作了区政府网站的塞语版。①

除了资助具体项目，欧盟和克罗地亚政府还广泛开展人员培训。例如，从 2004 年起，欧盟与克罗地亚政府及地方自治团体合作，相继在各省市举办研修班②，培训少数民族代表和少数民族委员会的工作人员，普及相关法律法规，使其了解欧盟工作流程，提高他们参与地方管理和行使少数民族特殊权利的能力。

与此同时，欧盟主要依托各基金项目发挥监督、评估和建议作用。例如，在"加强东南欧人权与少数民族权利保护"项目中，欧盟委托奥地利格拉茨大学东南欧研究中心对克罗地亚、塞尔维亚、科索沃等参与国家和地区少数民族权利保护项目的状况进行评估，并于 2016 年发表了评估报告。报告涵盖少数民族语言文化、教育、媒体、在国家机构任职、参与国家管理等多项指标，总结各方成功经验，指出不足并提出建议。在涉及克罗地亚的内容中，报告将普拉市列为典型的成功案例，因为在该市居民中意大利族占 4.43%，意大利语和克罗地亚语同为该市官方语言，享有同等重要地位。在该项目的执行中，围绕意大利语推广的活动非常丰富。报告同时指出，塞族才是普拉市人数最多的少数民族，占 6.01%，但塞语却没能获得应有的关注，今后有待加强。③ 2017 年，欧盟又通过"支持地方少数民族委员会"项目，联合克罗地亚政府人权与少数民族权利署，委托专业调查公司 GAP 对包括 131 个塞族委员会在内的全国 258 个少数民族委员会的工作情况进行抽样调查，发布了近 300 页的评估报告——《结果与分析》④，为提高政府管理质量和相关项目决策提供了有益参考。

三　跨境塞尔维亚族的现状及克塞两国关系

根据克罗地亚最近一次人口普查结果（2011 年），塞尔维亚族共有 186633

①　Ljubomir Mikić, *Priručnik za vjeća i predstavnike nacionalne manjine*, str. 65.

②　*Nacionalni program Republike Hrvatske za pridruživanje Europskoj Uniji – 2006. godina*, str. 47.

③　Florijan Biber, *Elementi Dobrih Praksi Identifikovani u Roku Realizacije Zajedničkoh Projekta EU/SE pod Nazivom "Promocija Ljudskih Prava i Zaštite Manjina u Jugoistočnoj Evropi"*, Dosije studio, Beograd, 2016, str. 64.

④　Nenad Karajić, *Rezultati GAP analize*, Zagreb：WYG savjetovanje, 2017, str. 51 – 52.

人，占全国人口的 4.36%。尽管与 20 世纪 90 年代初相比人数明显减少，但仍是克罗地亚人数最多的少数民族。除波什尼亚克族占人口总数的 0.73%，其余 20 个少数民族占总人口的比例均不到 0.5%①，塞族相对其他少数民族具有明显的人口优势。

在克罗地亚 21 个省里，塞族居民比例超过 10% 的有 5 个，分别是东部与塞尔维亚接壤的武科瓦尔–斯列姆省（15.5%，比例最高）、中部的锡萨克–莫斯拉瓦省、卡尔洛瓦茨省、北部的利卡–塞尼省和南部的希贝尼克–克宁省。② 这些省份是塞族在克罗地亚最主要的居住区。

在政治层面上，塞族在克罗地亚国家议会享有 3 个少数民族议员席位。塞族和其他少数民族公民一样，在议会选举中可以投两次票，一次作为普通公民投票，另一次单独选举本民族议员。本届议会于 2016 年 10 月选举产生，由 151 名议员组成。其中，塞族议员 3 名，全部来自独立塞族民主党。该党是克罗地亚塞族最大的政党，成立于 1997 年，约有党员 10100 名③，也是唯一进入国家议会的塞族政党。此外，还有塞族民主联盟、塞族民主党、塞族人民党等一些议会外小党，影响力有限。

根据克罗地亚塞族人民委员会的数据，塞族在国家机构中的就业比例约为 2.35%，在警察队伍中约占 2.86%。塞族代表认为这一水平偏低。特别是在塞族居民超过 10% 的地区，塞族的代表性有待提高。以利卡–塞尼省为例，塞族居民占比 13.65%，但在当地国家机构中的就业比例只有 3.35%。④

在经济领域，塞族聚居的地区由于曾经遭到战争严重破坏，普遍经济发展落后。近年来，中央和地方政府不断增加基础设施建设投入，为经济发展创造条件。各级地方政府和塞族委员会积极牵线搭桥，通过各类商会或利用欧盟基金项目促进当地旅游业、农业和特色小微企业发展。随着克罗地亚经济整体复苏，塞族的经济状况也在好转。但也应看到，由于民族心理上的隔阂并未完全消除，在不违反法律的情况下，对塞族"隐形的"就业歧视仍时有发生。

---

① https：//www. dzs. hr/.

② Ivana Grljenko, *Hrvatska：zemlja I ljudi*, str. 83.

③ "Koliko članova imaju stranke, kakve su članarine i isključuju li neplatiše", 21. listopada 2017, https：//www. tportal. hr/vijesti/clanak/koliko – clanova – imaju – stranke – kakve – su – clanarine.

④ https：//snv. hr/sto – radimo/zastita – prava.

在文化教育方面，依据《克罗地亚共和国少数民族语言和文字使用法》《少数民族教育法》，塞族享有使用本民族语言接受从小学到高等教育的权利。目前克罗地亚有三种类型的学校：专门的塞族学校，全部用塞语授课，克语为必修课之一；塞克双语学校，两种语言授课的课时数相等；开办塞语课的普通学校，全部用克语授课，但单独开设塞语课和塞尔维亚文化课。此外，在克政府和欧盟基金的支持下，每年都会举办各种类型的塞语夏令营、冬令营、文化展、艺术节等活动。以塞尔维亚文化协会为例，该协会设有 52 个分支委员会，致力于大众文化传播，推广塞族传统文化和民俗，每年都会举办"塞尔维亚文化日"并为塞族作者出版书籍。①

克塞民族情感的融合依然是最微妙和最艰难的任务。历史、文化和宗教差异，特别是战争中相互伤害的记忆，很难用 20 年时间就从民众心中抹去。多数克族人不会公开或刻意排斥塞族人，但会保持较疏远的心理距离。特别值得警惕的是，在近年来席卷欧洲的极右翼思潮中，克族极端民族主义和大塞尔维亚主义的思想也在复活。一些地方出现了克族极端分子袭击塞族居民的事件；一些煽动仇恨和鼓吹大塞尔维亚的言论也在通过网络传播。

与母国保持千丝万缕的联系是跨境民族的重要特征。据联合国难民署的一份调查报告，"78% 的塞族受访者认为，改善克塞两国政治关系会让塞族人在克罗地亚生活得更容易些"；"他们对政治气氛和政治关系非常敏感"。② 自 1996 年 9 月正式建交以来，克塞双边关系基本在正常轨道上发展。③ 在"入盟"的共同目标和要求下，双方落实睦邻政策，开展双多边合作。塞尔维亚不再支持跨境塞族的独立要求并在难民问题上与克罗地亚合作，这对解决跨境塞族问题也具有重要意义。

然而，两国至今仍有许多公开的未决问题，如多瑙河划界问题、战争期间失踪人员问题、前南遗产继承问题等。两国对于一些重要历史问题的认识也存在巨大分歧。以 1995 年 8 月的"风暴"行动为例，克罗地亚认为此次行动是克罗地

---

① Filip Škiljan, "Identitet Srba u Hrvatskoj", *Politička misao*, god. 51, br. 2, 2014, str. 111 – 134.
② Milan Mesić, *Manjinski povratak u Hrvatsku – Studija otvorenog procese*, Ulala studio, 2011, str. 137.
③ 克罗地亚共和国与南斯拉夫联盟共和国于 1996 年 9 月 9 日正式建交。2003 年 2 月 4 日，南联盟改国名为塞尔维亚和黑山。2006 年 6 月 3 日，黑山共和国宣布独立。同年 6 月 5 日，塞尔维亚共和国宣布继承塞黑的国际法主体地位。

亚人保卫祖国的伟大胜利，将 8 月 5 日定为法定节日"胜利日和祖国感谢日"，而塞尔维亚则认为"风暴"行动是克罗地亚对塞族人的暴力罪行。

2016 年 6 月，两国总统发表了《关于改善关系和解决未决问题的宣言》①，承诺将共同加强少数民族保护，积极推动解决历史遗留问题并加强在难民、反恐等各个领域的合作。两国都做出了积极的政治姿态，但尚未见到实质性进展。克罗地亚前外长布里奇曾公开对媒体表示："克塞关系现在仍是克罗地亚与邻国关系中最复杂的双边关系。"②

2019 年 8 月 4 日，时任克罗地亚总统基塔罗维奇在节日致辞中表示："卫国战争是我们国家的基石。'风暴'行动是我们为自由而奋斗的历史的王冠。我们为这一胜利和至今所取得的一切成就感到骄傲。让我们欢庆祖国的节日吧！"③而此前一天，塞尔维亚总统武契奇神情凝重地对媒体表示，"风暴"行动把塞尔维亚人从他们生活的土地上赶走，"这是塞尔维亚近代史上最悲痛的日子之一。我们的任务就是永远都不要忘记它，用有尊严和严肃的方式记录它"④。类似的情形每年都会再现。在不同的立场和氛围下，跨境塞族的情感伤痕被重复揭开。

对克罗地亚跨境塞族这一特殊群体来说，物理上的回归已基本实现，但精神上的回归，特别是与克族情感上的融合依然任重道远。

综上所述，在解决克罗地亚跨境塞族问题的过程中，欧共体/欧盟通过克罗地亚政府推动并实现其解决民族争端、维护地区稳定的意图，克罗地亚政府因此受到欧共体/欧盟的推动与制约。

克罗地亚政府首先采取武力措施，在 1991 年 3 ~ 12 月与塞族武装及支持他们的南斯拉夫人民军激烈交战；欧共体以承认克罗地亚独立为条件，迫使其停火。1995 年，克罗地亚政府违背和平承诺突然发动军事进攻，击垮塞族武装，收复失地，并造成大量塞族难民逃离克罗地亚，欧盟随即对克实施了制

① "Potpisana Deklaracija o unapređenju odnosa i rješavanju otvorenih pitanja", 20. lipnja 2016, http：//predsjednica. hr/objava/1/1/1006.

② "Hrvatska šefica diplomatije: Odnosi sa Srbijom najsloženiji", 21. juna 2017, https：//www. krstarica. com/vesti/region/hrvatska – sefica – diplomatije – odnosi – sa – srbijom – najslozeniji/.

③ "Priopćenja i izjave: Čestitka Predsjednice Republike u povodu Dana pobjede i domovinske zahvalnosti i Dana hrvatskih branitelja", 4. kolovoza 2019, http：//predsjednica. hr/objava/14/6/1065.

④ "Vučić povodom godišnjice 'Oluje': Gde je nestalo 500 hiljada Srba", 3. marta 2019, https：// www. b92. net/info/vesti/index. php? yyyy = 2019&mm = 08&dd = 03&nav_id = 1573441.

裁。2000年，已经实现全境统一的克罗地亚放弃了民族主义立场，以加入欧盟为新的国家战略，克欧关系进入新阶段；欧盟将解决跨境塞族问题确定为克入盟的必要政治前提，促使克罗地亚政府必须切实保障塞族的合法权益，妥善安置塞族难民返回家园。克罗地亚政府按照"入盟要求"颁布了《关于少数民族权利的宪法性法律》等一系列法律法规，为解决塞族问题提供了制度基础和法律保障；欧盟对此进行了严格评估，并给予克罗地亚一定的物质和技术支持。至2013年克罗地亚加入欧盟前，跨境塞族问题已基本得到解决。此后，克罗地亚作为欧盟成员国更加与欧盟保持一致，在欧盟保护少数民族权利、促进少数民族发展的整体框架下，通过本国和欧盟基金项目继续推动塞族深度融入克罗地亚社会。

从欧共体/欧盟和克罗地亚解决克罗地亚跨境塞族问题的举措中可以得到如下启示。

第一，抓住核心诉求，有效施加影响。欧共体/欧盟发挥作用最突出的两个阶段分别是20世纪90年代初促成交战双方停火和21世纪初难民返回阶段。在这两个阶段分别抓住了克罗地亚寻求国际承认和加入欧盟的核心诉求，从而形成了解决问题所需的强大外部推动力和约束力。

第二，发展是硬道理。跨境民族之所以成为"问题"，归根结底是对自己现有的环境不满。无论克塞两个民族，还是两个国家，都希望加入欧盟以获得发展，过上像西欧发达国家那样的生活。因此，欧盟在解决问题的过程中对各方都有强大的感召力和说服力。

第三，建章立制，完善法律法规。克罗地亚按照"欧盟标准"制定或修改了一系列关于少数民族权利保护和难民返回与安置的法律法规，为解决跨境民族问题提供了制度基础和法律保障。

第四，支持跨境民族的文化教育事业，提高跨境民族的文化教育水平，让他们变得更有竞争力，从而提高他们的社会参与度，促进他们全面融入社会。经济上的资助或补贴只能是临时手段，文化教育才是解决问题的根本措施。

第五，以"无差别"促进社会融合。克罗地亚入盟后，塞族与其他少数民族享受同等待遇。欧盟和克政府都不再对塞族采取特殊政策，以避免人为扩大塞族与其他民族的不同，而是带给塞族更多的融入感。

第四节 罗马尼亚与摩尔多瓦关系中的民族问题

摩尔多瓦共和国原为苏联加盟共和国，1991 年宣布独立。摩尔多瓦的主体民族摩尔多瓦人并非斯拉夫人，而与邻国罗马尼亚在历史、文化、民族和语言上有着千丝万缕的联系。在摩尔多瓦追求自身民族身份认同和罗马尼亚处理与摩尔多瓦关系的过程中，这种联系都是一个巨大的困扰。罗摩两国关系的核心是摩尔多瓦的民族认同问题。罗马尼亚与摩尔多瓦在历史和现实中对两国主体民族是否为"同一民族"有着不同的表述，这种话语权的争夺实际上是各方政治力量角力的表征，操控这场竞争的主角甚至不是作为小国的罗马尼亚和更为弱小的摩尔多瓦。

民族认同或者延伸至民族主义的讨论，即使在欧洲一体化深化到一定程度的今天，仍然是一个热点议题。考察罗摩两国独特的国家和民族关系，有助于更深刻地理解民族国家这一传统命题在中东欧地区的独特表现，也有助于认识在地缘政治的边缘地带、在大国力量作用下的民族问题的特点。

一　历史溯源：比萨拉比亚问题与罗马尼亚

摩尔多瓦人与罗马尼亚人的祖先同宗同源，都是葛特－达契亚人①。106 年，达契亚被罗马帝国占领，从此成为罗马行省。271 年，罗马军团撤出达契亚，但很多罗马人仍然留在当地，从被占领时开始的罗马化进程仍未中断。当地达契亚人与罗马人混居融合，逐渐形成了罗马尼亚民族。"从 9 世纪到 14 世纪，在异族进贡和邻国列强扩张的背景下，罗马尼亚人建立起了两个属于自己且一致延续到近代的国家"②，即罗马尼亚公国与摩尔多瓦公国。生活在喀尔巴阡山南部的罗马尼亚人在巴萨拉布的带领下，建立了罗马尼亚公国，并于 1330 年打败了匈牙利人，巴萨拉布宣布罗马尼亚公国独立于匈牙利王国。在喀尔巴阡山与德涅斯特河③之间的罗马尼亚人聚居地一直受到游牧民族的侵扰，匈牙利王国与波兰都希

---

① 葛特人与达契亚人同为色雷斯人的分支，亲缘关系很近，也有历史学家认为这两个名称指代的是同一种人。罗马帝国将这一地区的土著民族称为达契亚人，古希腊史学家则称他们为葛特人。
② 〔罗〕伊昂－奥莱尔·波普：《罗马尼亚史》，林亭、周关超译，中国人民大学出版社，2018，第 87 页。
③ 罗马尼亚语的名字为尼斯特鲁河。

望能控制这里。匈牙利国王拉约什一世派去了来自马拉穆列什①德拉戈什，期望通过臣服于匈牙利的罗马尼亚人来控制这片罗马尼亚人聚居的土地。德拉戈什在那里建立了摩尔多瓦公国。1359 年，同样来自马拉穆列什的博格丹赶走了德拉戈什的后人和亲戚，宣布独立于匈牙利王国。② 喀尔巴阡山西部罗马尼亚人的聚居地特兰西瓦尼亚，则自 11 世纪左右开始一直被匈牙利人统治。

摩尔多瓦公国在善人亚历山大和斯特凡两位大公的领导下逐渐强大，也开始了被周边大国不断侵扰的历史。匈牙利与波兰竞相争夺摩尔多瓦的宗主权，奥斯曼帝国也想吞并它。③ 1456 年，摩尔多瓦成为奥斯曼帝国的进贡国。1538 年，摩尔多瓦公国首都苏恰瓦被土耳其人占领。1600 年，罗马尼亚公国勇敢的米哈伊大公占领了摩尔多瓦，宣布罗马尼亚公国、特兰西瓦尼亚与摩尔多瓦三个公国统一，但很快统一的王国就四分五裂，原来的摩尔多瓦公国大公叶雷米亚·莫维勒在波兰国王帮助下夺回了政权。

摩尔多瓦公国很早就与俄国建立了联系，希望同属东正教世界的俄国能够助其抵抗奥斯曼帝国的侵扰。1652 年，摩尔多瓦大公瓦西里·卢普与德涅斯特河沿岸的哥萨克首领博格丹·赫梅利尼茨联盟，并与其联姻。1656 年，卢普大公的继任者格奥尔基·什特凡与俄国沙皇阿列克谢·米哈伊诺维奇签署秘密协定，向俄国寻求支持，期望能够从奥斯曼帝国手中夺回被占领的领土。彼得一世上台之后开始实施扩张政策，两国联系更加紧密。俄国一步步将其势力范围扩展到黑海沿岸，从而拥有出海口，并进一步控制巴尔干地区。1711 年，摩尔多瓦大公迪米特里耶·坎泰米尔与彼得大帝签订协议，摩尔多瓦成为俄罗斯的盟友，共同抗击奥斯曼帝国。但是在同年 7 月的战斗中，俄摩部队被土耳其人打败。自此以后，奥斯曼帝国取消了摩尔多瓦公国附属国的地位，苏丹直接指派君士坦丁堡芬内尔区的希腊贵族去统治摩尔多瓦，摩尔多瓦开始实行法纳利奥特制度。

比萨拉比亚最早指的并不是现在属于摩尔多瓦共和国的这片区域，而是罗马

---

① 马拉穆列什地区是一个历史地区，在喀尔巴阡山北部、蒂萨河上游沿岸，与摩尔多瓦地区相邻，同属罗马尼亚人聚居地。

② 〔罗〕伊昂－奥莱尔·波普：《罗马尼亚史》，林亭、周关超译，中国人民大学出版社，2018，第 86 页。

③ 〔罗〕伊昂－奥莱尔·波普：《罗马尼亚史》，林亭、周关超译，中国人民大学出版社，2018，第 119 页。

尼亚公国南部的领土，15 世纪开始归并摩尔多瓦公国，是指"多瑙河三角洲以北、包括基利亚和白堡在内的普鲁特河、德涅斯特河和黑海之间的摩尔多瓦南部一小块领土，即后来成为布扎克的那个地区"①。摩尔多瓦公国真正的地理分界是北部山区和黑海附近的山丘与平原。1812 年之前，公国东部并没有特别的名字，更不叫比萨拉比亚。1812 年，第七次俄土战争结束，俄国打败奥斯曼帝国，与奥斯曼帝国签署《布加勒斯特协定》，攫取了摩尔多瓦公国东部位于普鲁特河与德涅斯特河之间的领土。这一地区自此以后被称作比萨拉比亚。1818 年，基希纳乌成为比萨拉比亚州州府。

俄国吞并比萨拉比亚之后，首先承诺要消除法纳利奥特制度的遗产，实行欧洲管理秩序和文化复兴。在最初几年，比萨拉比亚州享有很大程度的自治权，保留了地方语言、习俗和法律，并且依照摩尔多瓦公国传统法律建立了地方政府。本地语言与俄语都是官方语言。但没过多久，比萨拉比亚的自治权就被逐步取消。1825 年，尼古拉一世登基，提出要在西部新领土上加强中央统治力量。②1829 年，比萨拉比亚行政长官米哈伊尔·沃伦佐夫颁布一系列新的法律规定，其中包括禁止在官方文件中使用罗马尼亚语，同时鼓励移民，大量少数民族的到来不断稀释着主体民族摩尔多瓦人的数量。③

1856 年，克里米亚战争以俄国失败而告终。摩尔多瓦公国重新夺回了三个被俄国占领的城市——波尔格勒、卡胡尔和伊兹梅尔④。1859 年，摩尔多瓦公国与罗马尼亚公国统一，亚历山大·扬·库扎被选为大公。俄罗斯试图切断比萨拉比亚与罗马尼亚的所有联系。⑤ 1866 年，比萨拉比亚地区禁止在学校里使用罗马尼亚语。1871 年，比萨拉比亚由州变成省。1877 年最后一次俄土战争爆发，1878 年罗马尼亚宣布独立，但俄国再次夺回了波尔格勒、卡胡尔与伊兹梅尔三

---

① 〔罗〕米·穆沙特、扬·阿尔德列亚努：《1918～1921：罗马尼亚的政治生活》，陆象淦译，中国社会科学出版社，1979，第 7 页。

② Charles King, *The Moldovans*: *Romania*, *Russia*, *and the Politics of Culture*, Stanford, California: Hoover Institution Press, 1999, p. 22.

③ 1817 年摩尔多瓦人占比萨拉比亚总人口的比重为 86.9%，1858 年为 66.4%，1897 年为 47.6%。参见 Andrei Brezianu, Vlad Spânu, *Historical Dictionary of Moldova*, Lanham, Maryland: Scarecrow Press, 2007, p. 9。

④ 波尔格勒和伊兹梅尔现位于乌克兰，卡胡尔现位于摩尔多瓦。

⑤ 〔罗〕伊昂－奥莱尔·波普：《罗马尼亚史》，林亭、周关超译，中国人民大学出版社，2018，第 214 页。

个城市。1884 年，罗马尼亚语报纸《比萨拉比亚信息》被禁，此后比萨拉比亚在公开场合禁止使用罗马尼亚语。

19 世纪末 20 世纪初，沙皇尼古拉二世统治时期，俄国内部各种矛盾凸显，各种社会思潮不断涌现。1905 年，沙皇同意实施君主立宪制，开始进行有限的改革。在比萨拉比亚有几种互相矛盾的政治潮流在发展。向往自由的比萨拉比亚知识分子热切希望趁此机会能够获得更多自由权利。一部分年轻的知识分子寻求在这个落后的省份进行土地改革，并宣传普选权和社会主义思想。一些年轻的比萨拉比亚人接受罗马尼亚的支持，以"大罗马尼亚"民族主义为工具，希望彻底改变这一地区的文化政治生活。还有一些保守的摩尔多瓦贵族希望利用自己的影响力迫使沙皇政府在少数民族文化方面做出让步，以此抚慰年轻的民族主义者。非摩尔多瓦族的业主和俄化的知识分子面对社会主义思潮和大罗马尼亚民族主义的威胁，强烈要求地方政府对任何不忠于沙皇的表现保持警惕。

伴随着一战的动荡，沙皇体制崩塌，布尔什维克运动不断壮大，比萨拉比亚的未来充满了不确定性。1917 年 11 月，通过军人团体、农民团体和其他社会组织间接选举出来 138 名代表，组成所谓的"比萨拉比亚国家议会"（Sfatul Tării）。12 月，国家议会宣布建立摩尔多瓦民主共和国，作为俄罗斯共和国的一部分。实际上，这个新政权并没有能力控制比萨拉比亚全境。1918 年 1 月，布尔什维克革命者占领了基希纳乌，国家议会解散，其成员向罗马尼亚求救。罗马尼亚政府派出军队，将苏联革命者赶到了德涅斯特河左岸。随后国家议会重建并宣布脱离俄罗斯，摩尔多瓦民主共和国独立。同年 3 月，国家议会宣布，比萨拉比亚与罗马尼亚王国统一。议会的投票结果十分耐人寻味：86 票赞同，3 票反对，36 票弃权。[①] 官方描述这是比萨拉比亚人民意愿的表现，但是 3 张反对票和36 张弃权票说明并非全部议会代表都拥护统一之举。比萨拉比亚国家议会宣言列出了针对比萨拉比亚地区公民的 14 条特权，包括一些自治权利和少数民族权益，并完成了土地分配。[②]

苏联对罗马尼亚武装占领比萨拉比亚非常不满，把这看作国际反革命势力对

---

① Charles King, *The Moldovans: Romania, Russia, and the Politics of Culture*, p. 35.
② Charles King, *The Moldovans: Romania, Russia, and the Politics of Culture*, p. 35.

俄国革命的武装干涉①，始终不承认比萨拉比亚地区与罗马尼亚的统一。1920 年
10 月 28 日，在艰难谈判之后，由罗马尼亚外长塔克·约内斯库牵头倡导，英
国、法国、意大利和日本共同签订了《凡尔赛条约》，其中有关比萨拉比亚问题的
部分规定，德涅斯特河为苏联与罗马尼亚的界河，这实际上也就是承认了比萨拉比亚
与罗马尼亚的统一。但是苏俄通过乌克兰政府通知罗马尼亚，不承认这一协定，宣称
这一条约是否具有法律效力有待讨论。英国、罗马尼亚、法国和意大利分别在 1921
年、1922 年、1924 年和 1927 年批准了该条约②，但是日本始终没有通过③。因此，
比萨拉比亚成为罗马尼亚土地上唯一一块没有国际条约保障的领土。1921～1924
年，就比萨拉比亚问题在华沙和维也纳开展了两轮罗马尼亚 - 苏俄 - 乌克兰三方
谈判，但都没有结果。有学者称，通过非官方渠道，苏俄向比萨拉比亚派遣了大
量的特工和活动家，破坏当地局势，声称比萨拉比亚属于苏俄/苏联。④

　　与此同时，苏联决定加快在德涅斯特河左岸建立摩尔达维亚苏维埃社会主义
自治共和国⑤。1924 年 10 月 12 日，该共和国建立，领土面积 8429 平方千米，
人口 572114 人，隶属于乌克兰苏维埃社会主义共和国。共和国虽名为摩尔达维
亚，但其中只有 30.1% 的人口是摩尔多瓦人，48.5% 的人口为乌克兰人，俄罗
斯人占 8.5%，还有 8.5% 是犹太人。⑥ 在这里，诞生了一个新的民族和新的语
言，即摩尔达维亚族和摩尔达维亚语。在此之前，罗马尼亚陈述与比萨拉比亚统
一的理由都是从历史与民族角度出发，强调两者同宗同源的民族共性。苏联在建
立了摩尔达维亚共和国、创造了摩尔达维亚族后，也开始使用民族作为武器，强
调摩尔达维亚族与罗马尼亚族是两个不同的民族，以此来说明比萨拉比亚并入罗
马尼亚的不合理与不公正。

　　与此同时，并入罗马尼亚王国的比萨拉比亚取得了一定程度的发展。土地改

---

① 余伟民：《从"比萨拉比亚问题"到摩尔多瓦独立——前苏联诸国民族问题的个案研究》，
　　《华东师范大学学报》（哲学社会科学版）1994 年第 3 期。
② Andrei Brezianu，Vlad Spânu，*Historical Dictionary of Moldova*，p. xxxvii.
③ 有学者认为是苏俄向日本施压，因此日本迟迟没有通过该条约。参见 Charles King，*The
　　Moldovans：Romania，Russia，and the Politics of Culture*，p. 236。
④ Dorin Cimpoeşu，*Repulica Moldova între România şi Rusia* 1989 – 2009，Chişinău：Tipografia
　　Serebia，2010，p. 19.
⑤ 摩尔达维亚是根据俄语发音的中文译法，摩尔多瓦则是根据罗马尼亚语/摩尔多瓦语的发音而
　　来。因此，文中"摩尔达维亚"仅表示苏联时期的摩尔多瓦/比萨拉比亚。
⑥ Charles King，*The Moldovans：Romania，Russia，and the Politics of Culture*，p. 54.

革让农民拥有土地，基希纳乌的主要街道重新铺设，环境得到了整治，新的铁路将基希纳乌和布加勒斯特以及其他罗马尼亚城市连接在一起。此外，还修建了新的道路、大桥、机场、电话局和广播站等公共基础设施。学校和成人教育课程等提高了识字率，也加强了罗马尼亚爱国主义教育。1930 年，这一地区的识字率已经提高到 30%。[1]

但比萨拉比亚并入罗马尼亚并没有想象的那样容易，1812 年就成为俄国一部分的比萨拉比亚离开罗马尼亚文化已经太久了，俄国对新占领土实施的俄化政策也十分成熟，因此比萨拉比亚俄化程度相当高。比萨拉比亚并入罗马尼亚之后，从政治经济到日常生活都出现了很多问题。除了俄化政策的影响，在比萨拉比亚与罗马尼亚统一道路上最大的障碍是摩尔多瓦人的身份认同问题。在比萨拉比亚生活的摩尔多瓦人对罗马尼亚并没有很强的身份认同感。这是因为在罗马尼亚作为现代民族形成的历史进程中，比萨拉比亚一直缺席。1812 年这一地区被俄国占领时，现代意义上的民族概念甚至尚未成熟。一方面，尽管城市精英几乎全盘被俄化，但是比萨拉比亚的摩尔多瓦村庄及农民都依然保留着民族语言、传统与文化习惯，作为统一拥护者的罗马尼亚民族主义者为此欢欣鼓舞；但另一方面，这些摩尔多瓦农民并没有意识到他们身上所具有的这种文化特征是与罗马尼亚相同的，或者说他们对罗马尼亚这一民族身份并没有高度认同，而把他们自己的语言文化看作摩尔多瓦所特有。

20 世纪 30 年代，尽管罗马尼亚与苏联关系发生变化，但苏联依然没有放弃夺回比萨拉比亚的努力。在罗马尼亚的盟友法国与波兰分别与苏联签订互不侵犯条约后，罗马尼亚为避免孤立，于 1932 年在里加与苏联进行有关签署互不侵犯条约的谈判。罗马尼亚的目的是要把互不侵犯条约用于比萨拉比亚，希望苏联承认罗马尼亚对比萨拉比亚的主权。[2] 但是里加谈判失败了，最主要的分歧依然是比萨拉比亚问题。此时欧洲的形势已经发生巨大改变。希特勒上台，德国开始向外扩张。为了抵抗德国，欧洲大国都希望能够与苏联改善关系，构建集体安全，反苏的局面被打破。在这种情况下，罗马尼亚暂时搁置了比萨拉比亚问题，苏联

① Charles King, *The Moldovans：Romania，Russia，and the Politics of Culture*, p. 41.
② 周旭东：《夹缝中的罗马尼亚——二十世纪三十年代罗马尼亚外交政策研究》，中国社会科学出版社，2003，第 26 页。

也退了一步，称不会使用武力夺取比萨拉比亚。1934 年，罗马尼亚与苏联正式建交，罗马尼亚是与苏联建交最晚的一个邻国。不过，苏联仍然没有放弃对比萨拉比亚的领土诉求。1939 年 8 月，苏联与德国在莫斯科签署《互不侵犯条约及其秘密附加议定书》。秘密议定书确立了苏联和德国各自的势力范围，其中第三条即涉及比萨拉比亚："关于东南欧，苏联强调对比萨拉比亚的兴趣。德国声明对该地区完全没有政治兴趣。"① 1940 年 6 月 26 日，苏联向罗马尼亚发出最后通牒，要求其立即从比萨拉比亚和北布科维纳撤出。6 月 28 日，苏联红军越过德涅斯特河，占领了比萨拉比亚。8 月 2 日，新的摩尔达维亚苏维埃社会主义共和国成立，定都基希纳乌，共和国疆域包括比萨拉比亚的大部分，以及原摩尔达维亚苏维埃社会主义自治共和国位于德涅斯特河左岸的一部分狭长地带。比萨拉比亚最南部以及最北部和北布科维纳一起并入乌克兰。罗马尼亚加入轴心国之后，在 1941～1944 年曾短暂夺回比萨拉比亚，并占领了德涅斯特河左岸地区。

新的摩尔达维亚共和国相对顺利地融入苏联轨道。在此之前，比萨拉比亚地区已经融入沙俄的政治、经济体制很多年，再加上两次世界大战期间罗马尼亚在这里实施的文化政策并没有成功塑造出罗马尼亚的身份认同，而在 20 世纪 20 年代建立的摩尔达维亚苏维埃社会主义共和国中，已经孕育出独立的摩尔达维亚民族的萌芽，因此，加入苏联的摩尔达维亚共和国并没有像 20 世纪 40 年代并入苏联的波罗的海国家和西乌克兰那样有很强烈的民族情绪，很快就重新接受了俄罗斯化进程，或者说苏联化的进程。1970 年的人口普查显示，已经有 16.5% 的摩尔多瓦人是跨民族婚姻家庭，这在苏联的非斯拉夫民族中是非常高的比率。②

在摩尔达维亚苏维埃社会主义共和国的历史书写中，摩尔达维亚族依然是一个区别于罗马尼亚的民族，它更多地受到周围东斯拉夫民族的影响。14 世纪建立摩尔多瓦公国、1812 年并入沙俄帝国、1924 年摩尔达维亚苏维埃社会主义自治共和国建立、1940 年苏联解放比萨拉比亚等历史节点被强调，摩尔多瓦与沙俄的关系被书写成"摩尔多瓦不止一次地请求莫斯科接纳它成为俄国臣民"，甚至比萨拉比亚从未有过罗马尼亚人。③ 在媒体和历史书写中，"罗马尼亚"这一

---

① 张盛发：《20 世纪 30 年代苏联从集体安全到一国自保的历史考察》，《俄罗斯学刊》2015 年第 4 期。

② Charles King, *The Moldovans: Romania, Russia, and the Politics of Culture*, p. 101.

③ 陆象淦：《沙皇俄国对罗马尼亚的侵略扩张与比萨拉比亚问题》，《历史研究》1976 年第 4 期。

字眼被尽量避免。历史叙述语境中，更多地使用"瓦拉几亚"而非罗马尼亚，坚持突出摩尔多瓦的独特性，而忽视罗马尼亚民族的共性。这种历史观当时受到了很多移民西方的罗马尼亚学者的批判，也受到很多关注苏联东欧民族问题的西方学者的批判。当然，关注苏联民族问题的西方学者不可避免地是带着意识形态的有色眼镜来看比萨拉比亚问题的。再加上 20 世纪六七十年代罗马尼亚在西方被看作苏联阵营中特立独行的一员，西方国家在比萨拉比亚问题上自然是持支持罗马尼亚立场的。

　　冷战时期，有关比萨拉比亚问题的讨论更像是罗苏两国关系的晴雨表。罗马尼亚被划入苏联的势力范围，成为社会主义阵营中的一分子。因此，有关比萨拉比亚并入苏联的话题被严格禁止讨论。从 1945 年到 20 世纪 60 年代，罗马尼亚历史书中很少涉及比萨拉比亚与北布科维纳被占领的问题。有关此事的历史叙述口吻都是亲苏的。例如，1956 年出版的一本历史书中，对 1812 年俄国吞并比萨拉比亚的描述是俄国从野蛮的土耳其人的束缚中解放了比萨拉比亚，这一地区受到了更先进的俄国的影响，加快了封建主义的衰落，加速了资本主义的发展。一战以后罗马尼亚与比萨拉比亚的统一被描述为资本主义罗马尼亚作为帝国主义阴谋的代理人，试图破坏刚刚建立的苏维埃政权。1940 年比萨拉比亚并入苏联被描述为：得益于两国政府的协议，比萨拉比亚和北布科维纳获得解放，1918 年罗马尼亚军队对苏联的反革命干涉导致的领土纠纷终于结束。[1] 但是 20 世纪 60 年代以后，尤其是 1964 年 4 月罗马尼亚工人党发表《关于共产主义运动和工人运动中一些问题的立场的声明》[2] 后，罗马尼亚奉行独立自主的外交政策，高举民族主义旗帜，成为苏联阵营中的"异见分子"，有关比萨拉比亚问题的讨论慢慢浮出水面。1964 年，罗马尼亚科学院出版了马克思有关罗马尼亚人的札记，评论 1812 年俄国吞并比萨拉比亚是不正当的行为。1966 年，齐奥塞斯库在建党 45 周年大会的演讲中从侧面提到了这一问题，他宣称现在罗马尼亚人居住的地方只是历史上罗马尼亚的一部分。1968 年以后，罗马尼亚出版了大量涉及比萨

---

① Robert R. King, *Minorities under Communism*：*Nationalities as a Source of Tension among Balkan Communist States*，Cambridge，Massachusetts：Harvard University Press，1973，p. 225.

② 该声明被看作罗马尼亚"第一次公开、全面地论证自己独立自主的对外政策"。参见黄立茀、〔匈〕王俊逸、李锐主编《新史料·新发现：中国与苏东关系》，中国社会科学出版社，2014，第 161 页。

拉比亚问题的历史著作和文学作品。1976 年，齐奥塞斯库访问摩尔达维亚，这是社会主义时期罗马尼亚最高领导人对摩尔达维亚唯一的一次访问。摩共第一书记伊万·博迪乌在齐奥塞斯库访问期间始终带有一位罗马尼亚语翻译。[①] 在摩尔达维亚的共产党干部队伍中，俄罗斯人和乌克兰人始终处于领导地位，在地方和中央机构获得高位的摩尔多瓦人也大多是来自德涅斯特河左岸，而不是曾短暂被罗马尼亚收回的比萨拉比亚。

二　独立后的摩尔多瓦与罗马尼亚的关系

摩尔多瓦独立之后，罗马尼亚与摩尔多瓦的关系成为主权国家间关系，这对摩尔多瓦和罗马尼亚来说都是全新的挑战。在欧洲一体化的大背景下，如何处理历史问题、应对这种新型的国家关系是两国共同面临的挑战。两国关系受到外部环境和国内现状等多方面因素的共同影响。一方面，罗马尼亚始终没有针对摩尔多瓦确定一个长期的完整战略，更多地是以回应的方式来处理两国的关系。当摩尔多瓦国内亲罗马尼亚派上台之后，两国关系就会趋于紧密，而当摩尔多瓦国内独立性更强的"摩尔多瓦主义"派或是亲俄派上台之后，两国关系就会趋于冷淡。这与摩尔多瓦国内如何塑造独立后的民族国家形象紧密相连，也就是说，摩尔多瓦如何定义自己，就会如何定义与罗马尼亚的关系，罗马尼亚也会做出相应的回应。另一方面，东欧剧变之后，罗马尼亚将"回归欧洲"、与欧洲一体化作为其外交政策的首要任务。摩尔多瓦则在构建新的民族国家的同时，始终把俄罗斯放在一个特殊的地位上。因此，两国的民族关系和国家关系远远不是两国自己的事情。东欧剧变后的 30 年时间里，两国关系起起伏伏，经历了热烈的浪漫主义时期，也经历了实用主义的平稳现实期和互相指责的低谷期，最终逐渐走向关系重启期。

1. 1989～1994 年：浪漫主义的兄弟情

1989 年 12 月罗马尼亚政局发生剧变之后，新的国家领导人扬·伊利埃斯库一直十分关注摩尔多瓦的动向，并开始积极恢复与摩尔多瓦的关系。1990 年 1 月底，罗马尼亚在与摩尔多瓦之间的界河普鲁特河沿岸开放了 7 个过境点，并取

---

① Dorin Cimpoeşu, *Republica Moldova între România şi Rusia* 1989 – 2009, p. 25. 伊万·博迪乌本人是出生在乌克兰境内的摩尔多瓦人。

消了位于河岸两侧的 50 千米安全区。1990 年 5 月 6 日，在普鲁特河两岸爆发了摩尔多瓦群众和罗马尼亚群众共同参与的大规模示威游行，两岸群众纷纷渡过界河，来到对岸的国家，并向普鲁特河投掷鲜花，形成了被称为"花桥"的奇特景观。在很多持"大罗马尼亚主义"观点的摩尔多瓦人看来，民族的重新觉醒和与罗马尼亚统一是民主化进程必然的结果。这种理念在罗马尼亚得到了回应。时任罗马尼亚外交部部长的阿德里安·讷斯塔塞公开表示，罗马尼亚与摩尔多瓦最终会实现德国模式的统一。但值得注意的是，罗马尼亚依然试图维系与苏联的友好关系，1991 年 4 月签订了两国友好睦邻关系协定。

1990 年 6 月，摩尔达维亚苏维埃社会主义共和国更名为摩尔多瓦苏维埃社会主义共和国，1991 年 5 月，正式更名为摩尔多瓦共和国。同年 8 月 27 日，摩尔多瓦共和国发表《独立宣言》，宣布独立，米尔恰·斯涅古当选第一任总统。几个小时之后，罗马尼亚宣布承认摩尔多瓦独立。两天之后，8 月 29 日，两国正式建交。两国还迅速签订了有关人员自由流动的协议，两国居民互访免签，不需要护照，仅凭身份证即可实现自由互访。

"大罗马尼亚主义"倡导两国统一，刺激了摩尔多瓦国内的民族主义情绪，催生了"摩尔多瓦主义"的复兴。1991 年 11 月，农民民主党成立，支持摩尔多瓦独立，甚至不愿意用"罗马尼亚"来描述摩尔多瓦的民族性与语言。该党继承了苏联时期的观点，认为摩尔多瓦族是与罗马尼亚族完全不同的独立民族。1992 年 2 月，持"大罗马尼亚主义"观点并鼓吹罗摩统一的摩尔多瓦人民阵线更名为基督教民主人民阵线，从民众组织变为政党，并将与罗马尼亚统一这一理念写入党章。值得关注的是总统斯涅古的看法。1994 年 2 月 5 日，在基希纳乌举行了一次名为"我们的家——摩尔多瓦共和国"的大会，其间，总统斯涅古发表演讲，声讨罗马尼亚化的民族倾向，指出摩尔多瓦民族区别于罗马尼亚民族的独立性，这表明将摩尔多瓦作为民族国家身份认同的官方意识形态导向。在随后于同月举行的第一次多党议会选举中，农民党赢得了 43% 的选票，获得议会 56 个席位。而拥护摩罗统一的基督教民主人民阵线只获得了 7.5% 的选票，在议会中仅占 9 个席位①，这表明"摩尔多瓦主义"符合摩尔多瓦大多数人的诉求。

---

① "Rezultatele alegerilor parlamentare din 27 februarie 1994", http：//www. e – democracy. md/elections/parliamentary/1994/results/.

新一届议会成立后，很快着手修订宪法。1994 年 7 月 29 日，议会通过新宪法，更换了之前与罗马尼亚一样的国歌，选定"我们的语言"一曲作为新的国歌。自此，有关摩尔多瓦与罗马尼亚统一的思想大势已去，摩尔多瓦越来越坚定地塑造独立民族和独立国家的形象。

2. 1994 ~ 2001 年：趋向实用主义的国家关系

罗马尼亚自政局剧变之后，其外交重点一直向西看，努力融入欧洲 – 大西洋体系。摩尔多瓦自独立伊始，其政治社会就在亲罗与亲俄的两极分化中逐渐分裂。在最初充满浪漫主义的有关统一的幻想逐渐消散之后，罗马尼亚和摩尔多瓦都开始转向更加中间派的平衡实用主义外交。1996 年底举行的摩尔多瓦总统选举中，中左翼亲欧候选人彼得鲁·卢钦斯基在第二轮投票中打败斯涅古成为新一任总统。卢钦斯基试图在亲罗派与亲俄派的斗争中找到中间的平衡道路，他和大部分摩尔多瓦政治精英都十分清楚，摩尔多瓦需要西方的经济资助，也需要慢慢摆脱对独联体国家市场和俄罗斯能源的严重依赖。摩尔多瓦对俄罗斯、乌克兰和罗马尼亚能源的严重依赖，令这三国都能够对摩尔多瓦国内政治、经济政策，以及私有化进程施加影响。① 1997 年 10 月，摩尔多瓦与阿塞拜疆、乌克兰和格鲁吉亚组成古阿姆集团，目标是脱离俄罗斯的影响，融入西方世界。1997 年底，卢钦斯基总统正式向欧盟提交申请，开始联系国身份的谈判。

虽然这一时期摩尔多瓦国内亲罗马尼亚的政治势力逐渐衰落，但两国对话从未停止。罗马尼亚对摩尔多瓦的政策构想是，实现经济一体化，加强共同文化和精神空间的建设。两国政府和议会间对话十分频繁。1996 年就职的罗马尼亚总统埃米尔·康斯坦丁内斯库 1939 年出生在比萨拉比亚，在他任期的前两年内，两国共召开了 5 次双边峰会。会议主要内容包括：讨论友好合作伙伴关系协议、建立自由经济区、拓展能源合作、加强人员自由流动、罗马尼亚资本参与摩尔多瓦私有化、两国教育与科学协议等。此外，罗马尼亚还积极推动摩尔多瓦加强与西欧国家和欧盟的联系，支持摩尔多瓦加入《东南欧稳定公约》。但遗憾的是，很多合作仅仅停留在纸面没有落实。这一方面是由于双方的政治意愿不强，另一方面说明罗马尼亚在实现两国经济一体化方面的实力和资源远远不够。

2000 年 2 月，欧盟正式开启与罗马尼亚的入盟谈判。有传言称罗马尼亚很

---

① "EIU Country Report Moldova"，June 2000.

快还要加入申根区，因此有大量摩尔多瓦公民涌入罗马尼亚使馆，申请加入罗马尼亚国籍，他们担心罗马尼亚入盟后摩尔多瓦公民入境罗马尼亚需要办理签证。7 月，罗马尼亚改变之前摩尔多瓦公民用身份证入境的政策，要求入境的摩尔多瓦公民提供护照。

3. 2001～2009 年：关系降至冰点的低谷时期

这一时期，罗马尼亚集中精力实现加入欧盟与北约的外交优先目标，摩尔多瓦只是其外交政策中并不重要的一环，与此同时，摩尔多瓦国内亲俄政党上台，罗摩两国关系进入有史以来的最低谷时期。2001 年 2 月，摩尔多瓦提前举行议会大选，共产党人党大获全胜，获得了 71 个议会席位。① 随后的总统选举中，共产党人党候选人沃罗宁当选摩尔多瓦共和国总统。沃罗宁和共产党人党的全面胜利得益于俄语使用者聚居地区和加告兹人②的支持。共产党人党奉行亲俄政策，与俄罗斯关系密切，与罗马尼亚外交龃龉不断。

2001 年 6 月，摩尔多瓦成为《东南欧稳定公约》正式成员。10 月，罗马尼亚与摩尔多瓦因比萨拉比亚教会问题陷入纷争。③ 摩尔多瓦司法部部长宣称罗马尼亚奉行扩张主义，旨在吞并摩尔多瓦，罗马尼亚总理为此取消了对摩尔多瓦的正式访问。11 月，沃罗宁总统访问俄罗斯，与普京签订两国基础协议和友好合作伙伴关系协议，其中提到了德涅斯特河左岸问题与俄语在摩尔多瓦使用的问题。2002 年，摩尔多瓦指责罗马尼亚为摩尔多瓦留学生提供奖学金是"文化帝国主义"，两国还陷入了贸易战，罗马尼亚禁止进口摩尔多瓦的鸡蛋、猪肉、奶制品和其他动物制品，理由是这些商品不符合欧盟标准。2005 年上半年，摩尔多瓦亲罗马尼亚的势力指责政府近期修改教育机构中包含罗马尼亚字眼的名称，并且还在学校课程设置中减少对罗马尼亚历史的教学。2007 年，两名在基希纳

---

① "Informații generale despre alegerile parlamentare anticipate 2001 în Moldova", http：//www. e - democracy. md/elections/parliamentary/2001/info/.

② 加告兹人是突厥人的一支，信仰东正教，主要分布在摩尔多瓦和乌克兰境内。

③ 1813 年俄国吞并比萨拉比亚之后，地方主教教区全部隶属俄罗斯东正教会。1918 年比萨拉比亚与罗马尼亚统一之后，于 1928 年建立了自治都主教区。1940 年并入苏联以后，摩尔达维亚地区设立了附属于俄罗斯东正教会的主教区。1992 年，在俄罗斯东正教会下建立了自治的摩尔多瓦东正教会。同一年，比萨拉比亚自治都主教区恢复活动，仍隶属于罗马尼亚东正教会。摩尔多瓦政府此前一直不承认比萨拉比亚自治都主教区的合法性。1998 年比萨拉比亚教会向欧洲人权法院提交诉讼，2001 年 10 月，欧洲人权法院举行听证会，12 月宣判摩尔多瓦政府必须在 3 个月内承认比萨拉比亚自治都主教区的合法性。

乌的罗马尼亚外交官被摩尔多瓦定为不受欢迎的人并被遣返，罗马尼亚电视台
TVR 1 台的在摩尔多瓦的播出执照被吊销。2009 年 4 月，摩尔多瓦议会大选引发
政坛危机。4 月 5 日选举结束后，反对派组织游行示威。摩尔多瓦当局指责罗马
尼亚干涉其内政，驱逐了罗马尼亚驻摩尔多瓦的大使，并重新启动对罗马尼亚公
民的入境签证制度，关闭与罗马尼亚的边境。罗马尼亚则加速发放申请加入罗马
尼亚国籍的摩尔多瓦人护照。

4. 2009 年至今：两国关系重启阶段

2009 年 6 月 3 日，摩尔多瓦议会两次投票都没能选出总统，按照宪法规定
议会解散。7 月，摩尔多瓦重新举行议会选举，共产党人党失去绝对多数席位。
9 月，亲罗/亲欧的反对派联盟组阁成功，开始重新规划摩尔多瓦的外交政策，
修复与罗马尼亚的关系，并取消了针对罗马尼亚人的入境签证政策。

2010 年 1 月，罗马尼亚总统伯塞斯库访问基希纳乌，进一步推动两国关系
重启。罗马尼亚在摩尔多瓦的伯尔兹和卡胡尔开设了领事馆，在基希纳乌开设了
罗马尼亚文化中心。摩尔多瓦则在罗马尼亚的雅西开设了领事馆。2010 年 11 月
3 日，两国签订了友好合作协议。2013 年 8 月，摩尔多瓦开始修建连接到雅西的
新输油管道，期望能使能源进口多样化，尽量摆脱俄罗斯的能源控制。然而实际
效果并不乐观，完工日期一拖再拖，并且即便新的输油管道修好，也只能为摩尔
多瓦提供 5% 的能源需求。[1] 2014 年 6 月，摩尔多瓦与欧盟签订了"联系国协
定"。乌克兰危机爆发后，摩尔多瓦亲欧政府不顾俄罗斯一直以来施加的贸易压
力，寻求加强与北约的联系。2015 年 4 月，摩尔多瓦参加了北约在罗马尼亚的
军事演习。同年，欧盟委员会通过罗马尼亚 – 摩尔多瓦联合行动项目（2014 ~
2020）和欧洲睦邻政策向摩尔多瓦提供 8100 万欧元的资助，目的是通过对教育、
经济发展、文化、基础设施建设和卫生等方面的联合投资，加速摩尔多瓦经济发
展，改善居民生活质量。[2] 2016 年，在摩尔多瓦面临银行丑闻危机时，罗马尼亚
伸出援手，提供了 6000 万欧元的条件性贷款，帮助摩尔多瓦渡过难关。

2016 年 11 月，摩尔多瓦社会主义党候选人多东在总统选举中以微弱优势取

---

[1]　"EIU Country Report Moldova", 4th quarter, 2013.

[2]　"Programming Process", http: //www. ro – ua – md. net/romania – republica – moldova/programming –
process/.

得胜利，摩尔多瓦的外交政策出现新的变化。就职以后，多东首先访问了俄罗斯，并表示摩尔多瓦需要与俄罗斯建立战略伙伴关系。同时他还表示，考虑到摩尔多瓦并没有从与欧盟的关系中得到任何好处，如果社会主义党在议会选举中胜利并组阁成功，有可能考虑取消与欧盟的"联系国协议"。多东多次表示，他采取中立的立场，最终代表的是摩尔多瓦人的利益，希望平衡罗马尼亚与欧盟和俄罗斯的关系。近年来，摩尔多瓦国内仍有很多人支持与罗马尼亚统一，支持者曾多次在基希纳乌举行集会。多东则表示，有可能会立法反对两国统一。

三 "大罗马尼亚主义"与"摩尔多瓦主义"

罗马尼亚与摩尔多瓦的交往表现为两种民族主义的激烈碰撞。罗马尼亚主张"大罗马尼亚主义"，认为摩尔多瓦和罗马尼亚是同一民族，讲同一种语言，甚至期望收复"失去的领土"；摩尔多瓦则努力塑造区别于罗马尼亚的身份认同，认为罗马尼亚干涉摩尔多瓦的国家独立，近来"摩尔多瓦主义"越来越有市场。摩尔多瓦共和国现今的民族认同与俄国和苏联统治的历史密切相关，但同时应该注意的是摩尔多瓦独立以后的现实情况。作为一个多民族国家，摩尔多瓦共和国独立之后出现要与邻国统一合并的呼声，必然引起国内少数民族的不满，从而引发了德涅斯特河沿岸俄罗斯族和加告兹人的分离主义。因此，塑造摩尔多瓦民族认同，强化与罗马尼亚族的区别，是摩尔多瓦共和国维护国家独立完整的重要举措。"大罗马尼亚主义"与"摩尔多瓦主义"的对立与纠缠突出体现在摩尔多瓦国语名称和双重国籍身份问题上。

1. 国语之争

语言对于民族国家构建十分重要。"语言在民族主义者的宣传中，可能是任何东西，但绝不可能是实用而不带感情的工具，……对他们来说，语言乃是民族灵魂所在，……语言在日后更成为决定民族的重要标准之一。"[①] 对于罗马尼亚人来说，语言是其在民族形成过程中，将他们与周围的斯拉夫人、马扎尔人区别开来，并且团结起来的重要标志，更是将罗马尼亚民族与其他罗曼（拉丁）语族民族连接起来的关键要素之一。而在"摩尔多瓦主义"意识形态中，摩尔多

---

① 〔英〕埃里克·霍布斯鲍姆：《民族与民族主义》，李金梅译，上海世纪出版集团，2006，第92 页。

瓦语是摩尔多瓦作为独立民族的重要特征之一，是摩尔多瓦身份认同的核心表现。摩尔多瓦共和国的国歌歌名就是富含深意的《我们的语言》，有意思的是，整个歌词中并没有指出，"我们的语言"究竟是罗马尼亚语还是摩尔多瓦语。由于摩尔多瓦与罗马尼亚在文化、历史和语言上存在千丝万缕的联系，摩尔多瓦独立之后如何定义国家语言、如何构建独立的民族国家精神形象就成为容易引发两国争执的核心所在，而这又与摩尔多瓦的内政走势有着紧密联系。

自摩尔多瓦独立以来，有关摩尔多瓦共和国国语名称的争论从未停止，至今仍然没有结果。从语言学角度看，摩尔多瓦语究竟是否与罗马尼亚语完全一样，本文对此不做讨论。① 我们关注的问题是，从民族建构的角度来看，摩尔多瓦语如何被塑造为一种区别于罗马尼亚语的民族语言。

1924 年，与摩尔达维亚苏维埃社会主义自治共和国同时诞生的还有摩尔达维亚族和摩尔达维亚语。20 世纪 20 年代开始，苏维埃政权推行"本土化"政策，大力发展少数民族文化，以本地少数民族语言代替俄语，并大量吸收本地少数民族参与地方治理。摩尔达维亚族及其语言的构建正是赶上了这样一股潮流。全新的摩尔达维亚语使用基里尔字母书写，混合了很多俄语词语。1930 年，在首都蒂拉斯波尔甚至出版了第一部有关摩尔达维亚语语法的书籍。摩尔达维亚苏维埃社会主义自治共和国成立了科学委员会②，下设语言学分部，专门负责论证并构建摩尔达维亚语。支持摩尔达维亚语区别于罗马尼亚语观点的学者认为，19 世纪以来的罗马尼亚书面语在罗马尼亚资产阶级统治者的控制下，越来越多地受到法语的影响，广大农民和工人阶级并不能理解和使用，而摩尔达维亚语虽然与罗马尼亚语一样来源于拉丁语，但是更多地受到斯拉夫语的影响。为了扩大摩尔达维亚语和罗马尼亚语之间的区别，该语言学分部甚至在 20 世纪 30 年代编制出一批新的词汇，涵盖了历史、政治、地理、化学和动物学等领域，大多是俄语外来语或是从俄语转借改造而来。③ 1929 年，较为系统论述摩尔达维亚语语法的书籍出版，该书使用的是基里尔字母。这一系列文化运动虽然在 20 世纪 30 年代之后随着本土化政策的终止而受到批判，但是仍然为摩尔多瓦语区别于罗马尼亚语

---

① 摩尔多瓦的语言学家认为，摩尔多瓦语受斯拉夫语系影响很深，已经形成了区别于罗马尼亚语的独立语言，然而国际标准化组织 ISO 639 语言编码标准中并没有收录摩尔多瓦语。

② 摩尔多瓦科学院的前身。

③ Charles King, *The Moldovans: Romania, Russia, and the Politics of Culture*, p. 69.

的观点埋下了种子。

一战之后并入罗马尼亚的比萨拉比亚实行的"罗马尼亚化"成效并不明显。苏联重新占领比萨拉比亚之后，俄语再次成为官方语言，摩尔达维亚语再次回归使用基里尔字母，苏联也加强宣传摩尔达维亚语是与罗马尼亚语完全不同的语言这一思想。

1985 年戈尔巴乔夫上台之后实行"公开性"和"民主化"，刺激了苏联各加盟共和国原本就长期存在的民族矛盾，语言问题也成为其中最重要的议题之一。各加盟共和国出现了所谓语言"国有化"运动，报纸开始讨论建立国语的问题，然后制定"语言法草案"，提交共和国最高苏维埃批准，接着在共和国报纸上公布"语言法草案"供社会各界讨论，最后经修订后送交苏联最高苏维埃核准。① 在这种氛围下，摩尔达维亚苏维埃社会主义共和国国内民族矛盾以及民族语言使用问题浮出水面。一些反对当权者的非正式团体开始出现，他们呼吁摩政府承认摩尔达维亚语和罗马尼亚语的同一性，要求定摩尔达维亚语为国语，并且要求将基里尔字母换回拉丁字母。1988 年 11 月，摩尔达维亚发表有关实施改革的草案，其中涉及了引发社会讨论的语言问题，明确提出任何一种语言都不应该有优势地位，基里尔字母也不会被改变。值得注意的是，文中首次承认了摩尔达维亚语和罗马尼亚语同属罗曼语族，两种语言基本没有差别。1989 年 1 月底，最高苏维埃开始制定有关语言法的草案，并向公众征集意见。这引发了社会热烈的讨论，据称在最高苏维埃讨论该法案时，在大楼外面有 50 万人聚集，他们手举罗马尼亚国旗与拉丁字母书写的标语，表达对语言改革的意见。语言改革草案也激起了非摩尔达维亚语使用者的激烈抗议。使用俄语的少数民族要求俄语也成为与摩尔达维亚语一样地位的国语，他们聚居的城市发生了罢工，在首都也有集会反对草案。加告兹人还要求建立自治区，分离主义倾向的暴动开始出现。8 月31 日，摩尔达维亚最终通过法律，重新确定摩尔达维亚语为官方语言并且回归使用拉丁字母，要求国家公务员要通过相关的语言考试。

1991 年的摩尔多瓦《独立宣言》将国家语言定为罗马尼亚语。② 1994 年《摩尔多瓦宪法》则规定国家语言是用拉丁字母书写的摩尔多瓦语。在此之后，国语名称成为摩尔多瓦国内亲俄与亲欧两大政治阵营斗争的战场之一。亲俄派倾向于

---

① 周庆生：《罗斯化与俄罗斯化：俄罗斯/苏联语言政策演变》，《世界民族》2011 年第 4 期。

② "Declaration of Independence of the Republic of Moldova"，http：//www. presedinte. md/declaration.

将其命名为摩尔多瓦语，强调与罗马尼亚语的差别，并且提升俄语作为族际交流语言的地位。亲欧派则倾向于称其为罗马尼亚语，或者认为摩尔多瓦语和罗马尼亚语没有区别。罗马尼亚方面也一直关注摩尔多瓦国语名称之争。2020 年 1 月，罗马尼亚科学院针对摩尔多瓦总统多东在布鲁塞尔的一次演讲做出严正声明。多东在演讲中称摩尔多瓦使用的是摩尔多瓦语，罗马尼亚科学院就此指出，所谓摩尔多瓦语就是罗马尼亚语的一种方言，"提倡摩尔多瓦语与罗马尼亚语是完全不同的这种想法不仅是对文化现实和身份的扭曲，而且是国际社会永远不会接受的意识形态操纵"①。

2013 年 12 月，摩尔多瓦宪法法院判定基于拉丁字母书写的摩尔多瓦语在语义上等同于罗马尼亚语，1991 年《独立宣言》中相关条款的法律效力高于 1994 年《摩尔多瓦宪法》。然而议会迟迟没有就宪法进行修改。2018 年 11 月 1 日，有关修订宪法国语条款的议案没有得到议会投票通过。2020 年 12 月 24 日宣誓就职的新任摩尔多瓦总统马娅·桑杜已把总统网站的语言代码 MD 更换为 RO，以此表明立场，即摩尔多瓦国家语言是罗马尼亚语。

2. 国籍身份

罗马尼亚从 1991 年开始实施重新授予"前公民"罗马尼亚国籍，该政策体现了"大罗马尼亚主义"的民族观念。1991 年 3 月，罗马尼亚颁布的《国籍法》规定，曾是罗马尼亚公民的外国公民可以重新申请获得罗马尼亚国籍，而且"在两次世界大战之间的'大罗马尼亚'时期曾经拥有罗马尼亚国籍者及其后裔无须放弃外国国籍，无须移居至罗马尼亚，即可通过简易程序重获罗马尼亚国籍"②。这主要针对曾是罗马尼亚领土的比萨拉比亚地区，即现在的摩尔多瓦，以及现在属于乌克兰的北布科维纳和南比萨拉比亚地区。经多次修改的《国籍法》规定，申请罗马尼亚国籍的外国公民，包括失去国籍的"前公民"及其后代，需要掌握罗马尼亚语并熟知罗马尼亚文化和文明的基本概念，熟悉罗马尼亚宪法③，

---

① "Moldovans Warned to Stop Calling Romanian Language Moldovan", https：//www. euronews. com/ 2020/01/30/moldova－warned－to－stop－calling－romanian－moldovan.

② 董希骁：《摩尔多瓦共和国公民重获罗马尼亚国籍现象解析——兼评索罗斯基金会调研报告》，《国际论坛》2013 年第 6 期。

③ 1991 年的《国籍法》中针对申请重获国籍的前公民是没有语言要求的，除此之外的外国公民如果要申请加入罗马尼亚国籍，需要掌握罗马尼亚语，但没有关于文化价值观和宪法的要求。参见 "Legea nr. 21 din 1 martie 1991 Cetăţeniei române", http：//www. cdep. ro/pls/legis/legis_ pck. htp_act_text？idt＝8013。

而且要表明对罗马尼亚的忠诚，不采取或不支持违反法治和国家安全的行动①。罗马尼亚称，《国籍法》并不是在宣扬民族主义，与匈牙利、保加利亚和克罗地亚的《国籍法》相比，罗马尼亚的条款并非根据前公民的种族制定，且重获国籍的政策并不适用于居住在从未属于罗马尼亚领土上的那些罗马尼亚族。但从有关语言文化和宪法的条款中不难看出其隐含的民族主义色彩。乌克兰和摩尔多瓦都指责罗马尼亚的领土收复意图。

　　罗马尼亚加入欧盟以后，其公民身份对于摩尔多瓦公民来说十分具有吸引力。摩尔多瓦公民通过获取罗马尼亚护照，能够成为欧盟公民，享受欧盟公民待遇，尤其是可以凭借罗马尼亚护照前往西欧国家打工。自 1991 年罗马尼亚《国籍法》颁布至 2018 年，有 50 万 ~ 60 万的摩尔多瓦公民申请并成功获得了罗马尼亚国籍②，这其中还包括很多摩尔多瓦社会各界精英，现任总统桑杜即拥有双重国籍。摩尔多瓦近年来人口问题严峻，大量劳动力流失，人口总数已经从 1991 年的 436 万下降到 2019 年的 354 万。③ 面对罗马尼亚的国籍政策，摩尔多瓦采取了强硬的反制措施。摩尔多瓦于 1994 年颁布的宪法规定，不允许公民拥有双重国籍。直到 2002 年宪法修订案出台，国籍政策才有了变化，允许公民在申请他国国籍之后保留摩尔多瓦国籍。④ 2007 年 1 月 1 日罗马尼亚正式加入欧

---

① "Legea nr. 21 1991 republicată în 2010", http：//www. dreptonline. ro/legislatie/legea_cetateniei_romane. php.

② 究竟有多少摩尔多瓦公民获得了罗马尼亚国籍，目前暂时没有直接的官方数据统计。罗马尼亚国家国籍管理局局长安德烈·迪努 2019 年 5 月在一次会议上说，过去 18 年来约有 60 万人获得了罗马尼亚国籍，其中大部分是摩尔多瓦公民，参见 Andrei Tinu："600，000 people acquired Romanian citizenship in the last 18 years, they may be a valuable workforce"，https：//business – review. eu/business/brs – working – romania – conference – andrei – tinu –600000 – people – acquired – romanian – citizenship – in – the – last – 18 – years – they – may – be – a – valuable – workforce – 200363。也有新闻报道称，罗马尼亚国家国籍管理局数据显示自 2002 年至 2018 年 3 月为止共有 521025 名摩尔多瓦公民重获罗马尼亚国籍，参见 "Numărul cetățenilor R. Moldova care obțin cetățenia României, în CREȘTERE permanentă：Peste jumătate de milion de basarabeniși – au redobândit identitatea românească"，https：//www. ziarulnational. md/numarul – cetatenilor – r – moldova – care – obtin – cetatenia – romaniei – in – crestere – permanenta/。索罗斯基金会调查显示，1991 年至 2012 年 3 月，有超过 40 万摩尔多瓦公民重获罗马尼亚国籍，参见董希骁《摩尔多瓦共和国公民重获罗马尼亚国籍现象解析——兼评索罗斯基金会调研报告》，《国际论坛》2013 年第 6 期。

③ 数据来自摩尔多瓦统计局，https：//statistica. gov. md/。

④ "Law No. 1469 – XV of 21 November 2002"，Official Monitor of the Republic of Moldova of 12 December 2002.

盟，摩尔多瓦国内正是亲俄的共产党人党执政时期。在这样敏感的时刻，摩尔多瓦针对拥有双重国籍的政界精英修订相关法案。2007 年 10 月，摩尔多瓦议会通过 2007 年第 273 - XVI 号法，其中规定禁止拥有双重国籍的公民担任某些公职。① 2008 年 11 月，欧洲人权法院裁决该条款及相关条款违反了《欧洲人权公约》。

罗马尼亚的重获国籍政策也受到了欧盟的关注。很多欧洲的媒体对于罗马尼亚这一政策表示很大的担忧，担心大量摩尔多瓦人奔赴西欧打工。欧盟的批评主要集中在重获国籍申请过程中存在的非法行为和腐败行为。有报道称，现在有很多俄罗斯人、德涅斯特河沿岸共和国的居民、乌克兰人甚至是白俄罗斯人通过贿赂获得了罗马尼亚国籍。②

综上所述，罗马尼亚与摩尔多瓦的关系背后纠缠着历史、地缘政治、民族主义等多种复杂因素。考察罗马尼亚与摩尔多瓦两国的主体民族关系与国家关系，可获得以下启示。

第一，即使在欧洲高度一体化的背景下，民族国家认同依然有很强的影响力，民族主义在民族问题十分复杂的中东欧地区依然拥有很大市场。1989 年东欧剧变后，在作为两个独立民族国家的罗马尼亚与摩尔多瓦的交往过程中，民族身份认同既成为两国关系发展的核心问题，也是两国国内政治舞台上的斗争工具与政治动员工具。

第二，摩尔多瓦从作为一个独立的民族登上历史舞台到成为独立的民族国家，始终处在大国博弈的阴影之下。对于罗马尼亚而言，从比萨拉比亚地区的失去到与摩尔多瓦共和国建立正常的国家间关系，也同样受到地缘政治的影响。虽然在罗马尼亚街头依然经常能看到"比萨拉比亚属于罗马尼亚"的涂鸦，摩尔多瓦始终不愿意承认摩罗两国关系的特殊性，两国关系的起伏也主要取决于在摩尔多瓦国内执政的是亲欧派还是亲俄派——必须承认摩尔多瓦的内政与俄罗斯密切相关，甚至与俄罗斯与西方关系的起伏紧密联系。在大国博弈

① "Lege Nr. 273 din 07 - 12 - 2007 pentru modificarea și completarea unor acte legislative", https：// www. legis. md/cautare/getResults? doc_id = 24442&lang = ro#.

② "The EU's Actual Passports - for - Sale Threat Comes From Corrupt Officials, Not CIPs", https：// www. imidaily. com/europe/the - eus - actual - passports - for - sale - threat - comes - from - corrupt - officials - not - cips/.

的国际政治舞台上，罗马尼亚与摩尔多瓦这对独特的民族国家关系无疑也成为俄罗斯与西方关系的晴雨表。

第三，罗马尼亚与摩尔多瓦两国关系经历了起起伏伏，逐渐走向实用主义。与摩尔多瓦维系正常的关系，既是罗马尼亚的地缘安全需求，也是欧盟需要罗马尼亚完成的睦邻任务。而对于摩尔多瓦而言，无论是亲俄派还是亲欧派，都希望能在大国的夹缝中尽力寻找一条摆脱目前国家困境的道路。

第五章
"回归欧洲"：欧盟边界的扩大
与欧洲观念的变化

冷战后，中东欧国家选择了大体相同的发展方向：在政治上，仿效西欧国家建立了现代的民主制度与完备的法律体系；在经济上，积极推进私有化进程与经济改革，打造自由开放的市场经济体系；在外交上，提出"回归欧洲"战略，积极融入欧洲一体化进程；在社会文化上，普及转型和改革带来的新观念，推动政治民主化、经济市场化和人的自由化，使其成为人们迎接"新生活"所必需的精神支柱。① 在这项涉及多个领域的宏大国家转型进程中，"回归欧洲"、融入欧洲一体化是一项极为重要的内容。对于中东欧国家来说，获得欧盟成员国或者候选国的资格代表了欧盟对于它们既有转型成果与发展道路的认可，而欧盟设立的入盟标准与原则又成为继续推进转型的强大动力，"回归欧洲"有着内政与外交的双重意义。

在欧盟方面，接纳中东欧国家是其一次重大的发展机遇。接纳中东欧国家大大增加了欧盟的人口、面积与经济体量，大幅提升了它的综合实力与国际影响力，令其由过去的"西欧俱乐部"变为真正的"欧洲联盟"。更为重要的是，成功吸纳中东欧国家能够展示欧盟价值理念与治理模式的先进与成熟，进而产生强大的示范效应，使"欧盟范式"成为其他地区一体化进程乃至整个国际社会建构过程中的主导范式，这正是欧盟长期孜孜以求的目标。

在经历了或长或短的入盟进程后，多数中东欧国家已经加入了欧盟。2004年，波兰、匈牙利、捷克与爱沙尼亚等八个中东欧国家正式成为欧盟的一员。

---

① 朱晓中：《转型九问——写在中东欧转型 20 年之际》，《俄罗斯中亚东欧研究》2009 年第 9 期。

2007 年，罗马尼亚与保加利亚加入欧盟。2013 年，克罗地亚也成为欧盟大家庭的一分子。有关中东欧"回归欧洲"，国内学者更多关注欧盟和"欧洲化"如何改变中东欧，却较少提及中东欧国家入盟对欧盟的影响，特别是这一进程对欧盟的冲击与挑战。这一现象的出现并非偶然。首先，在欧洲一体化的过程中，中东欧国家是加入方，欧盟是接纳方。中东欧国家是相对弱势的一方，欧盟则是强势的一方。以"哥本哈根标准"和《阿姆斯特丹条约》为基础，欧盟提出了中东欧国家入盟的一系列条件，包括各项欧盟规则和广泛的政治经济改革目标，如市场经济建设、司法系统改革和行政部门改革等。只有满足各项条件并完成全部的入盟谈判，中东欧国家才能真正加入欧盟。为此，中东欧国家不仅对自身的政治经济系统进行了小修小补，也在司法体系、政治腐败与少数民族权利等欧盟重点关注的领域推行了大刀阔斧的改革。因此，欧盟与"欧洲化"进程给中东欧国家带来的变化相对直观，也易于为学者所捕捉与研究。其次，在中东欧国家开启入盟进程后，"欧洲化"研究逐渐转入政治学的范畴之中，其主要内容是通过对成员国或候选国国内变化的观察探究其国内政治与欧盟政治的契合度，并对主权国家的适应能力与欧盟的治理机制进行反思。[①] 在这样的研究背景下，学者们主要关注"欧洲化"中的国家适应问题，即主权国家对欧盟治理模式和价值规范的适应，而对国家投射，即主权国家将自身偏好与利益投射到欧盟层面的问题缺乏兴趣。即便是关注国家投射的学者，也主要是关注中东欧国家将自身偏好与利益转化为欧盟意志与决策的过程，而对中东欧国家给欧盟带来的更为宏大、更为深刻的影响则语焉不详。

事实上，探讨中东欧国家入盟对欧盟的影响具有十分重要的意义。首先，当前的欧盟正遭遇新的发展困境。欧债危机、乌克兰危机、英国脱欧与难民涌入等一系列问题纷纷出现。中东欧国家在这些问题上表现出了与西欧国家截然不同的立场，双方的分歧也延伸到对欧盟东扩的看法上。中东欧国家认为自身在入盟过程中做出了重要的让步和牺牲，给欧盟带来了巨大的利益，但自身的预期收益并未达成。西欧国家则认为欧盟未能在东扩过程中消弭中东欧国家与老成员国间巨

---

① 关于"欧洲化"与欧洲一体化进程的梳理，参见赵晨《欧盟政治研究：政治理论史的视角》，《国际政治研究》2016 年第 6 期；吴志成、王霞《欧洲化：研究背景、界定及其与欧洲一体化的关系》，《教学与研究》2007 年第 6 期。

大的差异性，中东欧国家并未真正认同欧盟的价值理念与治理模式，一旦面临重大问题，双方的分歧就会公开化，进而制约欧盟解决问题的意志与能力。其次，虽然欧盟扩员进程逐渐放缓，但欧盟从未公开拒绝接纳新成员。2018年2月，欧盟发布了新的有关西巴尔干国家战略文件，明确表示以具体的措施继续推进西巴尔干地区合作与各国的入盟进程。未来，无论是接纳西巴尔干国家还是其他国家，欧盟都将面临比现有中东欧成员国更大的异质性。对欧盟来说，中东欧国家入盟的影响是对未来扩员进程的重要启示。东扩的功过得失可以帮助欧盟更好地衡量其他国家的入盟前景，也便于为这些国家设立更加合理的入盟标准和相应的政治经济改革要求。最后，欧盟是世界多极格局中的重要一极，是国际多边主义、自由贸易体系与全球治理理念的倡导者，更是地区一体化理论与实践的执牛耳者。在国际体系发生复杂而深刻变化，反全球化思潮、贸易保护主义与民粹主义不断涌现的今天，坚持自由、开放与合作的欧盟将会走向何方，这一问题不仅决定欧盟未来的发展道路，也将对其他国家乃至整个国际体系的演进产生重大的影响。在过去的20多年里，接纳中东欧国家与尝试政治一体化是欧盟最为重要的两个议题。在一定程度上，这两个议题相互交织，相互影响，共同塑造了欧盟的现状，也在无形之中勾画出欧盟的未来。从这一角度出发，探讨中东欧入盟对欧盟的影响能够帮助我们了解欧盟与欧洲一体化的发展历程，进而更好地理解现在与未来的欧洲与世界。

在地区性或国际性组织的发展历程中，扩员是一个极为普遍的现象。扩员一个最为直观、最显而易见的影响就是组织边界的扩大。边界的扩大意味着覆盖面积与人口的增加。这既为组织的内部整合与成员协作提供了新的动能，扩大了组织的外部影响力，也对组织原有的制度体系与运作模式提出了新的挑战。相比于一般的地区性或国际性组织，边界扩大对欧盟的影响更为显著。这是因为欧盟是一个政治经济高度一体化的超国家实体。它的内部边界开放与人员、资本自由流动的水平也是其他组织无法比拟的。在欧盟内部，既存在旨在建立统一货币政策与经济高度一体化的欧元区，也存在致力于消除内部边境检查、打造共同边境管理的申根区。将其他国家纳入边界之内会给欧盟和所有成员国带来重要的影响，甚至产生一荣俱荣、一损俱损的效果。值得注意的是，欧盟与欧元区和申根区的边界并不完全重合。在政治、经济与社会管理等不同领域，中东欧国家入盟产生的影响也会有所区别。中东欧国家的入盟在重塑了欧盟物理边界的同时，更在一定程度上改变了想象中的欧洲边界，改变了人们对于欧洲的理解、诠释与认同。不同于权力与法规构建的物理边界，想象的边界更多来自人的内心。人们想象中的欧洲边界与欧盟的现实边界是否重合？它是否包括中东欧地区？边界之内的欧洲与边界之外的广大世界有什么区别？它与过去的欧洲有何不同？中东欧的入盟又带给了欧洲怎样的新特质？不同时空、不同阶层、不同理念的人们对此会有截然不同的答案。

第一节　欧洲一体化与中东欧国家 "回归欧洲"

在漫长的欧洲历史中，曾有无数的哲人智者提出了欧洲联合的构想，也有许多政治家或野心家实践过欧洲大一统的方案。但在二战之前，欧洲联合或大一统的方案多数停留在纸面上，或仅在较小的范围内取得了有限的成功。直到煤钢联营的方案出世，一个真正一体化的欧洲模型才开始浮现，并逐渐成为欧洲政治发展的主导性方案。而在欧洲一体化取得成功后，来自世界其他地区的国家也争相效仿，探索属于本地区的一体化道路。虽然拥有后发的优势，但其他地区的一体化进程仍未超出政府间合作的框架，其一体化的水平更无法与欧盟相比。因此无论是从时间还是从空间的维度来看，欧盟与欧洲一体化都代表了一种独特的政治实践。在探讨其扩员或边界扩大的问题前，我们需要充分认识这一政治实践的独特性，更需要将其放置在一个更为广阔的区域和一个更为宏大的历史背景下进行考察。对于中东欧国家来说，在真正融入这一实践的过程中，也需要遵循其特有的逻辑与路径。在 "回归欧洲" 的过程中，中东欧国家按照欧盟的要求进行了大规模的政治经济改革。如此艰巨的改革是中东欧国家在加入其他国际组织或地区合作进程中所不曾遇到的。它们在一定程度上反映了欧盟为欧洲一体化进程设立的 "高门槛"，也代表了中东欧国家为 "回归欧洲" 付出的 "代价"。从这一角度出发，我们需要对中东欧国家的入盟进程进行必要的阐述，以更好地论述这些国家的加入给欧盟带来的影响。基于以上两点，我们将回溯欧洲一体化与中东欧国家 "回归欧洲" 的历程：首先，论述早期的欧洲联合思想如何发展成为真正的一体化实践；其次，对欧盟的历次扩员进程进行简单的比对；最后，以此为基础着重探讨中东欧国家的入盟进程。

一 早期的欧洲联合思想

欧洲联合的理念并非始自今日，也并非发端于欧盟或欧共体成立之时。早在民族国家尚未出现的中世纪，基督教已经成为联系整个欧洲的精神纽带。在基督文明向欧洲各国扩散的过程中，其道德标准、价值体系和行为模式也随之被欧洲民众习得并被不断承袭，从而推动欧洲成为一个拥有集体认同和情感归属的精神共同体。作为一种信仰，基督教强调上帝权威，轻视世俗政权，这也使其能够超越国家与种族的界限，构建一种统一的欧洲观念。得益于此，基督教的教宗才能数次以捍卫基督文明的名义联合欧洲各国，共同抵御外部世界的威胁。

中世纪以降，民族国家成为欧洲的主流政治组织形式。欧洲联合也由此等于多个主权国家之间的联合。1306 年，法国人皮埃尔·杜波伊斯在《论圣地的收复》一书中最早提出了主权国家联合的构想。他认为欧洲应当组成一个基督教主权国家联合体，由一个 9 名法官组成的欧洲议会行使最高权力。议会负责解决国家间的纠纷，有权对违反联盟原则的国家进行军事打击或经济制裁，或对危及欧洲和平的个人及其家属处以流放。[1] 虽然皮埃尔·杜波伊斯深受帝国与基督教传统思维的影响，也十分强调法国在这一联合体中的特殊地位，但他的设想已经带有了现代欧洲联合的影子，成为后来各种欧洲联合理论的思想源泉。

在皮埃尔·杜波伊斯之后，多位思想家和政治家也提出了欧洲联合的概念以及相应的实施方案。其中，康德的联邦主义方案是影响最大、受到关注最多的方案之一。在《世界公民观点之下的普遍历史观念》和《永久和平论》等著作中，康德从人的自然本性出发，用社会契约论的观点论证了建立一个"自由国家的联邦"是实现欧洲永久和平的必由之路。[2] 相比于欧洲联合的其他设想，康德的联邦主义方案是从哲学思辨的角度出发，推导出欧洲联合之路的必然性，其理论范围更加广泛，逻辑更加缜密，具有世界主义历史发展观的高度。在康德前后，圣比埃尔、卢梭等人也曾谈及欧洲联合的设想。不同于康德，他们的关注点更加具体，或是讨论欧洲联合的方案设计与相关细则，或是探索实现联合的先决条件。

---

① 潘娜娜：《文化认同与十五十六世纪欧洲"统一"观念》，《海南大学学报》（人文社会科学版）2007 年第 4 期。

② 韩慧莉：《近代欧洲观念与欧洲一体化》，《浙江学刊》2004 年第 6 期。

工业革命的浪潮推动了多数欧洲国家的快速发展，也使得欧洲成为世界舞台的中心。受到社会达尔文主义与帝国主义思想的影响，欧洲各大国忙于争夺殖民地势力范围，常常为了争霸而大打出手。在这样的局面下，欧洲联合的设想自然无从谈起。历经一战的浩劫后，打造一个和平的欧洲成为各国人民的共同愿望。欧洲联合也由此重回人们的视野。在诸多欧洲联合的方案中，理查德·库登霍夫-卡勒吉领导的泛欧运动无疑最具代表性和影响力。库登霍夫-卡勒吉主张建立能确保欧洲和平和欧洲文化并同时提高欧洲生活水平的"泛欧洲"体系，以抵御新的世界大战、普遍的贫困化和布尔什维克对欧洲的威胁。① 这种以国家联合自助、组建政治经济联盟实现和平目标的方式受到茨威格、托马斯·曼与爱因斯坦等知名人士的支持，是两次世界大战之间欧洲联合的主流方案。深受泛欧运动影响的法国总理白里安甚至于 1930 年提交了《关于建立欧洲联邦同盟的备忘录》，试图通过德法的和解打造真正的欧洲联盟。② 遗憾的是，世界性经济危机的到来唤醒了欧洲各国的民族主义激情，纳粹的兴起更成为欧洲联合难以逾越的障碍。最终，所谓的白里安计划也只是停留在文件之中，未能付诸实践。

当然，并非所有的欧洲联合方案都只存在于思想家的想象和论著之中。部分国家也曾在部分领域进行过欧洲联合的探索。兴起于 13 世纪的汉萨同盟即是一个典型的案例。"汉萨"一词在德语中原意为"堆集"，初指同业公会或行会，后来用以指代在国外的德国商人团体。1289 年，德国的科隆、吕贝克、汉堡和不来梅四个城市的商人将设在伦敦和布鲁日的汉萨团体同吕贝克、汉堡等城市的汉萨合为单一的合作团体。此后，汉萨同盟就在上述四个城市的领导下不断发展壮大，最终成为涵盖近 200 个城市的超国家商业联盟。后来随着民族国家的崛起与重商主义的盛行，汉萨同盟逐渐式微，最终于 1669 年正式解体。近代以来，类似规模的商业联盟不曾出现，但出于各自的需要，部分国家也在经济与其他领域内进行了一定程度的联合。以卢森堡为例，第一次世界大战之前，卢森堡和德国关系密切，卢森堡作为当时世界第六大产铁国，其钢铁生产所需煤炭由德国供应，所产生铁和半成品则由德国进一步加工。因此卢森堡与德国建立了单独的关

---

① 胡凯：《〈昨日世界〉与茨威格的欧洲观念》，《北京大学学报》（哲学社会科学版）2017 年第5 期。

② 叶林、侯毅：《白里安计划与舒曼计划比较研究》，《科教文汇》2007 年第 1 期。

税同盟。但在第一次世界大战中，德国撕毁了保证卢森堡中立的诺言，侵占并严重摧毁了卢森堡。1918 年卢森堡恢复独立后，随即废除了与德国的关税同盟，转而与比利时缔结了经济联盟。1922 年，这一联盟正式付诸实施并成为比卢两国钢铁产业的重要推动力。[①]

早期的欧洲联合思想与实践虽然有很多闪光点，却未能转化为实质性的欧洲一体化进程。欧洲国家之间复杂的历史纠葛是阻碍联合的重要原因之一。近代法国与德国的恩怨情仇可谓众所周知。自"三十年战争"以来，法国就与德意志境内诸邦进行过多场战争。而为了保持自身的霸主地位，法国力求保持德意志境内四分五裂的状态，这也使得普鲁士等国将法国视为德意志统一进程中的一大障碍。普鲁士厉兵秣马，最终在 1870~1871 年的普法战争中击败了法国，夺取了阿尔萨斯与洛林地区，实现了德意志的统一。而在法国方面，阿尔萨斯与洛林的丢失被视为一种民族的耻辱，国内各阶层都矢志复仇德国，夺回本属于法国的领土。直到德国在第一次世界大战中惨败，法国才获得了复仇的机会。在战后的巴黎和会上，法国力主严惩德国，不仅要夺回阿尔萨斯和洛林，更要对德国进行全方位的制裁。在法国的影响下，最终形成的《凡尔赛和约》十分严苛，以至于一战联军总司令福熙也认为《凡尔赛和约》带来的不是和平，而只是 20 年的休战期。丧失了 13% 的国土以及所有殖民地的德国自然成为新的复仇者。在极端民族主义情绪的蛊惑下，德国成为法西斯主义的大本营，并在希特勒的领导下发动了第二次世界大战。类似的历史纠葛不仅存在于德法这样的大国之间，也发生在许多小国身上。以荷兰与比利时为例。作为尼德兰的一部分，荷兰与比利时两个国家经历过多次分合。16 世纪尼德兰革命后，北尼德兰地区脱离西班牙的统治，成立了荷兰共和国，而比利时仍在西班牙治下。在 18 世纪末的法国大革命与拿破仑对外战争时期，整个尼德兰地区都被并入法国。在拿破仑战败后，比利时被重新划归荷兰，组成了新的尼德兰王国。但是由于荷兰对于比利时高压政策的不满和双方的宗教冲突，比利时爆发了大规模的反荷革命并最终成为一个独立的国家。在长期的历史纠葛中，荷兰与比利时两国也累积了各种的领土争端与经济矛盾。比利时的第一大港安特卫普通过斯凯尔德河与北海相通，但该河的入海口两岸均为荷兰领土，其第二大港根特也需要通过太尔纳 - 根特运河与北海相

---

① 朱健安：《比荷卢三国在欧共体形成中的地位与作用》，《西欧研究》1992 年第 2 期。

接，而这条运河的北段也处于荷兰境内。这样的状况大大制约了比利时的港口与贸易发展。因此在一战结束后的巴黎和会上，比利时就利用战胜国的地位提出了扩张的要求，要求荷兰割让南林堡和位于斯凯尔德河口的泽兰－佛兰德。这一提议虽因荷兰的强烈反对而未果，但严重影响了两国的关系发展。此后，为解决长期存在的斯凯尔德河航行权争端，比利时提出与荷兰共同控制这一河流，并合作开发新的运河。但因为涉及荷兰的领土主权，该提案被荷兰议会否决。① 在一个狂热民族主义与帝国主义盛行的时代，类似的纠葛只能将欧洲国家推向敌对与战争，即使拥有联合的良好愿望与计划，也难以转化为成功的实践。

二　欧洲一体化的实践

第二次世界大战的发生彻底改变了欧洲的地缘政治格局与社会文化氛围。一战后，欧洲国家丢失了经济上的霸权，但仍然在政治与军事上保有对美国及其他国家的优势。经过二战的摧残，欧洲国家已经全方位落后于美苏，其世界霸权无可争议地衰落了。在美苏两强争霸的格局中，西欧国家成为美国领导的北约与大西洋联盟的一部分，东欧国家则成为苏联领导的社会主义阵营的一部分。欧洲不再是世界文明的中心，而是两大阵营对峙的前沿地带。在这样的背景下，无论是激进的民族主义、极端的法西斯主义还是进取的帝国主义扩张政策都不再适用于欧洲国家。面对元气大伤、贫弱交加的局面，欧洲各国第一次真正认识到，以一种强权主宰的方式一统欧洲的做法已经遭到历史的唾弃，只有实现各国的真正联合才能帮助欧洲从战后严重的政治经济危机中解脱出来，进而实现长久的和平与发展。

另一个推动欧洲联合的有利因素是海外殖民地的丢失。过去，欧洲国家拥有大量的海外殖民地，其势力范围与保护国更是遍布全球。在号称最后一块大陆的非洲，欧洲国家就占领了 2000 多万平方千米的土地，仅有埃塞俄比亚与利比里亚两个国家得以保持政治上的独立。对于欧洲国家来说，海外殖民地既意味着充足的原材料供应，也代表了广阔的产品输出市场，欧洲国家无须通过联合即可实现经济的自给自足或者快速发展。一战后，欧洲各国的殖民体系开始衰落，它们已很难通过战争手段获取新的殖民地，但以英法为代表的欧洲国家仍然掌握着大量的殖民地，以及国际联盟委任管理的地区。直到二战之后，由于世界霸权的旁

①　朱健安：《比荷卢三国在欧共体形成中的地位与作用》，《西欧研究》1992 年第 2 期。

落与国家实力的下降，欧洲国家无法再对海外殖民地保持严格的控制，同时民族独立思想的传播使得民族解放运动在各大洲此起彼伏，欧洲的殖民体系才真正解体。面对海外殖民地的丢失与即将丢失，欧洲国家开始思索新的经济发展模式。走欧洲联合的道路成为欧洲国家，特别是一些自然资源匮乏、市场规模狭小、严重依赖外贸的小国的必然选择。

在战后很短的时间内，欧洲联合成为各国广泛支持的方案。1948 年 5 月，二十多个国家的代表云集荷兰海牙，参加欧洲大会。次年 5 月，英国、法国与意大利等十个国家的代表在伦敦签署《欧洲委员会规章》，正式建立欧洲委员会。荷兰、比利时与卢森堡等小国更是先于其他欧洲国家，开始探索一体化的欧洲联合之路。在盟军登陆、荷比卢三国行将解放的 1945 年，其流亡政府就签订协议，商定战后建立关税同盟。1946 年 5 月，三国开始着手进行相关谈判，1947 年 10 月，三国正式签订了成立关税同盟的协定。次年，这一协定正式生效，由此荷比卢三国在欧洲范围内率先实现了经济联合。[①]

但是，要想实现更大范围内的联合，则需要更多欧陆大国特别是德国与法国的支持与推动。考虑到双方过去的恩怨情仇，如何促使它们真正和解进而实现联合是一个棘手的问题。在以何种途径推动德法走向联合的问题上，被称为"欧洲之父"的法国人让·莫内提出了最切合实际的方案。他认为，煤炭与钢铁是两种最为主要的战争资源，也是各国十分重要的经济产业，将德法两国的煤炭钢铁资源与工业置于一个超国家机构的管控下，就能够把战争的原料转化为和解与经济发展的重要工具，进而实现真正的欧洲联合。[②] 让·莫内的设想得到了时任法国外长罗贝尔·舒曼的大力支持。联邦德国首任总理康拉德·阿登纳为走出二战战败的阴影与缓解外部的压力对这一设想做出了积极回应。在各方反复商讨之后，以实现欧洲煤钢联营为目标的"舒曼计划"于 1950 年 5 月正式公布。次年 4 月，法国、联邦德国、荷兰、比利时、卢森堡与意大利六个国家签署了《巴黎条约》，同意共同建立欧洲煤钢共同体。虽然这一共同体带有明显的战争防御性质，也掺杂很多的政治因素，但其内容是以经济联合与互助为导向的。欧洲煤钢

---

①　"Union Benelux", http：//www. benelux. int/fr/benelux – unie/le – benelux – en – quelques – traits/, last accessed on May 12th, 2019.

②　韩永利、丁丹：《论经济合作对欧盟边境制度的促进》，《武汉大学学报》（哲学社会科学版）2005 年第 2 期。

共同体被视为欧洲一体化进程的真正开端。

从欧洲煤钢联营到欧洲共同体，再到欧洲联盟，欧洲一体化进程数十年的发展可以被分为四个阶段。[1]

从欧洲煤钢联营到欧洲共同体正式成立是第一阶段。欧洲煤钢联营取得了巨大的成功，有力地推动了欧洲国家的经济恢复与快速发展。随着冷战的铁幕徐徐开启，美苏之间的核竞争与军备竞赛愈演愈烈，欧洲国家希望将联合的领域扩大到包括原子能在内的其他领域。1957 年 3 月，六个欧洲煤钢共同体的创始国在罗马签订了《建立欧洲原子能共同体条约》与《建立欧洲经济共同体条约》。其中原子能共同体的主要目标是建立核能源的联营机制，并对相关研究与核燃料的使用进行统一的监管，而经济共同体的主要内容是建立关税同盟，同时打造共同农业政策与共同外贸政策。[2] 1965 年，上述六国在布鲁塞尔签订了《布鲁塞尔条约》，欧洲煤钢共同体、欧洲原子能共同体与欧洲经济共同体正式合并为欧洲共同体。

欧洲共同体的壮大与发展阶段是第二阶段。在这一阶段，欧共体组织架构与运行机制的巩固与完善是欧洲一体化进程的主要内容。20 世纪 70 年代的石油危机在使得西欧国家遭受严重经济危机的同时，增强了各国融入欧洲一体化进程的决心。到 20 世纪 80 年代，欧共体已经由最早的六个国家扩员到十二个国家，并建立了关税同盟，统一了农业政策与外贸政策，创立了欧洲货币体系，建立了共同体总预算与政治合作制度。在很大程度上，欧共体已经成为欧洲各国政治与经济利益的代言人。与此同时，欧洲一体化进程也遭遇了更多的挫折与挑战，特别是围绕共同体的预算危机与支出性结构矛盾等问题，欧共体与成员国、成员国与成员国之间产生了一系列的分歧。面对这些问题，欧洲各国决心扩展并深化现有的欧洲一体化进程。1986 年 2 月，欧共体的十二个成员国在卢森堡签署《单一欧洲法案》，决定建立取消内部边界的欧洲统一大市场，并将原来以经济领域为主的共同体扩展为一个政治经济联盟。随着这一方案的签署，欧共体正式开始向欧盟的过渡。

欧盟的成立与初步发展是第三阶段。1991 年，欧共体十二个成员国的代表在荷兰马斯特里赫特签署了以建立欧洲经济与货币联盟和欧洲政治联盟为目标的

---

[1]　参见王坚《欧盟完全手册》，中央编译出版社，2010，第 3~6 页。

[2]　参见王坚《欧盟完全手册》，中央编译出版社，2010，第 4 页。

《欧洲经济与货币联盟条约》和《政治联盟条约》，统称《欧洲联盟条约》即
《马斯特里赫特条约》（简称《马约》）。在经济领域，《马约》提出了分阶段打
造货币联盟的方案，并规定了先期实现单一货币的国家所需达到的标准。在政治
领域，《马约》引入了政治、外交、内政等政府间合作的多项内容。在原有的政
治合作机制中，《马约》增添了有关安全问题的内容，使之正式升级为共同的外
交与安全政策。[①] 1993 年 11 月，该条约正式生效，欧盟也随之宣告成立。1992
年 12 月，布鲁塞尔被定为欧盟的正式首都。1993 年初，欧盟统一大市场开始启
动。1995 年 12 月，欧盟单一货币的名字被定义为欧元。1997 年 10 月，欧盟各
国签署《阿姆斯特丹条约》，对已有的《马斯特里赫特条约》与《罗马条约》
进行修订与增补。1999 年初，欧元正式启动，并于 2002 年在十二个先期达标的
成员国内流通。

　　进入 21 世纪，欧洲一体化进程也迈向新的发展阶段。随着一体化程度与各
国政治经济发展水平的提升，欧盟开始反思与改革过去的制度体系与运行机制。
在 2000 年的尼斯峰会上，欧盟对共同安全与外交政策中的决策机制进行了修改。
同时，欧盟首次提出了制定宪法的问题。2004 年 6 月，欧盟在布鲁塞尔峰会上
出台了《欧盟宪法条约》。但次年，法国与荷兰先后在全民公投中否决了这一条
约。在制宪进程遭遇挫折后，欧盟各国领导人在 2007 年签署了取代《欧盟宪法
条约》的《里斯本条约》。虽然也出现了爱尔兰公投反对等情况，但最终《里斯
本条约》获所有成员国批准，于 2009 年正式生效。这一条约虽然不再使用宪法
的称谓，却是事实上的欧盟宪法。对于当下乃至未来的欧洲一体化进程，《里斯
本条约》都具有重大的指导意义。

三　欧盟扩员与中东欧国家的入盟进程

　　在实现组织架构完善与运行机制成熟的同时，欧共体/欧盟的疆域与人口也
大幅扩展。从 1973 年欧共体第一次扩员算起，欧共体/欧盟已经完成了七次扩
员：第一次，英国、爱尔兰与丹麦加入欧共体；第二次，希腊加入欧共体；第三
次，西班牙与葡萄牙加入欧共体；第四次，瑞典、芬兰与奥地利加入欧盟；第五

---

① 《1991 年 12 月 9 日〈马斯特里赫特条约〉签署》，人民网，http：//www.people.com.cn/GB/
historic/1209/4210.html，访问时间：2020 年 3 月 25 日。

次，波兰、匈牙利与捷克等十国加入欧盟；第六次，罗马尼亚与保加利亚加入欧盟；第七次，克罗地亚加入欧盟。除塞浦路斯和马耳他外，后三次扩员进程中的国家皆为中东欧国家，它们在历史发展轨迹与政治经济水平上具有一定的相似性，并与西欧国家存在较大的差异。因此在相关的研究中，这三次扩员也常常被统称为欧盟的东扩进程或者中东欧国家的入盟进程。

法国、德国、意大利、荷兰、比利时与卢森堡是欧共体的六个初始成员国。在这六国之外，英国也对欧洲经济联合的行动表达了支持。但是，英国一方面担心欧洲一体化进程会带来过多的约束与责任，另一方面害怕与欧洲大陆的紧密关系会破坏其光荣孤立的传统，进而影响到它和美国以及英联邦国家的特殊关系。因此在 20 世纪 50 年代，英国政府先后两次拒绝加入欧洲煤钢共同体和关税同盟。随着欧共体的发展壮大，英国看到了欧洲一体化进程的光明前景，而其在美国与欧洲大陆之间左右逢源的战略构想并未实现。因为置身于共同体之外，英国在欧洲重大事务上的发言权日渐缩小。在对美关系上，英国未能借助美国的援助维持世界大国地位，反而被美国借机控制了本土经济，损害了英国在英联邦的影响力。由此在 20 世纪 60 年代，英国逐渐调整其外交战略并决心加入欧共体。无独有偶，爱尔兰、丹麦与挪威三国也看到了加入欧共体带来的巨大经济利益。1961 年 8 月，英国、丹麦、爱尔兰与挪威四国正式提交了加入欧共体的申请，由此开启了欧共体的第一次扩员进程。在欧共体与上述四国的谈判中，英国面临的阻力最大，其谈判过程也最为漫长曲折。直到 1973 年 1 月，以英美特殊关系、英联邦问题与农业政策为主要议题的谈判才正式结束。挪威则在 1972 年的全民公投中否决了加入欧共体的动议。最终，英国、爱尔兰与丹麦三国加入了欧共体。完成了欧洲一体化进程中的第一次扩员。

此后，希腊、葡萄牙与西班牙分别于 1975 年 6 月、1977 年 3 月和 7 月提出了加入欧共体的申请。针对这三个国家，欧盟采取了整体考虑但个别吸收的原则。虽然希腊的经济发展水平相对落后，但由于其与欧共体的经济联系十分密切，谈判过程较为顺利。1981 年 1 月，希腊正式加入欧共体，成为第二次扩员进程中唯一的国家。西班牙和葡萄牙则因为农产品和劳动力等问题耽搁了谈判的进度。但在历经波折后，西葡两国也完成了谈判并于 1986 年加入了欧共体。①

---

① 钱运春：《欧盟的五次扩大》，《人民日报》2002 年 11 月 14 日。

随着苏联解体、冷战结束和欧洲一体化的不断发展，许多欧洲国家在外交上做出重大调整，谋求加入欧共体，并以此为依托，积极参与欧洲和国际事务，扩大国际影响。1989 年 7 月，中欧的奥地利率先提出了加入欧共体的申请。1990 年 8 月，北欧诸国开始与欧共体接触，讨论欧洲经济区的问题。① 瑞典、芬兰于 1991 年 7 月，挪威于 1992 年 3 月也分别提出加入欧共体的申请。这四个国家的经济发展水平较高，也与欧共体有着密切的经济联系，因此谈判十分顺利。但挪威又一次在全民公投中否决了加入欧共体的动议。最后只有瑞典、芬兰与奥地利三国成为欧盟的正式成员国。②

相比于之后吸纳一众中东欧国家，欧共体/欧盟早期的数次扩员有着明显的不同。首先，欧共体/欧盟并未设立明确和统一的扩员标准，而是遵循整体吸收、个别考虑的原则，针对各申请国的国情与发展状况开展不同内容的谈判。其次，欧共体/欧盟处于快速发展的时期，其欧洲一体化的实践尚在探索阶段，因此在吸纳新成员国的过程中，欧共体/欧盟不仅仅核查与评估这些国家的加入资格，也积极学习与借鉴这些国家的发展模式与经验。例如，在英国加入欧共体的过程中，欧共体就充分吸纳与学习了英国在农业结构改革领域的丰富经验，并借助英国的加入推动共同体的共同农业政策。在粮食价格与农业补贴等多个问题上，欧共体都接受了英国的改革要求，为共同农业政策打下了明显的英国烙印。最后，欧共体/欧盟处于经济一体化的阶段，尚未实现由经济共同体向政治经济联盟的过渡。它与申请国的谈判与博弈也更多地发生在经济领域，较少涉及政治、外交与安全问题。正如约瑟夫·弗兰克尔在英国加入欧共体后所描述的，所谓英国的共同体成员国资格主要是指英国和欧共体在经济层面采取较为一致的措施，在外交和防务层面英国和欧共体都远远没有达到"成员国"所指涉的合作协商关系。③

从另一层面来说，无论是经济发展水平较高的英国、申请时刚刚建立民主制度的西班牙和葡萄牙，还是经济相对落后的希腊，它们都属于北大西洋联盟的一分子，也与欧共体/欧盟的成员国有着密切的经济联系。因此它们在融入欧洲一

---

① 杨义萍：《浅析北欧国家加入欧共体问题》，《现代国际关系》1993 年第 7 期。

② 三国申请加入时，欧盟尚未成立，而到三国正式加入时，欧盟已经正式运作。

③ Joseph Frankel, *British Foreign Policy* 1935 – 1973, London：Oxford University Press, 1975, pp. 233 – 244.

体化的过程中历经了较少的"磨难"，给欧共体/欧盟带来的冲击与挑战也远低于后来入盟的中东欧国家。

相比之下，在剧变之后的中东欧，各国均开启了大规模的国家转型。"回归欧洲"、融入欧洲一体化进程成为中东欧国家的主要政治和外交目标。但在转型初期的动荡中，多数中东欧国家虽表达了加入欧共体/欧盟的强烈愿望，却无暇拟定完整清晰的"回归欧洲"战略。面对中东欧国家的入盟呼声，欧共体/欧盟与西欧国家并未在第一时间做出积极回应。究其原因，是 20 世纪 90 年代初期欧共体/欧盟尚处于从经济共同体发展为超国家政治实体的探索阶段。其成员国数量只有十二个，组织架构和运行机制也并不完善，各成员国对于《马斯特里赫特条约》和共同外交与安全政策的看法存有明显的区别。对于欧盟来说，吸纳一众中东欧国家意味着成员国数量将至少增加一倍，人口与疆域也会大幅扩大，这显然会对其组织能力和治理模式构成挑战。导致欧共体/欧盟对东扩存有疑虑的另一个原因则是中东欧国家与西欧国家之间的巨大差异。这种差异部分来自冷战时期双方意识形态的对立和政治经济体制的不同，但更多地则植根于东西欧国家的历史与文化特性。巴尔干地区的保加利亚、塞尔维亚和阿尔巴尼亚等国按希腊仪式接受东正教，使用基里尔字母，成为拜占庭文明的一部分。罗马尼亚虽然接受了东正教，却使用拉丁字母。在奥斯曼帝国入侵巴尔干之后，阿尔巴尼亚人和部分波斯尼亚和黑塞哥维那的斯拉夫人被迫放弃基督教，皈依伊斯兰教，成为伊斯兰文明的一部分。[①] 中欧的波兰、匈牙利与捷克等国在文化和宗教上与西欧国家相近。它们早在 8 ~ 10 世纪就接受了基督教并使用拉丁文字，成为西欧文明的一部分。但在近代历史上，这些国家都处于各大国的控制之下。捷克长期由奥地利哈布斯堡王朝统治，成为后来奥匈帝国的一部分。斯洛伐克先是受匈牙利王国的统治，后又跟随匈牙利加入了奥地利帝国与奥匈帝国。直到第一次世界大战之后，捷克与斯洛伐克才组成捷克斯洛伐克并重获独立。波兰在18 世纪中叶还是独立的国家，但此后遭遇了普鲁士、奥地利与俄罗斯帝国的三次瓜分。到 1795 年，波兰的领土已经被三国完全吞并。也是在一战之后，波兰才重新成为一个独立的民族国家。长期被大国奴役的经历改变了这些国家的政治发展轨迹，它们虽然在文化上与西欧接近，却难以复制西欧式的现代化

---

① 朱晓中：《"回归欧洲"：历史与现实》，《东欧中亚研究》2001 年第 1 期。

道路，其政治经济制度与发展水平都要落后于西欧国家。此外，爱沙尼亚与波黑等国或是缺乏或是完全没有独立建国的经验。因为缺乏对民族国家的有效建构，在转型时代其国家治理能力与社会凝聚力也受到质疑。考虑到中东欧地区如此鲜明的异质性与内部多样性，欧盟自然无意快速实现东扩，而是尽量以拖为主，以至于积极推动波兰重返欧洲的波兰总统瓦文萨感叹波兰成了欧洲的孤儿，维谢格拉德集团的代表也抱怨欧盟至少应该让经历转型痛苦的东欧各国看到希望。①

随着时间的推移，欧盟的态度逐渐发生了变化。地缘政治安全是促成这种变化的重要动因。苏联解体虽然减少了欧盟直面军事威胁的可能性，却也在中东欧地区留下了巨大的"权力真空"。在缺乏外部约束的情况下，中东欧国家的各种历史遗留问题，例如边界纠纷、文化与宗教冲突和跨境民族问题都在短期内迅速爆发。由此发生的前南地区战争和其他小规模冲突不仅严重阻碍了中东欧国家的转型与发展，也对整个欧洲的和平安全造成了冲击。因此从地缘政治安全的角度出发，欧盟需要增强自身对中东欧地区的影响力与控制力。与此同时，中东欧国家的转型取得了令人瞩目的成绩。在经历"休克疗法"的阵痛期后，多数中东欧国家实现了经济的快速恢复与发展，仿照西欧国家建立的民主制度也日趋完善与巩固。这些成绩使得欧盟相信通过一系列的政治经济改革，中东欧国家可以在发展水平上逐渐接近西欧国家，也能够接受和认同欧盟的价值观念与治理模式，欧盟的最优解是将入盟作为激励因素，诱使中东欧国家加快改革与转型的步伐，使其在满足入盟必备的各项条件和标准后，逐步达成与欧盟的均质化发展。

由此，欧盟正式开启了东扩进程。从1991年到1996年，欧盟先后与波兰和匈牙利（1991年），捷克、斯洛伐克②、罗马尼亚和保加利亚（1993年），爱沙尼亚、拉脱维亚和立陶宛（1995年），斯洛文尼亚（1996年）签署了"联系国协定"③，明确了双方未来的政治经济关系，并为中东欧国家其后的入盟进程做好准备。在1993年的哥本哈根首脑会议上，欧盟提出了中东欧国家入盟的基本

---

① 郭洁：《东欧的政治变迁——从剧变到转型》，《国际政治研究》2010年第1期。

② 捷克斯洛伐克在1991年与欧盟签署了"联系国协定"。但1992年底，捷克斯洛伐克宣告解体，新成立的两个国家捷克与斯洛伐克于1993年与欧盟签署了新的"联系国协定"。

③ "European Council"，https：//www.consilium.europa.eu/en/documents‐publications/treaties‐agreements/，last accessed on February 8，2019.

标准：第一，拥有捍卫民主稳定的机构、法治、人权、尊重和保护少数民族；第二，拥有行之有效的市场经济，以及应对欧盟内部竞争压力和市场的能力；第三，履行成员国职责的能力，包括恪守政治、经济和货币联盟的宗旨。① 第一项代表了欧盟的价值立场，后两项主要是对新成员国治理能力与履行义务的要求。1994 年春，欧洲联盟明确规定，除波罗的海诸国之外，排除所有原苏联加盟共和国加入欧洲联盟的可能性。这一规定表明欧盟新一轮扩员的重点是中东欧国家。1995 年冬，欧盟在马德里峰会上进一步强调，在满足"哥本哈根标准"的同时，候选国必须通过调整其司法与行政体系以便更好地将欧盟法律转化为本国法律，并加以实施，以此作为入盟前建立互信的先决条件。在 1997 年的《阿姆斯特丹条约》中，欧盟同样明确强调了自身的基础原则，并将恪守这些原则定为加入欧盟的先决条件。② 根据"哥本哈根标准"，欧盟在 1997 年对申请入盟的中东欧国家进行了全面的评估。评估结果促使欧盟决定启动东扩，并先与波兰、捷克、匈牙利等六个国家开展入盟谈判。此后，其他中东欧国家也陆续加入进来，从而开启了各自的入盟进程。

对于中东欧国家而言，入盟进程的开始不仅意味着与欧盟的谈判博弈拉开帷幕，也代表了国内政治、经济与社会生活"欧洲化"的开始。按照社会学制度主义的阐释，"欧洲化"也是一种制度化的过程：在规制性层面，中东欧国家需要进行新一轮的政治经济改革，并在权力结构与制度安排上做出调整，以保持转型与发展的速度、均衡与平稳；在规范性层面，中东欧国家需要自上而下地贯彻与传播欧盟的价值理念，使其成为国内政治与社会生活的道德范本与组织逻辑；在认知性层面，中东欧国家需要学习处理民族国家与超国家政治实体的权力分合，也要调节处理旧有的身份认同与新的"欧洲公民"身份之间的紧张关系，在保持自身文化特性的同时，提升社会大众对欧盟和"欧洲化"进程的认知能力与认同水平。③ 考虑到中东欧国家薄弱的政治经济基础和独特的社会文化属

① "Conditions for membership | European Neighbourhood Policy And Enlargement Negotiations", https://ec.europa.eu/neighbourhood – enlargement/policy/conditions – membership_en, last accessed on February 8th, 2019.
② 戴炳然：《评〈欧盟阿姆斯特丹条约〉》，《欧洲研究》1998 年第 1 期。
③ 详见鞠豪、苗婷婷《罗马尼亚的欧洲化水平评估——基于规范性和认知性要素的分析》，《俄罗斯东欧中亚研究》2018 年第 4 期。

性，完成上述三个维度的"欧洲化"并非易事。中东欧各国的入盟轨迹也印证了这一点。一部分转型更为成功、欧洲化水平更高的国家得以率先入盟；另一部分国家则因为未能达到入盟的标准而推迟了正式入盟的时间，或者仍处于冗长的入盟谈判中。

波兰是最早加入欧盟的中东欧国家之一。早在 1990 年 5 月，波兰就向当时的欧共体提交了签署"联系国协定"的申请。1991 年 2 月，波兰与捷克斯洛伐克和匈牙利成立了维谢格拉德集团，以协调三国在"回归欧洲"问题上的立场，并加强彼此间的合作。1991 年 12 月，波兰与欧共体签署了"联系国协定"。在这一协定中，欧共体虽然没有对波兰的入盟做出正式的承诺，但肯定了波兰国家转型所取得的成绩，并取消了对波兰在经贸领域的诸多限制。1994 年 4 月，波兰正式递交入盟申请。此后，波兰一直将加入欧盟作为其外交政策的重点并如愿成为开启入盟谈判的第一批候选国之一。根据谈判的路线图，波兰与欧盟进行了 31 个章节的谈判，最终于 2002 年底结束了入盟谈判。[①] 2003 年 4 月，波兰签署了入盟条约。同年 6 月，波兰就是否加入欧盟举行了全民公决，58.9% 的选民参加了此次公投，其中 77.5% 的选民投票支持波兰加入欧盟。[②] 2004 年 5 月，波兰正式成为欧盟的成员国。波兰能够顺利入盟固然得益于它的国家规模。波兰的国土面积为 31.3 万平方千米，人口 3842 万[③]，是中东欧地区面积最大、人口最多的国家。但更为重要的原因则是其政治经济发展水平。波兰是转型最为成功的中东欧国家之一。它不仅建立了稳固的民主制度，也实现了经济的快速发展。20 世纪 90 年代，波兰一度成为经济增长率最高的欧洲国家，到 2000 年，其国内生产总值已经是 1990 年的 1.5 倍。[④] 显然，欧盟要想吸纳一众中东欧国家，就不可能忽视国家规模最大且政治稳定、经济持续增长的波兰。

斯洛伐克虽然与波兰同期成为欧盟成员国，但入盟进程更为曲折。1993 年

---

① "Timetable for accession negotiations by chapter and by country（1998 – 2004）", https：//www.cvce.eu/en/obj/timetable_for_accession_negotiations_by_chapter_and_by_country_1998_2004 – en – d815543f – 233a – 4fc4 – 9af6 – 4b6ba1f657c9.html, last accessed on February 10th, 2019.

② 《波兰四分之三选民赞成加入欧盟　投票率近 60%》，中新网，http：//www.chinanews.com/n/2003 – 06 – 10/26/312262.html，访问时间：2020 年 4 月 25 日。

③ 《波兰概况》，中华人民共和国外交部网站，https：//www.fmprc.gov.cn/web/gjhdq_676201/gj_676203/oz_678770/1206_679012/1206x0_679014/，访问时间：2020 年 4 月 25 日。

④ 孔田平：《波兰的欧盟政策与入盟谈判战略》，《欧洲研究》2004 年第 2 期。

斯洛伐克独立之后与欧盟签订了新的"联系国协定"。1995 年，斯洛伐克正式递交了入盟申请。然而，争取民主斯洛伐克运动党（以下简称民斯运）领导的斯洛伐克政府对于加入欧盟持骑墙态度，不仅拒绝按照欧盟要求调整其国内政策，还采取了一系列与欧盟价值规范相悖的政治举措，遭到欧盟和西欧国家的批评。在 1997 年底的卢森堡首脑会议上，欧盟认定斯洛伐克存在违反人权和伤害少数民族权利的现象，其政治转型与民主化进程也有倒退的迹象，欧盟决定将斯洛伐克排除在入盟谈判的第一批候选国之外。① 这一决定引发了斯洛伐克国内政坛的重大变动。在 1998 年大选中，民斯运仅获得了 150 个议员席位中的 43 席，比1994 年减少了 18 席。同时，其他国内主要政党都以对其欧盟政策不满为缘由，拒绝与民斯运合作，导致民斯运无法单独组阁。② 此后，斯洛伐克民主联盟联合其他三个政党成立了新一届政府，并在入盟改革问题上采取了更加积极与合作的态度。在 1999 年的评估报告中，欧盟肯定了斯洛伐克的变化，并于次年开启了与斯洛伐克的入盟谈判。在历经两年的入盟谈判和一系列法定程序后，斯洛伐克于 2004 年正式加入欧盟，成为最早入盟的中东欧国家之一。

对比波兰与斯洛伐克等国，巴尔干国家的政治经济水平相对落后，又受到地区局势动荡的严重影响，其入盟进程大为滞后。作为巴尔干地区唯一的欧盟成员国，克罗地亚的入盟过程充满波折。在 20 世纪 90 年代，克罗地亚虽然接受了欧盟的经济援助，但与欧盟的关系并不友好。因为克罗地亚攻占塞族人控制区，欧盟对克罗地亚实施了制裁。欧盟不仅拒绝与克罗地亚就经济合作协定进行谈判，停止了对克罗地亚的法尔计划援助，而且倾向于让克罗地亚与前南斯拉夫联邦各国留在《代顿协议》的框架内并使之一体化。1997 年，欧盟提出所谓的"地区立场"，要求除斯洛文尼亚以外的前南斯拉夫联邦的四个共和国和阿尔巴尼亚首先实现地区一体化，然后再与欧盟实现一体化。③ 因此在许多国家已开启入盟谈判时，克罗地亚尚未与欧盟签署"联系国协定"。欧盟的做法引起克罗地亚的强烈抵制。克罗地亚认为，本国的历史和文化属于中欧和欧洲地中海区域，而非巴尔干地区。同时作为该地区最发达的国家，却要等待与其他国家一起加入欧盟，

---

① 古莉亚：《斯洛伐克政党的欧洲化》，《当代世界社会主义问题》2009 年第 4 期。
② 详见鞠豪、方雷《"欧洲化"进程与中东欧国家的政党政治变迁》，《欧洲研究》2011 年第 4 期。
③ 左娅：《克罗地亚与欧洲一体化》，《欧洲研究》2006 年第 4 期。

这样的做法也有失公允。直到进入 21 世纪，克罗地亚才大幅调整了外交战略，开始向欧盟靠拢。2001 年 5 月，克罗地亚与欧盟签署了"联系国协定"。2003 年 2 月，克罗地亚正式递交了入盟申请。2005 年，欧盟启动了与克罗地亚的入盟谈判。但因为克罗地亚的国内改革一直未能达标，与邻国的边界纠纷和历史遗留问题又难以解决，这场谈判一度成为欧盟东扩过程中最为复杂和艰难的谈判之一。① 直到 2011 年，双方的谈判才最终结束。2013 年 7 月，克罗地亚正式成为欧盟成员国。

波、斯、克三国的经历虽没有涵盖所有中东欧国家的入盟轨迹，但代表了中东欧国家差异性一体化的进程。截至目前，有十一个中东欧国家已经入盟，塞尔维亚、黑山正在进行入盟谈判，北马其顿与阿尔巴尼亚是欧盟候选国，波黑则于 2016 年递交了入盟申请，欧洲理事会将就其是否具备候选国的资格做出最终决定。②

在很大程度上，中东欧国家"回归欧洲"、融入欧洲一体化进程是欧盟与中东欧国家的双赢。对于欧盟而言，将整个欧洲纳入统一的政治经济模式塑造了和平与安全的环境。把入盟与改革相挂钩的做法使得中东欧国家步入了良性发展的轨道，也维持了这一地区的稳定局面。在欧盟推动下，中东欧国家开始尝试解决边界争议与民族矛盾等长期存在的问题，从而大大减少了地区冲突的可能性。在经济上，欧盟不仅成为世界上最大的区域经济体，也获得了更为广阔的市场。统一的欧洲市场的形成使各国的资源与生产要素可以在全欧范围内更加自由地流动。以此为基础，欧盟能够更合理地配置生产资源，完善产业分工并优化贸易结构。在外交上，中东欧国家的入盟对周边国家产生了巨大的示范效应。以输出价值规范和制度规则为核心内容的规范性外交大行其道。在国际社会中，欧盟倡导的全球治理模式和以国际协议与合作为基础的多边规则体系也更具吸引力与影响力。对于中东欧国家来说，入盟进程也带来了巨大的发展红利。在政治上，"回归欧洲"为中东欧国家提供了稳定的发展环境，也为政治经济改革的深化注入了新的动力。由此建立的社会共识以及文化上的归属感与安全感成为国家转型的

---

① 胡勇：《"欧洲梦"与"欧洲化"：克罗地亚加入欧盟及其影响》，《国际论坛》2015 年第 6 期。

② "European Neighbourhood Policy and Enlargement Negotiations", https：//ec. europa. eu/neighbourhood - enlargement/countries/detailed - country - information/bosnia - herzegovina_en, last accessed on February 10th, 2019.

有效助力。在经济上，中东欧国家不仅获得了欧盟的经济援助和西欧国家的直接投资，也拥有了更为广阔的市场。通过融入高附加值、高科技含量的产业体系，中东欧国家的经济得以迅速发展。在外交上，"回归欧洲"提升了中东欧国家的国际影响力。通过自下而上的传输路径，中东欧各国可以将本国的利益与偏好投射到欧盟层面，进而影响欧盟的外交决策与执行，使其更加符合自身的战略诉求。借助这一途径，许多过去受制于国力而难以实现的战略目标可以转化为欧盟的外交决策予以实现，这大大强化了中东欧国家的外交实力。

不过，漫长的入盟进程并未能消弭中东欧国家与西欧国家之间的巨大差异，特别是双方在价值观与社会文化上的分歧。一方面，政治与社会文化拥有自身演进的规律，其发展变化往往滞后于制度变革，也需要更长的时间。因此在欧盟快速东扩的过程中，实现价值与文化趋同的难度要远远大于打造统一的政治经济体制。另一方面，欧盟因为地缘安全等因素放宽了对部分国家的入盟要求，使得这些国家在改革尚未完成或没有达到入盟标准的情况下加入了欧盟。而在入盟后，"欧洲化"就变为一种内在的社会化进程。国家的推动力逐渐减弱，政治精英与社会大众的注意力也重回国内，转向各自关心的具体问题。许多国家不仅没有完成应有的改革，反而以一种消极或轻微怀疑的态度对待后续的欧洲一体化进程。加之欧盟缺乏有效的奖惩手段，对成员国国内政治进程的影响十分有限。在这一局面下，东西欧国家之间的巨大差异包括文化与价值理念上的分歧都保留了下来。在欧盟处于政治经济发展的上升期时，这一差异的影响尚不明显。但当欧盟的发展遭遇困境时，双方的差异与分歧就会演化为公开的争执，进而阻碍欧盟的发展。在过去的数年里，东西欧国家在难民分配和"多速欧洲"等问题上的矛盾已经使欧盟陷入发展困境。波兰与匈牙利等国出现的"民主转向"也成为欧盟亟须应对的难题。在这个意义上，所谓的"东扩"与"欧洲化"远未完成。对欧盟来说，消化中东欧国家"回归欧洲"带来的冲击，塑造既统一又多元的欧洲仍然是其自身发展进程中的重要议题。

通过回顾欧洲一体化与中东欧国家"回归欧洲"的历程，我们可以谨慎地得出以下结论。第一，虽然欧洲联合的构想与实践早已存在，但欧洲一体化的成功仍然是独特和不可比拟的。它的成功一方面得益于特定的时代环境——欧洲霸权的彻底衰落与二战后西欧相对和平的政治氛围；另一方面得益于欧洲一体化的先驱们采取的渐进主义与功能主义一体化的路径。第二，欧洲一体化的成功也意味着加入这一进程绝非易事。相比于更早加入的葡萄牙、希腊与奥地利等国，中东欧国家在历史发展轨迹与政治社会文化上与西欧国家有着明显的不同。高度的异质性导致它们的入盟进程面临更多挑战。第三，欧盟渴望通过严格的入盟标准与相应的政治经济改革降低中东欧国家的异质性，但双方的差异特别是价值观与社会文化的差异并未消弭。此外，中东欧国家的"欧洲化"水平也存在很大的差异。各国"回归欧洲"的步调与速度并不一致，导致其加入欧盟、申根区或欧元区的进程各不相同，也塑造了欧盟、申根区与欧元区并不完全重叠的边界。上述结论简要描述了本章研究主题的基础性背景。在接下来的两个部分，我们将以物理与想象的边界为切入点，深入剖析中东欧国家"回归欧洲"给欧盟和欧洲一体化进程带来的重要影响。

第二节 "回归欧洲"与欧盟边界的扩大

扩员是地区性或国际性组织发展历程中一个极为普遍的现象。一方面，伴随着组织架构与制度模式的成熟以及组织内部联系的强化，一个组织对于周边和外部世界的影响力与示范效应会不断增强，从而吸引更多的外部行为体进入组织内部。另一方面，当组织的内部聚合遭遇阻力或是达到一定的阈值时，许多组织也会通过扩员的方式寻求新的动力与刺激，进一步推动组织的内部整合与发展壮大。这样的情形同样适用于欧盟，但相比于其他组织，欧盟的一体化程度更高，其扩员带来的影响也更加深刻与复杂。即便将探讨的范围限定在边界问题上，我们需要阐释的问题也远比想象的多。按照柯林斯词典的定义，边界是将政治、地理区域与其他区域分隔开来的界限。[①] 而在日常的政治实践中，这一界限兼具政治、经济乃至社会文化的多重意义。按照现代的国际法体系，一个国家有权在其边界之内独立自主地处理内部事务，履行政治、经济与社会管理功能，也可以对进入边界之内的外部人员、货物与资本施以检查，课以关税。但在欧盟内部，成员国管理各自边界的职能已经部分让渡于欧盟，且因为欧元区、申根区以及其他内部架构的存在，欧盟的政治、经济乃至社会管理的边界各不相同。因此在探讨

---

① "Collins English Dictionary", https://www.collinsdictionary.com/dictionary/english/boundary, last accessed on April 25th, 2020.

中东欧国家入盟的影响时，我们必须先区分欧盟在具体领域的不同边界，而后分析这些边界的扩大以及随之而来的一系列变化。在这一部分，我们将以申根区与欧元区为例，着重探讨中东欧国家入盟导致的欧盟不同边界的扩大，以及由此产生的各种影响。

一 申根区边界的扩大

对于欧盟而言，中东欧国家入盟带来的最为直接的影响是边界的扩大，而边界扩大带来的最大挑战是边境管理难度的增加。早在大规模东扩之前，欧共体/欧盟已经开始尝试一体化的边境管理模式。1985 年 6 月，德国、法国、比利时、荷兰与卢森堡五个国家在卢森堡小镇申根签署了相互开放边境的协定，《申根协定》由此得名。协定的主要内容包括：协定签字国相互开放边境，包括不再对协定国公民进行边境检查；外国人一旦获准进入任何一个协定国，即可在所有协定国领土上自由通行；在协定国间设立警察合作与司法互助制度，建立申根电脑信息系统，共享有关各类非法活动和人员的共用档案库。① 1990 年 6 月，西班牙、葡萄牙、意大利和希腊四国加入《申根协定》。同月，上述九国签署了旨在落实《申根协定》的多项公约，对各国领土开放后在警务、海关和司法等方面的合作做了具体规定。因为签字国准备不充分等多种因素，原定于 1992 年开始实施的申根计划一再被推迟。直到 1994 年 12 月，《申根协定》执委会在波恩召开会议，把 1995 年 3 月 26 日定为《申根协定》不可逆转的最后生效日期。1995 年，《申根协定》正式生效。最初的五个签字国与西班牙、葡萄牙率先开放边境，实行人员自由流动，形成了最早的申根区。同年，奥地利签署《申根协定》，协定国增至十个。1996 年底，丹麦、芬兰、瑞典、冰岛与挪威五国签署《申根协定》。在 1997 年的《阿姆斯特丹条约》中，欧盟提出逐步建立一个自由、安全与公正的区域的新目标，不仅将《马斯特里赫条约》中与人员自由流动相关的民事司法合作纳入第一支柱，也通过添加专门的附加议定书把当时已有十三个成员国签署加入的《申根协定》相关事务纳入欧盟事务。1998 年 4 月，《申根协定》开始在意大利和奥地利生效。2001 年 3 月，《申根协定》开始在北

---

① "The Schengen Agreement", https：//www.schengenvisainfo.com/schengen - agreement/, last accessed on April 5th, 2020.

欧五国生效。① 到第一批中东欧国家正式入盟时，已有十五个欧洲国家正式加入了申根区，其中十三个为欧盟成员国。

随着 2004 年欧盟的大规模东扩，申根区的东扩也很快提上日程。2006 年 12 月，欧盟在内务部长与司法部长会议上通过了申根区扩员的时间表，同意在未来一年多的时间里逐步取消新老成员国之间的内部边境控制。2007 年 12 月，波兰、捷克与匈牙利等八个首批加入欧盟的中东欧国家正式成为申根区的成员国。② 虽然申根区此前也经历过数次扩员，但吸纳数量如此众多的中东欧国家显然是一种前所未有的挑战。就外部边境管理来说，这种挑战体现在如下几个方面。

第一，人口与疆域的大幅扩展。截至目前，申根区已经包括了二十六个成员国与四个特殊非成员国，区域面积达到 431.2 万平方千米，域内人口超过 4.1 亿。人口的增长意味着人员流动更加频繁。据统计，每天大约有 170 万人固定往返于两个申根国家之间，而每年过境申根区的总人数超过 13 亿。③ 疆域的增加则代表着外部边界的不断扩大。在中东欧国家加入后，申根区东部的外部陆地边界线由 4095 千米扩展为 6220 千米。对比过去的外部边界线，新的边界线不仅漫长曲折，也拥有更加复杂的周边形势。管理这样一条边界线既要妥善应对沿线的领土争议和少数民族跨境等问题，也要正确处理若干性质特殊的领地，例如加里宁格勒这样被申根国家包围的他国飞地。这在无形之中增加了欧盟管控外部边界的难度。此外，欧盟的外部边界与申根区的外部边界并不完全吻合。作为欧盟的正式成员国，罗马尼亚、保加利亚与克罗地亚三个中东欧国家尚未加入申根区。欧盟虽未取消它们与申根区之间的边境检查，却给予它们的公民进出申根区的优惠政策。因此上述三国的边境管理也具有一定的特殊性。如何协调它们与申根国

---

① 关于申根区的发展历程，详见王坚《欧盟完全手册》，中央编译出版社，2010，第 115 ~ 117 页。

② 后续加入欧盟的罗马尼亚、保加利亚与克罗地亚尚未加入《申根协定》，但上述三国，特别是罗马尼亚和保加利亚一直积极寻求加入申根区。近年来，欧盟委员会主席容克曾多次公开表示，欧盟为了保护边境与解决难民问题，就必须对罗马尼亚和保加利亚开放申根区。2018 年 12 月，欧洲议会通过决议宣布，罗保两国已满足加入申根区的所有法律条件。尽管如此，部分欧盟成员国依然对罗保加入申根区抱有疑虑，而罗保两国想要真正加入仍需时日。

③ "Briefing European Parliamentary Research Service", http://www.europarl.europa.eu/RegData/etudes/ATAG/2016/579074/EPRS_ATA（2016）579074_EN.pdf, last accessed on February 23, 2019.

家在边境管理中的权责也是欧盟面对的重要挑战。

第二，外部边境国家的变化。申根制度的核心理念是弱化内部边界并打造共同的外部边界。根据地理位置的不同，申根国家天然地分为外部边境国家与内部中心国家，外部边境国家成为管控边境的主要责任国。在中东欧国家加入之前，德国与奥地利等国都曾是申根区的外部边境国家，它们的边境管理队伍与警卫力量为管控申根区边境发挥过重要作用。但在中东欧国家成为申根国后，申根区的外部边界出现了巨大的变化。德奥等国由外部边境国家转为内部中心国家，其虽然拥有管控申根边境的能力与经验，却不再承担外部边境管理的工作，主要任务变成在本国与其他申根国的边境进行常规的巡逻。中东欧国家则成为申根区外部边境，特别是东部与东南部边境的主要管理者。相比于德奥等国，中东欧国家的政治经济发展水平较低，边境基础设施建设相对落后，且处于政治经济转型的动荡期，非法移民与有组织犯罪问题十分突出。部分国家腐败严重，行贿受贿成为边境管理中的普遍现象，这在很大程度上削弱了中东欧国家管控边境的能力。新老成员国承担的边境管理任务并不均衡，新成员国的管理能力和经验与自身承担的责任不相匹配，这对于欧盟在边境管理工作中的资源整合与组织协调都提出了更高的要求。

第三，外部邻国的变化。在欧盟看来，中东欧国家加入后，与欧盟和申根区接壤的是一些发展更为滞后的国家。这些国家或是政治经济转型与民主化进程并不成功（例如乌克兰），或是处于战后的动荡与重建过程中（例如西巴尔干国家），或是与欧洲国家分属不同的文化圈（例如土耳其）。面对这些国家，欧盟不仅计划与之开展有效的边境管理合作，更希望它们能够保持稳定发展的态势，以避免大量的非法移民与难民涌入申根国家。波兰、捷克、斯洛文尼亚与匈牙利等中东欧国家也曾是申根区的外部邻国。在东欧剧变后的动荡与转型中，许多中东欧国家或其他地区的民众经由波兰等国进入西欧，给申根区的边境管理与社会治理带来了极大的压力。为解决这一问题，欧盟将中东欧国家的入盟与其国内改革进程紧密结合起来，以此推动中东欧国家的平稳转型与快速发展，从而减少非法移民的涌入量。在评估中东欧国家的转型状况时，欧盟也着重强调它们的司法与内务状况需要达到欧盟的标准，包括边境管理机制也应遵循申根规范。而为了能够提早加入欧盟，中东欧国家也在积极证明自身的边境管理能力。多数中东欧国家都采用了安全国的原则，负责接收由西欧国家遣返的非法移民，并将部分移民遣返至邻国。但是面对新的外部邻国，欧盟过去的策略很难奏效。除西巴尔干国家外，其他国家并没有"回归欧洲"的战略诉求，也缺乏加入欧盟的现实前景。因此欧盟无法以入盟承诺约束这些国家，并对其进行有效的奖惩。在已经完成大规模的东扩后，欧盟需要寻找一种新的合作模式，以增强外部邻国在边境管理上的合作意愿与能力，同时推动这些国家的稳定发展，保障欧盟和申根区的安全。

面对这些全新的挑战，欧盟开始探索新的边境管理模式。在中东欧国家入盟几成定局的情况下，欧盟逐渐加快了改革的步伐。在 2001 年的《尼斯条约》中，欧盟将有效多数表决机制引入边境管理和移民政策中。2003 年，欧盟首次提出了邻国政策的概念并于次年推出了正式的邻国政策战略文件。2004 年，欧盟成立了欧盟边防局，以专门应对日益繁重的边境管理工作。2006 年，欧盟理事会明确了整合式边境管理战略的具体内容与细节。以上述内容为基础，欧盟继续强化制度改革与理念创新，并实施了多项提升边境管理水平的重大措施。

第一，建立一体化的边境管理模式。对于欧盟来说，欧洲一体化的发展方向是在有效融合的基础上打破民族国家的界限，建立政治、经济、军事和外交的全方位共同体。[1] 因此实现外部边境管理一体化也是欧盟的重要发展目标。欧盟边防局是打造一体化边境管理的主要平台。根据欧盟理事会的相关条例，欧盟边防局的主要职责有四：一是在边境管理问题上使各成员国协调合作；二是协助成员国训练边境警卫队；三是风险评估；四是为成员国组织的共同遣返行动提供必要的支持。[2] 虽然欧盟边防局的定位仅仅是协调机构，但通过这一机构，欧盟得以正确评估各成员国的边境管理能力与不同地域空间的管理需求，由此合理分配各国的管理资源与职责范围。资源的整合与职责的分工帮助新老成员国迅速完成了边境管理的交接工作，也有助于外部边境国家与内部中心国家在边境管理中保持协调一致，推动各国在信息、技术和人力方面的共享合作。在充分顾及多元性的同时，欧盟也在积极追求边境管理的统一性。通过智能化边境管理系统的普及和对各国边管人员的大规模培训，欧盟边防局正在将欧盟式的管理理念推广到各成员国，并逐步建立统一的管理标准。欧盟边防局还依托欧盟的资源建立了完备的

---

[1]　鞠豪、苗婷婷：《罗马尼亚的欧洲化水平评估——基于规范性和认知性要素的分析》，《俄罗斯东欧中亚研究》2018 年第 4 期。

[2]　刘一：《难民危机背景下的欧盟外部边境管控问题》，《德国研究》2016 年第 3 期。

边防情报网络，可以及时追踪邻国的政治军事动态，并正确评估欧盟和申根区的安全风险，从而提前制定预案，做好应对措施，这大大提升了欧盟边境管理的水平。在边防局的相关实践外，欧盟也在积极试探边境管理权力的最终界限。进入21 世纪后，欧盟不仅多次修改了共同移民与避难政策的相关计划，也把更多边境管理与移民领域的决策权收归到欧盟层面。2011 年，欧盟授权欧盟边防局组建边境巡逻队，在申根区外部边境进行巡逻。此后，欧盟又成立了权限与职责范围更大的边境与海岸警卫局。新的边境与海岸警卫局被认为是 2.0 版欧盟边防局，它配备有长期的警卫部队，可以在紧急情况下不经成员国同意行使干涉权。这一机构的成立标志着欧盟在探索一体化边境管理模式的过程中迈出了坚实的一步。

第二，推出全新的邻国政策。2004 年，第一批中东欧国家入盟。同年，欧盟邻国政策战略文件正式出台。邻国政策一度被认为是欧盟扩员计划的一部分。但事实上，欧盟在吸纳一众中东欧国家后已经出现了明显的扩张疲劳，而欧盟的新邻国们则远未达到入盟的标准和条件。因此，欧盟邻国政策是欧盟在其外部邻国缺乏一体化前景的背景下寻求与它们合作的一种新模式。保障边境安全与加强边管合作正是欧盟邻国政策的重要内容之一。在邻国政策的框架内，欧盟与多个邻国签署了边境管理协定与打击非法移民和跨境犯罪活动的合作协议，不仅从法律层面明确了双方边境范围与通行原则等问题，也将各国独立的边境管理工作与欧盟一体化的管理模式有效对接。在合作方式上，欧盟不仅与外部邻国开展了有效的双边合作，也积极推动欧盟成员国与外部邻国、外部邻国与外部邻国之间进行多种形式的边防与边管合作。而为了打造坚固的外围防线，欧盟向外部邻国提供了大量的边防援助，包括资金、人员、物资等各方面的援助。仅 2014 ~ 2020年，欧盟在邻国政策上的投入就超过 150 亿欧元。① 大量的资金援助不仅提高了外部邻国的边境管理能力，也大大增强了各国边防合作与信息交流的意愿，从而减少了各类突发问题给欧盟带来的边防压力。针对外部邻国的政治动荡，欧盟多次与这些国家举行联合边境巡逻与边防演习。在各国出现突发事件时，欧盟也会

---

① "European Neighbourhood Policy (ENP)", https：//eeas. europa. eu/diplomatic – network/european – neighbourhood – policy – enp/330/european – neighbourhood – policy – enp_en, last accessed on May 22th, 2020.

直接派出援助人员，帮助各国加强边境管理，稳定边防局势。

仅就边境管理而言，欧盟与申根国家很好地应对了大规模东扩带来的挑战。一体化的管理模式被视为便利与高效的代名词。但随着难民问题的集中爆发，欧盟边境管理的各种弊端逐渐凸显。中东欧国家加入申根区产生的负面影响也开始显现。其中一个最为突出的问题依然是中东欧国家与西欧国家的差异性以及由此产生的分歧与争执。这一问题的出现大大削弱了欧盟治理难民问题的能力，同时也说明中东欧国家入盟带来的影响远未消散。

对于欧盟及其成员国来说，难民与移民政策是一个相对敏感的话题，它涉及民族国家的主权与欧盟内部的权力分配。围绕这一问题，欧盟与成员国之间进行过长期的博弈。在欧盟成立初期，各成员国倾向于采用政府间合作的方式处理难民问题，并坚持本国在相关问题上的绝对主权。与之相反，欧盟则在积极打造共同的难民与移民政策。1999 年生效的《阿姆斯特丹条约》是欧盟对成员国的一大胜利。根据这一条约，难民与移民问题的部分权限由成员国转移到欧盟层面，全体一致同意也不再是唯一的决策方式，有效多数机制的适用范围开始扩大。2009 年生效的《里斯本条约》进一步扩大了欧盟在相关领域内的权限。根据这一条约，欧盟和成员国共同享有在难民与移民问题上的决策权。但是，在接收难民数量与融入政策等关键问题上，成员国仍然享有绝对的主权。欧盟虽然能够制订相应的计划与方案，却无法强制成员国服从或执行。在与难民危机息息相关的边境管理权限上，欧盟同样面临这一尴尬的问题。依据欧盟边境管理局条例，欧盟边管局的职员，或者一个成员国的专家在另一个成员国领土内行使行政职权时，必须尊重所属成员国的法律。[1] 这一规定使得成员国保留了自我决断的权力，也使得它们能够在许多特殊情况下各自为政，拒绝参与或是配合欧盟边管局的联合行动。

在此次难民危机中，欧盟与中东欧国家的僵持突出反映了双方管理权限的不同，暴露出欧盟决策机制的弊端。在欧盟紧急通过按照配额强制分摊移民的方案后，中东欧国家随即表示强烈反对。它们认为，接收少量的难民虽然不会带来沉重的经济负担，但会对本国的政治价值、宗教文化与社会发展产生负面的影响。因此它们坚决抵制欧盟的难民分摊计划。立场最为激进的匈牙利不仅在本国和塞

---

① 刘一：《难民危机背景下的欧盟外部边境管控问题》，《德国研究》2016 年第 3 期。

尔维亚边境修建隔离墙，以阻止难民进入，更通过了史上最为严格的移民法案，重申自身在本国移民安置问题上的绝对主权。而因为有效多数决策机制的存在，欧盟难以在中东欧成员国普遍反对的情况下形成统一的政策，也无法就难民配额做出最终的决定。面对中东欧国家的抵制，欧盟通过欧洲法院裁定难民分摊政策合法，以驳斥这些国家的反对声音，也通过了对波兰和匈牙利启动《里斯本条约》中惩罚条款的建议。但前者对于中东欧国家缺乏实质性的约束力，而后者也因为烦琐而冗长的决策过程而无法被真正激活。在这种局面下，解决难民危机的整体性方案蜕变为成员国的各自为战与彼此之间的利益博弈，大大拖延了难民问题的处理进度。

与此同时，这一次的难民危机具有规模大、波及范围广与破坏力强的特点。在向欧洲迁徙的过程中，许多难民依赖蛇头和其他非法组织偷渡过境，致使武器贩运、毒品走私和跨国犯罪等非传统的安全隐患大增。同时，难民问题也与恐怖主义有着复杂的纠葛。多起恐怖主义袭击的制造者已被证实是进入欧洲的难民或是藏身难民营中的不法分子。从这一角度出发，解决难民问题具有重要的安全意义。但在难民大规模涌入的背景下，边检警察与边管人员本就承担着超负荷的工作，要求其有效处理其他非传统安全问题则显然是强人所难。面对难民迁徙过程中的突发事故与难民安置地存在的人道主义危机，他们也缺乏足够权限与快速机动的反应能力予以应对。针对这一问题，一个最为有效的办法是建立一支欧盟国家的联合军队，专门解决难民危机中的各类安全问题。为此，欧盟开始着手打造独立的军事力量。2016 年 7 月，德国在新发布的国防白皮书中明确提出适时重启"欧洲防务共同体"的构想。[①] 2017 年 12 月，欧盟通过了"永久结构性合作"联合防务机制。以该机制为基础，欧盟将开展 17 个防务合作项目，欧盟卫勤指挥、军事行动、海洋监视以及网络安全将成为第一批合作项目。2018 年 6 月，德、法等九个欧盟成员国签署了欧洲干涉计划的意向书，承诺建立一支紧急军事干预联合部队，以便通过更加快速敏捷的行动能力应对欧盟可能面对的危机。[②] 尽管欧盟在军事建设方面动作连连，但军事一体化仍然是欧洲一体化进程

---

① 《德国 10 年来首部国防白皮书 摆脱"军事克制"进行时》，新华网，http：//news. xinhuanet. com/mil/2016 – 08/12/c_129223930. htm，访问时间：2019 年 8 月 12 日。

② 《欧盟九国建危机干预部队，雄心勃勃但任重道远》，中国国防报 – 中国军网，http：//www. 81. cn/gfbmap/content/2018 – 07/02/content_209851. htm，访问时间：2018 年 10 月 20 日。

中最为缓慢的一项。欧盟缺乏一个真正的共同防务预算，现有的预算仅仅是各国防务预算的汇总，也因此导致开支的重复和武器投资、采买的混乱。在打造联合军队的问题上，欧盟并没有得到各成员国特别是中东欧国家的真正支持。无论是建立共同防务预算、集中采购武器装备，还是打造一支统一的军队，都触及国家主权的核心部分，这是中东欧成员国历来抵制的话题。在欧债危机、英国脱欧和难民涌入等一系列问题出现后，欧盟面临严重的合法性危机，其向心力也大大下降。中东欧成员国认为应先消化现有的一体化成果，解决当下欧盟存在的问题，而非追求更高领域和更深层次的一体化进程。而相比于西欧国家，中东欧国家距离俄罗斯更近，也与其有着复杂的历史纠葛。因此在俄罗斯兼并克里米亚和俄欧长期对峙的情况下，中东欧国家感知的军事压力与威胁要远高于其他国家。它们担心参与欧盟的军队建设会触怒美国和北约。在实现共同防务遥遥无期的情况下，美国和北约仍然是这些国家在军事安全领域的唯一保障。因此，虽然欧盟表示"共同防务不会削弱北约，而是双赢"①，但大部分中东欧国家显然更注重与北约和美国的军事合作，而对欧洲共同防务采取一种"搭便车"的姿态。从这一角度来说，军事一体化的有限进展也削弱了欧盟应对难民危机的能力，特别是应对危机中出现的非传统安全风险与各类突发事件的能力。

二 欧元区边界的扩大

与申根区一样，欧元区在欧盟内部发挥着重要的作用，也代表了欧盟在不同领域内的不同边界。经济一体化是欧盟最早开启一体化的领域，也是欧盟发展壮大的重要基础。早在欧共体时期，欧洲各国就已经开始以关税同盟、共同农业政策与共同外贸政策为支撑的经济一体化进程。关税同盟是欧洲经济一体化的起点。根据《罗马条约》，欧共体成员国应在10年之内逐步取消内部关税壁垒和贸易限额，废除各方面的歧视待遇，以实现商品的自由流通并统一对外关税率。② 1968年7月，欧共体关税同盟在《罗马条约》规定期限之前宣告成立。同年，欧共体开始实行统一的农产品价格。次年，欧共体完全取消了农产品内部关

① 鞠豪：《2016~2017年中东欧国家对外关系和安全环境》，赵刚主编《中东欧国家发展报告（2016~2017）》，社会科学文献出版社，2018，第42页。
② 王坚：《欧盟完全手册》，中央编译出版社，2010，第99页。

税并于 1971 年起对农产品实施货币补贴制度。在工业品和农产品实现自由流通后，欧共体从 1973 年开始正式实行共同外贸政策。至此，经济一体化的三大支柱基本确立，成为日后欧洲统一大市场启动的基础。

进入新的一体化阶段，推动经济一体化依然是欧盟的重要发展目标。《马斯特里赫特条约》中一项非常重要的内容就是"通过建立一个没有内部边界的区域，加强经济和社会发展的协调一致，建立起最终包括单一货币在内的经济和货币联盟，以促进成员国经济和社会的可持续发展"①。《马斯特里赫特条约》生效后，欧盟经济与货币联盟的建设进程大幅加快。1994 年 1 月，经济与货币联盟如期进入第二阶段，欧洲货币局成立。1995 年 12 月，欧盟正式将货币联盟内的单一货币命名为欧元。在 1997 年的阿姆斯特丹峰会上，欧盟宣布欧元将从 1999 年 1 月起正式成为欧元国的法定货币，并将于 2002 年 1 月进入流通领域，而欧元国的原有货币将在半年之后正式退出流通领域。1998 年 5 月，欧盟布鲁塞尔峰会宣布德国、比利时、奥地利、荷兰与法国等十一个国家为第一批欧元国。此后，十一个国家共同决定将欧元取代各国原有货币的时间提前到 2002 年 3 月。2002 年 3 月，各国原有货币停止流通，欧元正式成为上述十一国的唯一法定货币。欧元区也由此正式形成。② 欧元区成立后，先后有包括中东欧国家在内的多个欧盟成员国加入欧元区。截至目前，欧元区一共有十九个成员国。此外，还有九个国家和地区使用欧元作为当地的单一货币。

虽然 1993 年生效的《马斯特里赫特条约》规定了欧盟各成员国以及后续加入的中东欧国家均有加入欧元区的权利与义务③，但事实上，欧盟从未真正要求中东欧国家履行这一义务，部分中东欧国家也并未要求行使这一权利。因此中东欧国家加入欧盟与加入欧元区是两个相互联系却又相对独立的进程。

与加入申根区相比，中东欧国家加入欧元区的进程有两点显著的不同。首先，对于加入申根区，几乎所有的中东欧国家都抱有很高的热情。即便是申请数次遭拒的罗马尼亚和保加利亚，也仍在积极寻求加入的新时机；而对于加入欧元区，许多中东欧国家则持犹疑和观望的态度，特别是中东欧国家中经济实力较强

---

① 王坚：《欧盟完全手册》，中央编译出版社，2010，第 95 页。
② 关于欧盟的经济一体化进程与欧元区的发展历程，参见王坚《欧盟完全手册》，中央编译出版社，2010，第 95 ~ 107 页。
③ 按照这一条约，只有英国与丹麦两个国家可以不加入欧元区。

的波兰与捷克等国，在这一问题上的立场相对消极。在这些国家看来，货币问题与民族认同密切相关，是涉及国家主权的重大问题。在深度一体化的前景尚不明朗的局面下，它们不愿将更多的主权特别是国家的经济管理权限移交给欧盟。此外，这些国家的经济发展水平相对较高，也拥有高效的金融机构，能够应对2008年全球金融危机的冲击，而在几乎同一时间，欧元区爆发了严重的欧债危机，欧洲央行被迫推出紧急救助机制，向希腊等国持续输血，这样的做法引发了成员国之间的激烈争执。波、捷等国更是不愿因加入欧元区而破坏本国持续稳定的金融政策，也担忧加入欧元区会给本国的经济发展带来负面影响。

其次，相比于加入申根区，中东欧国家加入欧元区需要满足更多的要求，其过程也更加曲折。按照《马斯特里赫特条约》的趋同标准，中东欧国家如要加入欧元区，必须满足以下五个基本条件：其一，必须达到物价稳定标准，即候选国在加入前一年通货膨胀率应维持在欧盟通胀率最低的三个国家平均指数1.5%的波动范围内；其二，必须达到利率稳定标准，即公债的名义长期利率（10年期）平均值应维持在欧盟通胀率最低的三个国家长期利率平均值2%的浮动范围内；其三，必须达到汇率稳定标准，即成员国必须先参加欧洲汇率机制两年以上，并在两年内成员国货币兑欧元的中心汇率不得贬值，且市场汇率维持在中心汇率15%的范围内；其四，政府财政赤字不能超过GDP的3%；其五，公共债务不能超过GDP的60%。[①] 相比加入申根区的要求，这些要求显然对国家发展的影响更为深远，也更难以达成。因此中东欧国家加入的步伐十分缓慢。在首批中东欧国家入盟三年后，这些国家都已经成了申根国家，但只有斯洛文尼亚一个国家加入了欧元区。此后，斯洛伐克、爱沙尼亚、拉脱维亚与立陶宛分别于2009年、2011年、2014年与2015年加入了欧元区。波兰、捷克、匈牙利、罗马尼亚、保加利亚与克罗地亚六个欧盟成员国至今依然游离在欧元区之外。

因为中东欧国家是在不同时间单独加入欧元区的，并且在加入之前已经满足了严格的趋同标准，所以它们的加入对欧元区的冲击力度相对较小。欧盟也无须大规模地改造欧元区的组织模式与内部体系。然而，这并不意味着中东欧国家的加入对欧元区没有产生影响。

首先，自2007年以来，欧元区仅仅接纳了六个新成员国，其中五个都是中

---

① 刘军梅：《中东欧国家入围EA：进程与困境》，《俄罗斯研究》2008年第1期。

东欧国家，因此中东欧国家的加入代表了近 10 余年间欧元区最为重要的发展成就。上述五个国家拥有 24.4 万平方千米的领土与 1360 多万的人口。它们的加入增强了欧元区的实力，使欧元区成为覆盖 275 万平方千米的土地与 3.4 亿人口、生产总值超过 13 万亿美元的经济联盟。① 在这五国之外，黑山也将欧元作为本国唯一的合法货币。这些国家积极向欧元区靠拢的做法不仅提升了欧元的流通性与国际认可度，也使得欧元区的影响力由西欧扩展到东欧，并深入巴尔干腹地与波罗的海沿岸。更为重要的是，中东欧国家的加入有力地推动了欧元区乃至整个欧盟内部的经济一体化程度。在加入欧元区后，这些国家原有的经济主权，特别是使用汇率工具与其他经济政策工具的权力逐步转移给欧盟，其金融市场规则与股票交易体系也更好地融入一体化的进程。随着欧盟内部的经济与货币政策趋于统一，欧盟可以在一个更大的范围内准确评估货币供给与利率水平并管控各国债务。这不仅有助于保障欧元的稳定，降低欧元区内的汇率风险，也使得欧盟能够更好地解决全欧的金融安全问题。在中东欧五国加入欧元区后，超过半数的欧盟成员国成为欧元区的成员国，欧元区在欧盟内部的地位由此进一步上升。在欧盟发展遭遇困境的今天，欧元区也获得了更多的关注与资源倾斜。而在"多速欧洲"等多种破解欧盟现有困境的方案中，欧元区的改革与发展都是重中之重。

其次，中东欧国家的经济发展水平与西欧国家尚有一定差距。以 2014 年的数据为例。斯洛文尼亚在上述五国中的人均国民生产总值最高（2.4 万美元）。但这一数据不仅落后于德、法等西欧大国（分别为 4.8 万美元、4.3 万美元），也低于欧元区的平均水平（3.9 万美元）。② 高阶的经济数据也有力地证明了这一点。无论是在通胀率离散系数、国际竞争力指数还是在外部失衡状况上，中东

---

① "Eurostat"，https：//ec. europa. eu/eurostat/tgm/table. do? tab = table&language = en&pcode = tps00001&tableSelection = 1&footnotes = yes&labeling = labels&plugin = 1；"European Central Bank"，https：//www. ecb. europa. eu/stats/policy _ and _ exchange _ rates/key _ ecb _ interest _ rates/html/index. en. html.

② "Eurostat"，https：//ec. europa. eu/eurostat/tgm/table. do? tab = table&language = en&pcode = tps00001&tableSelection = 1&footnotes = yes&labeling = labels&plugin = 1；"European Central Bank"，https：//www. ecb. europa. eu/stats/policy _ and _ exchange _ rates/key _ ecb _ interest _ rates/html/index. en. html.

欧国家的得分都低于西欧国家。① 事实上，中东欧国家与西欧国家的差异不仅体现在显性的经济数据上，更存在于双方的资源禀赋、产业结构与发展模式中。在短期之内，欧元区内长期以来形成的债权关系及"生产消费"体系难以被欧元区一体化举措真正改造，落后国家的发展模式也不可能向先进国家完全趋同。② 虽然欧元区内部实现了商品、服务、资本与人员的自由流动，但语言、社会文化与职业技能认证等隐性障碍依然存在，导致四大要素难以向最优的方向流动。经济薄弱地区无法获得充足的资本，过剩的劳动力也未能向需要的地区迁移。多数中东欧国家面临着高通胀率、高失业率和高劳动成本增长率的问题，在将经济主权部分移交给欧盟后，它们进行经济调控的空间很小，一旦出现问题，这些国家的良好发展势头将被遏制，而欧元区的经济一体化进程也会受到波及。因此当中东欧国家加入后，欧元区面临的一项重要挑战就是帮助这些国家更好地融入现有的经济一体化进程，避免中东欧国家沦为欧元区内部的边缘国家。在过去的一段时间内，欧盟与欧元区更多地关注希腊等出现债务危机的南欧国家。相比于南欧国家，中东欧国家的经济势头更好，财政状况也更为稳定，但这并不意味着中东欧国家加入欧元区的隐患已经消除。中东欧国家与西欧国家对欧元区改革的不同看法也充分说明了双方的差异与分歧依然存在。因此在未来的一体化进程中，欧盟与欧元区需要继续消除东西欧之间的巨大差异以及中东欧国家加入欧元区的负面影响。

最后，波兰、捷克与匈牙利等国对加入欧元区表现出明显的犹疑或拒斥，不仅政府迟迟不愿为达到趋同标准而改变本国的经济系统，而且多数的民众也对使用欧元持负面看法。③ 面对这样的情形，欧盟开始积极思考中东欧国家拒不加入的原因，并重新审视欧元区内的经济一体化进程。欧盟需要反思的第一个问题是欧元区的趋同标准。这一标准的设立是为了保证成员国在经济领域的同质性，减少新成员国加入给欧元区带来的冲击。在接纳新成员国的过程中，欧盟也严格遵循了这一标准。2006 年，立陶宛就因通胀率超标而成为第一个被否决加入欧元区的国家。但实际上，欧元区的趋同标准存在外紧内松的问题。所谓的严格标准

---

① 原磊、邹宗森：《价格趋异、竞争力分化与外部失衡——欧元区一体化的机制障碍与现实困境》，《中国社会科学院研究生院学报》2018 年第 2 期。

② 董一凡、王朔：《后危机时代的欧元区改革前景》，《现代国际关系》2017 年第 10 期。

③ 姜琍：《中东欧国家加入欧元区前景分析》，《欧亚经济》2018 年第 4 期。

只是适用于申请加入的国家。而在欧元区内部，以希腊为代表的南欧国家均存在多项不达标的情况，它们国内的经济问题也远比中东欧国家严重。但因为欧元区内部缺乏有效的约束与惩罚机制，它们很少受到追责。这种对成员国和申请国厚此薄彼的做法引起了中东欧国家的不满。显然，让经济水平相对落后的申请国承担欧元区正常运转的成本是不合理的。① 如果欧元区真正想要成为覆盖欧盟所有成员国的深度一体化联盟，那么对原有的趋同标准进行针对性的调整就势在必行。另一个需要反思的问题是欧元区内部的经济结构。在自身的发展历程中，欧元区形成了独特的债权关系与生产消费体系。德国与法国等大国的国内生产总值区内占比以及调和通胀率权重决定着欧元区的加总水平②，它们对于欧元区的决策也起着主导作用，而中小国家面临着更多通货膨胀、失业率高与劳动力成本高的问题，却因为实际的经济影响力较小而被迫接受一个不利的分配格局。在推进经济一体化的过程中，欧元区自然分化出核心国家与边缘国家。这样的状况也是使部分中东欧国家畏而不前的重要原因。无论是在过去还是在未来的发展进程中，欧盟都将欧元区改革视为欧洲一体化的核心议题或先行领域。但部分中东欧国家的疑虑与担忧说明欧元区尚未向其他国家展示足够的吸引力，其内部发展也存在一定的问题。从这一角度出发，中东欧国家发出的异样声音正好为欧盟提供了重要的参考意见，也促使欧盟以一种更加审慎的态度推进欧元区改革。

第三节　"回归欧洲"与欧洲观念的变化

中东欧国家的入盟不仅重塑了欧盟的物理边界，更在一定程度上改变了想象中的欧洲边界。换言之，中东欧国家的入盟影响了人们对于欧洲的理解、诠释与认同。事实上，早在中东欧国家提出"回归欧洲"之时，类似的影响已经开始显现。中东欧国家认为，它们从历史上就是欧洲的一部分，只是因为难以摆脱大国的奴役或控制，而走上了与其他欧洲国家不同的发展道路。东欧剧变之后，它们重新获得了独立发展的机会，并自主选择融入欧洲一体化进程。仅从历史与文

---

① 刘军梅：《中东欧国家入围 EA：进程与困境》，《俄罗斯研究》2008 年第 1 期。
② 原磊、邹宗森：《价格趋异、竞争力分化与外部失衡——欧元区一体化的机制障碍与现实困境》，《中国社会科学院研究生院学报》2018 年第 2 期。

化的意义而言，加入欧盟不是一次全新的尝试，而带有浓厚的回归色彩。但对于欧盟与西欧国家来说，由欧洲一体化实践发展而来的欧洲观念不同于以往任何一个时期的欧洲观念，融入欧洲一体化进程更需要达成明确的政治经济标准，仅凭历史与文化的依据无法让中东欧国家获得自动加入的资格。更为重要的是，中东欧各国的情况不大相同。哪些国家应被视为欧洲的一部分，哪些国家又能够成为欧盟的一分子是一个充满争议的话题。要想回应这些话题，一个首要的任务就是回答如下几个问题：第一，什么是欧洲？第二，什么是欧洲一体化背景下的欧洲，而这一背景下的欧洲观念与过去几个时代的欧洲观念有何不同？第三，中东欧国家的入盟会对过去半个世纪以来塑造的欧洲观念产生何种影响？对于这三个问题，学界至今尚无统一的答案。但这并不妨碍我们以此为切入点，对中东欧国家入盟与欧洲观念的变化进行有益的探讨。

一　不同时代的欧洲观念

从地理位置上看，欧洲位于东半球的西北部与亚欧大陆的西端，北临北冰洋，西隔大西洋、格陵兰海、丹麦海峡与美洲相望，东以乌拉尔山、乌拉尔，东南以里海、高加索山和黑海与亚洲为界，南隔地中海与非洲相望。著名的政治地理学家麦金德认定，亚欧大陆的中部与北部，包括俄罗斯、中亚与高加索地区、中国北部与伊朗腹地的广大地区是整个世界的中心地带。这个中心地带的东面、南面与西面是呈巨大新月形的边缘地带，欧洲则位于边缘地带的西部，是南面不可逾越的撒哈拉沙漠、西边无边莫测的大西洋与北面冰雪与森林覆盖的荒原之间的有限陆地。[①] 地理位置为我们理解欧洲与欧洲观念提供了必要基础。但显然，我们所谈论的欧洲更多的是一个政治或者历史概念，其覆盖范围与地理上的欧洲相去甚远。以地理位置而言，俄罗斯地跨欧亚两洲，其人口与经济都集中于国土的欧洲部分，因此被认定为欧洲国家；但从历史文化与政治发展的角度看，俄罗斯与传统的欧洲国家有着明显的差异，也一直游离于欧洲一体化的进程之外。因此在对欧洲或欧洲观念进行阐释时，多数人会将俄罗斯视为一个"他者"。当然，因为宗教、历史、文化与经济等多种因素，不同时代的欧洲拥有不同的欧洲观念，也由此诞生了不同的欧洲边界与"他者"。在今日的欧洲，巴尔干半岛是

---

① 〔英〕哈尔富德·麦金德：《历史的地理枢纽》，周定瑛译，陕西人民出版社，2013，第7～9页。

其无可争议的一部分。欧盟一直在通过西巴尔干进程推动这一地区融入欧洲。但在中世纪，深受基督教影响的西欧诸国显然不会将奥斯曼治下的巴尔干视为"自我"的一部分。有鉴于此，在对欧洲一体化时代的欧洲观念进行探讨前，我们将首先回顾不同时代的欧洲观念，并对其内涵与外延进行简要的分析。

欧洲，是欧罗巴洲的简称。欧罗巴一词最早来自古埃及语，后传入腓尼基语，其原义为日落的地方。① 后来，古希腊人开始使用拼音文字，并接受了腓尼基语中的诸多词汇，其中也包括欧罗巴一词。在古希腊人的认知中，欧罗巴的概念最早是以神话故事的形式呈现的。传说欧罗巴是地中海东岸腓尼基古国的公主。主神宙斯贪恋欧罗巴的美貌，化身为一头白牛将其带到了希腊的克里特岛。在那里，欧罗巴为宙斯生下了三个儿子，并永远留在了该地，克里特岛所在的那块大陆也因此被命名为欧罗巴。这虽然是神话故事，但在故事中欧罗巴已经具有了指代某一地理区域的内涵。最初，希腊人通常用欧罗巴或欧洲一词指代地中海以北的地理区域。在公元前 9 世纪与公元前 8 世纪之交的《阿波罗颂歌》中，作者写道，阿波罗要在德尔斐建立一座神庙，让"那些居住在富饶的伯罗奔尼撒、欧洲和所有海上岛屿的居民"都可以来此寻求神谕。这里的欧洲即是指伯罗奔尼撒半岛和爱琴海诸岛以外的、希腊世界北部的大陆部分。② 随着古希腊文明的发展与海陆交通的扩展，欧洲的覆盖范围也随之扩大，希腊人开始将西方的广大区域称为欧洲。在地理概念的基础上，欧洲初步具有了文化与政治的意义。但在古希腊时代，欧洲的观念与古希腊人的自我意识交织在一起。多数古希腊学者将欧洲视为古希腊政治文化张力所及之地，或将欧洲与希腊的概念完全混用。③ 进入古罗马时代，欧洲的观念同样隐而不显。作为一个世界性的古代帝国，古罗马的核心要素是法治与公民精神，其政治文化也带有强烈的普世主义色彩。在罗马之外，无论是欧罗巴还是亚细亚的概念都不具有文化的特殊性，因此无法为帝国之内的民众提供一种普遍的身份认同。

直到进入中世纪，真正具有集体观念意义的欧洲观念才开始形成。基督教的精神与文化成为欧洲观念的核心内涵。基督教最早发源于古罗马帝国治下的巴勒

---

① 舒小昀、闵凡祥：《"欧洲何以为欧洲？"——陈乐民先生欧洲研究的思想与方法》，《中国图书评论》2009 年第 10 期。
② 张旭鹏：《"欧洲观念"的内涵及其历史演变》，四川大学 2004 年博士学位论文。
③ 张旭鹏：《"欧洲观念"的内涵及其历史演变》，四川大学 2004 年博士学位论文。

斯坦地区。此后在欧洲各地迅速传播并最终成为古罗马帝国的国教。平等理念与原罪说是基督教得以迅速发展的原因之一。按照基督教的教义，所有的人都是上帝的孩子，只要是人，不论贫贱富贵，即不论出身、财富、社会地位有何差异，都是兄弟，没有文明人与野蛮人、自由人与奴隶、富人和穷人之分。[①] 因此在罗马帝国的中晚期，基督教受到了社会中下层民众的普遍欢迎。而根据原罪说，所有人生来即带有原罪，只有相信承担世人罪孽的耶稣基督，弃恶行善，才能从原有的罪责中被拯救出来。相比于古希腊与古罗马的世俗文化，原罪说提供了一种前所未有的道德力量。它使得人们在物质世界之外更加注重精神的追求，特别是内心道德的修炼。如果说在帝国的繁荣时期，这种道德的力量尚未彰显，那么在黑暗与动荡的帝国晚期乃至中世纪，基督教的教义则为普通民众提供了一种心灵的慰藉，以及忍受苦难与抵御异族入侵的精神支撑。而在精神与文化层面之外，基督教更是维系整个社会的核心力量。在原有的帝国体系崩溃后，具有行政机构、议事制度、财政经费与专职人员的基督教会成为政治与社会事务的管理者。尽管欧洲各国的疆域与政权不断变动，但基督教会建立的管理体系一直存在。其修建教堂、修道院与学校，兴办各种实业，组织行会，甚至向信徒征税，从而成为精神和世俗兼而有之的权力机构。[②] 在这样的双重影响下，基督教迅速扩张，其影响范围逐渐与地理上的欧洲重合。由此，一个以基督教为核心的集体观念，即基督教欧洲开始浮现。对于欧陆各国而言，加入基督教世界意味着融入一种统一的秩序之中。而对于普通民众来说，皈依基督教提供了一种重要的身份认同以及与他人的情感联结。在天主教与东正教分裂与伊斯兰世界入侵的过程中，这一集体观念得以不断强化，并最终具化为一条与外部世界的明确边界：它由北开始，沿着现在芬兰与俄罗斯的边界以及波罗的海各国（爱沙尼亚、拉脱维亚、立陶宛）与俄罗斯的边界，穿过西白俄罗斯，再穿过乌克兰，把东仪天主教的西部与东正教的东部分离开来，接着穿过罗马尼亚的特兰西瓦尼亚把它的天主教匈牙利人同该国的其他部分分离开来，再沿着把斯洛文尼亚和克罗地亚同其他共和国分离开来的边界穿过前南斯拉夫。当然，在巴尔干地区，这条界线与奥匈帝

---

① 姚勤华：《中世纪欧洲观念的基督教渊源》，《社会科学》2016 年第 1 期。

② 姚勤华：《中世纪欧洲观念的基督教渊源》，《社会科学》2016 年第 1 期。

国和奥斯曼帝国的历史分界线重合。[①]

中世纪以降，民族国家开始在欧洲大陆上兴起。在文艺复兴与宗教改革的过程中，基督教会对于世俗生活与精神世界的影响力大为下降。一个基督教的欧洲逐渐让位于一个主权国家集合体的欧洲。由此欧洲观念的内涵也愈发世俗化，各国共同的历史经验、发展轨迹、文化特征乃至社会生活方式成为近代欧洲观念的核心要素。对于欧洲各国来说，这一时期不仅是自身快速发展与开启现代化的时期，也是发现新大陆、探索并征服新世界的时期。与其他文明的碰撞交流促使欧洲反思自我，重新探寻自我意识的本源。欧洲文明，或者说一种文明观念的欧洲成为人们关注的焦点。真正具有学理意义的文明概念是由 18 世纪的欧洲思想家们提出的。相对于"野蛮状态"，文明代表了一种截然不同的生活方式、价值观念和思维模式。西方对文明的一般定义是：（1）文明是艺术和科学发展高级阶段的人类社会的条件，是相关的社会、政治和文化综合体；（2）文明是指那些已经达到这种高级发展阶段的民族和人民；（3）由特定群体、民族或宗教发展起来的文化和社会类型；（4）文明或达到文明状态的行动或过程。[②] 从这一定义出发，我们可以看出欧洲文明具有几个鲜明的特征。从历史经验上看，欧洲各国共同继承了过去几个时代的文明遗产。它们既崇尚古希腊的哲学与知识传统，也吸收了古罗马帝国的法治精神。在宗教上，这些国家保留了中世纪的基督教与之后的新教的核心价值。在语言上，这些国家多数属于拉丁语系或者深受其影响。从发展轨迹上看，这些国家大都经历了由地方自治或分裂，到建立统一的民族国家再到打造现代政治体制的历史进程。从价值理念上看，由文艺复兴和启蒙运动中发展而来的个人主义与自由主义成为普通大众的处世准则甚至生活方式，经验主义、理性主义与唯物主义则是他们对待自然与科学世界的基本态度。上述三个特征显然没有穷尽欧洲文明的全部特征，也不会普遍存在于所有的欧洲国家，但是，所有这些特征的结合却是欧洲文明所独有的。[③] 在基督教衰落后，是它们的有机结合构成了欧洲文明的坚实基础，也赋予了欧洲文明新的独特性。因为诞生于一个欧洲迅速扩张的时代，欧洲文明的概念里不仅有明显的历史进步观，还潜

---

① 〔美〕塞缪尔·亨廷顿：《文明的冲突与世界秩序的重建》，周琪等译，新华出版社，2002，第 171 页。

② 朱晓中：《"回归欧洲"：历史与现实》，《东欧中亚研究》2001 年第 1 期。

③ 朱晓中：《"回归欧洲"：历史与现实》，《东欧中亚研究》2001 年第 1 期

藏着欧洲文明优于其他文明的"欧洲中心论"和将欧洲文明视为人类文明发展启示的"普世主义"表达。从欧洲的视角来看，这样的文明观念被欧洲各国普遍接受，成为一种共通的集体意识与经验表达。

在欧洲国家开始现代化的过程中，与之相关的人文社会科学也在快速发展，对"欧洲观念"的理论性研究随之增多。以对欧洲观念的历史性叙述为基础，许多学者开始从对欧洲观念进行理论性的剖析，到更加关注普通民众的身份认同与集体心态。如果将欧洲观念视为一种集体认同，那么在过去几个时代，一种能被普通民众感知或者认同的欧洲观念并未出现。即便是在近代欧洲文明的观念中，政治学家们强调的依然是欧洲各国在政治、法律、道德、文化和社会结构诸方面的相似性及其作为文化家园的意义，而很少谈及普通民众对于欧洲文明观念的感知、理解乃至认同。因此从一种身份认同和集体意识的角度出发，伯克认定，欧洲作为一种观念在 1700 年以前并不明显，只是到 18 世纪以后才被一些知识分子强烈地感觉到并且清楚地表达出来。并且，只有从 18 世纪开始，普通人至少是城市中的普通人才开始具有欧洲意识。事实上，伯克等人的论断为我们研究欧洲观念提供了一种全新的视角。在讨论欧洲观念的内涵与外延等抽象问题之外，我们也应该关注欧洲观念在现实社会中被认可与接收的程度。普通民众对这一观念是否有着统一的理解，他们的理解建立在何种知识信息水平之上？他们认同这一观念的动力又是什么？这样的研究路径与现代政治科学的研究范式十分契合。随着政治学理论和研究方法的不断发展，从集体认同视角出发探讨欧洲观念的研究也越来越多，为我们研究欧洲观念的形成与变迁提供了十分宝贵的资料。

在进入一体化时代的欧洲观念之前，我们有必要对过去几个时代的欧洲观念进行简要的梳理。古希腊与古罗马时代是欧洲观念初步形成的阶段。形成这一观念的第一个要素来自神话与传说，第二个要素来自地理探索与帝国的扩张。从这一角度出发，此时的欧洲观念既代表了一种地理概念，也初步具有了文化与政治的意义。但这种欧洲观念仍然是与古希腊人的自我意识与古罗马的帝国意识杂糅的，并不具备独特的内涵。而所谓的欧洲边界也并不统一和明确。进入中世纪，基督教对世俗社会与精神世界的双重统治将基督教文化与欧洲观念牢固地绑在一起。以基督教为核心的集体观念逐渐成为欧洲观念的内核。天主教与东正教以及其他宗教的分界线成为区分自我与他者的明确界限。不同宗教或教派之间的厮杀与战争更强化了这种边界意识。中世纪以降，对于欧洲观念的认识愈发多元。基督教权的衰落与民族国家的崛起使得越来越多的人将欧洲视为民族国家的联合体。伴随着各国的殖民与扩张，欧洲日益成为世界舞台的中心。一种文明观念的欧洲也成为人们关注的焦点。通过对欧洲主要大国发展历程的总结，文明或者说欧洲文明的主要特征被充分提炼。这些特征既为文明意义的欧洲观念提供了的基础性要素，也成为评判欧洲边界或欧洲观念外延的重要依据。在民族国家联合体与文明意义的欧洲观念之外，许多学者也开始从政治科学的角度分析欧洲观念，他们较少关注对观念内涵的探讨，而更多关注对这一观念的事实性认同以及认同的水平、要素与动力等问题。而最终的欧洲边界也应该以认同的程度与性质为基准。当然，上述对欧洲观念的不同理解都出现在欧洲一体化进程之前。在一体化开启后，一种全新的、真正具有现代政治意义的欧洲观念正式诞生。在接下来的一部分，我们将注重分析一体化时代的欧洲观念以及中东欧国家入盟对这一观念产生的影响。

二　欧洲一体化进程中的欧洲观念

直到 19 世纪末 20 世纪初，即便在西班牙这样的西欧国家，是否应该"欧洲化"依然是一个值得争论的话题。一部分西班牙人坚持认为要想实现本国的真正发展，就必须寻回旧梦，发扬西班牙人的传统，他们甚至认为整个欧洲的现代化都是错误的方向，而西班牙的光荣历史与传统精神才是全欧洲的榜样。然而，欧洲一体化进程不仅创造了一个全新的欧洲观念，也使得接受统一的欧洲观念成为潮流。到 20 世纪末，对于志在加入欧盟、融入欧洲一体化进程的中东欧国家来说，需要讨论的已不是是否应该"欧洲化"，而是如何更快地实现"欧洲化"。在欧盟推迟其正式入盟的时间后，罗马尼亚与保加利亚就曾表达了强烈的不满。它们认定欧盟的这一做法不是因为它们的政治经济改革未能达到欧盟要求的标准，而是因为欧盟与西欧国家觉得它们是巴尔干国家，而非真正的欧洲国家。同样，克罗地亚也因为欧盟将其列入西巴尔干地区进程而不满。显然，在欧洲一体化的背景下，一个大欧洲的观念已经成为一种政治正确，以至于巴尔干或巴尔干化成为一种落后与异化的代名词。这一现象的出现得益于欧洲一体化过去数十年的成功实践，也与欧洲一体化进程中诞生的欧洲观念有着密不可分的联系。可以说，欧洲一体化进程中的欧洲观念是真正具有现代政治意义的欧洲观念。相比于过去几个时期的欧洲观念，它具有更加鲜明的特色。

第一，它与欧洲一体化的实践紧密相连。在欧洲一体化进程开启之前，一种将整个欧洲联合起来的政治需求尚未真正出现，实现联合的现实条件也并不成熟。因此各种欧洲观念都更多地停留在想象的层面，无法通过有效的政治实践直达社会大众的生活乃至内心。古希腊与古罗马时代，欧洲观念尚处于相对模糊的阶段；中世纪的欧洲是基督教的欧洲，欧洲观念的扩展与基督教的传播过程相一致。虽然基督教在一定程度上扮演了世俗政权的角色，但其本质上仍然是一种精神共同体，其传教与扩张的过程也并非一种有效的政治互动。因此除数次间隔较长的"十字军东征"外，基督教欧洲的观念并没有与之匹配的政治实践。中世纪以降，民族国家成为欧洲主流的政治组织形式。民族国家的联合也成为欧洲联合的唯一方案。但政治家与学者们提出的方案或是流于空想，或是浅尝辄止，无法与社会大众建立真正的政治沟通与互动。直到二战之后，以民族国家为基础并超越民族国家界限的一体化诉求才真正出现。从最初的煤钢共同体到欧洲经济共同体，再到政治经济全方位一体化的欧盟联盟，从最初的六个成员国到现在的二十七个成员国与若干候选国，欧洲一体化进程取得了巨大的成功，更使得对欧洲观念的探讨真正具有了实践的意义。现在我们所探讨的欧洲既是观念与理论层面的欧洲，也是政治实践与经济发展进程中的欧洲，更是与普通民众切身利益与福祉息息相关的欧洲。欧洲一体化的现状以及政治个体在一体化进程中的境遇会决定其对这一观念的诠释与认同。而对观念的不同诠释与认同也会反过来影响个体参与一体化进程的态度与行动，甚至影响欧洲一体化进程的未来走向与前景。观念与实践紧密关联并相互影响，这是之前几个时期的欧洲观念所不具备的重要特征。

第二，它暗含一种渐进的功能主义发展模式。不同的欧洲观念有着对欧洲联合或者统一方式的不同理解。在民族国家兴起之后，联邦主义与邦联主义就成为欧洲联合最为主流的两种路线。但在欧洲一体化的进程中，欧盟与欧洲各国则采取了一条渐进的功能主义路线，即通过实现各国某些关键的职能部门如钢铁业、交通运输业与能源产业的联合来刺激其他职能部门进一步合作的要求，从而将联合扩展到其他部门乃至整个经济部门，实现经济一体化。前文已述，欧洲一体化的进程首先是由煤钢联营开始的。一方面，煤炭与钢铁都是重要的战争资源，将其置于联合经营的框架下，有利于减少战争的风险，维持欧洲地区的和平。另一方面，煤炭与钢铁产业也是当时欧洲经济发展的重要支柱，实现煤钢联营，有助于通过经济合作解决各国边境管理与边界纠纷的问题，进而推动整个欧洲的联合。因此从煤钢联营到经济共同体，欧洲国家迅速实现了经济领域的一体化。在经济一体化的过程中，功能主义的模式也自然地发展为新功能主义的模式。新功能主义认为，市场化带来的相互依赖，推动功能领域的合作不断"外溢"，从而带来了一体化向前发展的"非本意"结果。由此出发，欧洲一体化可以成为一个从功能领域发展起来、又通过外溢不断自我持续并最终在政治上能够实现更紧密联盟的进程。在欧洲一体化快速发展的时期，新功能主义很好地描述了欧洲一体化的发展路径，也为欧洲一体化的前进动力提供了有效的解释。虽然新功能主义重视非国家行为体的作用，但其精神内核依然是渐进主义与实用主义的。功能主义或新功能主义成功的一个重要原因是它们在保留民族国家权力和向超国家实体转移权力的过程中保持了良好的平衡。虽然欧盟本身是超国家的政治实体，但它代表和体现了每个成员国的利益，其治理模式也是超国家管制与政府间合作混合的多层次治理模式。米尔沃德等学者甚至认为欧洲一体化是增加而非削弱了成员国政府的权力，这一过程在一定程度上拯救了民族国家。随着欧洲一体化进程的不断发展，功能主义与新功能主义的一体化理论也不断遭遇挑战。因为经济一体化的外溢效应并未充分反映到政治领域，自由政府间主义和后功能主义都对新功能主义提出了猛烈的批评。但无论如何，功能主义与新功能主义的理念已经深深融入了现有的欧洲观念。在标志欧盟诞生的《马斯特里赫特条约》里，欧盟明确提出了三大支柱的结构概念，每一支柱分别代表了欧盟的不同功能，或者说成员国在不同领域的合作。通过三大支柱建设，欧盟力求深化已有领域的合作，进而推动一体化在其他领域的拓展，并最终打造真正的超国家联盟。显然，这样的合作理念或者说联合方式代表了一种全新的欧洲观念，也与欧洲政治文明的精神相契合。

第三，它是具有现代政治意义的欧洲观念。无论是欧盟的制度设计与权力结构，还是欧盟的扩员与发展历程，抑或是欧洲一体化的具体运行规则，都充分表明了欧洲一体化进程中的欧洲观念是真正具有现代政治意义的欧洲观念。分权制衡的制度机制是这一观念的重要组成部分。自近代以来，三权分立与相互制衡的制度安排就成为欧洲政治和社会组织的基本原则。正是基于这种共同认识，欧洲一体化的设计者和实施者在建构其组织机制的过程中，本着权力制衡、民主与效率等原则搭建起欧洲一体化的组织机构。在数次扩员的历程中，欧盟逐渐确立了基本的入盟标准。在日常的治理过程中，欧盟也曾多次为捍卫其价值理念采取具体措施，包括对违背市场经济原则和违规使用欧盟资金的国家中断贷款或中止发放援助资金①以及在司法与腐败问题严重的国家设立专门的合作与核查机制。②结合上述的标准与原则，我们可以归纳出欧盟的核心价值：一是现代、民主与多元的政治体制；二是包括民族平等、性别平等与社会经济平等在内的全方位社会平等；三是法治与消除腐败。显然，以此为基础形成的欧洲观念带有更多现代政治的精神。对比过去几个时期的欧洲观念，欧洲一体化进程中的欧洲观念并不追求宗教上的纯洁、语言的唯一以及文化上的相似，相反它力求在一个基本的框架之内塑造一个包容多元的社会。不论其宗教、历史与文化，社会中的所有民众都可以从这一观念中获取一种共通的身份认同。同样，一个国家要想加入欧盟，最为重要的评判标准在于该国是否认同欧盟的价值理念并建立了与之配套的政治经济体系而非其他。事实上，欧盟的扩员历程也验证了其欧洲观念的包容与开放。许多在文化与历史属性上与西欧不同的国家已经顺利加入了欧盟，而一些隶属于其他文明的国家也仍然保有入盟的希望。

三　中东欧国家入盟与欧洲观念的变迁

在中东欧国家入盟的过程中，欧盟是相对强势的一方，它设立标准与原则；中东欧国家则是相对弱势的一方，为了满足欧盟的入盟标准，中东欧国家不仅积极贯彻欧盟的价值理念，也对国内的政治经济体系进行了大刀阔斧的改革。因此，就欧洲观念来说，中东欧国家扮演的角色是接受者，而非改造者，中东欧国家的入盟并未给欧洲一体化进程中的欧洲观念带来实质性的改变。但在欧洲一体化的过程中，中东欧国家不仅展现了积极融入与接受的一面，更勇于为本国利益发声，为中东欧国家的历史文化站台，为欧盟与欧洲一体化的未来发展献计。在以难民危机为代表的许多问题上，它们的立场与行动都和西欧国家有着不小的差异。在欧洲一体化进程遭遇挫折的今天，这样的差异逐渐演变为公开的分歧，严重影响了欧盟解决问题的能力与一体化的未来前景，也使许多人开始剖析欧洲一

---

① 高歌：《中东欧国家"欧洲化"道路的动力与风险》，《国外理论动态》2013 年第 10 期。
② 鲍宏铮：《罗马尼亚和保加利亚应对欧盟合作与核查机制比较研究》，《俄罗斯学刊》2014 年第 1 期。

体化进程中的欧洲观念，从中寻求解决欧盟现有困境的方法。

欧洲一体化进程中的欧洲观念以现代政治文明的精神为依托，它既分享共性也尊重多样性，并力求通过多样性与统一性的有机结合实现社会文化的多元统一。在一个同质化相对较高的范围内，人们的差异实际上是有限或者可控的，只要存在一种共通的道德规范，多元性与统一性的目标就可以兼顾。欧洲一体化的早期进程也充分说明了这一点。但随着边界的不断拓展，整个社会的多样性与复杂性都迅速上升，而公共理性以及其他对话的基础却在不断削弱。在这样的局面下，维持多元依然是一个可以实现的目标，但建立在对话、理解与协商基础上的统一则愈发难以实现。从这个角度出发，"多元统一"的口号实际上反而暴露了欧洲文化边界的不确定性。按照新功能主义的逻辑构想，经济领域的高度一体化会自然外溢到社会文化领域，甚至会创造一种新的集体身份，将社会大众的国家认同转移到欧盟或欧洲一体化进程上。但回顾过去数十年的一体化实践，经济一体化的外溢效应虽然存在，但其影响并不足以打造一个想象的共同体。反对新功能主义的学者认定，文化的生成或建构有其内在的逻辑。在当前的欧洲社会中，一种独属于欧洲的集体文化或认同很难被建立。它既不能建立在民主等过于宽泛的现代政治概念基础上，也不能来自宗教与民族等传统社会的文化属性。而在一个经济日益全球化的时代，想捍卫一种欧洲经济认同更是难以实现。因此当欧洲一体化进程遭遇挫折的时候，现有的欧洲观念无法提供超越经济范畴的文化凝聚力，也不能激发不同国家、社会阶层与文化群体共同捍卫一体化进程的意愿与能力。面对欧盟的困境，许多人甚至重新回归民族认同与国家认同。民族民粹主义在欧洲的重新兴起充分印证了这一点。

与此同时，许多人也在尝试改造现有的欧洲观念。2014 年，匈牙利总理欧尔班在罗马尼亚的图什纳菲尔德提出要建立新的国家组织形式。他认定福利国家与自由主义的模式已经耗尽了自己的储备。匈牙利要想获得光明的未来，就必须与自由主义的社会组织原则与方法决裂。以此为基础，匈牙利要建设成为一个非自由民主的国家。① 欧尔班的非自由民主国家及其后续的一系列做法在欧洲引起轩然大波，也招致了欧盟历史上前所未有的批评与制裁。但刨除民粹主义与实用主义的部分，非自由民主国家的理念暗含着保守主义的价值取向。在匈牙利的新

---

① 贺婷：《"欧尔班现象"初探》，《俄罗斯学刊》2017 年第 6 期。

宪法中，基督教的价值观受到了格外的重视，被视为匈牙利历史和文明的基础。匈牙利民族也被置于一个更高的地位之上。在许多公开场合，欧尔班都表示匈牙利民族不是众多个人的简单聚集，而是一个共同体。在欧盟当前的境遇中，匈牙利民族的特性不应被淡化，而需要继续组织、强化与建设。可以说，将匈牙利视为欧盟未来希望的欧尔班意在借助民族与宗教等欧洲历史长河的传统与认同，向现有欧洲观念的多元性发起挑战。无独有偶，2017 年 10 月 7 日，欧洲 10 位持有保守主义倾向的学者和知识分子，以九种语言同时发布一份联署声明，表达了他们对目前欧洲危机的看法。他们认定后民族与后文化的欧洲世界存在着各种缺陷，而一个虚假的欧洲正在实质性地威胁着现有的欧洲一体化进程。在这些学者看来，对传统价值的刻意淡化与对文化多元主义图景的过度追捧是导致欧盟现有危机的主要原因。基督教是滋养欧洲文明的根基，民族国家是欧洲文明的重要标志。为了解决现有的危机，欧盟与欧洲各国必须重拾这些传统价值，以压制个人主义、多元主义与技术主义的泛滥。[1] 虽然考虑问题的出发点与立场完全不同，但欧尔班与保守主义学者的提议代表了欧洲政治精英与社会大众的一种共同诉求。在现有的欧洲观念面临过度多元的困境时，他们希望回归历史，回归传统，借助过去的欧洲观念与其他已被历史证明的集体认同方式来重新整合现有的欧洲社会。

当然，在放弃多元、回归传统之外，欧洲观念的变迁还存在另外一种可能的路径，即改变统一，转为多速。2017 年 3 月，欧盟委员会主席容克在欧盟发展白皮书中提出了欧盟未来五种可能的发展前景。其中第三种选项"多速欧洲"因与欧盟的现状相符而受到了更多的关注。在"多速欧洲"模式下，各国将以不同的步调和速率推进欧洲一体化进程。考虑到参与一体化的能力与意愿，部分成员国会率先参与新一轮的欧盟改革进程。相比于其他成员国，这些国家的政治经济发展水平更好、一体化程度更高，其国民也更加支持欧盟与欧洲一体化进程。它们的改革会遇到较小的阻力，也易于取得预期的效果。一旦成功，它们的改革进程会产生强大的示范效应，也能重新凝聚各国国内社会对于欧盟的信心以及欧洲一体化红利的稳定预期。这也正是过去欧盟能够向成员国贯彻权威与意志的重要保障。当然，在"多速欧洲"的模式下，欧盟会自然分化为核心团体与其他团体或者在不同一体化领域的不同核心团体，进而产生资源与投入的倾斜。

---

[1] "A Europe We Can Believe In", https：//thetrueeurope. eu/, last accessed on April 26, 2020.

这种状况会给非核心成员国造成更多的压力与紧迫感，也给予了欧盟分而治之的机会。面对核心团体的先行，其他成员国的未来一体化进程可能会类似于中东欧国家的入盟进程。它们不得不接受欧盟设立的标准与改革要求，从而使欧盟重新获得对成员国的控制力。正因为如此，欧盟中的中小国家特别是中东欧国家强烈反对"多速欧洲"的设想。但展望外部世界，世界体系仍然处于复杂而深刻的演变之中，民粹主义和保护主义大行其道，大国斗争博弈趋于激烈。过去几年来，俄美关系一直处于低谷。俄欧关系虽然有所缓和，但因为克里米亚僵局的存在而难有大幅回转。在短期之内，欧盟外部环境不会出现实质性的改善。在欧盟内部，英国脱欧带来的动荡尚未消除，欧洲一体化的未来前景也不明朗。面对一系列政治与社会问题，各国政治系统的纠错能力却在不断弱化。政党与政治家们沉溺于权力的争夺与派系之间的斗争，没有对社会大众的政治意见和时代发展的新诉求做出有效回应。欧盟难以摆脱现有的顽疾，乱中求治、芜杂中寻求共同前进的道路将是欧盟未来的主题。在这样的大背景下，"多速欧洲"可能是欧洲一体化进程的最优解，也是唯一解。正如德国总理默克尔所言："人们需要接受欧洲合作进展速度不一的现实，也要有勇气承认部分国家可以走得更快。"① 由于中东欧国家的强烈反对，"多速欧洲"的设想尚未落实为欧盟的战略文件。但在西欧国家特别是德法双核的支持下，欧盟已经悄然向多速的方向前行，并开启了在政治、经济与军事等多个领域的改革进程。虽然过去的欧洲一体化进程从未以均速的方式前行，不同国家的"欧洲化"水平也参差不齐，但各成员国的一体化方向与实现方式大体一致。一旦"多速欧洲"真正成型，那么欧洲一体化将不再以统一的方式进行，这将从另一个角度挑战现有多元统一的欧洲观念。事实上，无论欧洲观念朝着哪一方向演变，它都必须对中东欧国家的异质性及其入盟导致的政治边界、经济边界、文化边界与观念边界的扩大做出积极回应。这或许是中东欧国家入盟带给欧洲一体化进程的最大贡献或者说挑战。

最后，我们尝试对章节开始时提出的设问进行一些解答。第一，在漫长的"回归欧洲"进程后，中东欧国家的命运已经与欧洲一体化进程的发展捆绑在一起，多数中东欧国家已经成为欧盟、申根区的一员，部分国家加入了欧元区。虽

---

① "BBC News"，http：//www.bbc.com/news/world – europe – 39192045，last access on November 11th，2018.

然个别国家尚未实现入盟的目标，但融入欧洲一体化进程依然是其孜孜以求、不断努力的方向。因此无论从地理概念还是政治与文化意义上，中东欧都是当今欧洲无可争议的组成部分。第二，中东欧国家"回归欧洲"的进程给欧盟带来了深刻的影响。大规模的扩员使欧盟出现了一定程度的超载。在以难民危机为背景的边境管理工作中，这一现象体现得尤为明显。更为重要的是，漫长的入盟进程并未真正消除中东欧国家的异质性。在欧洲一体化遭受挫折之时，中东欧与西欧国家围绕欧盟的未来发展路径进行了激烈的争吵。因为双方的龃龉，欧盟在推进申根区与欧元区的过程中面临诸多困难。第三，欧洲一体化进程创造了真正具有现代意义的欧洲观念。它以渐进的、实用的、功能主义的合作路线为指引，并与欧洲一体化的政治实践紧密相连。中东欧国家的顺利入盟证明了这一观念的成功，但随之而来的负面影响也在挑战着这一观念的主导地位。面对欧盟的现状，一部分人渴望回到过去，以传统的、保守主义的价值与强大的民族国家能力改变过于多元的欧盟；另一部分人则希冀迎接未来，以多速的、聚合式的方式重塑过于统一的一体化进程。哪一种选择会最终成功并缔造新的欧洲观念？时间自然会给我们答案。无论何时，想象的欧洲观念都不会与欧盟的现实边界完全重合，但想象的欧洲观念与欧盟的现实边界会不断相互趋近。这正是认识与实践相互作用的必然结果。

参考文献

中文著作

蔡拓、杨雪冬、吴志成主编《全球治理概论》，北京大学出版社，2016。

陈志强：《巴尔干古代史》，中华书局，2007。

陈志强：《科索沃通史》，中国社会科学出版社，2010。

方连庆、王炳元、刘金质主编《国际关系史（战后卷）》下册，北京大学出版社，2006。

冯绍雷总主编《大构想：2020 年的欧盟》，华东师范大学出版社，2010。

葛新生编著《列国志·波斯尼亚和黑塞哥维那》，社会科学文献出版社，2017。

郝时远主编《旷日持久的波黑内战》，中央民族大学出版社，1995。

郝时远：《帝国霸权与巴尔干"火药桶"》，社会科学文献出版社，1999。

弘杉：《巴尔干百年风云》，知识出版社，2000。

姜琦、张月明：《悲剧悄悄来临——东欧政治大地震的征兆》，华东师范大学出版社，2001。

姜士林、陈玮主编《世界宪法大全》（上卷），中国广播电视出版社，1989。

姜士林等主编《世界宪法全书》，青岛出版社，1997。

金重远：《百年风云巴尔干》，复旦大学出版社，2010。

孔寒冰：《东欧史》，上海人民出版社，2010。

李静杰总主编《十年巨变——中东欧卷》，中共党史出版社，2004。

刘金质：《冷战史（下）》，世界知识出版社，2003。

刘祖熙：《波兰通史》，商务印书馆，2006。

刘作奎：《国家构建的"欧洲方式"——欧盟对西巴尔干政策研究（1991~2014）》，社会科学文献出版社，2015。

陆南泉、黄宗良、郑异凡、马龙闪、左凤荣主编《苏联真相：对101个重要问题的思考》，新华出版社，2010。

陆南泉、姜长斌、徐葵、李静杰主编《苏联兴亡史论》，人民出版社，2002。

马细谱：《巴尔干纷争》，北京大学出版社，1999。

马细谱：《南斯拉夫兴亡》，社会科学文献出版社，2010。

马细谱：《保加利亚史》，中国社会科学出版社，2011。

潘琪昌：《走出夹缝——联邦德国外交风云》，中国社会科学出版社，1990。

钱乘旦总主编《世界现代化历程·俄罗斯东欧卷》，江苏人民出版社，2014。

沈志华主编《冷战时期苏联与东欧的关系》，北京大学出版社，2006。

汪丽敏编著《列国志·斯洛文尼亚》，社会科学文献出版社，2006。

王坚：《欧盟完全手册》，中央编译出版社，2010。

王建娥、陈建樾等：《族际政治与现代民族国家》，社会科学文献出版社，2004。

王逸舟：《西方国际政治学：历史与理论》，上海人民出版社，2006。

王英：《南斯拉夫危机透视》，海潮出版社，2000。

魏坤：《喋血巴尔干——南联邦解体与波黑冲突》，世界知识出版社，1997。

吴双全：《少数人权利的国际保护》，中国社会科学出版社，2010。

夏庆宇：《东欧的民族与国家》，社会科学文献出版社，2015。

徐刚：《巴尔干地区合作与欧洲一体化》，社会科学文献出版社，2016。

杨友孙：《欧盟东扩视野下中东欧少数民族保护问题研究》，江西人民出版社，2010。

张鹏：《对外援助的"欧洲模式"——以欧盟援助西巴尔干为例（1991~2012年）》，经济科学出版社，2013。

张文武、赵乃斌、孙祖荫主编《东欧概览》，中国社会科学出版社，1991。

章永勇编著《列国志·塞尔维亚和黑山》，社会科学文献出版社，2005。

张月明、姜琦：《政坛10年风云——俄罗斯与东欧国家政党研究》，上海社会科学院出版社，2005。

赵乃斌、汪丽敏主编《南斯拉夫的变迁》，广东人民出版社，2002。

赵乃斌、朱晓中：《来自莫斯科的改革之风——戈尔巴乔夫的改革与东欧》，中国社会科学出版社，1989。

赵乃斌、朱晓中主编《东欧经济大转轨》，中国经济出版社，1995。

郑寅达：《德国史》，人民出版社，2014。

周尚文、叶书宗、王斯德：《苏联兴亡史》，上海人民出版社，1993。

周旭东：《夹缝中的罗马尼亚——二十世纪三十年代罗马尼亚外交政策研究》，中国社会科学出版社，2003。

朱晓中主编《欧洲的分与合：中东欧与欧洲一体化》，中国社会科学出版社，2017。

朱晓中：《中东欧与欧洲一体化》，社会科学文献出版社，2002。

朱晓中主编《曲折的历程（中东欧卷）》，东方出版社，2015。

左凤荣：《戈尔巴乔夫改革时期》，人民出版社，2013。

左娅编著《列国志·克罗地亚》，社会科学文献出版社，2007。

译文著作

〔奥〕赫尔穆特－克拉默、维德兰－日希奇：《科索沃问题》，苑建华等译，中央编译出版社，2007。

〔奥〕马丁·赛迪克、米歇尔·施瓦青格：《欧盟扩大：背景、发展、史实》，卫延生译，中央编译出版社，2012。

〔保〕亚历山大·利洛夫：《文明的对话：世界地缘政治大趋势》，马细谱等译，社会科学文献出版社，2007。

〔德〕汉斯·莫德罗：《我眼中的改革》，马细谱、余志和、赵雪林译，中央编译出版社，2012。

〔德〕尤尔根·哈贝马斯等：《旧欧洲·新欧洲·核心欧洲》，邓伯宸译，中央编译出版社，2010。

〔俄〕А. Г. 扎多欣、А. Ю. 尼佐夫斯基：《欧洲的火药桶——20 世纪的巴尔干战争》，徐锦栋等译，东方出版社，2004。

〔俄〕阿·切尔尼亚耶夫：《在戈尔巴乔夫身边六年》，徐葵、张达楠等译，世界知识出版社，2001。

〔俄〕米·谢·戈尔巴乔夫：《我与东西德统一》，王尊贤译，中央编译出版社，2006。

《戈尔巴乔夫关于改革的讲话（1986 年 6 月~1987 年 6 月）》，苏群译，人民出版社，1987。

《戈尔巴乔夫言论选集（1984~1986 年）》，苏群译，人民出版社，1987。

〔荷〕吕克·范米德拉尔：《通向欧洲之路》，任轶、郑方磊译，东方出版中心，2016。

〔罗〕米·穆沙特、扬·阿尔德列亚努：《1918~1921：罗马尼亚的政治生活》，陆象淦译，中国社会科学出版社，1979。

〔罗〕伊昂－奥莱尔·波普：《罗马尼亚史》，林亭、周关超译，中国人民大学出版社，2018。

〔美〕戴维·卡莱欧：《欧洲的未来》，冯绍雷、袁胜育、王蕴秀译，上海人民出版社，2003。

〔美〕丹尼森·拉西诺：《南斯拉夫的实验：1948~1974》，瞿蔼堂等译，上海译文出版社，1980。

〔美〕弗拉季斯拉夫·祖博克：《失败的帝国：从斯大林到戈尔巴乔夫》，李晓江译，社会科学文献出版社，2014。

〔美〕弗朗西斯·福山：《国家构建：21 世纪的国家治理与世界秩序》，黄胜强、许铭原译，中国社会科学出版社，2007。

〔美〕弗朗西斯·福山：《历史的终结及最后之人》，黄胜强、许铭原译，中国社会科学出版社，2003。

〔美〕胡安·J. 林茨、阿尔弗莱德·斯泰潘：《民主转型与巩固的问题：南欧、南美和后共产主义欧洲》，孙龙等译，浙江人民出版社，2008。

〔美〕霍华德·威亚尔达主编《全球化时代的欧洲政治》，陈玉刚、陈晓翌、左克文等译，北京大学出版社，2010。

〔美〕理查德·哈斯：《失序时代：全球旧秩序的崩溃与新秩序的重塑》，黄锦桂译，中信出版集团，2017。

〔美〕罗伯特·D. 卡普兰：《巴尔干两千年》，赵秀福译，北京大学出版社，2018。

〔美〕尼古拉·梁赞诺夫斯基、马克·斯坦伯格：《俄罗斯史（第七版）》，杨烨、卿文辉译，上海人民出版社，2007。

〔美〕诺曼·里奇：《大国外交：从第一次世界大战至今》，时殷弘译，中国人民大学出版社，2015。

〔美〕R. R. 帕尔默、乔·科尔顿、劳埃德·克莱默：《冷战到全球化：意识形态的终结？》，牛可、王晋、董正华等译，世界图书出版公司，2011。

〔美〕塞缪尔·亨廷顿：《第三波：20 世纪后期民主化浪潮》，刘军宁译，上海三联书店，1998。

〔美〕塞缪尔·亨廷顿：《文明的冲突与世界秩序的重建》，周琪等译，新华出版社，2002。

〔美〕托尼·朱特：《战后欧洲史》（下），林骧华、唐敏等译，新星出版社，2010。

〔美〕威廉·M. 马奥尼：《捷克和斯洛伐克史》，陈静译，中国出版集团·东方出版中心，2013。

〔美〕沃尔特·拉费伯尔：《美国、俄国和冷战，1945～2006》，牛可、翟韬、张静译，世界图书出版公司，2011。

〔美〕小约瑟夫·奈：《理解国际冲突：理论与历史》，张小明译，上海世纪出版集团、上海人民出版社，2009。

〔美〕亚当·普沃斯基：《民主与市场——东欧与拉丁美洲的政治经济改革》，包雅钧、刘忠瑞、胡元梓译，北京大学出版社，2005。

〔美〕兹比格纽·布热津斯基：《大棋局：美国的首要地位及其地缘战略》，中国国际问题研究所译，上海世纪出版集团、上海人民出版社，2007。

《欧洲联盟基础条约——经〈里斯本条约〉修订》，程卫东、李靖堃译，社会科学文献出版社，2010。

辛华编译《苏联共产党第二十七次代表大会主要文件汇编》，人民出版社，1987。

苏群编译《苏联共产党第二十八次代表大会主要文件资料汇编》，人民出版社，1991。

〔苏〕米·谢·戈尔巴乔夫：《改革与新思维》，苏群译，新华出版社，1987。

〔波〕耶日·卢克瓦斯基、赫伯特·扎瓦德斯基：《波兰史》，常程译，中国出版集团·东方出版中心，2011。

〔意〕埃尼奥·迪·诺尔福：《20 世纪国际关系史：从军事帝国到科技帝国》，潘源文、宋承杰译，北京大学出版社，2016。

〔英〕艾伦·帕尔默：《夹缝中的六国——维也纳会议以来的中东欧历史》，于亚伦等译，商务印书馆，1997。

〔英〕埃里克·霍布斯鲍姆:《民族与民族主义》,李金梅译,上海世纪出版集团,2006。

〔英〕艾瑞克·霍布斯鲍姆:《极端的年代:1914~1991》,郑明萱译,中信出版社,2014。

〔英〕巴里·布赞、〔丹〕奥利·维夫:《地区安全复合体与国际安全结构》,潘忠岐等译,上海世纪出版集团,2010。

〔英〕保罗·约翰逊: 《摩登时代——从1920年代到1990年代的世界(下)》,秦传安译,社会科学文献出版社,2016。

〔英〕本·福凯斯:《东欧共产主义的兴衰》,张金鉴译,中央编译出版社,1998。

〔英〕哈尔富德·麦金德:《历史的地理枢纽》,周定瑛译,陕西人民出版社,2013。

〔英〕雷切尔·沃克:《震撼世界的六年——戈尔巴乔夫的改革怎样葬送了苏联》,张金鉴译,改革出版社,1999。

〔英〕丽贝卡·韦斯特:《黑羊与灰鹰:巴尔干六百年,一次苦难与希望的探索之旅》,向洪全等译,中信出版社,2019。

〔英〕理查德·克罗卡特:《50年战争》,王振西译,新华出版社,2003。

〔英〕罗伯特·拜德勒克斯、伊恩·杰弗里斯:《东欧史》下册,韩炯等译,中国出版集团·东方出版中心,2013。

〔英〕马克·马佐尔:《巴尔干:被误解的"欧洲火药库"》,刘会梁译,天津人民出版社,2007。

〔英〕R. J. 克兰普顿:《保加利亚史》,周旭东译,中国出版集团·中国大百科全书出版社,2009。

外文著作

Ahmet İçduygu and Kemal Kirişci, Land of Diverse Migrations, Istanbul: Bilgi University Press, 2009.

Alan Mayhew, Recreating Europe: The European Union's Policy towards Central and Eastern Europe, Cambridge: Cambridge University Press, 1998.

Aleksander Pavković, The Fragmentation of Yugoslavia Nationalism and War in the

Balkans, London: Palgrave Macmillan, 2000.

Ali Eminov, Turkish and Other Muslim Minorities of Bulgaria, London: Hurst Company, 1997.

Andrei Brezianu, Vlad Spânu, Historical Dictionary of Moldova, Lanham, Maryland: Scarecrow Press, 2007.

Anthony McDermott, ed. , Sovereign Intervention, Oslo: PRIO, 1999.

Arolda Elbasani, ed. , European Integration and Transformation in the Western Balkans: Europeanization or Business as Usual? London: Routledge, 2013.

Beltan, S. B, Citizenship and Identity in Turkey: The Case of the Post − 1980 Turkish − Muslim Immigrants from Macedonia, Masters Thesis, Istanbul: Boǧaziçi University, 2006.

Charles King, The Moldovans: Romania, Russia, and the Politics of Culture, Stanford, California: Hoover Institution Press, 1999.

Dan Dungaciu, Petrişor Peiu, Reunirea: Realităţi, costurişi beneficii, Bucureşti − Chişinău: Ediţia Litera, 2017.

Dorin Cimpoeşu, Repulica Moldova între România şi Rusia 1989 − 2009, Chişinău: Tipografia Serebia, 2010.

Gergana Noutcheva, European Foreign Policy and the Challenges of Balkan Accession: Conditionality, Legitimacy and Compliance, London, New York: Routledge, 2012.

Grigorij Mesežnikov, Michal Ivantyšyn, Slovensko 1998 − 1999: Súhrnná správa o stave spoločnosti, Bratislava: Inštitút pre Verejné Otázky, 1999.

Hans Vermeulen, Migration in the Southern Balkans: From Ottoman Territory to Globalized Nation States, Berlin: Springer International Publishing, 2015.

Henry H. Perritt, Jr. , The Road to Independence for Kosovo: A Chronicle of Ahtisaari Plan, New York: Cambridge University Press, 2010.

Ioan − Aurel Pop, Ioan Scurtu, ed. , 200 ani din Istoria Românilor dintre Prut şi Nistru, Bucureşti: Fundaţia Culturală Magazin Istoric, Chişinău: Grupul Editorial Litera, 2012.

Ivana Grljenko, Hrvatska: zemlja I ljudi, Zagreb: Leksikografski zavod Miroslav

Krleža，2013.

Ivo Goldstein，Hrvatska povijest，Zagreb：Novi Liber，2003.

James G. Kellas，The Politics of Nationalism and Ethnicity，New York：St. Matin's Press，1998.

Jan Křen，Dvě století střední Evropy，Argo 2019.

Joseph Frankel，British Foreign Policy 1935 – 1973，London：Oxford University Press，1975.

Judith G. Kelley，Ethnic Politics in Europe：the Power of Norms and Incentives，Princeton，NJ：Princeton University Press，2004.

Karen Dawisha and Bruce Parrott，ed.，The Consolidation of Democracy in East – Central Europe，Cambridge：Cambridge University Press，1997.

Libor Lukášek，Visegrádská skupina a její vývoj v letech 1991 – 2004，Prague：Karolinum，2010.

Ljubomir Mikić，Priručnik za vjeća i predstavnike nacionalne manjine，Zagreb：WYG savjetovanje，2017.

Máire Braniff，Integrating the Balkans：Conflict Resolution and the Impact of EU Expansion，London：I. B. Tauris & Co Ltd.，2011.

Maria Todorova，Imagining the Balkans，New York：Oxford University Press，2009.

Matei Cazacu，Nicolas Trifon，Republica Moldova：Un Stat în Căutarea Naţiunii，Chişinău：Editura Cartier，2017.

Milan Hodža，Federation in Central Europe，Londýn：Jarrolds Publishers，1942.

Nenad Karajić，Rezultati GAP Analize，Zagreb：WYG savjetovanje，2017.

Olav Njølstad，The Last Decade of the Cold War，London，New York：Frank Cass Publishers，2004.

Oskar Krejčí，Geopolitika Středoevropského Prostoru/Pohled z Prahy a Bratislavy，Průhonice：Professional Publishing，2016.

Robert D. Kaplan，Balkan：A Journey through History，London：Picador，2005.

Robert R. King，Minorities under Communism：Nationalities as a Source of Tension among Balkan Communist States，Cambridge，Massachusetts：Harvard

University Press, 1973.

Romsics Ignác, A trianoni békeszerzödés, Budapest: Osiris Kiadó, 2001.

Simsir and Bilal, The Turks of Bulgaria (1878 – 1985), London: Rustem and Brother, 1988.

Snezana Trifunovska, Minority Rights in Europe – European Minorities and Languages, The Hague: T・M・C Asser Press, 2001.

Teresa Rakowska – Harmstone and Piotr Dutkiewicz, ed., New Europe The Impact of the First Decade, Vol. 1, Trends on Prospects, Institute of Political Studies, Polish Academy of Sciences, Warszawa: Collegium Civitas Press, 2006.

Terry Cox, ed., Reflections on 1989 in Eastern Europe, Oxon, New York: Routledge, 2013.

Vladimir Tismaneanu, ed., The Revolutions of 1989, London, New York: Routledge 1999.

Walter, A Kemp, Quiet Diplomacy in Action: the OSCE High Commissioner on National Minorities, The Hague, London, Boston: Kluwer Law International, 2001.

图书在版编目（CIP）数据

中东欧转型 30 年：新格局、新治理与新合作 / 高歌
主编 . -- 北京：社会科学文献出版社，2022.8（2023.2 重印）
（中东欧转型研究丛书）
ISBN 978 - 7 - 5228 - 0459 - 0

Ⅰ . ①中…　Ⅱ . ①高…　Ⅲ . ①国际政治关系 - 研究 -
东欧、中欧　Ⅳ . ①D819

中国版本图书馆 CIP 数据核字（2022）第 129338 号

·中东欧转型研究丛书·

中东欧转型 30 年：新格局、新治理与新合作

主　　编 / 高　歌

出 版 人 / 王利民
责任编辑 / 张苏琴　仇　扬
责任印制 / 王京美

出　　版 / 社会科学文献出版社 · 当代世界出版分社（010）59367004
　　　　　　地址：北京市北三环中路甲 29 号院华龙大厦　邮编：100029
　　　　　　网址：www. ssap. com. cn
发　　行 / 社会科学文献出版社（010）59367028
印　　装 / 三河市龙林印务有限公司

规　　格 / 开　本：787mm × 1092mm　1/16
　　　　　　印　张：19. 25　字　数：335 千字
版　　次 / 2022 年 8 月第 1 版　2023 年 2 月第 2 次印刷
书　　号 / ISBN 978 - 7 - 5228 - 0459 - 0
定　　价 / 99. 00 元

读者服务电话：4008918866